高等教育城市与房地产管理系列教材

房地产配套设施工程

刘亚臣　汤铭潭　编著

中国建筑工业出版社

图书在版编目(CIP)数据

房地产配套设施工程/刘亚臣，汤铭潭编著. —北京：
中国建筑工业出版社，2013.8
高等教育城市与房地产管理系列教材
ISBN 978-7-112-15496-8

Ⅰ.①房… Ⅱ.①刘… ②汤… Ⅲ.①房地产开发
Ⅳ.①F293.3

中国版本图书馆CIP数据核字(2013)第116987号

本书基于编者长期相关教学科教研究成果及实践总结，以住区与小区群体房成片开发项目为重点，系统阐述房地产配套设施工程的作用、分类、组成、特点，配套设施与规划设计的理念、方法与技巧，同时列举相关经典案例。

本书包括导论、"三通一平"配套工程，配套道路景观、绿地景观、公共服务、市政公用、智能化与信息化工程设施及附录8章内容。本书作为本系列教材中的基础教材外，在已出版的"房地产经营管理系列经典教材"中也有其突出实用配套教材作用，并集基础性、先进性、互补性与实用性于一体。

本书可作为高等学校房地产、工程管理、工商管理专业的相应课程教材、教辅外，也可作为其他专业相关内容的入门书，以及从事房地产开发经营与管理人员的工具书及培训教材。

责任编辑：胡明安　姚荣华
责任设计：董建平
责任校对：刘梦然　赵　颖

高等教育城市与房地产管理系列教材
房地产配套设施工程
刘亚臣　汤铭潭　编著

*

中国建筑工业出版社出版、发行（北京西郊百万庄）
各地新华书店、建筑书店经销
北京科地亚盟排版公司制版
化学工业出版社印刷厂印刷

*

开本：787×1092毫米　1/16　印张：21　字数：523千字
2013年8月第一版　2013年8月第一次印刷
定价：49.00元
ISBN 978-7-112-15496-8
(24060)

版权所有　翻印必究
如有印装质量问题，可寄本社退换
（邮政编码 100037）

高等教育城市与房地产管理系列教材

编写委员会

主任委员：刘亚臣

委　　员（按姓氏笔画）：

于　瑾　王　军　王　静　包红霏　毕天平

刘亚臣　汤铭潭　李丽红　战　松　薛　立

编审委员会

主 任 委 员：王　军

副主任委员：韩　毅（辽宁大学）

　　　　　　汤铭潭

　　　　　　李忠富（大连理工大学）

委　　员（按姓氏笔画）：

于　瑾　马延玉　王　军（东北财经大学）　王立国

刘亚臣　刘志虹　汤铭潭　李忠富（大连理工大学）

陈起俊（山东建筑大学）　周静海　韩　毅

系列教材序

沈阳建筑大学是我国最早独立设置房地产开发与管理（房地产经营与管理、房地产经营管理）本科专业的高等院校之一。早在1993年沈阳建筑大学管理学院就与大连理工大学出版社共同策划出版了《房地产开发与管理系列教材》。

随着我国房地产业发展，以及学校相关教学理论研究与实践的不断深入，至2013年这套精品教材已经6版，已成为我国高校中颇具影响力的房地产经营管理系列经典教材，并于2013年整体列入辽宁省"十二五"首批规划教材。

教材与时俱进和不断创新是学校学科发展的重要基础。这次沈阳建筑大学又与中国建筑工业出版社共同策划了本套《高等教育房地产与城市管理系列教材》教材，使这一领域教材进一步创新与完善。

教材，是高等教育的重要资源，在高等专业教育、人才培养等各个方面都有着举足轻重的地位和作用。目前，在教材建设中同质化、空洞化和陈旧化现象非常严重，对于有些直接面向社会生产实际的应用人才培养的高等学校和专业来说更缺乏合适的教材，为不同层次的专业和不同类型的高校提供适合优质的教材一直是我们多年追求的目标，正是基于以上的思考和认识，本着面向应用、把握核心、力求优质、适度创新的思想原则，这套教材力求体现以下特点：

1. 突出基础性。系列教材以城镇化为大背景，以城市管理和城市房地产开发与管理专业基础知识为基础，精选专业基础课和专业课，既着眼于关键知识点、基本方法和基本技能，又照顾知识结构体系的系统。

2. 突出实用性。系列教材的每本书除介绍大量案例外，并在每章的课后都安排了现实性很强的思考题和实训题，旨在让读者学习理论知识的同时，启发读者对房地产以及城市管理的若干热点问题和未来发展方向加以分析，提高学生认识现实问题、解决实际问题的能力。

3. 突出普适性。系列教材很多知识点及其阐述方式都源于实践或实际需要。并以基础性和核心性为出发点，尽力增加教材在应用上的普遍性和广泛适用性。教材编者在多年从事房地产和城市管理类专业教学和专业实践指导的基础上，力求内容深入浅出、图文并茂，适合作为普通高等院校管理类本科生教材及其他专业选修教材；还可作为基层房地产开发及管理人员研修学习用书。

本套系列教材一共有九本，它们是《住宅与房地产概论》、《房地产配套设施工程》、《城市管理概论》、《工程项目咨询》、《城市信息化管理》、《高层住区物业管理与服务》、《社区发展与管理》、《市政工程统筹规划与管理》和《生态地产》。

本套系列教材在编写过程中参考了大量的文献资料，借鉴和吸收了国内外众多学者的研究成果，对他们的辛勤工作深表谢意。由于编写时间仓促，编者水平有限，错漏之处在所难免，恳请广大读者批评指正。

刘亚臣

前　　言

　　房地产配套设施工程作为房地产专业基础教材，在本套系列教材与先期由大连理工大学出版社出版的"房地产开发与管理系列教材"中均有其突出的配套作用与相应的基础性、互补性及实用性特点。

　　就城镇住区与小区房地产开发而言，随着社会发展、技术进步以及人民生活水平的不断提高，人们不满足传统的居住方式和一般的住宅功能，对生活空间的要求越来越高。房地产配套工程设施的完善、创新，直接影响房地产项目在市场中的竞争能力和销售业绩。

　　房地产配套设施工程不仅包括停车场、文化娱乐、商场、体育、医疗设施、给水、排水、照明、消防报警、安全警控和信息服务等设施，而且随着"智能化大厦"的智能建筑物业管理系统、公共物业管理与安保系统、小区局域网系统与智能化系统的实现，人们对房地产配套系统的要求将越来越迫切，智能化小区、数字化社区不可或缺的系统信息化、智能化配套设施的作用与重要地位将更为突出。由此，也对本书突出在房地产系列教材中的先进性、基础性、互补性、实用性提出更高的要求。

　　本书包括导论、"三通一平"配套工程、配套道路景观、绿地景观、公共服务、市政公用、智能化信息化工程设施及附录8章内容。第1章导论勾勒出房地产工程配套设施的总体框架与全书导读的主线。第2章房地产项目前期的"三通一平"配套工程及建设场地与道路的竖向规划设计，包括与住区、小区群体房地产开发项目相关的设计地面形式、地面排水、道路建筑场地及其他设施的标高、位置以及土石方量计算。第3、4章配套道路景观、绿地景观设施是房地产人居环境与价值提升的主要因素。内容包括小区道路交通组织、道路人文与环境景观复合设计、停车位及其相关技术经济指标；绿地景观设施、绿地布置形式与景观绿化要求、公共绿地指标及规划经典案例。第5、6章配套公共服务、公用市政设施，不仅是房地产小区物质生活支撑系统的组成部分，而且是居民社区邻里交流交往的精神生活不可缺少的空间场所。内容包括公共服务及给水、排水、电力、通信、燃气、供热、环卫、防灾公用工程设施配置分类、特点、规划方法及经典案例。第7章配套智能化信息化设施，内容包括小区智能化与智能化系统、信息社区、信息家庭、小区宽带网规划及案例借鉴。第8章相关资料附录。书中各章内容的提要与思考题，便于教学与复习，也便于不同专业教学内容与深度的选择和把握。同时，房地产配套设施工程涉及专业面广，与时俱进，编写要求高，本书集知识系统性、先进性、互补性与实用性于一体，既满足相关专业教学的不同要求，又适用房地产开发经营与管理人员的业务培训和实际工作能力的提高。

　　本书由刘亚臣、汤铭潭教授负责策划与主要编写，并基于编者长期以来的相关科教研究成果及实践总结，同时参考与引用相关文献与经典案例。参加本书部分编写工作的还有北京林业大学何璐等相关专业人员，张研邦整理部分资料，在此一并致谢！限于编者学识，疏漏等在所难免，恳请读者不吝赐教，以期进一步完善。

编　者

目 录

第1章 导论 1
　1.1 房地产与房地产开发 1
　1.2 房地产开发与城镇规划建设 4
　1.3 房地产开发项目配套设施 6
第2章 "三通一平"配套工程与相关竖向规划 9
　2.1 项目前期的"三通一平"配套工程 9
　2.2 房地产开发建设用地与道路的竖向规划设计 10
第3章 配套道路景观设施 33
　3.1 配套道路设施规划及交通体系评价 33
　3.2 相关动静交通组织 40
　3.3 配套道路的人文、环境景观复合设计 64
　3.4 停车位及其相关技术经济指标 72
第4章 配套绿地景观设施 92
　4.1 配套绿地景观设施设置 92
　4.2 住区与小区绿地布置形式与景观绿化要求 98
　4.3 公共绿地指标与绿地规划其他要求 103
　4.4 配套绿地景观设施规划案例 105
第5章 配套公共服务设施 122
　5.1 配套公共服务设施的分类与配置特点 122
　5.2 配套公共服务设施配置规划 124
第6章 配套市政公用设施 139
　6.1 配套给水工程设施及规划 139
　6.2 配套排水公用设施及规划 154
　6.3 配套供电工程设施及规划 177
　6.4 配套通信工程设施及规划 184
　6.5 配套燃气工程设施及规划 195
　6.6 配套供热工程设施及规划 208
　6.7 相关工程管线综合 219
　6.8 配套防灾工程设施及规划 231
　6.9 配套环境卫生工程设施及规划 238
第7章 配套智能化信息化设施 245
　7.1 小区智能化与智能化系统及信息社区信息家庭 245
　7.2 小区（社区）配套宽带网设施 255

7.3	配套宽带网设施规划与案例	259
7.4	智能建筑与智能社区综合布线系统规划设计	271

附录A 城镇住区道路交通规划设计导则 ... 287
 A1 总则 ... 287
 A2 交通组织 ... 287
 A3 道路分级与道路网规划 ... 290
 A4 规划技术指标 ... 290
 A5 道路环境景观规划 ... 292
 A6 交通体系评价 ... 293

附录B 生活饮用水水源水质标准 ... 295

附录C 生活饮用水水质卫生要求 ... 296

附录D 住户宽带网配套设施 ... 300
 D1 智能家庭 ... 300
 D2 家庭网络与家庭宽带网络配套设施 ... 300
 D3 家庭网络与家庭宽带网规划及分类 ... 302
 D4 家庭网络的硬件规划与软件要求 ... 307

附录E 基于以太网技术的小区无源光网络配套设施 ... 312
 E1 网络功能定位 ... 312
 E2 网络结构 ... 312
 E3 EPON网络组成 ... 313
 E4 EPON网络的拓扑结构 ... 314
 E5 EPON系统参考配置 ... 314
 E6 光线路终端OLT类型与主要相关功能 ... 315
 E7 光网络单元/光网络终端ONU/ONT的类型与主要功能 ... 316
 E8 OLT、ONU/ONT布置与安装 ... 318
 E9 业务接入及上联 ... 320
 E10 光分配网络ODN规划 ... 322

附录F 住区与小区通信管道人孔与手孔技术要求 ... 324
 F1 人（手）孔井的构造 ... 324
 F2 人（手）孔井的结构尺寸 ... 325

附录G 通信管道常用管群组合 ... 326

参考文献 ... 328

第1章 导 论

内容提要：本章既是导论，也是导读。本章立足房地产配套设施和房地产开发与经营相关因素及与城镇住区、小区规划建设的关系分析，重点阐述以住区与小区群体房成片开发项目为代表的房地产配套设施基本组成及规划特点与原则要求。旨在通过理论与实践结合，勾勒出房地产配套设施的总体框架和全书知识导读的主线。

1.1 房地产与房地产开发

1.1.1 房地产及其分类

1.1.1.1 房地产概念

作为一种客观存在的物质形态，房地产是指房产和地产的总称，包括土地和土地上永久建筑物及其所衍生的权利。房产是指建筑在土地上的各种房屋，包括住宅、厂房、仓库和商业、服务、文化、教育、卫生、体育以及办公用房等。地产是指土地及其上下一定的空间，包括地下空间在内的各种基础设施、地面道路等。房地产总是固定在一个地域之内，非经破坏变更不能移动其位置，因而又是不动产（real estate）。

法律意义上房地产本质是一种财产权利，这种财产权利是指寓含于房地产实体中的各种经济利益以及由此而形成的各种权利，如所有权、使用权、抵押权、典权、租赁权等。

1.1.1.2 房地产分类

房地产最基本的分类是按地产和房产分类，即按房地产构成的土地和房屋分类。

（1）土地的分类

① 按土地的开发程度，土地可分为：生地，指不具有城市基础设施的土地，如荒地、农地。毛地，指具有一定城市基础设施，但尚未完成房屋拆迁补偿安置的土地。熟地，指具有较完善的城市基础设施且土地平整，能直接在其上进行房屋建设的土地。

② 按是否具有建筑用途，土地可分为：建筑用地。非建筑用地。

上述是最基本的土地分类。

此外，相关土地还可分为农村土地和城市土地。

按《城市用地分类与规划建设用地标准》（GB 50137—2011），相关城市用地还可分为居住用地、公共管理与公共服务用地、商业服务业设施用地、工业用地、物流仓储用地、交通设施用地、公用设施用地、绿地。

（2）房屋的分类

① 按建筑结构的不同，房屋可分为：钢结构房屋。钢筋混凝土结构房屋。砖混结构

房屋。砖木结构房屋。其他结构房屋共5类。

② 按功能用途的不同，房屋可分为：住宅。工业厂房和仓库。商场和商业店铺用房。办公用房。宾馆饭店。文体、娱乐设施。政府和公用设施用房。多功能建筑（即综合楼）共8类。

③ 按价格的构成不同，房屋可分为商品房、微利房、福利房、成本价房和优惠价房等，这是我国特有的分类方法。

④ 按所有权的归属不同，房屋可分为公房和私房。公房又分为直管公房和自管公房两类，直管公房是指由国家各级房地产管理部门直接经营管理的国有房产；自管公房是指由机关、团体、企事业单位自行经营管理的国有或集体所有的房产。

一般来说，政府行政公共设施和城市重大基础设施都由政府直接投资建设，工业厂房和仓库多由工业企业开发建设。与房地产企业投资开发建设相关的主要是上述中的住宅建筑和写字楼、商场等公共建筑。

1.1.2 房地产开发经营与服务经营

房地产开发经营是指房地产开发企业在城市规划区内国有土地上进行基础设施建设、房屋建设，并转让房地产开发项目或者销售、出租商品房的行为。

房地产经营包括房产开发经营、地产开发经营和服务经营。

1.1.2.1 房产开发经营

房产开发经营一般由房地产企业经营。在社会主义市场经济条件下，我国房地产业的经营目标是合理有效地组织好房屋的流通，实现房屋的价值，积累房屋扩大再生产的资本或资金，发挥房屋的效用，最大限度地满足人民群众的居住需求和社会需要。为此目的而进行的房屋建造、买卖、租赁、信托、交换、维修、装饰等各项经济活动，都是房产经营的内容。

房屋包括住宅用房和非住宅用房。住宅用房是个人消费资料，用来满足个人生活消费的需要；非住宅用房有的是生产资料，用来满足物质生产的需要，有的是公共消费资料，用来满足公共生活消费的需要，这些都是房产开发经营的对象。

1.1.2.2 地产开发经营

地产开发经营是一项复杂的经济活动，是土地商品化的过程。我国《宪法》规定，城市的土地属国家所有，但土地的使用权可以依照法律的规定转让。所以，在我国城市土地实行所有权和使用权相分离的条件下，地产开发经营的内容包括产权经营和开发经营两部分，即以城市土地使用权为对象的出让、转让、抵押等产权经营和以城市土地为劳动对象进行"三通一平"、"七通一平"，把"生地"变成"熟地"的开发经营。1990年5月，国务院发布第55号令《中华人民共和国城镇国有土地使用权出让和转让暂行条例》，文件从法律上确认了城镇国有土地经营的合法性，这对规范和发展房地产市场有重大意义。国家总的指导方针是国家垄断城镇土地一级市场，实行土地使用权有偿、有限期出让制度，对商业性用地使用权的出让，要改变协议批租方式，实行招标、拍卖，同时加强土地二级市场的管理，建立正常的土地使用权价格的市场形成机制，促进地产经营健康发展。

1.1.2.3 服务经营

房地产业不仅向整个社会提供房产和地产这些物质产品的经营，同时也向社会提供不可缺少的房地产服务经营。所谓房地产服务经营，是指房地产业在开发建设和经营管理过程中，在人们对房屋的使用过程中，所提供的一系列经营服务活动的总和。

房地产服务经营活动贯穿于房地产业全部经营过程的始终，即不但包括"产前"服务，还包括买卖、租赁服务以及"售后"、"租后"服务。房地产服务经营的范围具体包括：

① 房地产开发、投资咨询和价值评估。
② 拆迁、安置服务。
③ 买卖、租赁服务。
④ 换房服务。
⑤ 房屋修缮、装饰服务。
⑥ 居住区环境服务及管理等。

1.1.3 房地产开发及其企业分类

房地产开发是通过多种资源的组合使用而为人类提供入住空间，并改变人类生存的物质环境的一种活动。这里的资源包括土地、建筑材料、城镇基础设施、城镇公共配套设施、劳动力、资金和专业人员经验等诸多方面。

房地产开发分类与房地产企业分类有密切关系。

房地产开发企业按房地产开发分类，主要有以下两个方面。

1.1.3.1 按照开发经营对象分类

（1）专门从事土地和城市基础设施开发及其房地产开发企业

这类开发及企业从政府或政府主管部门取得土地使用权，然后对土地进行开发，完成城市基础设施的建设，最后将开发好的土地转给其他用地单位。

（2）专门从事地上建筑物和构筑物建设的房地产开发及其企业

这类开发及企业主要从二级市场上取得土地使用权，然后在土地上建设各类房屋和构筑物，最后将建成的建筑物和构筑物出租或出售。

（3）房地产综合开发及其企业

这类开发及企业把土地和房屋作为统一的开发经营对象进行综合开发、建设。

1.1.3.2 按照政府对企业的干预程度分类

（1）商业性房地产开发及其企业

即指从项目决策、资金融通一直到产品的竣工租售完全以市场价格为导向的房地产开发企业，这类企业追求的是市场利润最大化。

这类开发包括住宅和公共建筑的商业性房地产开发。

（2）政策性房地产开发及其企业

即接受国家指定的房地产开发经营任务，不完全按照商业性原则开发经营房地产的开发及企业。例如，目前在住宅的生产中，"安居工程"、"经济适用房"和"廉租房"建设就是此类政策性项目，政府所属的从事"安居工程"的房地产开发企业就是政策性的房地产开发企业。

1.1.3.3 按照房地产开发企业所有制性质分类

（1）公有制房地产开发企业

公有制房地产开发企业按公有程度不同，又可细分为国家所有制房地产开发企业和集体所有制房地产开发企业。目前，国家所有制房地产开发企业在中国城市房地产开发经营市场中占主导地位，也是房地产开发企业体制改革的主要对象。

（2）合资房地产开发企业

合资房地产开发企业是由外商和国内企业联合组建的房地产开发企业，是引进外资和国外先进的房地产开发经营技术、经验的重要渠道。

（3）私有房地产开发企业

私有房地产开发企业是个人所有的从事房地产开发的企业。

1.2 房地产开发与城镇规划建设

1.2.1 房地产开发与城镇住区规划建设

20 世纪 80 年代以来我国城镇住区规划建设处在振兴发展时期。这一时期住区规划建设有以下特点。

1.2.1.1 我国体制改革促进发展

我国经济体制的改革，促使居住区的形成机制发生了根本性转变。由过去国家包干的福利型转向商品型，住宅作为一种特殊的商品走向社会；住宅及居住区规划设计开始从注意数量的粗放型转变为注重质量的小康型，以向居住者提供多层次、多样化的选择；住宅及居住区建设由 20 世纪 60～70 年代的分散建设，转变为城乡规划部门监督和指导下的成片统一综合开发和建设，同时也为以住宅商品房和经济适用房开发为主的房地产开发经营提供了很好的发展机遇。

1.2.1.2 居住区规划向多样化迈进

一些丰富多彩的形式，打破以往条形住宅行列式布局一统天下的沉寂。

1.2.1.3 居住区结构组织多元化

不拘泥于分级模式，重视人的生活活动规律和空间环境的塑造；也有通过平台组织立体集约型结构布局，集就业与居住于一体，形成居住、综合办公、商务、金融、旅馆的综合居住区或小区。

1.2.1.4 小区功能布局观念更新

小区级商业服务网点由设于几何中心的内向型转化为设于居住区主要人流汇集的出入口或边缘主要道路的外向型。

1.2.1.5 环境意识的增强

规划理念增强"以人为本"的环境意识。

21 世纪我国居住区规划建设有以下发展趋势：

（1）集约化。居住区公共设施与住宅建筑联合协同规划建设，地下空间和地上空间联合协同规划建设，以及建筑综合体和住区空间环境联合协同规划建设，使土地与空间资源合理、高效利用。将居住、购物商务、文教卫生、休闲娱乐、综合服务以及行政管理功能综合在一起，既节约设备管线与能耗，又便于居住区智能化、封闭式防卫、综合化物业管理的实施。

（2）社区化。不仅完善物质生活支撑，而且强调精神生活空间场所。

(3) 生态化。除加强环境绿化外，更重视利用科技进步创造自我"排放—转换—吸纳"的可持续发展良性生态循环系统。

(4) 智能化。进一步重视智能社区、智能住宅和信息化的实施。

房地产业是国民经济的支柱产业之一，房地产开发是城镇住区、小区主要建设手段。改革开放以来，伴随着我国城镇住区规划建设振兴发展时期的到来，城镇化进程的加快，为房地产市场带来了无限的商机，同时，房地产开发经营作为房地产市场的主要供给模式与城镇住区和小区旧区改造、扩建、新区开发的主要实施手段和途径，已经被社会和市场广泛接受。

城镇住区与小区规划建设日新月异，也给房地产业和房地产开发提出更高的要求，特别是前述的功能综合化、人居环境的生态化、配套设施的现代化和信息化。

1.2.2 房地产配套设施与住区小区基础设施

房地产生产经营活动是以项目为单位来组织，并按项目管理的规律和方法进行的。

通常房地产配套设施是指房地产开发项目配套的市政基础设施和公共设施。前者包括相关的道路交通、给水、排水、供电、通信、燃气、供热、防灾、环卫、园林绿化等工程配套设施；后者包括相关的公共设施和住区、小区的公共服务设施。公共设施一般包括：行政管理、教育科技、文化体育、邮电金融、商业服务、集市贸易及其他七类设施。公共服务设施一般包括：教育、医疗卫生、文化体育、商业服务、金融邮电、社区服务、市政公用和行政管理及其他八类设施（详见5.1.1）。

我国房地产开发项目管理有关竣工验收制度明确提出以下几点要求。

1.2.2.1 房地产开发项目需经验收方能交付使用

《城市房地产开发经营管理条例》（中华人民共和国国务院令第248号）规定，房地产开发项目竣工，经验收合格后，方可交付使用；未经验收合格的，不得交付使用。

1.2.2.2 住宅小区等群体房地产开发项目竣工，还应当按照下列要求进行综合验收：

(1) 城镇规划和设计条件的落实情况。

(2) 城镇规划要求配套的基础设施和公共设施的建设情况。

(3) 单项工程的工程质量验收情况。

(4) 拆迁安置方案的落实情况。

(5) 物业管理的落实情况。

由此可见住区群体房地产开发配套设施还包括房地产物业管理需要配套的设施，如智能社区的物业信息化管理配套设施。

房地产开发的不同分类：专门从事土地和城镇基础设施开发；专门从事地上建筑物和构筑物建设的房地产开发；以及土地和房屋统一的综合开发。所涉及的房地产基础设施、公共设施建设项目和上述住区群体房开发项目配套的基础设施、公共设施的规模和级别等会有较大不同。前者主要是城镇区域和城镇基础设施及城镇公共设施并在城镇总体规划及相关区域规划中统筹规划，通常由国家和政府直接投资；后者多为住区或小区基础设施，并在住区或小区的详细规划中具体落实，以上述住区群体房成片开发项目为例，其配套设施可能是住区全部基础设施也可能是大部分基础设施，作为整个开发项目的组成之一，通常为业主投资。

根据我国房地产开发分类和房地产开发项目管理要求，以及相关城镇规划等综合分析，并从大多数房地产开发项目配套设施实际需要考虑，本书选择以城镇住区与小区为基本载体，概述房地产配套设施及其规划理论与建设实践。既有利房地产学系工程管理专业课程及城市规划居住区规划设计等课程的密切联系，又有利房地产配套设施知识掌握的系统性。而其他较少数房地产开发项目不同配套设施可举一反三，触类旁通。本书编写内容同时还考虑提供不同专业、不同章节内容选择。

1.3 房地产开发项目配套设施

如同前述综合分析，房地产配套设施即房地产开发项目配套设施，并可以住区与小区群体建筑成片开发项目配套设施综合阐述。

住区与小区群体建筑成片开发项目是城镇最主要房地产开发项目。住区与小区群体建筑成片开发项目配套设施具有房地产配套设施的代表性，并主要与住区、小区的配套基础设施相对应。

1.3.1 城镇住区与小区基础设施的作用与特点

1.3.1.1 城镇住区与小区基础设施的作用

城镇住区与小区基础设施是城镇住区与小区生存和发展所必须具备的工程基础设施和社会基础设施的总称。城镇住区与小区基础设施是城镇住区与小区人流、物流、信息流的载体和生存与发展不可缺少的物质条件，也是城镇住区与小区功能、职能得以顺利发挥、正常运转的保障系统和支撑系统。同时，也是住区与小区实现现代化和创造良好人居环境的必要条件和基本保证。

1.3.1.2 城镇住区与小区基础设施的特点

城镇住区与小区基础设施的特点主要有以下几个方面：

（1）市政工程是基础设施的主体，并具有很强的工程性、技术性特点。

（2）市政管网，特别是（中低压）分配管网是住区与小区的主要市政工程配套设施。

（3）市政工程中的道路及景观、绿地及景观配套设施以及智能社区配套设施，在现代与生态住区、小区的配套设施中具有突出作用，占有重要地位。

（4）住区的社会基础设施按住区规划组织结构不同，主要是相应配套的居住区、居住小区或组群级的公共服务设施；综合小区按其不同功能职能、地块与建筑的组成，由不同级（包括城镇级）公共设施与公共服务设施组成。

（5）不同级基础设施配置对应不同级的服务人口与服务范围。

1.3.2 房地产住区与小区群体开发项目配套设施及规划

1.3.2.1 配套工程设施

房地产住区与小区配套工程设施包括以下几个方面：

（1）房地产项目开发前期"三通一平"配套工程。

（2）住区与小区群体成片开发项目道路景观配套设施。

(3) 住区与小区群体成片开发项目绿地景观配套设施。
(4) 住区与小区群体成片开发项目公共服务配套设施。
(5) 住区与小区群体成片开发项目市政公用配套设施。
(6) 住区与小区群体成片开发项目智能化信息化配套设施。

房地产住区群体成片开发项目配套设施应按住区群体成片开发项目范围涉及的住区配套设施配套，并以住区或小区配套设施规划为指导和依据。

1.3.2.2 配套工程设施规划设计

房地产住区与小区群体成片开发项目配套工程设施规划设计包括以下几个方面：
(1) 开发范围的用地竖向规划。
(2) 住区与小区群体成片开发项目道路景观配套设施规划设计。
(3) 住区与小区群体成片开发项目绿地景观配套设施规划设计。
(4) 住区与小区群体成片开发项目公共服务配套设施规划设计。
(5) 住区与小区群体成片开发项目市政公用配套设施规划设计。
(6) 住区与小区智能化信息化配套设施规划设计。

房地产住区与小区群体成片开发项目配套工程设施设计应以住区与小区配套工程设施规划及相关标准法规为指导和依据。

1.3.2.3 配套设施规划设计特点与相关标准法规

住区与小区群体成片开发项目配套设施规划设计有以下主要特点：
(1) 应从住区与小区整体考虑，以住区与小区配套设施规划和相关上位规划为指导和依据。
(2) 应从住区与小区群体成片开发项目实际需要考虑，细化住区与小区配套设施相关规划，如群体房开发项目绿地景观规划配套的中水回用给水管网设计等。
(3) 对应住区与小区的相关控制性详细规划和修建性详细规划。

相关规划标准与法规主要有：
(1)《城乡规划法》。
(2)《土地管理法》、《土地管理法实施条例》、《建设用地审查报批管理办法》。
(3)《城市房地产管理法》。
(4)《建筑工程施工许可管理办法》。
(5)《城市规划编制办法》（中华人民共和国建设部令第 146 号）。
(6)《城市、镇控制性详细规划编制审批办法》（中华人民共和国住房和城乡建设部令第 7 号）。
(7)《城市用地分类与规划建设用地标准》。
(8)《城市居住区规划设计规范》。
(9)《城市道路交通规划设计规范》。
(10)《城市给水工程规划规范》。
(11)《城市排水工程规划规范》。
(12)《城市电力规划规范》。
(13)《城市环境卫生设施规划规范》。
(14)《城市工程管线综合规划规范》。

第1章 导 论

思考题

1. 试述房地产配套设施与房地产开发经营关系。
2. 房地产配套设施与住区小区基础设施有哪些关系？
3. 房地产配套设施由哪几方面组成？试以住区小区群体成片开发项目配套设施综合阐明。
4. 住区小区群体成片开发项目配套设施规划基本特点与要求有哪些？为什么？
5. 我国居住区规划建设发展趋势对房地产配套设施有什么新的要求？

第 2 章 "三通一平"配套工程与相关竖向规划

内容提要：本章内容包括房地产项目前期的"三通一平"配套工程及建设场地与道路的竖向规划设计。要求重点掌握与住区、小区群体房地产开发项目相关的设计地面形式、组织地面排水、确定道路、建筑场地及其他设施的标高、位置以及土石方工程量计算。

2.2.2道路与广场竖向设计为可选择章节。

2.1 项目前期的"三通一平"配套工程

2.1.1 相关房地产开发的主要程序

房地产开发的主要程序包括8个步骤，即投资机会寻找、投资机会筛选、可行性研究、项目立项、获取土地使用权、规划设计与方案报批、施工建设与竣工验收、市场营销与物业管理。这8个步骤又可以划分为四个阶段，即投资机会选择与决策分析、前期工作、建设阶段和租售阶段。当然，房地产开发的阶段划分并不是一成不变的，某些情况下各阶段的工作可能要交替进行。如果开发工作是遵循一个理论的程序，即项目建设完毕后才去找买家或租客时，开发程序才按上述顺序进行。但如果开发项目在建设前或建设中就预售或预租给置业投资者或使用者的话，则第四阶段就会在第二、第三阶段之前进行。但无论顺序怎样变化，这些阶段能基本上概括大多数居住物业、商业物业及工业物业开发项目的主要实施步骤。

上述程序中的获取土地使用权涉及政府土地收购储备与土地一级开发。

土地收购储备，是指城市政府通过设立的专责机构，统一负责行政区域内土地整理、征用、收购、收回、置换、储备、一级开发以及土地交易等活动的一种工作制度。该制度的建立，旨在规范土地供应市场，提高政府调控土地市场和房地产市场供给数量和价格的有效性，确保政府在土地开发利用过程中的所有者权益。

土地一级开发，是指城市政府委托当地土地收购储备机构，按照土地利用总体规划，城市总体规划及控制性详细规划和年度土地供应计划，对确定的存量国有土地、拟征用和农转用土地，统一组织进行征地、农转用、拆迁和市政道路等基础设施建设的行为。

政府土地收购储备中心按照土地一级开发模式实施对地块进行的土地一级开发工作，也为房地产开发商参与土地开发创造了市场机会，而土地一级开发工作中的对地块进行的市政道路等基础设施建设与房地产开发前期工作内容之一的水、电、路通畅和场地平整即施工现场的"三通一平"配套工程本身是一致的。

2.1.2 "三通一平"前期配套工程

"三通一平"配套工程宜按土地的不同开发程度，采取不同的方法。对于"毛地"，水、电、路通畅可在原有一定城市基础设施基础上与规划主管部门、自来水公司、供电公司、市政养护部门、城管局等部门商洽并申请实施，场地也在原基础上按规划平整；对于新区开发"生地"的水、电、路通畅应依据和结合开发范围详细规划分期实施，前期宜按施工需求采取临时市政设施，场地平整则按竖向规划设计实施。

2.2 房地产开发建设用地与道路的竖向规划设计

2.2.1 建设用地竖向规划设计

房地产开发建设用地的竖向规划设计的内容包括：设计场地的地面形式，组织地面排水、确定道路、建筑、场地及其他设施的标高、位置以及土石方工程量计算。

2.2.1.1 建设用地的竖向布置形式设计

根据规划功能使用要求、工程技术要求和空间环境组织要求，对建设用地基地的自然地形加以利用、改造，以满足规划设计项目对用地平整程度和高差变化的使用功能要求，即为建设用地的竖向布置形式。

（1）自然地面坡度的划分

自然地形的坡度可分为：平坡、缓坡、中坡、陡坡、急坡5种类型。

1）平坡、缓坡

平原地区，地面坡度<3%的为平坡坡地，3%~10%的为缓坡坡地。

平坡地段建筑、道路布置不受地形坡度限制，可随意安排。坡度<0.3%时，应注意排水组织。

小于5%的缓坡地段，建筑宜平行等高线或与之斜交布置，若垂直等高线，其长度不宜超过30~50m，否则需结合地形作错层等处理；非机动车道尽可能不垂直等高线布置，机动车道则可随意选线。地形起伏可使建筑及环境绿地景观丰富多彩。

5%~10%的缓坡，建筑道路最好平行等高线布置或与之斜交。若遇与等高线垂直或大角度斜交，建筑需结合地形设计，作跌落、错层处理。垂直等高线的机动车道需限制其坡长。

2）中坡

丘陵地区，地面坡度为10%~25%的为中坡坡地。中坡地段，建筑应结合地形设计，道路要平行或与等高线斜交迂回上坡。布置较大面积的平坦用地，填、挖土方量甚大。人行道若与等高线作较大角度斜交布置，也需做台阶。

3）陡坡、急坡

山地地区，地面坡度25%~50%为陡坡坡地；50%以上为急坡坡地。

陡坡坡地用作建设项目用地，施工不便，费用大。建筑必须结合地形个别设计，不宜大规模开发，在山地建设用地紧张时仍可使用。

急坡地通常不宜用于建设用地。

(2) 用地地面的竖向布置形式设计地面按其整平面之间的连接形式可分为以下三种。
1) 平坡式

平坡式竖向布置（图2-1），是把用地处理成接近于自然地形的一个或几个坡向的整平面，整平面之间连接平缓，无显著的坡度、高差变化。

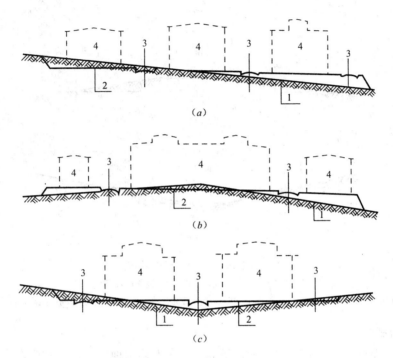

图 2-1 平坡式布置图
1—设计地面；2—原有地面；3—道路；4—建筑
(a) 单向斜面平坡；(b) 由场地中间向边缘倾斜的双向斜面平坡；(c) 由场地边缘向中间倾斜的双向斜面平坡

平坡式布置十分有利于建筑布置、道路交通和管线敷设等，但排水条件不利、适应性差。当自然地形复杂、起伏较大时，往往出现大填大挖，形成较大的土方工程量，并造成填土较多处的大量深基础情况。

一般适用于自然地形较为平缓（坡度在3‰～4‰）的建设用地；以及建筑密度大且铁路、道路、管线较密集，单个建筑占地较大、建筑布置集中，对地面坡度要求较严格（坡度<2‰）的建设项目。

2) 台阶式

台阶式（又称阶梯式）竖向布置（图2-2），是由几个高差较大的不同整平面相连接而成的，在其连接处一般设置挡土墙或护坡等构筑物。

台阶式布置能够较好地适应自然地形的复杂变化，土方工程量小，排水条件较好，但不同整平面之间的道路连接、管网敷设相对困难。

适用于场地自然坡度较大（>4‰）、面积较大的建设用地；或单体建筑占地较小、建筑布置分散，道路交通联系简单、管线不多，以及有大量单向重力运输要求（建筑物之间高差在1.5m以上）的建设项目。

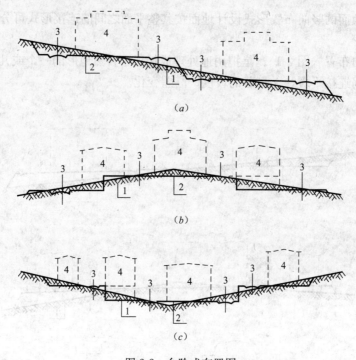

图 2-2 台阶式布置图
1—原有地面；2—设计地面；3—道路；4—建筑
(a) 单向降低的台阶；(b) 由场地中间向边缘降低的台阶；(c) 由场地边缘向中间降低的台阶

3）混合式

混合式（又称重点式）竖向布置，是混合运用上述两种形式进行的竖向布置，即根据使用要求和地形特点，把建设用地分为几个区域，有的区域采用平坡式以利于建筑的布置，而有的区域则采取台阶式以适应自然地形的复杂变化。如丘陵地区，为保证主体建筑的建设及交通等要求，可采用平坡式；而辅助部分则可按阶梯式布置。

对于一个较大的用地来说，自然地形往往变化复杂，坡度也不完全一样，可能存在平坦、缓坡、陡坡之分；在这种情况下采用混合式布置，更能充分发挥平坡式和台阶式竖向布置的各自优点、因地制宜地解决用地的竖向问题。

2.2.1.2 建设用地竖向形式的选择

(1) 影响地面竖向布置形式的因素

竖向规划地面布置形式的选择，主要取决于以下因素：

① 用地的自然地理特征。如：用地的大小、自然地形坡度、工程地质和水文地质条件等。

② 建、构筑物的布局与基础埋深。即建、构筑物的平面布置形式（集中式或分散式）及建筑密度分布，单体建、构筑物（包括不可分割的建筑群体）占地面积及其基础埋置深度。

③ 室外用地的使用要求。即建设项目室外用地的使用对用地平整的坡度要求、交通运输方式的要求等。

④ 工程技术方面的要求。如：地上、地下管网的分布及密度、用地土方工程量的要求等。

⑤ 其他因素。竖向规划地面布置形式的选择，还要考虑到用地地质条件（黏土类或岩石）、施工方法（人工填挖或机械施工）、室外工程投资额和建设速度的要求等。在某些情况下，这些其他因素对规划地面竖向布置形式的选择往往有很大影响，有时甚至是决定性的。如：某自然地形坡度为2%、宽度不大的用地，应采用平坡式竖向布置，但为减少人工平整场地的土方工程量，而选择了台阶式。

（2）竖向布置形式的选择

1）竖向布置横断面的几何要素

竖向布置横断面的几何要素主要有用地坡地，宽度及挖、填方高度等。

在地形为单一倾斜面的情况下，自然地形坡度、用地整平坡度、用地宽度和挖方、填方高度之间的关系，可用以下式（2-1）描述（图2-3）：

$$\sum H = H_{挖} + H_{填} = B(i_{地} - i_{整})/100 \qquad (2-1)$$

式中 $\sum H$ ——挖填方总高（m）；

$H_{挖}$ ——挖方高度（m）；

$H_{填}$ ——填方高度（m）；

B ——用地宽度（m）；

$i_{地}$ ——自然地形坡度（%）；

$i_{整}$ ——用地设计整平坡度（%）。

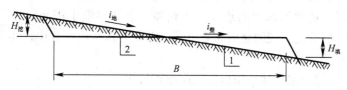

图2-3 单一倾斜面中各要素的几何关系示例图
1—自然地面；2—设计地面

考虑土壤疏松系数的影响和基槽等开挖余土，为达到挖填方的平衡，用地土方填方量，一般采用下列比例：

$$H_{挖} = (0.75 \sim 0.8)H_{填} \qquad (2-2)$$

将此式（2-2）代入式（2-1），则：

$$H_{填} = B(i_{地} - i_{整})/(175 \sim 180) \qquad (2-3)$$

2）典型条件下竖向布置形式的选择

在影响地面竖向布置形式的各因素中，建、构筑物的基础埋设深度对用地填方高度有着最直接的制约。从图2-3所示几何关系中可以看出，当单一倾斜面的最大填方高度（$H_{填}$）小于基础构造埋设深度时，用地的竖向布置可采用形式简洁的平坡式；当单一倾斜面的最大填方高度（$H_{挖}$）大于基础构造埋设深度时，则宜采取台阶式，以降低填方高度，使其满足基础埋深的要求。当采用单台阶式布置后，填方高度（$H_{填}$）仍然大于基础合理的埋设深度时，可以多台阶布置方式降低填方高度。

为了在选择中便于比较，可按式（2-3）所示的关系，设用地整平坡度为0.5%、$H_{挖} = 0.8 H_{填}$，则：

$$H_{填} = B(i_{地} - 0.5\%)/180 \tag{2-4}$$

即：在一定的自然地形坡度（$i_{地}$）下，用地宽度（B）与填方高度（$H_{填}$）呈线性正相关系（式 2-4）。根据基础埋设深度的限制，可从图 2-4 中直观地得到每一具体情况下平坡式与台阶式竖向布置的界限值；即：由基础埋设深度（以 3m 为例）可得到用地竖向的最大填方高度（$H_{填}$＝基础埋深＝3m），在相应自然地形坡度（设 $i_{地}$＝4%）的函数直线中可查得最大用地宽度（B＝155m）；若实际用地宽度小于该最大值（155m），则竖向布置形式可采用平坡式，否则须采用台阶式分段布置。

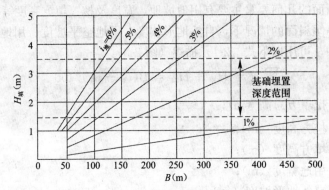

图 2-4　$H_{填}$、B 和 $I_{地}$ 关系图

由于所涉及因素的复杂性，这一方法显然存在某些局限性；但它毕竟具有一定的典型性和实际意义，当用地地形起伏的规律性比较强，能够将整个用地划分为若干单项坡面时，它可以帮助我们确定用地的竖向布置形式。在台阶式竖向布置中，还能借鉴它初步确定各台阶的高宽尺寸。

3）因地制宜、综合选择建设用地的竖向布置形式

应当指出，上图仅是根据典型横断面计算出的临界值，它不可能包括所有用地竖向布置中遇到的各种实际情况，式（2-1）和图 2-4 中所涉及的各个参数均有不同的复杂性或不确定性：

① 自然地形的复杂性。如：位于起伏较大的丘陵地段或分水岭、凹地地形的用地，其自然地形坡度（$i_{地}$）变化复杂，工作中应选择典型位置的竖向断面进行具体分析。

② 用地竖向设计要求的多样性。不同建设项目对用地设计整平坡度（$i_{整}$）的要求各不相同，如虽为单向倾斜地形，但主要整平面的坡度允许较大，则对平坡式的选用限制大为降低，设计工作更为灵活。

③ 基础埋深限制的各种具体情况。上述方法的基本理论依据是建、构筑物的基础埋置深度不小于用地的最大填方高度；但在具体的工程实践中，建、构筑物的基础埋置深度及其与用地的最大填方高度的关系往往千差万别。当基础的构造深度较小或较大时，其对用地的最大填方高度难以形成具体的限制；再如，在靠近填方坡顶布置铁路、道路、堆场等，避开用地最大填方处布置有基础的建、构筑物……。设计时应根据实际情况加以具体分析、灵活运用。

因而，建设用地竖向布置形式多种多样（图 2-5），不能只根据上述公式计算的结果进行选择，还必须与整个总平面设计和运输设计统一考虑其可能性和合理性。在各种具体情况下，采用何种竖向布置形式为宜，需要结合当地的有关条件进行综合技术经济比较而

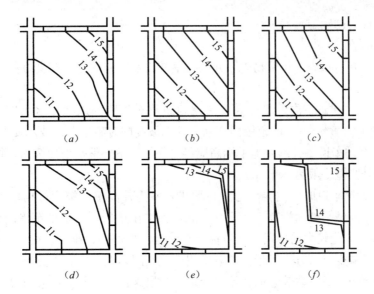

图 2-5 同一用地的不同竖向规划处理图
(a) 自然坡;(b) 单匀坡;(c) 凸坡;(d) 凹变坡;(e) 筑平;(f) 台地

定。在分析比较中,应抓住起主导作用的关键因素,做出经济、合理的决策。

2.2.1.3 设计标高的确定

合理确定建筑物、构筑物、道路、场地的标高及位置是设计标高的主要内容。

(1) 考虑主要因素与要求

1) 防洪、排水

设计标高要使雨水顺利排除,基地不被水淹,建筑不被水倒灌,山地需注意防洪排洪问题,近水域的基地设计标高应高出设计洪水位 0.5m 以上。

2) 地下水位、地质条件

避免在地下水位很高的地段挖方,地下水位低的地段,因下部土层比上部土层的地耐力大,可考虑挖方,挖方后可获较高的耐力,并可减少基础埋设深度和基础断面尺寸。

3) 道路交通

考虑基地内外道路的衔接,并使区内道路系统平顺、便捷、完善;道路和建筑、构筑物及各场地间的关系良好。

4) 节约土石方量

设计标高在一般情况下应尽量接近自然地形标高,避免大填大挖,尽量就地平衡土石方。

5) 建筑空间景观

设计标高要考虑建筑空间轮廓线及空间的连续与变化,使景观反映自然、丰富生动、具有特色。

6) 利于施工

设计标高要符合施工技术要求,采用大型机械平整场地,则地形设计不宜起伏多变;土石方应就地平衡,一般情况土方宜多挖少填,石方宜少挖;垃圾淤泥要挖除;挖土地段宜作建筑基地,填方地段宜作绿地、场地、道路等承载量小的设施。

（2）设计标高的确定

1）建筑标高

要求避免室外雨水流入建筑物内，并引导室外雨水顺利排除；有良好的空间关系并保证有顺捷的交通。

① 室内地平。建筑室内地平标高要考虑建筑物至道路的地面排水坡度最好在1%～3%，一般允许在0.5%～6%的范围内变动，这个坡度同时满足车行技术要求。

a. 当建筑有进车道时：室内地平标高应尽可能接近室外整平地面标高。根据排水和行车要求，室内外高差一般为0.15m。

b. 当建筑无进车道时：主要考虑人行要求，室内外高差的幅度可稍增大，一般要求室内地平高于室外整平地面标高0.45～0.60m，允许在0.3～0.9m的范围内变动。

② 地形起伏变化较大的地段。建筑标高在综合考虑使用、排水、交通等要求的同时，要充分利用地形减少土石方工程量，并要组织建筑空间体现自然和地方特色。如将建筑置于不同标高的台地上或将建筑竖向作错叠处理，分层筑台等，并要注意整体性，避免杂乱无序（图2-6）。

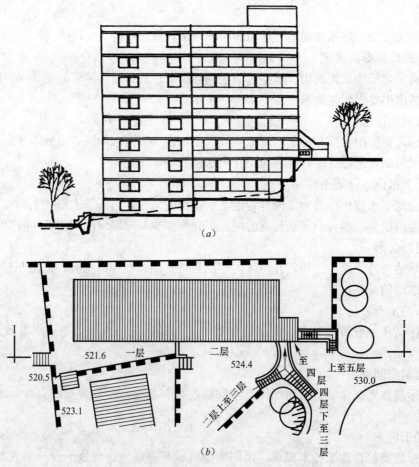

图2-6 利用地形错层跌落、分层筑台图
(a) Ⅰ-Ⅰ剖面图；(b) 竖向设计平面图（利用地形错层跌落，分层筑台进出）

③ 人行道。纵坡以≤5%为宜，>8%时宜采用梯级和坡道。多雪严寒地区最大纵坡≤4%。

④ 交叉口纵坡≤2%，并保证主要交通平顺。

⑤ 桥梁引坡≤4%。

⑥ 广场、停车场坡度0.3%～0.5%为宜。

2) 室外场地

力求各种场地设计标高适合雨水、污水的排水组织和使用要求，避免出现凹地。

① 儿童游戏场坡度：0.3%～2.5%。

② 运动场坡度：0.2%～0.5%。

③ 杂用场地坡度：0.3%～2%。

④ 绿地坡度：0.5%～1.0%。

⑤ 湿陷性黄土地面坡度：0.5%～7%。

⑥ 室外地坪：坡度不得小于0.3%，并不得坡向建筑散水。

2.2.1.4 地面排水与挡土设施

在设计标高中考虑了不同建设用地的坡度要求，为建设用地排水组织提供了条件。根据建设用地地形特点和设计标高，划分排水区域，并进行建设用地的排水组织。排水方式选择应通过对建设用地条件的深入分析，并经过技术经济论证确定。

（1）地面排水

1) 自然排水

即：不使用管沟汇集雨水，而通过设计地形的坡向使雨水在地表流出场地。一般较少采用，仅适用于下列情况：

① 降雨量较小的气候条件。

② 渗水性强的土壤地区。

③ 雨水难以排入管沟的局部小面积地段。

2) 明沟排水

主要适宜于下列情形：

① 规划整平后有适于明沟排水的地面坡度。

② 建设用地边缘地段，或多尘易堵、雨水夹带大量泥沙和石子的场地。

③ 采用重点平土方式的用地或地段（只是重点地在建筑物附近进行整平，其他部分都保留自然地形不变）。

④ 埋设下水管道不经济的岩石地段。

⑤ 没有设置雨、污水管道系统的郊区或待开发区域。

3) 暗管排水

这是城区内一般建设用地最常见的一种排水方式，通常适用于下述几种情况：

① 用地面积较大、地形平坦，不适于采用明沟排水者。

② 采用雨水管道系统与城市管道系统相适应者。

③ 建筑物和构筑物比较集中、交通线路复杂或地下工程管线密集的用地。

④ 大部分建筑屋面采用内排水的。

⑤ 建设用地地下水位较高的。

⑥ 建设用地环境美化或建设项目对环境洁净要求较高的。

4) 混合排水

即：暗管与明沟相结合的排水方式。可根据建设用地的具体情况，分别不同区域灵活采用不同的排水方式，并使两者有机结合起来，迅速排除地面雨水。

(2) 用地整平坡度的要求

为使建、构筑物周围的雨水能顺利排除，又不至于冲刷地面，建筑物周围的用地应具有合适的整平坡度，一般情况下应>0.5%；困难情况下也应>0.3%；最大整平坡度可按场地的土质和其他条件决定，但不宜超过6%的坡度。

(3) 雨水口的布置

当采用暗管排水方式时，雨水管道排水系统中雨水口的位置，应考虑集水方便，使雨水顺畅地排出，并与雨水管道系统有良好的连接。应尽量使空旷场地上的雨水排入道路边沟或明沟中，以缩短雨水管道长度。雨水口布置在道路最低点收集雨水效果最佳，并应设在雨水检查井附近25m以内，尽可能接近干管，以缩减部分雨水管的直径并减少检查井的数目。在任何情况下，雨水口布置，都应避免设在建筑物门口、分水点及其他地下管道上。

一个雨水口可负担的汇水面积，应根据重现期、降雨强度、土壤性质、铺砌情况和采用雨水口形式等因素决定，一般采用3000~5000m²，但多雨地区汇水面积可少些，干旱的西北地区可大些，有时可达10000m²以上。

雨水口的间距一般按其能负担汇水面积的大小，并结合用地整平排水设计要求确定（表2-1）。

建设用地内雨水口的间距表　　　　表2-1

道路纵坡（%）	雨水口间距（m）	备注
<0.3	30~40	当道路纵坡大于0.3%或汇水面积大于30000m²时，雨水口宜加密设置
0.3~0.4	40~50	
0.4~0.6	50~60	
0.6~0.7	60~70	
0.7~3.0	80	

在道路交叉处，雨水口的布置应根据道路坡度情况确定，一般布置在街道转角处（图2-7）。

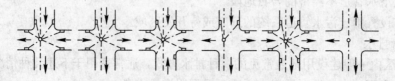

图2-7　道路交叉口处雨水口的布置图

(4) 挡土设施

设计地面在处理不同标高之间的衔接时，需要作挡土设施，一般采用护坡和挡土墙，需要布置通路时则设梯级和坡道联系。

1) 护坡

护坡是用以挡土的一种斜坡面,其坡度根据使用要求、用地条件和土质状况而定,一般土坡不大于1:1。护坡面应尽量利用绿化美化。护坡坡顶边缘与建筑之间距离应≥2.5m以保证排水和安全。

2) 挡土墙

一般有三种墙体形式,即垂直式、仰斜式和俯斜式。仰斜式倾角一般不小于1:0.25受力较好。挡土墙由于倾斜小或作成垂直式则比护坡节省用地,但过高的挡土墙处理不当易带来压抑和闭塞感,将挡土墙分层形成台阶式花坛或和护坡结合进行绿化不失为一种处理手法,挡土墙的土层排水一般于挡土墙身设置泄水孔,可利用其设计成水幕墙而构成一景。

室外竖向挡土设施不仅是工程构筑物,也是很好的建筑小品和环境小品,在于有心和精心设计(图2-8)。

图2-8 挡土设施小品化设计示例图
(a) 护坡・天桥・庭院;(b) 挡土墙・阶梯・水池

2.2.1.5 竖向规划设计方法与步骤

建设用地竖向规划设计主要采用以下3种方法。

（1）设计标高法（或称高程箭头法）

这是一种简便易行的方法，即用设计标高点和箭头来表示地面控制点的标高、坡向及雨水流向；表示出建筑物、构筑物的室内外地坪标高，以及道路中心线、明沟的控制点和坡向并标明变坡点之间的距离；必要时可绘制示意断面图。

用这种方法表示竖向布置比较简单，并能快速地判断所设计的地段总平面与自然地形的关系；其制图工作量较小，图纸制作快，而且易于修改和变动，基本上可满足设计和施工要求，是一种普遍采用的表达方法。其缺点是比较粗略，需要有综合处理竖向标高的经验；如果设计标高点标注较少，则容易造成有些部位的高程不明确，降低了准确性。

其表示的内容如下（图2-9）：

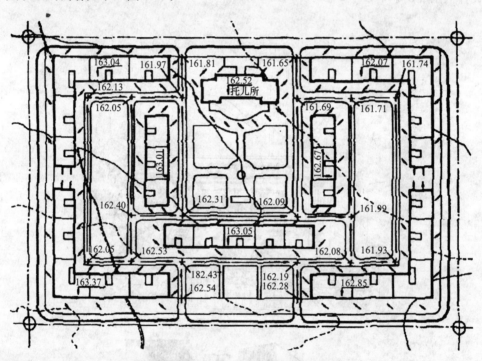

图2-9 用设计标高法绘制的竖向规划图

① 根据竖向规划的原则及有关规定，在总平面图上确定规划区域内的自然地形。
② 注明建、构筑物的坐标与四角标高、室内地坪标高和室外设计标高。
③ 注明道路及铁路的控制点（交叉点、变坡点……）处的坐标及标高。
④ 注明明沟底面起坡点和转折处的标高、坡度、明沟的高宽比。
⑤ 用箭头表明地面的排水方向。
⑥ 较复杂地段，可直接给出设计剖面，以阐明标高变化和设计意图。

该图一般可结合在总平面图中表示。若有些地形复杂或在总平面图上不能同时清楚表示竖向规划时，可单独绘制竖向规划图。

（2）纵横断面法

此法多用于地形复杂地区或需要作较精确的竖向规划时采用。

一般先在场地总平面图上根据竖向规划要求的精度,绘制出方格网(精度越高则方格网越小),并在方格网的每一交点上注明原地面标高和设计地面标高,即:

$$\frac{原地面标高}{设计地面标高}$$

然后沿方格网长轴方向绘制出纵断面,用统一比例标注各点的设计标高和自然标高,并连线形成设计地形和自然地形断面;同样方法沿横轴方向绘出场地竖向规划的横断面。纵、横断面的交织分布,综合表达了场地的竖向规划成果。

此法的优点是对场地的自然地形和设计地形容易形成立体的形象概念,易于考虑地形改造,并可根据需要调整方格网密度,进而决定整个竖向设计工作的精度。其缺点是工作量往往较大,耗时较多。

纵横断面法竖向规划工作主要包括如下内容(图 2-10)。

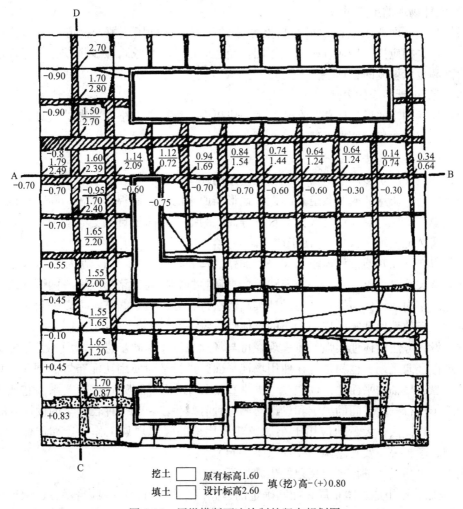

图 2-10 用纵横断面法绘制的竖向规划图

1) 绘制方格网

根据所规划地形的复杂程度、工程要求精度,以适当间距绘制方格网。方格网尺寸的大小因图纸比例和所需精度而定;图纸比例大,如(1∶500)~(1∶1000),方格网尺寸小；图纸比例小，如（1∶1000）～（1∶2000），方格网尺寸大。

2）确定方格网交点的自然标高

根据地形图中的自然等高线，用内插法，求出方格网点的自然标高。

3）选定标高起点

选定一标高点作为绘制纵横断面的起点，此标高点应低于图中所有自然标高值。

4）绘制方格网的自然地面立体图

放大绘制方格网，并以所选标高起点为基线标高，采用适宜比例绘出场地自然地形的方格网立体图。

5）确定方格网交点的设计标高

根据立体图所示自然地形起伏的情况，考虑地面排水、设计中建筑物的组合排列及土方平衡等因素，综合确定场地地面的设计坡度和方格交点的设计标高。

6）设计场地的土方量

根据纵横断面所示设计地形与自然地形的高差，计算场地填、挖方工程量，进行平衡、调整，并相应修改场地方格网立体图，使之满足工程要求，减少填挖方总量，以确认设计标高和设计坡度的合理性。

7）场地设计地面的表达

根据最后确定的设计标高，在竖向规划成果图上抄注各方格网交点的设计标高，并按比例相应绘出竖向规划的地面线。

（3）设计等高线法

设计等高线法，多用于地形变化不太复杂的丘陵地区的场地竖向规划。其优点是能较完整地将任何一块用地或一条道路的设计地形与原来的自然地貌作比较，随时可以看出设计地面挖填方情况（设计等高线低于自然等高线为挖方，高于自然等高线为填方，所填挖的范围也清楚地显示出来），以便于调整。

这种方法，在判断设计地段四周路网的路口标高，道路的坡向、坡度，以及道路与两旁用地高差关系时，更为有用。由于路口标高调整将影响到道路的坡度、两旁建筑用地的高程与建筑室内地坪标高等，采用设计等高线法进行竖向规划调整，可以一目了然地发现相关问题，有效地保证竖向规划工作的整体性、统一性。

这种设计方法整体性很强，还表现在可与场地总体布局同步进行，而不是先完成平面规划，再做竖向规划。也就是，在使用场地平面图进行平面使用功能布置的同时，设计者不只考虑纵、横轴的平面关系，也要考虑垂直地面轴（Z）的竖向功能关系。它成为设计者在图纸中进行三度空间的思维和设计时的一种有效手段，是一种较科学的设计方法。

设计等高线法，大量地应用于小城镇建设用地的竖向规划工作中，如居住小区、广场、公园、学校……及其路网的设计（图2-11）。

用设计等高线法进行竖向规划的步骤如下：

① 根据建设用地总体布局，在已确定的道路网中绘出道路红线内各组成部分（轴线、控制线等）的平面图。对场地区域内各条道路作纵断面设计，确定道路轴线交叉点、变坡点等控制点的标高。根据道路横断面可求出道路红线的标高。

② 当所设计的地段地形坡度较大时，可根据需要布置出护坡、挡土墙等，形成台地，并注明标高。

2.2 房地产开发建设用地与道路的竖向规划设计

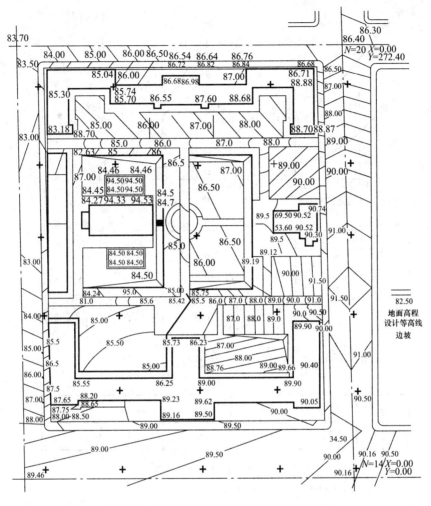

图 2-11 用设计等高线法绘制的竖向规划图

③ 用插入法求出街道各转折点及建筑物四角的设计标高。

④ 建设用地人行道的坡度及线型应结合自然地形、地貌灵活布置，当坡道的纵坡>10%时，可设置为不连续的坡面，或设置一部分台阶，台阶旁可辅以一定宽度的坡道，以便于自行车的上下推行。

⑤ 根据基地地形、地貌的变化，通过地形分析划分出若干排水区域、分别排向临近道路。基地排水系统可采用不同的方式，如设置自然排水、管道系统排水或明沟排水等。地面坡度大时，应以石砌以免冲刷，有的也可设置沟管，并在低处设进水口。

以上步骤，可以初步确定场地的四周边线标高及内部道路、房屋四角的设计标高，再联成大片地形的设计等高线。

2.2.1.6 土石方工程量计算

计算土石方工程量的方法有多种，常用有以下两种方法。

（1）方格网计算法

该法应用较广泛，其方法步骤如下（图 2-12）。

第2章 "三通一平"配套工程与相关竖向规划

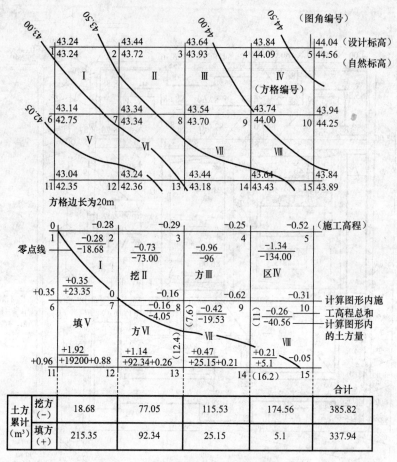

图 2-12 方格网法计算土石方量示例图

注：上两方格网，在实际工作中是一张图，为了易说明问题，分别绘制

1) 划分方格

方格边长取决于地形复杂情况和计算精度要求。地形平坦地段用 20～40m；地形起伏变化较大的地段方格边长多采用 20m；作土方工程量初步估算时，方格网则可大到 50～100m；在地形变化较大时或者有特殊要求时，可局部加密。

2) 标明设计标高和自然标高

在方格网各角点标明相应的设计标高和自然标高，前者标于方格角点的右上角，后者标于右下角。

3) 计算施工高程

施工高程等于设计标高减自然标高。"+"、"－"值分别表示填方和挖方，并将其数值分别标在相应方格角点左上角。

4) 作出零线

将零点连成零线即为挖填分界线，零线表示不挖也不填。

5) 计算土石方量

根据每一方格挖、填情况，按相应图示分别代入相应公式（表 2-2），计算出的挖、填方量分别标入相应的方格内（图 2-12）。

方格网法计算土石方量图示与计算公式表　　　　表 2-2

填挖情况	图示	计算公式	附注
零点线计算		$b_1 = a \cdot \dfrac{h_1}{h_1+h_3}$ $b_2 = a \cdot \dfrac{h_3}{h_3+h_1}$ $c_1 = a \cdot \dfrac{h_2}{h_2+h_4}$ $c_2 = a \cdot \dfrac{h_4}{h_4+h_2}$	
正方形四点填方或挖方		$V = \dfrac{a^2}{4}(h_1+h_2+h_3+h_4)$	式中　a——一个方格边长（m）； b、c——零点到一角的边长（m）； V——挖方或填方的体积（m^3）； h_1、h_2、h_3、h_4——各角点的施工高程（m）用绝对值代入； $\sum h$——填方或挖方施工高程总和（m）用绝对值代入。 本表公式系按各计算图形底面积乘平均施工高程而得出的
梯形二点填方或挖方		$V = \dfrac{b+c}{2} \cdot a \cdot \dfrac{\sum h}{4}$ $= \dfrac{(b+c) \cdot a \cdot \sum h}{8}$	
五角形三点填方或挖方		$V = \left(a^2 - \dfrac{b \cdot c}{2}\right) \cdot \dfrac{\sum h}{5}$	
三角形一点填方或挖方		$V = \dfrac{1}{2} \cdot b \cdot c \cdot \dfrac{\sum h}{3}$ $= \dfrac{b \cdot c \cdot \sum h}{6}$	

6）汇总工程量

将每个方格的土石方量，分别按挖、填方量相加后算出挖、填方工程总量，然后乘以松散系数，才得到实际的挖、填方工程量。松散系数即经挖掘后孔隙增大了的土体积与原土体积之比值（表 2-3）。由表 2-2 示例可计算，挖方总量为 385.82m^3；填方总量为 337.94m^3，挖填方接近平衡。挖、填方量的计算还可用查表法，最好运用电子计算机。

几种土壤的松散系数表 表 2-3

系数名称	土壤种类	系数（%）
松散系数	非黏性土壤（砂、卵石） 黏性土壤（黏土、粉质黏土、砂质粉土） 岩石类填土	1.5～2.5 3.0～5.0 10.0～15.0
压实系数	大孔性土壤（机械夯实）	10.0～20.0

（2）横断面计算法

此法较简捷，但精度不及方格网计算法，适用于纵横坡度较规律的地段，其计算步骤如下（图 2-13）。

1）定出横断面线

横断面线走向，一般垂直于地形等高线或垂直于建筑物的长轴。横断面线间距视地形和规划情况而定，地形平坦地区可采用的间距为 40～100m，地形复杂地区可采用 10～30m，其间距可均等，也可在必要的地段增减。

2）作横断面图

根据设计标高和自然标高，按一定比例尺作出横断面图，作图选用比例尺，视计算精度要求而定，水平方向可采用（1∶500）～（1∶200）；垂直方向可采用（1∶200）～（1∶100）。常采用水平 1∶500，垂直 1∶200。

3）计算每一横断面的挖、填方面积

一般由横断面图用几何法直接求得挖、填方面积，也可用求积仪求得。

4）计算相邻两横断面间的挖、填方体积

由（图 2-14）可得计算式（2-5）：

$$V = \frac{F_1 + F_2}{2}L \tag{2-5}$$

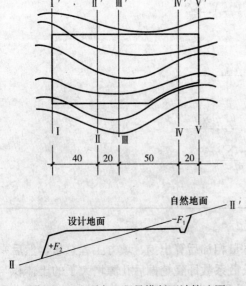

图 2-13 土石方工程量横断面计算法图

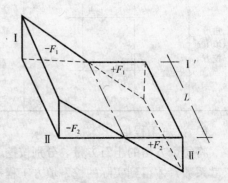

图 2-14 相邻两横断面挖填方量计算图

式中　V——相邻两横断面间的挖方或填方体积（m³）；
　　　F_1、F_2——相邻两横断面的挖（填）方面积（m²）；
　　　L——相邻两横断面间的距离（m）。

5）挖、填土方量汇总

将上述计算结果按横断面编号分别列入汇总表并计算出挖、填方总工程量。

（3）余方工程量估算

土石方工程量平衡除考虑上述场地平衡的土石方量外，还要考虑地下室、建筑和构筑物基础、道路以及管线等工程的土石方量，这部分的土石方可采用估算法取得：

1）各多层建筑无地下室者，基础余方可按每平方米建筑基底面积的 0.1～0.3m³ 估算；有地下室者，地下室的余方可按地下室体积的 1.5～2.5 倍估算。

2）道路路槽余方按道路面积乘以路面结构层厚度估算。路面结构层厚度以 20～50cm 计算。

3）管线工程的余方可按路槽余方量的 0.1～0.2 倍估算。有地沟时，则按路槽余方量的 0.2～0.4 倍估算。

2.2.2　道路与广场竖向设计

根据城镇详细规划设计中总平面图，进行道路和广场的竖向设计，所应用的图纸比例，依据所提供条件而定，如一般城市建设地段总平面图用 1：1000 或 1：500。

（1）道路纵坡转折点及交叉口标高的确定

城镇道路有不同的使用功能。山区丘陵地的城镇道路的功能对道路提出了最大的纵坡要求，见表 2-4。

山区丘陵地道路最大纵坡值 $i_{纵}$ 表　　　　表 2-4

不同功能道路	最大纵坡值 $i_{纵}$（%）
主干道	≯8（一般为6）
次干道	≯8
居住区道路	≯8
自行车道	≯4
排除雨水最小纵坡	0.2～0.4

同时，山区丘陵地对道路的纵坡坡长有一定的限制，见表 2-5。

道路纵坡长度极限值表　　　　表 2-5

纵坡（%）	坡长限制（m）
>5～6	800
>6～7	400
>7～8	300
>8～9	100

因此，城镇道路的路口标高和纵坡转折点标高的确定，必须根据城镇道路功能、允许最大纵坡值和坡长极限值三方面因素来考虑。此外，还必须遵循以下几点：

1）当城镇道路路段连续纵坡＞5%时，应设置缓和地段。缓和地段的坡度不宜大于

3%,长度不宜<300m。当地形受到限制时,缓和地段长度可减为80m。

2)城镇道路的定线设计必须充分结合自然地貌,只有在不得已时才动土方,从根本上改变原来的地貌。

3)在竖向设计时,道路经过之处应尽可能不损坏表土层,使植物的栽培能正常成长。

4)城镇中的特殊用地,如工业、铁路专用线,水运码头设施等用地,在不影响它们的生产工艺流程及运输条件下,也应当充分注意完善道路与运输线路的竖向设计。

(2)道路竖向设计步骤与方法

1)必须根据规划地段中的总平面图进行分析,以判断各条道路的功能、允许的纵坡度和限制坡长,初步确定各个交叉口和纵坡转折点的标高。标高值要使用地形平面图上原地貌等高距 H 值,如 $H=1.0$ (m),标高值宜用1,2,3,4,…;或 $H=0.5$ (m),则标高值宜用1.0, 1.5, 2.0, 2.5,…,依此类推。

2)根据交叉口至纵坡转折点的标高的高程差除以该地形图的等高距,如1:1000用 $H=1.0$m,1:500用 $H=0.5$m,1:200用 $H=0.1$m,即得所需平距的长度(为了快速作图,可用分规在路的中心线上进行分段),沿路中心线上标出各平距长度的点。

3)应用平距比例尺(1:500,1:1000,…),即可判断交叉口至纵坡转折点或交叉口至交叉口之间的纵坡度 $i_{纵}$(%)。

4)可在路中心线已标出的点上注明高程,且用红色数字和点指出它是设计等高线的位置和标高。

5)判断所设计道路的纵坡度和纵坡长是否符合设计要求。如不符合设计要求则只能重新确定平面图上的交叉口标高和另选纵坡转折点并定出标高,以提高或降低纵坡度和增大或缩小纵坡长度。

6)分析道路的设计纵坡与原来地貌的挖填状况和设计的道路对两旁用地的影响情况,是否影响两旁用地的发展和次要道路的进入。

(3)道路横断面竖向设计

城镇规划中修建地区的道路系统,除选择交叉口、纵坡转折点和确定标高外,尚需分析、确定和绘制道路的横断面竖向设计图。

各种不同形式的道路横断面由详细规划要求所决定,道路横断面坡度取决于不同路面的做法,见表2-6。

道路面层做法与横坡 $i_{横}$ 表　　　　　表2-6

顺序	路面面层类型	横坡 $i_{横}$(%)
1	水泥混凝土路面	1.0~2.0
2	沥青混凝土路面	1.0~2.0
3	其他黑色路面	1.5~2.5
4	整齐石块路面	1.5~2.5
5	半整齐和不整齐石块路面	2.0~3.0
6	碎石和碎石材料路面	2.5~3.5
7	加固和改善土路面	3.0~4.0

1)道路横断面的做法

① 抛物线型横断面的设计等高线。这类道路横断面属于低级路面,横坡大。

② 双斜面型横断面的设计等高线。此法多用于城市高级路面的横断面,横坡小。一

般水泥混凝土路面、沥青混凝土路面、其他黑色路面都采用此法。

这类道路横断面的等高线设计可以应用设计等高线法。等高线设计法已在前节作了介绍。双斜面型道路横断面等高线设计的图形见图2-15所示。

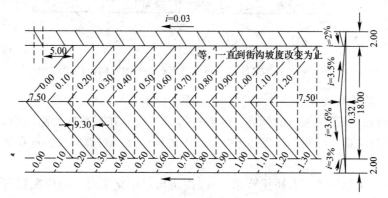

图2-15 双斜面型道路横断面的设计等高线图

2) 路边有挡土墙和台地的设计等高线

路边为垂直的挡土墙,在平面图上以两条平行线表示,两线之间距离为按比例绘出的挡土墙的宽度。挡土墙上首和下脚的两条设计等高线的高程差,即为挡土墙的高度。图2-16中两条平行线宽度为0.80m表述了挡土墙的平面投影,图中所示等高线5.80、5.90、6.00、6.10,表示挡土墙下部台地的设计高程,有从东往西向挡土墙内侧倾斜的坡面,墙脚有等高线所示的排水沟。等高线7.10、7.20、7.30、7.40、7.50、7.60、7.70表示挡土墙上部台地的高程,其排水由东往西向里倾斜,坡度大于挡土墙的下部台地。图中的分式,分子(7.60)表明挡土墙顶部投影的标高,分母(6.00)则说明了挡土墙底部的标高。分子与分母所指出的标高差值,即为挡土墙的高度(图2-16)。

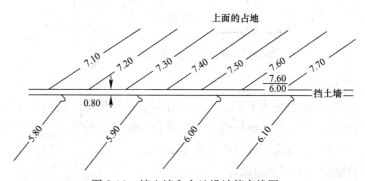

图2-16 挡土墙和台地设计等高线图

3) 自然斜坡连接台地并设有石级的设计等高线

城镇道路两侧有正、负坡面,它们相应高于路面或低于路面,除采取挡土墙分开路与台地、台地与台地的竖向设计做法外,一般为保持自然地貌不至破坏太多,常采用自然斜坡的竖向做法。图2-17的设计在城镇中容易获得较好的景观。

它的设计等高线如图所示,斜坡分隔了上部和下部两个台地,其高度可以从上下两台地对应的等高线数值之差中读出。石级是按高差实际情况,根据石级的形状按比例用平面投影绘制。

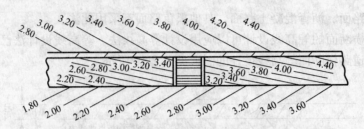

图 2-17 台地之间自然斜坡（有石级）的竖向设计图

4）城镇道路等高线设计

道路竖向设计依据交叉口的标高、纵坡转折点标高，并联系次要路口中心点的标高，采用等高线设计法进行绘制。当然还包括红线上的挡土墙及自然斜坡。这在城镇道路中是最常见的。

遇有道路与水路交叉（有桥梁跨越），或铁路与道路交叉时，均应在竖向设计中标明控制点标高（图 2-18、图 2-19）。

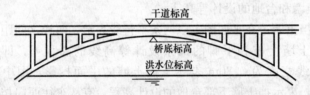

图 2-18 通航河道上的桥梁控制标高图

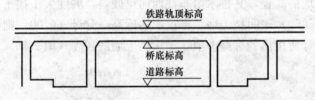

图 2-19 铁路与干道立交控制标高图

（4）道路交叉口竖向设计

城镇道路一般为十字相交或丁字相交，也有多条道路相交的路口。影响交叉口等高线设计的因素有道路纵坡的坡向、纵坡的大小以及自然地貌情况等。

道路交叉口的设计等高线一般有四种基本类型。

1）凸和凹的地形交叉口竖向设计

城镇道路的交叉口坐落于地貌的最高处，它的四条道路从路口的中心向外倾斜，称作凸形交叉口；相反，四条道路共同向交叉口倾斜，则称凹形路口，这个交叉口处在地貌的最低处。

交叉口中心路面的设计等高线成阜状分水点，让雨水向四个方向的道路街沟排除。这一类凸形交叉口的等高线设计如图 2-20 所示。交叉口的转角不设置集水口。

凹形地形交叉口情况正好与凸形地形交叉口相反，四条道路的纵坡都向交叉口中心倾斜。凹形交叉口竖向设计最易积地面水，因此只好在交叉口中增设一道标高略高的等高线，把凹形交叉口的最低处积水排至交叉口四个转角的集水口（图 2-21）。

2.2 房地产开发建设用地与道路的竖向规划设计

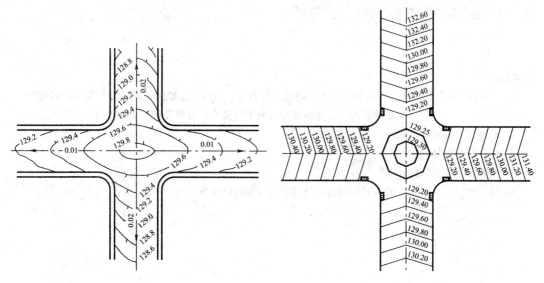

图 2-20 凸形地形交叉口设计等高线图　　图 2-21 凹形地形交叉口设计等高线图

2) 单坡地形的交叉口竖向设计

这类交叉口位于斜坡的地形上，两条道路纵坡都向交叉口中心倾斜，另两条道路则由交叉口中心向外倾斜。

从图 2-22 可以看出，两条向交叉口倾斜道路的纵坡轴，共同往路的一侧街沟靠拢，转角处设置集水口。交叉口的竖向设计则成单面的倾斜面。另两条道路纵坡由交叉口往外倾斜时，它们的纵坡轴分水线，则应从下首道路的街沟，逐步引向道路的中心纵轴。

3) 分水线地形交叉口竖向设计

这种交叉口位于地貌的分水线上，等高线竖向设计时，在纵坡倾斜而进入交叉口后的等高线，将原来路中心分水线分成三个方向，逐步离开交叉口的中心（图 2-23）。在倾向交叉口道路的拐角处设置集水口。

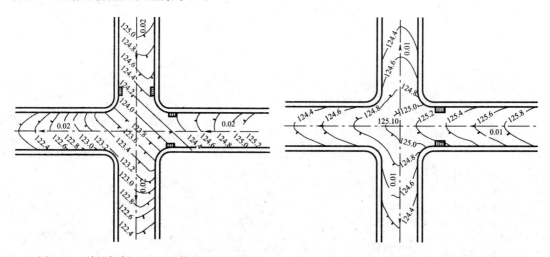

图 2-22 单坡倾斜面交叉口等高线设计图　　图 2-23 分水线双斜坡面交叉口等高线设计图

4) 汇水线地形交叉口竖向设计

这类地形与分水线地形交叉口竖向特征正好相反，有三条道路的纵坡都朝交叉口倾斜，另一条道路则由交叉口中心向外倾斜。

思考题

1. "三通一平"与房地产开发程序的哪一阶段工作有关？如何按土地的不同开发程度组织实施？
2. 什么是建设用地竖向布置形式？设计地面按其整平连接形式分哪几种？如何选择？
3. 场地排水方式有哪几种？如何组织？
4. 设计标高怎样确定？
5. 土石方工程量如何计算？
6. 试述住区小区群体房地产开发项目的场地竖向规划设计过程。

第 3 章 配套道路景观设施

内容提要： 人们通常把"满足居民的各种交通需求"作为城镇住区、小区交通体系的唯一发展目标。但随着"可持续发展"概念对社会各个领域广泛而深刻的影响，人们在住区观念和发展观念上发生了深刻变化，表现出对人和社会的全面关注，特别是对持续性、有效性、科学性的重点关注，对住区小区交通体系的发展目标也有了新的认识。在很好地满足住区小区居民生活的正常交通需求的前提下，其交通体系还要通过全面的、完备的、科学的规划和实施，达到资源的有效利用与环境系统的动态平衡。

而住区小区道路作为一种通道系统，不仅是住区小区结构的主脉，维持并保证住区小区的能量、信息、物质、社会生活等的正常运转，它同时还是住区小区形象和景观的展现带。

创造具有良好自然景观、人文景观和交通景观的街道空间，增加空间情趣并活化生活氛围，从而实现绿色交通、生态交通，形成健康、良好的人居生态环境，已逐渐成为住区小区规划的重要目标之一。因此，房地产住区开发项目中，道路景观配套设施与第 4 章房地产住区与小区绿地景观配套设施对于提高住区房地产人居环境的档次与品位直接起十分重要的作用。

本章内容包括住区小区配套道路设施规划及交通体系评价、动静交通组织、道路人文与环境景观复合设计、停车位及其相关技术经济指标。其中，道路设施规划与道路的人文、环境景观复合设计内容为本章的重点。

3.4.1～3.4.3 为可选章节。

3.1 配套道路设施规划及交通体系评价

3.1.1 相关道路交通规划原则

3.1.1.1 系统性原则

住区与小区交通体系作为一个系统，应合理衔接城镇内部交通与外部交通，妥善安排动态交通与静态交通，科学组织人行交通与车行交通。道路设施和停车设施的规划建设应具有经济性、实用性、实效性和持续性，集约化使用土地、整合化规划设计、系统化组织建设。

3.1.1.2 协调性原则

① 协调城镇住区与小区道路交通及住区与小区土地利用之间的关系，道路网规划应

考虑住区与小区交通流合理分布。

② 协调交通与环境关系，控制汽车、拖拉机、摩托车尾气及噪音污染，改善人们生活质量。

③ 协调供需平衡关系，优化居民出行结构。

④ 协调动静态交通关系，解决停车难问题。

3.1.1.3　以人为本原则

住区与小区交通，人是主角、车是配角，一切应服从于住户居民的方便与需要；同时，便利高效的车行条件方能产生便利的交通环境乃至居住环境。高质量的道路配置是人性化居住空间的前提条件。但是，高效的道路系统并不意味着大尺度的道路、大而无当的道路，也不意味着多余的空地、没有围敝的空间；不适合住区与小区的道路尺度、安全性也差。高效的道路应当是一个合理、节约而又安全的系统。

(1) 城镇住区与小区交通系统不仅应满足住户居民出行的基本需求，也应当满足住户居民出行方式的选择需求，良好的道路交通体系必须高效、安全、舒适、便捷、准时，并且不以牺牲出行的"质"来满足出行的"量"

(2) 住区与小区道路以人为本。应使行人散步较长距离而不受侵扰，有宽广的领域进行游戏玩乐，住区与小区道路都应是以步行者为主的领域。

(3) 应在开阔地带布置道路，避开坡度大的地势（一般应在15%以下），用减法来配置道路：先消去不该筑路的地方，再决定哪些地方应该筑路。

(4) 住区与小区道路系统和横断面形式应以经济、便捷、安全为目的。根据城镇住区用地规模、地形地貌、气候、环境景观以及住户居民出行方式选择确定。

(5) 住区与小区道路规划应有利住区与小区各类用地划分和有机联系以及建筑物布置多样化，有利布置住宅的日照和通风，创造良好的居住卫生环境。

(6) 住区与小区道路应避免过境车辆穿行，住区小区本身也不宜设有过多的道路通向市区与镇区干道，内外交通应有机衔接通而不畅，保证居民生活安全和环境安静。

(7) 居住区级、居住小区级和组群级道路应满足地震、火灾及其他灾害救灾要求，便于救护车、货运卡车和垃圾车等车辆的通行，宅前小路应保障小汽车行驶，同时保证行人、骑车人的安全便利。

(8) 宅前小路及住宅组群、住区公共活动中心，应设置为残疾人通行的无障碍通道，通行轮椅的坡道宽度应不小于2.5m，纵坡不应大于2.5%。

(9) 进入组群的道路，既应方便住户居民出行和利于消防车、救护车通行，又应维护院落的完整性和有利治安保卫。

(10) 山地城镇住区用地坡度>8%时应辅以梯步解决竖向交通，并应在梯步旁附设推行自行车的坡道。

3.1.1.4　环境生态原则

城镇住区小区道路作为住区住户居民出行与外部空间联系的必然通道，必然具备交通和环境景观双重功能，因此城镇住区小区道路交通规划应同时遵循环境生态原则，高效利用土地，加强生态建设，改善住区小区空间环境。

(1) 在满足住户居民对住区小区道路交通基本需求的同时，引入西方的交通需求管理（TDM）模式，最大限度地降低道路交通对住区小区社会、环境的负效应，减少空气、噪声污染。

（2）重视住区小区道路空间环境设计特色。小城镇住区小区道路的走向和线型对住区小区建筑物的布置、住区小区空间序列的组织、住区小区建筑小品、景点的布置都有较大影响，住区小区道路线型、断面等应与整个住区小区规划结构和建筑群体布置有机结合，道路网布置应充分利用和结合地形、地貌创造良好的人居环境。

（3）重视城镇住区小区道路绿化设计，创造优美的住区道路景观。

（4）住区停车空间与绿化空间应有机结合，美化停车环境。

3.1.1.5 符合我国国情的混合交通处理原则

汽车、自行车、人行三种不同类型，不同速度的交通混行相互影响、相互牵制，易造成整个交通环境的恶化。从我国国情和城镇实际情况出发，城镇住区小区混合交通处理应着重以下方面：

（1）住区小区生活性道路应进行严格限速，形成不利于机动车行驶的环境，以减少机动车流量，给自行车及行人创造安全感，从而吸引它们自动分流。

（2）建立汽车、自行车、步行各自的分流交通系统。专用系统的建立，应保持了三类交通各自的完整性、连续性，使汽车驾驶者、骑车人、步行者都能感到舒适、安全、有益于创造舒适的交通环境。

（3）注重道路交叉口的设计。在三种不同交通系统交汇处，可组合出多种交叉方式，注意区别对待。同时改变过去习惯在道路交叉口布置公建、商业网点等的做法，尽量净化住区小区道路交叉口的功能。

3.1.2 相关道路交通规划量化指标

3.1.2.1 住区小区道路分级

城镇住区小区道路系统由划分居住小区的居住区级道路、划分住宅组群的小区级道路、划分住宅庭院的组群级道路、庭院内的宅前路及其他人行路四级构成，并以前三级为主。居住区道路红线宽度不宜小于20m，其他各级道路控制线之间的宽度及路面宽度应符合表3-1规定。

城镇居住小区道路控制线间距及路面宽度表　　　　表3-1

道路名称	建筑控制线之间的距离		路面宽度（m）	备注
	采暖区（m）	非采暖区（m）		
居住小区级道路	≥14	≥10	6～9	应满足各类工程管线埋没要求；严寒积雪地区的道路路面应考虑防滑措施并应考虑堆放清扫道路积雪的面积，路面可适当放宽；地震地区道路宜做柔性路面
住宅组群级道路	≥10	≥8	3～5	
宅前路及其他人行路	—	—	≥2.5	

3.1.2.2 住区小区道路纵坡控制参数

城镇住区道路纵坡的控制应符合表3-2规定。

住区小区内道路纵坡控制参数表　　　　　　　表3-2

道路类别	最小纵坡（%）	最大纵坡	多雪严寒地区最大纵坡（%）
机动车道	≥0.2	≤8.0%，L≤200m	≤5.0%，L≤600m
非机动车道	≥0.2	≤3.0%，L≤50m	≤2.0%，L≤100m
步行道	≥0.2	≤8.0%	≤4%

注：1. 表中"L"为道路的坡长。
　　2. 机动车与非机动车混行的道路，其纵坡宜按非机动车道要求，或分段按非机动车道要求控制。
　　3. 居住区、居住小区内道路坡度较大时，应设缓冲段与城市道路衔接。

3.1.2.3　住区小区道路出入口

城镇居住区、居住小区内的主要道路，至少应有2个方向的出入口与外围道路相连。机动车道对外出入口数应控制，其出入口间距不应小于150m，若沿街建筑物跨越道路或建筑物长度超过150m时，应设置不小于4m×4m的消防车道。人行出口间距不宜超过80m，当建筑物长度超过80m时，应在底层加设人行通道。

3.1.2.4　尽端式道路

城镇住区小区内的尽端式道路的长度不宜大于120m，并应在尽端设置不小于12m×12m的回车场地。

3.1.2.5　道路边缘至建筑的最小距离

城镇住区小区内道路边缘至建筑物、构筑物的最小距离应符合表3-3规定。

住区小区道路边缘至建、构筑物最小距离表（m）　　　表3-3

道路位置		道路级别	居住区道路	小区路	组群路及宅前路
建筑物面向道路	无出入口	高层/多层	5.0/3.0	3.0/3.0	2.0/2.0
	有出入口		3.0	5.0	2.5
建筑物墙面向道路		高层/多层	4.0/2.0	2.0/2.0	1.5/1.5
围墙面向道路			1.5	1.5	1.5

注：居住区道路的边缘指红线；小区路、组群路及宅前路的边缘指路面边线；当小区路设有人行便道时，其道路边缘指便道边线。

3.1.2.6　静态交通指标

（1）城镇住区小区非机动车停车场可按服务范围内自行车保有量的20%~40%来规划自行车停车场面积，并按调查、测算其中所含需停车其他非机动车辆的比例因素修整、计算得出非机动车停车场面积。

（2）城镇自行车停车位相关技术参数应符合表3-4规定。

自行车停车位相关技术参数表　　　　　　表3-4

停靠方式		停车宽度（m）		车辆间距（m）C	通道宽度（m）		单位停车面积（m²/辆）	
		单排A	双排B		单侧D	双侧E	单排停 (A+D)·C	双排停 (B+E)·C/2
垂直式		2.0	3.2	0.6	1.5	2.5	2.10	1.71
角停式	30°	1.7	2.9	0.5	1.5	2.5	1.60	1.35
	45°	1.4	2.4	0.5	1.2	2.0	1.30	1.10
	60°	1.0	1.8	0.5	1.2	2.0	1.10	0.95

(3) 城镇住区小区机动车停车指标宜按不同地区、不同规模城镇住区的不同居住档次，结合地方要求和城镇实际情况，分析比较选择确定；小车拥有率高的城市和商贸、工贸型小城镇和以第2居所房地产开发为主导产业的小城镇可在实际调查分析基础上，比较经济发达地区县城镇、中心镇相关指标确定；经济欠发达地区小车拥有率低的小城镇规划停车场可先作绿地预留。

(4) 城镇住区小区停车场停车道、通行道及停车场面积等相关技术指标可结合城镇住区小区实际情况按表3-5规定选取。

城镇住区小区停车场停车道、通行道宽度及相关面积指标表　　　　表3-5

		车辆停放方式		
		平行	垂直	与道路成45°~60°
单行停车道的宽度（m）		2.0~2.5	7.0~9.0	6.0~8.0
双行停车道的宽度（m）		4.0~5.0	14.0~18.0	12.0~16.0
单向行车时两行停车道之间的通行道宽度（m）		3.5~4.0	5~6.5	4.5~6.0
100辆汽车停车场的平均面积（hm²）		0.3~0.4	0.2~0.3	0.3~0.4（小型车）0.7~1.0（大型车）
100辆自行车停车场的平均面积（hm²）			0.14~0.18	
一辆汽车所需的面积（包括通车道）（m²）	小汽车	22		
	载重汽车和公共汽车	40		

(5) 城镇居民汽车停车率不应小于10%，住区内地面停车率不宜超过10%。

(6) 城镇住区停车场和用户住宅距离以50~150m为宜。

(7) 地上停车场，当停车位大于50辆时，其疏散出入口数不少于2个，地下车库停车大于100辆时，其疏散口数不少于2个。疏散口之间距离不小于10m，汽车疏散坡道宽度不应小于4m，双车道不应小于7m。坡道出入口处应留了足够的场地供调车、停车、洗车作业。

(8) 停车场每组停车量不超过50辆，组与组之间若没有足够的通道，应留出不少于6m的防火间距。

(9) 停车场地纵坡不宜大于2.0%；山区、丘陵地形不宜大于3.0%，但为了满足排水要求，均不得小于0.3%。进出停车场的通道纵坡在地形困难时，也不宜大于5.0%。

3.1.2.7 住区小区道路用地控制指标

城市和小城镇住区道路用地控制指标应分别符合表3-6城市居住区用地平衡控制指标和表3-7小城镇住区用地构成控制指标中的有关规定。

城市居住区用地平衡控制指标（%）　　　　表3-6

用地构成	居住区	小区	组团
1 住宅用地	50~60	55~65	70~80
2 公建用地	15~25	12~22	6~12
3 道路用地	10~18	9~17	7~15
4 公共绿地	7.5~18	5~15	3~6
居住区用地	100	100	100

第3章 配套道路景观设施

小城镇住区用地构成控制指标（%）　　　　表3-7

	居住小区		住宅组群		住宅庭院	
	Ⅰ级	Ⅱ级	Ⅰ级	Ⅱ级	Ⅰ级	Ⅱ级
住宅建筑用地	54～62	58～66	72～82	75～85	76～86	78～88
公共建筑用地	16～22	12～18	4～8	3～6	2～5	1.5～4
道路用地	10～16	10～13	2～6	2～5	1～3	1～2
公共绿地	8～13	7～12	3～4	2～3	2～3	1.5～2.5
总计用地	100	100	100	100	100	100

注：表中居住小区、住宅组群、住宅庭院Ⅰ、Ⅱ级分级按：中国城市规划设计研究院等. 小城镇规划标准研究. 北京：中国建筑工业出版社，2002.

3.1.3 相关道路交通规划的评价方法

3.1.3.1 住区小区交通体系的发展目标

20世纪中叶以前，人们通常把"满足居民的各种交通需求"作为城镇住区小区交通体系的唯一发展目标。但随着"可持续发展"概念对社会各个领域广泛而深刻的影响，人们在住区观念和发展观念上发生了深刻变化，表现出对人和社会的全面关注，特别是对持续性、有效性、科学性的重点关注，对住区小区交通体系的发展目标也有了新的认识。在很好地满足住区小区居民生活的正常交通需求的前提下，住区小区交通体系还要通过全面的、完备的、科学的规划和实施，达到资源的有效利用与环境系统的动态平衡。

一个满足"可持续发展"要求的城镇住区交通体系，其发展目标可以分成3大块：交通功能目标、环境保护目标、资源利用目标。其中交通功能目标是其核心内容；环境保护目标要求住区交通体系应尽量减少对空气、声环境、生态及其他交通要素的负面影响；资源利用目标要求住区小区交通体系能有效利用土地、能源等资源。它们还包括下一级的子目标（图3-1）。

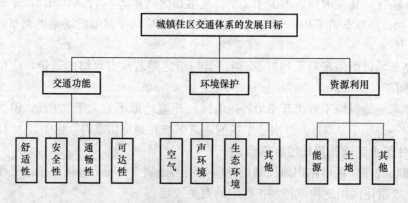

图3-1 城镇住区交通体系的发展目标图

3.1.3.2 住区小区交通体系的评价原则

由于评价对象——住区小区交通体系是一个综合、复杂系统，需明确评价的目的，评价的因素及合适的评价准则，因此有如下评价原则需遵循：

（1）科学性：评价标准和理论必须建立在科学的基础上，才能反映客观实际，对实践有指导作用。

（2）简明性：拟定的评价指标应当分门别类、条理清楚、层次分明，评价方法应该简单、明确，便于推广和应用。

(3) 可操作性：评价指标的测定必须有良好的可操作性，才能保证评价指标值能准确、快速地获取，以确保评价工作的正常进行。

(4) 可比性：拟定的评价指标，既能客观的评价同一城镇不同时期住区交通体系的好坏，又能比较不同城镇同一时期住区交通体系的高下。因此，住区交通体系评价指标的建立，应考虑到住区交通的发展历程，选择一段时间内通用的标准，以方便不同小城镇和不同发展程度住区之间的比较。

3.1.3.3 住区小区交通体系的评价方法

由于住区小区交通体系评价是一个受多因素影响的综合指标体系，不同的影响因素对评价指标的影响程度也不同，可量化的程度也不同，需要采取多目标、多因素综合评价的方法。目前常用的多因素评价方法有层次分析法、灰色关联系数法、模糊综合评价法3种。根居住区小区交通体系的特点与适用范围，选用的是层次分析法。

层次分析法的基本过程是：把复杂因素分解成各个组成元素，按支配关系将这些元素分组、分层，形成有序的递阶层次结构，构造一个各因素之间相互联接的层次结构模型，通常可按目标层、构成要素层等进行自上而下的分类。在此基础上，通过两两比较方式判断各层次中诸元素的重要性，然后综合这些判断，对诸元素进行排序，从而确定诸元素在决策中的权重。这一过程体现了人们决策思维的基本特征，即分解、判断、再综合。

城镇住区交通体系评价，可运用层次分析法，可按图3-2和附录A城镇住区道路交通规划设计导则的A6交通体系评价表A8进行。

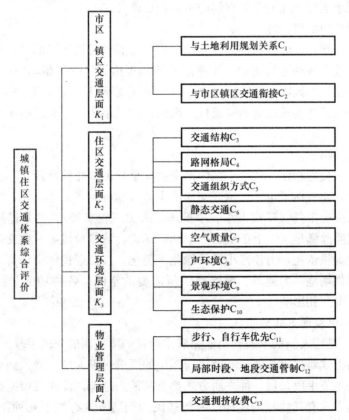

图 3-2 城镇住区交通体系层次分析法评价框图

3.2 相关动静交通组织

城镇住区小区动静交通组织既是城镇住区小区配套道路交通规划的组成内容,又是城镇住区道路人文环境景观复合设计的主要相关因素,后二者结合使住区道路人文环境的景观复合设计更加人性化。

3.2.1 城镇住区小区交通特征与交通方式分析

3.2.1.1 住区小区交通特征分析

与市区镇区交通相比,城镇住区小区交通由于其特定的土地使用性质和低等级的内部道路网,有如下交通特征。

(1) 生活性强

与市区、镇区交通相比,城镇住区小区交通呈现出明显的生活性特征,这是由其主要是居住用地使用性质所决定的。城镇住区也有前店后宅商住混合用地性质,以及家庭作坊与住宅共同用地性质,也有配套公共服务设施用地。但住区用地主要是居住功能,在住区小区内,居民交通出行的主要目的是上下班、上下学、商业购物等日常生活行为;住区小区道路不仅是住区小区各部分之间以及住区小区与市区、镇区之间空间联系的纽带,也是人们日常生活活动的空间载体。因此,城镇住区交通不但要求提供方便、可达的交通条件,而且是住区小区安全和谐生活空间的重要组成部分。

(2) 更注重交通的可达性

在住区小区内部,为保证居民出行安全、降低交通对居住环境的负面影响,住区小区交通规划往往会采取各种流量限制、车速限制等物理措施,以限制其内部少量过境交通。同时,由于一般住区小区内部道路网均由市区、镇区支路以下等级道路构成,这些道路不像市区、镇区交通那样要求较高的畅通性。因而,住区小区内部交通整体上以满足交通可达性为主。

(3) 多样性突出

与市区、镇区交通相比,住区小区内部交通又呈现出多样性特征:一是住区小区交通工具更加多样化,它囊括了市区、镇区交通的主体(非机动车、小汽车、货运车、清洁车等)和一些特殊交通工具(残疾人车、手推车、人力三轮车等)。二是道路使用更加多元化,住区小区道路除满足居民上下班、上下学、送货、清除垃圾等一些交通功能外,还为市政管网的敷设提供依托,为住区小区的绿化、美化,以及居民体育锻炼、生活交流、休闲、文化娱乐提供场地,为通风、采光提供所需要的空间。各种功能穿插交叠于道路空间,互有因借,又互相影响。

3.2.1.2 住区小区交通方式分析

"交通方式"是指人们从甲地到乙地完成出行目的所采用的交通手段。

不同的交通方式对住区小区、城镇交通系统的要求有很大的差异,而且作为住区小区住户居民出行的主要手段,每一种交通方式都有其适用范围,即在某段距离范围和交通需求特点下该交通方式有其独特的优势。一般居民的交通方式有如下几种:步行、自行车、常规公共交通、轨道交通、小汽车。

就城镇住区小区而言，住户居民的交通方式主要是步行、自行车和摩托车、公交车、小汽车。研究城镇住区交通方式的构成，分析住户居民出行的特点与规律，对于提高居民出行效率，完善城镇住区小区交通体系十分重要。

(1) 住区小区交通方式的种类及特点

1) 步行交通

步行可以说是在其他交通工具出现之前人们所采用的最古老的出行方式。对于近距离的出行，如在人们体力状况允许的距离，即 400~1000m 的范围内，步行有其独特的优势，它可一次完成多种出行目的与活动，如购物、游憩、锻炼、社交等，且形式随意，不受时空约束。并且良好的步行系统也是形成住区居民亲密交往的起点，日常生活中经常性的见面促进了邻里间的交往，使人们有机会在一种轻松自然的气氛中建立并保持友谊。

西方国家，尤其是美国近几十年来的住区模式是以严格功能分区的现代主义原则为基础的，以小汽车为主要出行方式的道路交通格局破坏了传统住区内部的有机联系，进一步加剧了社会阶层的分化与隔离；对公共空间的忽视减少了人们相互交往的机会；缺乏明显识别特征的空间界定，使人们难以获得安定感与归属感，无所不达的电讯网络虽然为人们之间的联系提供了方便，却无法慰藉人们孤独的心灵，也无法满足人们希望把握清晰确定的物质居住环境的需要。因此近年来美国的住区规划更强调创造具有生活意义的场所，重新建立人们失去的"乐园"：步行道、行道树、街角商店、邻里活动区等让人感受温馨的城镇住区空间。这其中步行交通扮演了至关重要的角色，它也应在我国未来的住区交通体系中发挥重要的作用。

2) 自行车交通

我国有"自行车王国"之称，自行车作为人们出行的重要手段。它不仅是上下班的客运交通工具，也是日常生活中的简易货运工具。自行车在中、短距离内不失为住户居民出行较好的交通方式，在其他方面也有其不可替代的优势。

自行车交通的主要优点：

① 它是"门到门"的方便交通工具。自行车不同于公共汽车，它可实现"门到门"、"户到户"的个性化交通，它可以直接从出发地到目的地，中间不需换乘，尤其是在中短距离内更是如此。

② 同小汽车相比，其占用的道路面积小。自行车行驶时一般需要的道路面积为 $9m^2$；而小汽车运行时平均每人需要路面积 $40m^2$，为自行车的 4.5 倍。另外，自行车所需要的停车面积也比小汽车小得多，前者为 $1.6m^2$，而小汽车需 $22m^2$，为自行车的 14 倍左右。

另外，自行车还有方便、灵活、价格便宜、无污染，便于与其他交通方式换乘等优点，是交通出行和锻炼身体的良好工具。

自行车交通的主要缺点：

① 具有一定的危险性。自行车的运动轨迹不同于机动车，它是蛇行轨迹，其稳定性与速度密切相关。而且自行车运行的自由度大，加之有些骑车人不遵守交通规则，自行车交通设施又不健全，在混合交通的情况下，尤其在交叉路口容易形成多个机、非车流的交叉点，骑车人在本身无任何防护下容易发生危险。

② 给交通管理带来困难。自行车的灵活性和机动性强的特点使其很难管理，它在行进途中不像机动车那样严格保持一定的间距，直线地前行。在路段、交叉路口上，常常与

机动车、行人争道，抢行、闯红灯等，给交通管理带来很大难题。

③ 受季节、气候、地势的影响。在寒冬腊月、冰冻季节或雨、雪、刮风天气，路况湿滑不方便骑车出行；在城市地形复杂，道路坡度较大的地区，自行车交通量占总交通量比例也会降低。但自行车是中国目前对城市交通面貌影响最大的一种交通工具，它对于现代中国人的重要性不亚于小汽车对于美国人、日本人的重要性。随着机动化时代的到来，自行车的作用会被削弱，但它仍将长期存在并发挥一定的作用。从全球来看，自行车也在许多国家被证明为一种有效的交通工具。

要对自行车在未来住区小区交通方式中所占比例作出准确预测有一定难度，在《南京市区自行车发展战略研究》中，在现状调查资料基础上对未来的理想状态作出了估计，估算得到自行车在交通方式结构中的合理比例为30%~40%，这一数字可为住区制定远期控制目标提供参考依据。

对于小城镇来说，其交通结构组成中，非机动车与步行的出行占90%以上。小城镇的人口和用地规模差别大，但与城市相比，人口和用地规模都小得多，居民在镇区出行距离一般在自行车合理骑行范围6~8km之内，除县城镇、中心镇和大型一般镇外，其他一般小城镇只需考虑镇际公共交通，一般不需考虑镇区公共交通。

3）公共交通

就城市而言，公共交通主要用于市区及市郊公共交通的公共汽车和小公共汽车，还包括轨道交通。

就小城镇而言，公共交通主要是用于镇际公共交通的公共汽车和小公共汽车。一些大县城镇、中心镇也有镇区公共交通，但公交车站一般只设在规模较大的小区出入口，并不伸入住区内部。从这一意义上讲，上述常规公共交通也是较大规模县城镇、中心镇镇区交通结构的重要组成部分，而且也是居民镇区、镇际出行的重要交通方式。

常规公共交通相比其他交通方式在运营成本、运载能力、人均道路占用、人均能源消耗和环境污染等方面优势明显，也是集约利用城市土地资源，发展紧凑城市结构，提升交通运输系统效率的适合我国国情的重要交通手段。但存在一些主要问题。

① 基础设施投资短缺，交通欠账严重。联合国推荐的交通建设投资应占国民生产总值的3%~5%，而我国从1953~1985年间平均水平仅占0.185%，1993年后上升到1.166%，近几年有较大增长，但与联合国推荐值相比，仍相差甚远。

② 对小城镇来说，其公共交通与住区交通体系明显衔接不够，不方便人们对公共交通的利用。

③ 公交线路布线不科学，一些偏远地区，效益较差路段还难通达。

④ 运营效率低、行驶速度慢、服务水平差。

4）小汽车交通

人类自步入汽车时代以来，几乎在所有国家中，小汽车已经成为最基本的城镇交通工具，它给人类带来的诸多方面好处是迄今为止其他任何交通工具都无法比拟的。小汽车是人类现代文明的象征和重要标志之一。它有以下一些优点。

① 小汽车给人们提供了前所未有的机动性和自由方便。它的存在缩短了人与人之间的时空距离，具有"门到门"的优点。

② 现代的人们都在追求速度和效率，小汽车帮助人们实现了这一愿望：小汽车的镇

区、郊区行驶速度一般可达 20~50km/h。

③ 小汽车工业能带动多个行业的发展，从而增加了就业，扩大了内需，有力地促进了经济的增长。

但是小汽车给交通带来的负面影响也很突出，如产生交通拥堵、环境污染、耗能大、浪费资源等。同时，也存在与其他交通方式的协调问题。

(2) 不同交通方式的比较研究

各种交通方式作为方便人们出行的手段都有其优点与缺陷，不存在完美无缺的交通工具。在特定的时间与特定的空间环境下，不同的人会选择最适合自己的交通方式。影响人们对交通方式选择的重要因素有：交通成本、出行时耗、方便程度、交通距离、生活水平等。

1) 不同交通方式运输效率的比较

各种交通方式作为完成交通需求的直接载体和工具，对城镇及其居住小区交通运输效率有着重要的影响。不同的交通工具，由于其在运行方式、运行速度、运载能力、运输成本、可达范围、道路占用面积、舒适度、安全度等指标上有很大差异，因此它们的运输效率也不同。决定交通系统效率的两个关键变量是时间和运输成本。在给定的距离内，运输时间越短，成本越低，其效率也越高。各种交通工具的运输特性及能耗见表3-8、表3-9。

各种交通工具运输特性比较表　　　　　　　　　表3-8

交通工具	运量（人/h）	运输速度（km/h）	道路面积占用（m²/人）	特点
自行车	2000	10~15	6~10	成本低，无污染
小汽车	3000	20~50	30~40	成本高，投入大，污染严重
公交车	6000~9000	20~50	1~2	成本低，投入少，资源消耗和环境污染小

各种交通工具空间利用率和能耗比较表　　　　　　　　　表3-9

交通工具	以公共交通乘客每一人所占用空间为1，各种不同车辆每人所占道路空间的相对值	以公共交通每个乘客运行1km所耗能源为1，各种车辆中每人每公里的相对能耗强度
公共汽车	1.0	1.0
小汽车	25	4.0
摩托车	5.0	1.6
自行车	7.5	—

由上述结果可知，公共交通系统在运输速度、运载能力、能源消耗和环境污染等方面效率更高，在集约利用城市土地方面也更符合可持续发展原则。由此，根据小城镇特点和实际情况，小城镇发展以镇际公共交通和规模较大县城镇、中心镇镇区公共交通是必要的。

2) 不同交通方式的最佳出行范围

步行受到人们行走速度与体力、耐力的极限制约，一般被限制在 400~1000m 的范围之内，而且受季节、气候、地势等条件的影响较大。自行车的活动范围通常限于 30~45min 所能骑到的距离，这个距离的上限为 6~8km，一般以 4km 左右为宜。依靠公共汽车出行，最长时间为 1~1.5h，这个时间范围内公共汽车可运行 20km 左右，这也是它的合理使用范围。乘坐小汽车既不费体力，舒适度又高且不需换乘，其合理出行时间范围为 1~2h，活动范围在 20~40km。若干出行方式与出行距离的关系图如图 3-3 所示。

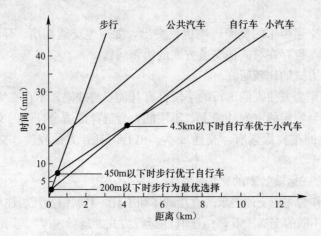

图 3-3 若干出行方式与出行距离关系图

3.2.2 城镇住区小区动态交通组织

随着社会经济的发展、人民生活的改善和全面实现小康社会，轿车不仅进入越来越多城市家庭，而且已开始更多地进入经济发达地区小城镇百姓家庭。从长远考虑，科学预测城镇住区规划中居民的车辆拥有率，留足小车的停车空间，组织好城镇住区的动态交通十分重要。

3.2.2.1 城镇住区交通组织原则

城镇住区小区交通组织的目的是为有利住户居民安全、便捷地完成出行，创造方便、安全、宁静、良好的交通和居住环境。

城镇交通组织分动态交通组织。

动态交通组织是指机动车行、非机动车行和人行方式的组织。

根据我国城镇住区小区特点和住户居民出行方式，我国城镇住区小区交通组织主要应遵循以下原则。

(1) 因地制宜原则

不同地区、不同类别、不同规模、不同档次和不同地形条件、交通结构的城镇住区小区交通组织方式不尽相同，因地制宜才能选择本地城镇住区小区最合适的交通组织方式。

(2) 交通流线合理原则

交通流线合理直接关系到居民的出行交通和住区生活、休闲的安全和安宁。

(3) 与自然环境相结合原则

住区小区道路交通规划及其交通组织应注意住区小区道路形态与自然环境的有机结合，以利住区生态建设，创造住区小区良好的环境景观。

(4) 减少小汽车等机动车辆交通的负面影响原则

城镇住区，特别是小城镇住区农用车、摩托车、小汽车的噪声、废气给住区小区环境带来较大影响，通过合理交通组织减少住区小区机动车交通方式的负面影响是交通组织的重要原则之一。

(5) 出行方便和便于车辆管理原则。

(6) 节约投资和高效利用土地资源原则。

通过住区小区交通线网科学、合理规划，不仅节约投资，而且确保土地资源高效利用，可以安排更多住区绿地和休闲用地，满足居民住区休闲和文化娱乐生活。

3.2.2.2 住区动态交通组织

城镇住区动态交通组织应符合城镇住区车流与人行的特点，实行便捷、通顺、合流与分流的不同处理，保证交通安全，并创造舒适宜人的交通环境。同时，道路等级应设置清楚，区分车行道、步行道与绿地小道。应尽量控制车辆的车速，以减少噪声与不安全因素。小区主路是道路的骨架，是居民出行频繁的通道，它的线型应使居民能顺利、便捷地回到自己的住处或到达想去的地方。

城镇住区不宜采取大型封闭式住宅区建设模式，宜采取开放式布局，密切与镇区各部分关系，为城镇居民提供便捷的交通环境。

城镇住区宜采用步车共存体系，人车共享的道路系统可为居民提供方便舒适的住区交通环境。可通过植物栽植、铺地变化、采用弯道、路面驼峰以及局部窄路和相关的设施，减少住区的车辆和限制车速，为居民创造一个宜人的人车共享的环境。

(1) 动态交通组织方式

1) 无机动车交通

这种住区交通组织方式采取周边停车、主要出入口停车及完全地下停车等方式将机动车辆完全隔离在生活区域以外（或地下），同时通过贯通的步行系统与自行车道将住区各组成单元联系在一起。对于规模小的城镇住区小区，这是一种较为理想的交通组织方式。其主要优点有：

① 易创造具有归属感和安全感的邻里交往氛围，有助于增强作区凝聚力与人际亲近程度；

② 有利设计者抛开汽车对转弯半径、道路线型、宽幅、断面等技术因素影响，充分发挥设计潜力，创造既紧凑又富有生机的生活空间和安全、安静的居住环境，减少道路占地面积，强化以步行为主的人性化空间。

这种交通组织方式的不利之处在于：

① 为了使步行到存车点或对外联系站点的距离保持在合理的范围内，住区规模会受到一定限制；

② 货运车、救护车、消防车、搬家车等服务车辆出入不够顺畅；如果停车场较远，使用车辆会不方便。

对于规模小的城镇住区小区和历史街区、历史文化名镇的旧镇区，以及为尊重历史现状、延承传统生活方式、居住行为空间的小城镇住区较多采用这种组织方式。

总之，在规模较小，用地紧凑、反映历史文化脉络的历史街区和古镇住区或居住地段，这种以步行为主的交通组织方式更能发挥其功效。

2) 人车分流

人车分流的交通组织方式强调在住区内将机动车与非机动车在空间上完全分离，设置两个独立的路网系统，在局部位置允许交叉。人车分流可大致分为四种类型：平面系统分流、内外分流、立体分流和时间分流。

适合城镇住区小区交通组织的人车分流主要是时间分流。

与通常在空间上将人行与车行相分开所不同的是，时间分流强调在不同时段将人行与车行相分离。与空间上的分流组织方式相比，采取时间分流可对住区道路资源进行有效与综合利用，如在周末与节假日，可对住区的开放空间，如中心绿地、商业服务设施等地区周边设为纯步行空间，禁止机动车穿行，保证居民的休闲娱乐不被干扰，而在平时允许机动车通行。这种交通组织方式突出了住区小区道路空间的灵活性与一定程度的弹性，住区小区交通组织可根据具体需要而灵活处理。因此，适合于职工较多，有一定规模的城镇住区小区的交通组织，但需要一定的交通管理手段作为实施的依据。

3）人车局部分流

人车局部分流是一种最常见的住区交通组织方式，与完全人车分流的组织方式相比，在私人汽车不算多的城镇住区小区，采用这种交通组织方式既经济、方便，又可在重点地段禁止机动车通行，维持住区应有的宁静生活氛围。它包括两种类型：道路断面分流、局部分流（不完全专用道路系统）。

① 道路断面分流。这是一种在道路横断面上对机动车、非机动车和行人进行分离而形成的一种人车适时分行的道路交通方式。在经济尚不发达，汽车交通量虽有增加，但人车矛盾不甚紧张的城镇住区小区，这种分流方式既保障了步行安全，又能充分发挥机动车道的效用。同时，在汽车较少时，行人与自行车还可利用机动车道进行出入交通或其他生活行为。但随着汽车的大量增加，这种方式在安全与环境问题上将会愈来愈显示出其局限性。

② 局部分流。这种分流方式是指在人车混行道路系统的基础上，在城镇住宅和小区出入口、公建、绿地等之间设置将其联系在一起的局部步行专用道或自行车专用道，使它们成为居民进行公共活动的场所而不会被机动车所威胁、干扰。

图3-4小区的道路系统就是采用人车适当分离的方法，在主路一侧的河边和绿地内设置与车行道分离的专用步行道，并通达各个居住组团。小汽车停放在院落之间的消极空间内，使车辆不进入院落，不干扰居民的户外活动。图3-5新城花园运用的是鱼骨型道路结构，中部为交通主骨架，与之垂直伸入各院落中的分支则由绿化步行通廊构成，机动车停靠在院落入口临近主干道的一侧。

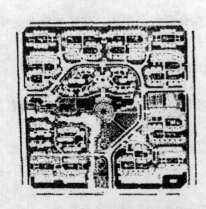

图3-4 专用步行道通达组团人车适当分离的局部分流图

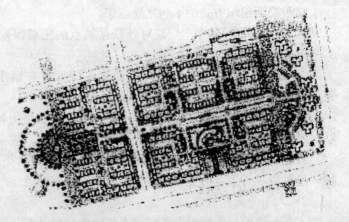

图3-5 鱼骨型道路结构局部分流图

4) 人车共存（人车混行）

人车共存的交通组织方式是指机动车交通和人行交通共同使用一套路网，即机动车和行人在同一道路断面中通行。这种交通组织方式和路网布局在许多情况下，特别是在我国有其独特的优点。适用一些城镇住区小区有如下三种形式：分级组成道路网；划区、分散道路体系；Woonerf模式。

① 分级组成道路网

英国人阿克·垂普和布恰兰先后提出"锁链理论"和分级组成道路网理论（1963年），虽然两者的名称不同，但基本原理一致。这些理论曾先后被许多欧美国家广泛采用。

城镇住区小区内各级道路具有各自不同的功能、服务区域和交通特征：主路（居住区级、居住小区级道路）起"通"的作用，服务范围广，通行速度相对较高，交通量相对较大；支路（组团级道路和宅前小路）起"达"的作用，负担出入交通，车行速度低，交通量小；次干路（小一区级道路）兼起"通"与"达"的作用，汇集产生于各居住单元（组团、庭院）的出入交通，并进入住宅主路或镇区支路起交通聚散的作用。

分级组成道路网理论指出，为了实现安静、安全的生活环境，道路网应按干路、次干路、支路顺序连接，像动物的循环系统和植物的干—枝—叶一样，形成分级的网路，并逐渐减小服务区域，降低交通量和车辆运行速度。这样，由于支路和干路不直接相连，支路的交通汇集于次干路后，再进入干路，从而使干路的通行能力得以提高；由于支路不通过过境交通，从而汇集功能得到增强；次干路在两者之间起到了桥梁和缓冲的作用。因此，这种模式在一定程度上可缓解住区内的人车矛盾。

我国传统城镇对分级组成道路网原理的运用非常自觉、广泛。干道—街—巷（胡同）——弄所组成的分级体系分工明确、结构清晰：干道、街主要承担交通、商业功能；巷（胡同）、弄则是生活性道路，车辆较少，是邻里交往的场所，生活气息浓厚。我国现代的住区道路体系也是按住区级道路、小区级道路、组团级道路、宅前路分级衔接的，依次路幅递减，断面渐窄，交通量、交通密度逐步降低，尽管人车没有分离，住区的交通环境也仍然得到了一定程度的改善（图3-6）。

图3-6 道路网的分级组成图

② 划区、分散道路体系

这种交通方式是指用分散道路体系对城镇住区小区进行划分以形成不同的"封闭空

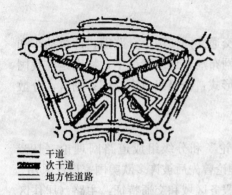

━━ 干道
━━ 次干道
━━ 地方性道路

图 3-7 分散道路体系划区人车共存

间"，严格禁止无关交通和过境交通进入住区内部，在划分的区域内实现一定程度上的人车共存（图 3-7）。英国考文垂（Coventry）住区的重建就体现了这种划区的原则。应该说这种划区思想是对佩里的邻里单位构思的进一步深入发展，力图把与住区无关的交通"过滤"出去，以维护住区交通的"纯净"。

③ 街心公园的 Woonerf 模式

人车共存交通组织方式首先要解决的问题就是减少车流量和降低车速。在荷兰新城埃门（Emmen）的规划设计就是在这一前提下提出的，它的"行人优先于机动车"的规划原则贯穿于整个设计的始终。改造的最初目的是为了解决生活性街道上小汽车通行和儿童游戏之间的冲突问题。它所采用的方法不是交通分流，而是对街道重新设计使得两种行为能得以共存。规划设计的尽端式道路取消了人行道，行人可以自由地使用全部道路空间，而路面的驼峰、陡坡、局部缩小的路宽、较大的转弯及桩柱、围栏等障碍物和路面不同的铺装方式，提醒并迫使汽车减速，使行人安全和环境质量都得到了保障，同时通过合乎环境行为学的景观环境设计，重新使街道空间充满了人性的魅力。这种被命名为"街心公园"（Woonerf）的模式随后就被广泛接受，加以效仿并推广开来。

可见，城镇住区小区并非都要采用人车分流方式，经过精心规划设计的人车共存同样可以达到很好的效果。在选择交通组织方式时，可以将 Woonerf 模式所建议的"交通高峰车流量不超过 200 辆/h"作为采用人车共存的一个判断原则，设计时应视住区具体规模大小、地形条件、经济与否而定，从为居住者创造良好舒适的交通环境出发来统筹考虑（图 3-8）。

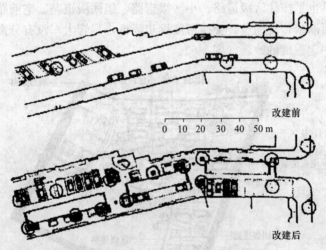

图 3-8 Woonerf 模式街道改进人车共存图

（2）不同类型动态交通组织方式的适应性

我国以东、中、西部为主要划分的我国不同地区不但区域气候、地形地貌有很大差异，在经济发展上存在发达、一般和欠发达的明显差别，不同类别城镇住区规划建设要求也有很大差别；而城镇住区小区本身又因其规模不同、档次不同、类型和区位不同对交通系统有不同的组织要求。城镇住区小区道路交通规划的人车分流、人车混行等不同处理方式均有其不同的针对性和科学适用范围。

城镇住区小区不同类型动态交通组织方式的适应性可以分以下三种规划设计模式研究。

1) 人车分流，道路分级的规划设计模式

人车分流模式将在我国未来的住区小区建设过程中占据主要地位，这是因为它较好地解决了人车互相干扰的重要问题，有利于保持步行空间系统的完整，有利于住区小区良好景观的创造，也有利于实施建设。人车分流系统适用于一些城镇较高档次、环境要求较高的规模较大，无私家车到户要求的住区小区。

2) 人车混行，道路分级的规划设计模式

作为未来我国住区道路交通方式中的重要部分，这里的人车混行与传统的人车混行方式有着本质的区别。人车混行是指精心设计的道路系统，包括线形走向，道路断面等各方面使得人与车在住区小区内部得以和谐共存。车不再充当一个冰冷危险的角色，而作为住区构成要素之一，成为了住区交通的重要的一员。这充分体现了"对车的尊重即是对业主的尊重"的新型设计理念。这种人车混行模式，将最大可能地营造出一个具有高度整体性的和谐舒适的空间生活氛围，使人和车得到和谐共处，同时汽车入户更给居民带来了极大的便利，人车混行的实施也在一定程度上节约了建设造价。

上述人车混行模式适合于城镇中以低层住宅及独立式住宅为主的高级住区，以及品质优异，建设密度较低，有较强的停车入户的要求的住区。这种规划设计模式适合我国城镇特点，符合城镇未来发展的要求。

需要引起注意的是设计时应充分利用各种道路设计方式来限制车速，减少噪声，保证安全，以达到较为理想的人车共存目的。

3) 变形网络，道路混合的规划设计模式

这种规划设计模式其实代表着新型规划设计理念的探索和追求，是一种开敞式建设模式。其设计思想理念是希望在住区小区中营造出一种较为理想的、居民之间和睦共处、住区内处处充满生机的情景。住区小区内不再有车行、人行、景观道之分，也不再有主路、次路、庭院路的差别。每一条道路都可成为居民休闲、散步、观景、聚会的选择。方格网络状的道路联系方式更使居民在住区中享有非常大的自由空间。这种规划思想在我国未来住区小区建设中也将占有一席之地。它适用于品质高雅、档次一流的城镇高级住区，特别是大城市郊区小城镇以第2居所、休闲为主的住区。它对居民素质也有一定的要求。

不同的住区小区道路交通规划设计方式有其科学的适用范围，在未来住区小区发展建设过程中均可找到适用之所。不过可以预料的是随着我国国民经济的迅速发展，人们物质文化水平的迅速提高，人们对住区小区必将提出更多的要求，必将将关注的重点转移到住区小区文化、特色、品质等多个方面。城镇住区小区交通规划设计和动态交通组织应适应这种变化，研究提出越来越多富有创意、充满人性思维的新思路。

3.2.2.3 城镇住区小区交通体系的优化与交通需求管理模式

(1) 住区小区交通与镇际、镇区公共交通一体化

1) 住区小区交通与市区、市郊镇际、镇区公共交通一体化的必要性

如果将整个市区、镇区交通体系看作一个大系统，住区小区交通则是其中一个子系

统，必然要与市区、镇区交通不断地进行各种要素（物质、能量、信息）的交流与转换，是其不可缺少的组成部分。市区、市郊、镇区与镇际公共交通作为城镇交通结构中重要的组成部分，起着联结城镇各功能区和市区、市郊及镇与镇人们交往的任务，最大限度地满足人们对于出行的需求，是城镇市区、市郊及镇际交通的动脉。

2）住区小区交通与市区、市郊、镇际、镇区公共交通的一体化设计

为了更好的联系住区交通与市区、市郊及镇区、镇际公共交通，方便住区居民对不同交通方式的换乘，关键是要找到这两种交通体系的衔接点，以实现两种不同交通组织方式的便捷转换。因此解决住区小区交通与公共交通融合、协调发展的核心问题就是建立一转换节点——公共交通换乘枢纽。

① 建立以公交枢纽为核心的住区公共活动中心

城镇公交枢纽（站点）一般可在住区小区边缘地带设立，以便于住区小区居民到达为目标，并可结合其交通便利、可达性强的特点在周边地带布置与住区相配套的商业服务和其他公共活动设施，使住区小区的交通中心与商业中心合为一体。公交枢纽的地位与作用主要表现为以下两点：

a. 交通组织的"转换点"

作为连接住区小区交通与城镇公共交通的关键部位，公交枢纽的运行效率的好坏直接影响到住区小区居民出行的方便程度，因此合理的交通组织与停车换乘设施是必不可少的重要因素。换乘枢纽应具有布局紧凑集中、多层次衔接、立体换乘、各种交通流线互不干扰、标志明显、换乘距离短等特征。停车设施的布局应与步行者的活动特点相适应，自行车停车应优等考虑，对于小汽车停车可在停车车位、标准上加以适当的限制，鼓励住户居民采用步行、自行车到达车站。

b. 住区公共活动的"集聚点"

公交枢纽的可达性决定了在其周边进行公共设施开发更能体现土地价值规律，并且，这种紧凑的土地开发模式充分利用了土地与资源，容易形成功能与人口的有机联系，整体性更强。这种将上班、购物、娱乐、就学、休闲乃至商业、办公等多种功能与公交枢纽的一体化布置，使之成为住户居民日常出行的必经之所，一次出行便可同时完成多种活动，由此提高了使用公共交通的出行效率，可进一步强化公共交通的优越性，并发挥了其联系住区与市区、镇区之间的交通转换作用。

② 基于公交枢纽导向的住区小区交通组织方式

住区小区交通组织以公交枢纽为核心加以展开，与1990年以来在西方尤其是美国城市设计领域兴起的"新城市主义"理论中TOD开发模式的部分思想有共同之处，二者都强调公共交通所发挥的运输功能，并以行人为基本尺度的道路系统构成住区的基本网络结构。但是它也有自己的具体特征与设计准则：

a. 优先考虑住户居民步行、自行车出行方式。创造广泛、深入、舒适、安全的步行系统，自行车系统可以与之结合布置。

b. 整个居住地区与交通枢纽有最便捷的联系。以公交枢纽为圆心，呈放射状的主要道路网布局形式可强化这一趋势，表现出不同以往的空间特征。

c. 通过减小道路转弯半径、设置驼峰等手段将住区小区内的行车速度限制在20km/h以内，每条车行道宽度限制在3~6m以内。在局部地段如中心绿地、公共活动中心等禁

止机动车通行。

　　d. 在公交枢纽地区建设自行车、机动车停车设施和存包处，便于住户居民换乘及进行其他活动，如购物、休闲等。

　　e. 建设宽阔的人行道，容纳更多的行人在路上行走，并在机动车与人行道之间设置绿篱、行道树等绿化设施创造缓冲地带。

　　f. 交通组织方式以人车共存为主。在局部，如人流量较大的公共活动地带可实行人车分流，构成住区人车局部分流的交通组织方式。

　　(2) 住区小区交通与市区、市郊、镇际、镇区公共交通一体化发展的其他途径

　　1) 建立以公共交通为导向的土地利用模式

　　交通方式历来是形成城镇用地特定形态的重要因素，同样，城镇土地利用也决定了城镇的交通源、交通需求特征，从宏观上规定了城镇交通的结构与基础。事实证明，以公共交通为导向的土地利用形态及住区小区交通更能集约利用土地资源，强化使用公共交通的方便性，具有较高的运输效率，并能保证公共交通在与小汽车交通的竞争中处于优势，有利于提高住户居民的居住生活质量，保证经济运行效率。

　　2) 政府对城镇及其住区小区交通发展的政策取向

　　政府应确定市区、市郊及镇际公共交通与规模。较大小城镇镇区公共交通优先的政策与法规框架。通过对机动车停放的需求管理与对自行车的交通管制，保证道路空间资源分配实行公交优先。并改革小城镇交通投融资体制，引入市场机制，实现投资主体的多元化，以利于筹措资金，建设发达的公共交通网络与换乘枢纽，方便住区小区居民安全、便捷地完成交通出行。鼓励无污染工业、商贸、办公和公共设施等用地在住区小区内的混合使用，有利于居民就近就业、购物、社交，减少对机动车的需求。

　　(3) 多元·平衡——住区交通方式的复合化

　　实现全面小康社会，住区小区居民会根据不同的经济生活水平、出行目的、出行距离、交通成本、舒适程度等采取多样化的交通出行方式，反映在住区交通中，主要表现为交通方式日趋复合化。居民会根据目的地方位、远近等不同因素搭配、混合使用多种交通工具。其中出行距离是一个值得高度重视的影响因素。同时，居民收入水平的提高在客观上助长、刺激了私人小汽车出行的增加。

　　单凭任何一种交通方式都不可能解决住区居民的出行问题，各种交通方式的多元化与平衡发展，发挥各自的优势特点，使其相互补充、发挥系统的整体效益，并取得社会、环境和经济综合效益。

　　① 自行车交通：充分发挥近距离优势，在用高效的公交走廊承担跨区域的交通出行的前提下，使自行车成为换乘的有利工具，形成骑—乘—骑的交通出行模式。

　　② 摩托车交通：将所负担的交通量逐渐向小汽车和公共交通转化；对于电动和燃气助动车，应在允许其适度发展的同时，对其运行速度和行驶空间进行必要的管理。

　　③ 小汽车主要作为办事、购物、休闲和旅游的手段。在管理手段方面，可通过征收道路使用费、燃料税、牌照费等，运用经济杠进行调控，增加私家车的通行费用，抬高其使用门槛，以此来降低私家车的客流分担率。

　　④ 公共交通：发挥运输速度、运载能力、能源消耗和环境污染等方面的效率与优势，运用市场竞争机制的手段提高市区、市郊及镇际公共交通和规模较大县城镇、中心镇镇区

公共交通的服务水平与质量，承担起主要的交通运输任务。

（4）管理政策层面——交通需求管理导向的住区小区交通管理

住区小区居民出行要求有尽可能较高的通行速度和较高便捷度，希望拥有较好的交通工具，选择有效率的交通方式和停车方式，以及它们之间的空间安排与换乘。随着社会发展，人们对于住区小区交通的需求是越来越高，大量的事实证明了仅仅通过增加道路来解决交通阻塞，提高交通效率是行不通的，因为新修的道路很快又被增多的车辆所填满，即交通供给似乎永远赶不上交通需求的增长速度。

因此引入西方城市的交通需求管理（TDM）模式显得尤为重要。依靠市场的机制对住区交通的需求进行管理，在保证满足交通需求（快速、安全、高效、舒适）的同时，采用科学的管理手段，把现代高新技术引入到交通管理中来提高现有路网的交通性能，提高道路设施利用率，从而改善交通效率。它的核心内容是讲求需求与供给的平衡。这种交通需求管理模式对于城镇住区交通可应用于以下几个方面：

1）通过局部时段、地段的交通管制，保证城镇住区小区某种交通方式（如步行）的需求，从而一定程度上削减高峰期重点地段的机动车交通量。

2）制定步行、自行车优先的管理方式，突出其在城镇住区交通方式中的优越性，诱导住区小区居民采用步行、自行车的方式出行。

3.2.3 城镇住区小区静态交通组织

3.2.3.1 城镇住区小区静态交通组织面临问题

住区小区静态交通是指车辆停放的交通现象，在住区小区规划设计中表现为停车场规划设计。随着我国经济发展和社会进步，近年来各种车辆增长速度很快，经济发达地区小城镇中小汽车也已经开始进入较多家庭，住区中的静态交通问题日益突出，这些问题主要突出表现在以下几个方面。

（1）车位不足，停车处于无序状态

小汽车的停放处于无序状态，停车普遍占用道路、人行道、宅间空地、甚至绿地和公共活动场地，使得交通不畅，给居民带来种种不便，影响了住户居民的正常生活。

（2）住区小区的环境质量严重下降

小汽车一般停放在距离住户比较近的宅前、宅后，汽车行驶、发动所带来的噪声、空气污染等，严重影响底层用户。

（3）人流、车流混乱，严重影响了居民安全

原有的住区结构对于家用汽车的发展缺乏应有的考虑，汽车的增加和道路缺乏合理的处理，道路的断面线形、布局结构都不能满足新的需求，汽车占用了大部分道路空间，人车混行，对步行者，儿童和老人的安全造成了直接威胁。

（4）景观问题

由于汽车大量占用住区内人行道、集中绿地和活动场地，加上拥车人员停放车辆的随意性，使得道路被压坏、绿地被破坏、活动场所被占用，给住区的景观带来不良影响。

3.2.3.2 城镇住区静态交通组织的影响因素

（1）经济要素

经济要素是居民拥有车率的决定性因素，经济要素对居民拥有车率产生影响，进而影

响到整个住区静态交通的组织，人口密度越大，居民拥车率越高，居民静态交通的组织方法亦发生变化，即住区停车方式趋向于由地面停车——地下停车库——多层停车库的过程。

（2）停车设施造价

我国人多地少，住区用地亦非常紧张，随着居民拥车率的提高，停车方式组织的变化将导致人地之间的矛盾进一步暴露，几种停车方式亦各具优缺点。地面停车方便、安全，但不节约土地，导致住区容积率的下降，进而直接影响到开发商的经济利益和住区景观；住宅底层停车不占用室外场地，但白白损失一层居住面积；多层车库虽能解决停车问题，但其技术经济性不强，车均占用建筑面积在 $35\sim45m^2$ 左右，是其水平投影面积 $3\sim4$ 倍；机械式停车占地最少，空间利用率高，但设备昂贵，维护费高；全地下式停车库，有利于住区景观的组织，最为节约用地，但其施工复杂，面积利用率低，对其内部环境质量、建筑防火、防灾、机械通风均需付出额外的代价，开发投资成本也大，故此停车设施造价也是决定停车方式的主要因素，在选择停车方式时，要根据具体情况作出多方案比较，得出综合效益最佳的组合（表3-10）。

我国住区部分停车方式造价表 表3-10

停车方式		造价（元/m²）
室外停车场		地面铺装 70~80 周边维护费 140~170
单建式	地上停车楼	1600~1700
	地下停车楼	2500~2600
附建式	多层住宅底层车库	800~900
	高层住宅底层车库	2500~2900

（3）居民心理要素

1）拥车居民步行心理

采用汽车出行适应性较强，可满足长短不等的出行距离，如美国就是建在"汽车轮子"上的国家，其家用轿车普及率极高达1辆/1.2人。居民出行均首选使用轿车的出行方式。

居民采用轿车出行采用如下步骤，即步行→取车→出行→存车→步行，由此可看出其中有两个较为关键过程，步行过程与存取车过程。

一项对深圳居民的300份随机抽样问卷调查结果表明，几乎所有驾车者都希望将车停于自己住宅附近，一方面自己存车、取车都较为方便；另一方面自己可随时照看到自己的轿车，安全而又便捷，当使用集中式停车库时，通过对深圳市两个大型住区益田村和松坪村的实地调查表明，前者车库按组团级考虑，车库服务半径150m，80%以上感觉距离适当，停车入库率100%；后者按住区级配置，服务半径超过300m，半数以上使用者感觉出行不方便，服务范围内的小汽车主动停车入库率不足1/3，由此可见，居民存取车步行距离在250m以内为宜。

当住区小区内拥车数量一定时，服务半径越大，车库规模越长，车库建设亦越经济，但居民存、取车相对不方便；反之，服务半径越小，车库规模越小，车库建设相对不经济。故此，我们在设计停车库，考虑居民停车半径时，应兼顾以上两方面的要素。

另外，居民存、取车过程是否便捷，亦是选择停车方式的一个因素。根据日本研究资料，300辆以下规模车库可以保证从停车位到出入口的步行距离在舒适范围之内，因此住区内集中停车场与停车库的规模不宜过大。

当然，步行心理仅是决定停车方式的一个要素。如若在居民步行返回途中，通过一条精心设计、富有人情味的步行小道，让他们有机会参与更多社区活动，不失为一条好的补偿方法，有利于提高整个住区的档次。

2）普通居民心理

任何住区小区居民都希望他们在享受现代文明的同时，都能有一个安逸、舒适的居住环境和一个宜人的交往空间。而家用轿车的进入，无疑对他们的生活会造成影响，故此，我们在进行住区停车设计时，应注意把握居民心理将家用轿车对居民的影响减少到最少的程度。

因此当采用室外停车方式时，一般应执行家用轿车不进入小城镇住区组群的原则，以保证组群内具有一个安全、安静的居住环境，停车场设于组团入口一侧或者组群与群团之间的空地上。家用轿车停车场位于院落附近停放，这种方法最易为居民所接受，但亦最易影响居民生活，一般规划仅允许少量汽车停放于院落附近，作为临时停车或来客停车。

（4）政府政策要素

政府政策因素在住区小区停车方式组织中亦起着一定的作用。它可以通过宏观政策利用经济杠杆来间接调控开发商的市场行为和规划师的规划设想。如通过某些住区地方性法规的制定；通过规定住区绿地率和容积率；通过规定对住区内不同停车方式进行政策性的限制式以对有损于住区环境的停车方式（如地面停车）进行适当收费而对某种有利于创造良好住区环境的停车方式（如全地下停车）加以经济补偿的手法等，都能起到一定的作用。

（5）自然要素

当住区小区处于特定地形条件式气候条件时，我们亦应考虑到其停车方式组织的特殊性。如青岛四方小区，将原有冲沟的中部做为全区的人防工程，内设停车库，其顶面用作为中心广场的地面或居住绿地、道路等。

总之，城镇住区小区停车方式组织，经济要素是决定性要素，较好的住区小区环境需要较大数量的停车设施投入和较大的经济利益的牺牲，随着居民生活水平的提高，以及政府相关政策引导，良好的住区小区环境和便捷的交通方式必将成为居民必然的选择。住区小区停车方式规划设计应考虑以后城镇及其住区的发展，力求增强其适应性，满足不同消费层次居民的生活要求。

3.2.3.3 停车方式的分类及选择分析

根据我国城镇的特点和住区交通相关调查，不同地区、不同类别、不同规模、不同居住档次的城镇住区静态交通组织应结合实际情况和相关要求，合理选择停车方式。一般在以地面停车方式为主的同时，地下停车方式留作远期备用；近期、远期结合，规划预留停车用地，同时采取停车用地先作绿地等必要过渡方法，组织好近期远期规划相一致的静态交通方式。

（1）城镇住区停车方式分类

1）地面停车

相对而言，地面停放是一种最经济的停车方式，在汽车数量较少的情况下，选择此种方式无疑有很大的优越性，在住区小区停车方式选择中，到目前为止，仍有很大的适应性，在停车方式选择中还占有很大比例。地面停车最常见的形式是路边停放、住宅前后院停放和集中室外停车场等（图3-9）。

图 3-9　集中室外停车场、地面停车、路边停车图

在我国许多住区小区中采用路边停放实际上是在没有设计足够停车位的前提下，采取的一种不得已的停车方式。当然，这也是解决旧住区小区停车问题的办法之一。在停车规划中，在人车混行的交通组织方式中，路面停放是临时性的，它具有方便、快捷等优点，况且适量的小汽车的出现也是住区的一道景观，它的服务对象主要是小区来访的客人或者商业服务车辆，是能进入小区的临时性车辆；在人车分流的交通组织形式下，小汽车沿居住小区道路周边停放，不进入住区小区内部，这种方式有效地避免了汽车对行人和儿童的安全影响，把汽车所带来的各种污染都挡在住宅单元以外，由于此种停车方法道路占地比例大，它适用于汽车流量较大，而且用地较宽松的住区小区内。

宅前宅后停车的方式，应用各种环境小品设计和路面设计手法，或者采用尽端路等对汽车的停放路线和停车位置进行限定的办法能很好地解决人与车之间的关系，创造一个以人为本的住区小区环境，这种方式适用于低层低密度的城镇住宅小区，但对于汽车数量非常多或者高层高密度的城市小区不太适用。

室外停车场的优点在于建设费用较低的情况下解决相对较多的汽车停放问题，它的缺点在于占用很大的用地面积，这无疑是在紧张的城市用地中对土地的一种浪费。并且，大面积的硬质停车地面的出现，不仅占用了绿地空间，而且也妨碍小区的景观。

2）住宅底层停车

比较路面停车而言，住宅底层停车能够节约出路面停车所占用的开放空间，增加公共绿地面积，消除视觉环境污染，对居住环境的改善起着的重要作用。随着经济条件的改善，住户居民的环境意识逐渐增强，路面停车，尤其是路边停车普遍遭到人们的反对，这一点在调研的过程中反映了出来。深圳的一项对同一组住区的调查结果与两年前的比较如表 3-11，调查中无车户 100% 不赞成路旁停车，有车户赞成路旁停车平面层的也不足 10%，在全部的调查对象中，赞成路面停车的比例仅为 20% 左右。这些数据表明了住宅底层停车将取代路面停车。

第3章 配套道路景观设施

两次居民停车意愿抽样调查的部分数据比较表   表3-11

调查时间	调查样本数（个）	有车居民中选择路旁停车的比率（%）	全体居民户中选择路面（路旁＋集中停车场）停车的比率（%）
1995.5	200	19.3	33.3
1997.8	300	7.30	20.2

资料来源：陈燕萍．居住区道路系统与交通安全．规划师，2000．

受住宅底层面积的限制，单栋住宅底层停车一般适用于多层住区，居民拥车率低于30%的情况，其可容纳的停车数量与路面停车相仿；住宅底层包括地面、半地下的大面积车库停车，适用于居民拥车率较高的小高层或高层住宅区；而立体车库的形式则适用于高层、高密度住宅，这也是解决人车混杂的一条行之有效的解决办法（图3-10~图3-14）。

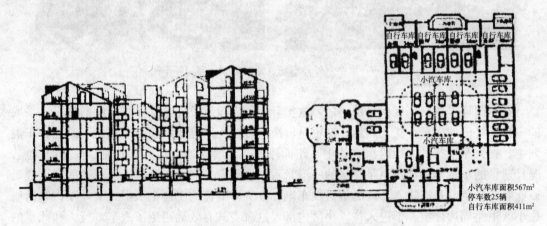

图3-10　成都锦城苑小区半地下混合式车库剖面、平面图

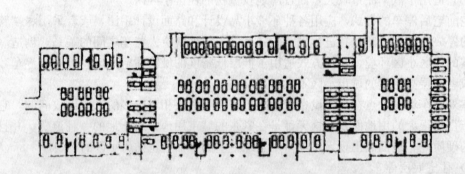

图3-11　重庆龙湖花园小区多层住宅半地下车库平面图

图3-12　重庆龙湖花园小区多层住宅半地下车库剖面图

图 3-13　厦门集美东海居住小区消极空间一侧住宅楼的半地下附建式停车库剖面图

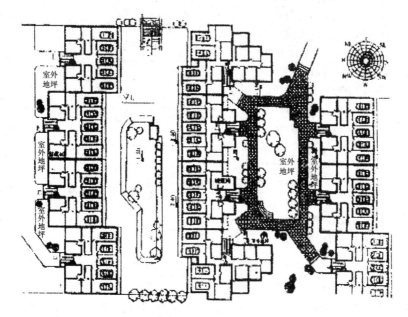

图 3-14　厦门集美东海居住小区消极空间一侧住宅楼的半地下附建式停车剖面图

住宅底层停车适用于小城镇庭院住宅和小城镇居住小区、组群的少层、多层住宅楼停车。

3）独立式车库

独立式停车库往往与小区的商业服务网点等公共设施一起设置，即为居民提供安全的停车场所，又方便购买日常生活用品。采用停车库停车能极大地改善居住小区的环境质量，在经济许可的情况下，可建设适当规模的停车库。但从造价上来说，独立式车库比地面停车和住宅底层停车的造价都要高很多。对深圳市 8 个住区的停车库（2～3 层）的规模造价调查结果显示：独立车库的规模在 200 车位以下时，平均车位的造价随着车库规模的增加而显著降低。然而，并非是车库规模越大越好，在设计的过程中要考虑合适的车库服务半径，车库至住宅的距离不能过长，使人产生抵制情绪。

独立式车库适用于城市和一些有条件的县城镇、中心镇规模较大住区。

（2）城镇住区小区停车形式选择分析

1）不同停车形式的造价分析

不同停车形式的不同选择，离不开造价分析。国外的居住停车规划的实践表明，选用"昂贵停车方式"在未来的发展中将是一种趋势，停车库和地下停车库的局限性在于造价高和工期长，如果能发挥这类小区的综合效益，对改善居住小区的综合环境和解决一系列的交通问题,都有很大的帮助(表 3-12)。

英国各种类型车库的造价比较表 表 3-12

序号	车库类型	与硬地面停车造价比
1	硬地面停车	1.0
2	邻靠住宅的停车棚	2.5
3	集中停车棚	3.0
4	能关闭的集中停车棚	4.0
5	二、三层(无围护)	4.5
6	邻靠住宅的底层停车	5.0
7	二、三层住宅底层车库	5.5
8	三层以上的住宅底层硬地面停车(无围护)	6.5
9	三层停车楼(无围护)	6.6
10	三层以上的住宅底层硬地面停车(有围护且能关闭)	7.5
11	三层停车楼(有围护且能关闭)	7.8
12	用承重屋顶覆盖的硬地面停车(无围护)	8.0
13	有覆盖的半地下停车(无围护)	10.0
14	有覆盖的半地下停车(有围护且能关闭)	11.0
15	有覆盖的地下停车(无围护)	13.0
16	有覆盖的地下停车(有围护且能关闭)	14.0

资料来源:Housing Design in Practice.

现在,居民买房不仅要看房屋的好坏,有无车库,车库何种形式也成为居民买房时参考的重要条件之一。许多开发商也是看准了这一点,对现在的车库采取租用的方式,而不是一次买断,原因就是等到车库再涨价时卖。这就涉及车库效益回收问题,表 3-13 是我国住区不同停车方式造价参考。但单纯地从停车库的建设成本分析停车方式的优劣是没有意义的,必须结合小区的综合效益来选择恰当的停车方式。

小汽车停车位建设的直接成本表 表 3-13

停车方式	每车位面积(m²)	每 m² 价格(元)	每车位价格(万元)
路边停车	16.8	120	0.20
广场停车	25	120	0.30
地上停车	35	900	3.15
地下停车	35	1200	4.20
底层停车	20	550	1.10

资料来源:苏继会.合肥市居住小区停车问题与经济比较研究.合肥工业大学学报,2001.(8).

2)停车方式的选择建议

高车位停放是住区规划的一个难题,一方面要注意避免盲目追求高停车率,因为停车要占用场地和提高投资;另一方面应注意由于生活水平的提高、私家车辆的增多而备有停车发展的余地。近、中期拥车率低的小城镇,预留远期停车用地宜先用作绿地用地。

停车方式应进行节地、防干扰、经济、适用综合分析并按住区的等级不同要求选择合理的停车方式。

选择不同停车方式应考虑的因素:

① 居住小区的性质、规模。
② 当地的经济水平。
③ 当地的停车供应及需求。
④ 一次性投资效益。
⑤ 停车方式的投资评价报告。

3) 集中停车场、库的规模及服务半径

在几年前，几乎所有的有驾驶执照的居民都愿意把车停在住宅的入口处，即使停车的费用不再增加，很少有人愿意到与住宅水平距离 200m 以外的集中停车场、库停车。然而，有关调研发现，人们已经认识到地面停车带来的种种弊端，愿意将车停在地下车库，并且从促进邻里交往的角度来说，人们在离住宅有一定距离的停车场、库停车，步行回家，有助于活跃小区的生活气氛，增加邻里交往。据调查表明，这个距离在 150m 左右，可以被人接受，不会感觉到不适。

一项对深圳市两个大型住区益田村与松坪村的实际调查印证了上述结论。前者车库按照组团级配置，车库服务半径 150m，80％使用者认为"距离适当"，停车入库率达 100％；后者车库按居住小区级配置（辅以局部路面停车场）服务半径超过 300m，半数以上的使用者觉得使用不方便，服务范围内的小汽车主动入库率不足 1/3。可以认为：服务半径是决定停车规模的重要指标，车库的服务半径与规模成正比。

3.2.3.4 住区小区停车布局的设计原则

住区小区在进行停车布局设计时应考虑以下原则：
① 根据居民停车需求和住区建设等级确定住区的停车规模及集中停车场的车库个数。
② 停车一般布置在居民的合理接近范围内。
③ 地面集中停车场应有所设计。
④ 集中停车场的主入口不要对着住区的主路，且出入口的位置应进行设计处理。
⑤ 最好居民能在住宅楼上监视到。

3.2.3.5 住区小区的交通安全设计

(1) 交通安全敏感地段的设计

根据有关资料分析，城镇住区内严重交通事故的发生地有以下几类：住区小区主要道路通过处；住区小区主要道路通过公共设施出入口处；住区小区主要道路通过中心活动场地周边处。受害者几乎都是儿童和老人。

调查表明，住户居民对住区小区内不同位置需要交通安全保障的期望由高至低依次为：宅前、小学托幼及游泳池等儿童活动集中场所的出入口、住区小区内主要商业服务设施出入口、居民休闲锻炼活动场所、住区小区内部日常活动通道、出入住区小区的交通要道。

从各类活动的时间分布来看，住区小区的汽车交通高峰一般发生在上、下班时间，而这个时候也是儿童放学，幼儿宅前玩耍、居民购物活动的高峰期。因此，根据居民对不同范围路段的安全期望值的高低作出以下建议：

1) 宅前、儿童较为集中的公共设施（如学校、游泳池等）的入口处。上述位置应保证人的活动优先，应为回避汽车交通区域。

2) 其他住区小区公共服务设施的入口处、开放空间及居民休闲场所的集散入口。上述位置应保证人的活动安全，应为严格限制汽车流量和速度的区域。

3）住区小区内行人活动的主要通道。与汽车道路交叉时应保证人的活动安全，与之相交的汽车交通路段应限制汽车流量和速度。

(2) 人车共存街道车速控制标准

住区小区街道的性质决定了在规划设计上首先要考虑的应是行人，特别小城镇住区大部分属于人车共存的道路，应严格的控制住区街道的交通速度，为行人提供一个安全舒适的慢速环境。国外住区为我们提供了大量的经验，如荷兰的 woonerf 将车速限于 11～19km/h；美国的大部分住区实行 30km/h 限速；香港许多高尚住宅区内限速规定是主要道路 50km/h，主要道路与支路的交叉口处限速 30km/h，住区内 20km/h。

研究表明，过高的交通速度将直接威胁到行人的安全，制定合理的设计车速首先以行人安全性为标准。有关交通速度与行人安全关系，国外学者进行了大量的研究。澳大利亚学者 hidas.p 提出区内在限速装置的地方至少要被降到 20km/h，方可保障行人的交通安全；澳洲昆士兰导则中提出行车速度以及其对行人伤害程度的关系：小于 24km/h：轻度伤害；24～39km/h：中等伤害；40～52km/h：严重伤害；大于 52km/h：致命伤害。上述说明，当车速低于 30km/h 时机动车对行人的生命威胁很小，低于 20km/h 时基本没有威胁。因此，建议住区街道的设计速度不宜高于 30km/h。

当然，住区内街道的行车速度也并非越低越好，将交通速度限制得过低会使道路通行能力下降，导致不必要的时间延误，甚至产生交通堵塞。因此街道设计速度的确定同时需要考虑道路的等级、性质，以及道路所处的地段。

(3) 车速限制设计

1）限制车速的几种办法

在小区交通安全设计中，限制车速的办法主要有以下几种：

① 用迫使减速的设计办法：道路大的转弯、路面驼峰、陡坡、道路折行（至少 45°角）以及局部缩小路宽等设施。

② 路面宽度只允许车辆和自行车交会而过就可以，不要太宽使两辆车能轻易的会车，每隔 50m 可以放宽路面，让车辆能够交会（图 3-15）。

图 3-15 人车共存的街道空间车速限制设计图

③ 避免使用单行道，实践证明，单行道的使用往往使司机忽略对面来的车辆，而使车辆加速。

④ 避免过长的直路端。

⑤ 通过限制车速牌的使用，对于超速的司机，采用经济处罚办法，强制限制车速。

2）尽端路的使用

尽端路是指尽端封闭的街道、小路或通道，只有入口，没有出口。在实际运用中，尽端路通常是指底端对车行封闭的一段街道、院落或广场（图 3-16、图 3-17）。

尽端路的突出特征是尽端路不联系两条道路之间的车行交通，车流在尽端的流线是折返式的，因而能够有效地限制车行，相应的路段上的车流量和车行速度都会变小，从而增加了住区的安全性。另外，研究还表明，作为尽端路起始点的T形交叉口较四分交叉口安全四倍。可见尽端路的采用是一种有效的保证住区交通安全的办法。

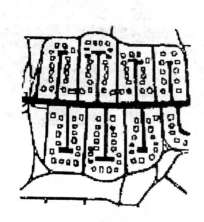

图3-16　莱德蓬社区尽端路平面图

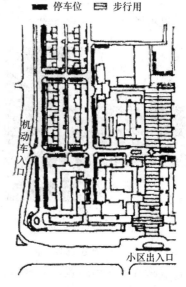

图3-17　万科四季花城总平面局部图

尽端路在减少车辆，限制车速的同时，因其非贯穿性的道路归属感而受到居民的喜爱，它属于尽端路两侧的居民，因此居民往往视尽端路空间为自家庭院的延伸，对其环境呵护备至。由于尽端路的安静、安全，儿童可以安心在路上玩耍而不受快速交通的威胁。在中国小汽车飞速进入家庭的时刻，在如何增强社区感，建立人车和谐方面，尽端路的使用是一个不错的建议（图3-18）。

（4）交通安全意识

交通安全与居民的安全意识有着密切的联系，在小区行车速度调查中，更多司机认为小

图3-18　群庄尽端路回车场图

区内车行速度的控制主要是靠自我约束。现行的住区中很少有限制车速的各种规定，大部分阻碍车速的为自行车流和人流。因此，为了居民的人身安全，司机应该树立住区内行人优先、车辆慢行的意识；无车居民在行走过程中树立自觉走人行道，遵守道路规则，培养交通安全意识。

3.2.3.6　科学、人性的多样化交通设计技术手段

小汽车进入住区已成为一种不可逆转的趋势，因此必须充分考虑将住区内部小汽车的不利影响降至最低，保持住区安宁，保障居民的安全。住区道路的技术设计上也必须充分体现在规范标准中。住区道路的断面设计与城镇道路间应具有明显的区别，住区道路宜通过具体线形设计或设置中间岛、突起、阻塞带等，达到降低车行噪声，保障居民安全的目的。

（1）球鼻状突出物设置

设置于道路交叉口处，可于一侧或两侧同时设置，可达到降低车速，缩短人行过街距

离的目的（图3-19）。

(2) 道路中心岛设置

沿道路中心线设置，也可位于道路交叉处设置，可以达到降低车速，提高人行安全的目的，也可增添住区景观（图3-20）。

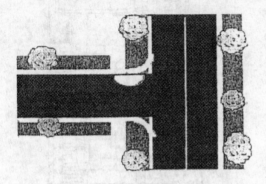 

图3-19　球鼻状突出物设置图　　　　　图3-20　道路中心岛设计图

(3) 连续弧形凸起物设置

在道路两侧交错布置，使整体设置呈S形，达到降低车速，增添街道美观性的目的（图3-21）。

(4) 两侧突出物设置

在道路两侧对称设置，以达到降低车速和缩短人行过街距离的目的（图3-22）。

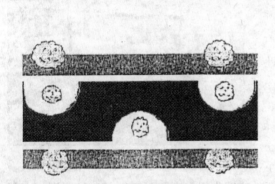 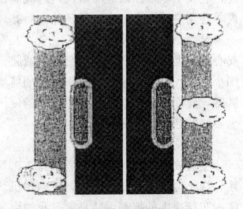

图3-21　连续弧形凸起物设置图　　　　图3-22　两侧突出物设置图

(5) 完全封闭设置

在道路交叉处设置，以达到车行交通不能进入次区域的目的，同时允许自行车等非机动车进入，紧急情况下允许消防或救护车辆进入（图3-23）。

(6) 完全转向设置

在道路交叉处通过设置绿化等隔离使两条道路分割开来，限制了车行交通的流动，同时允许步行和紧急情况下车辆的进入（图3-24）。

(7) 路口中心隔离带设置

设置于道路交叉处，多用于住区各构成区域相结合的部分，以达到降低车速进入另一区域的作用，同时也减少了居民穿越车行道的距离（图3-25）。

3.2 相关动静交通组织

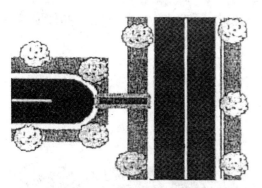

图 3-23 完全封闭设置图

图 3-24 完全转向设置图

（8）道路中间障碍设置

在两条主要道路交叉路口中间设置隔离障碍，以达到交叉路口更加安全并减少交通流线冲交点的作用（图 3-26）。

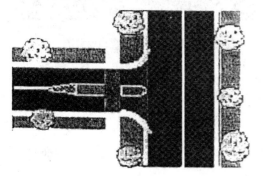

图 3-25 路口中心隔离带设置图

图 3-26 道路中间障碍设置图

（9）卵状道路中间分隔带设置

在道路中部设置卵状分隔带，以达到降低车速，减少居民穿越车行道距离的作用（图 3-27）。

（10）半转向障碍设置

设置于道路交叉处，以达到双向车行道路在某段较短的距离内只能单向行驶的目的，有利于减少某方向上的交通量，减少车行穿越交通，同时自行车等非机动交通则不受限制（图 3-28）。

图 3-27 卵状道路中间分隔带设置图

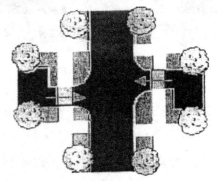

图 3-28 半转向障碍设置图

(11) 道路交叉口环状中心岛设置

设置于道路交叉口中心，形成圆形障碍，以达到减低车速，提高安全，同时促进美观的作用（图 3-29）。

(12) 三角形凸起物设置

设置于道路两侧，改变道路车行流线的角度，以达到减低车速，有利于步行者通过的目的，同时也促进了美观（图 3-30）。

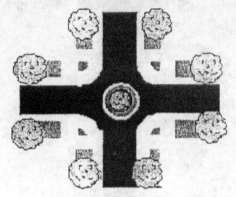 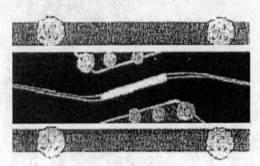

图 3-29　道路交叉口环状中心岛设置图　　图 3-30　三角形凸起物设置图

(13) 步行流线局部凸起设置

设置于车行道路中人行过街通道上，使路面高度逐步隆起，以达到减低车速，确保行人安全的目的（图 3-31）。

(14) 道路交叉口整体凸起设置

使整个道路交叉口逐步凸起至一定高度，以达到减低车速，确保行人安全的目的（图 3-32）。

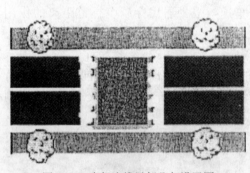 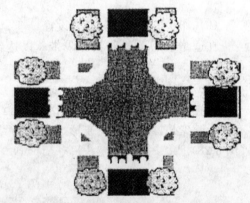

图 3-31　步行流线局部凸起设置图　　图 3-32　道路交叉口整体凸起设置图

3.3　配套道路的人文、环境景观复合设计

3.3.1　交通·人文·景观——住区小区道路功能的复合化理念

城镇住区小区道路作为一种通道系统，不仅是住区小区结构的主脉，维持并保证住区

小区的能量、信息、物质、社会生活等的正常运转，它同时还是住区小区形象和景观的展现带。而创造具有良好自然景观、人文景观和交通景观的街道空间，增加空间情趣并活化生活氛围，从而实现绿色交通、生态交通，形成健康、良好的居住生态环境，并且正逐渐成为城镇住区小区规划的重要目标之一。

实际上，我国的城镇街道文化自古以来就非常发达，有着很好的利用街道进行邻里交往的传统，"大街小巷"上的生活气息非常浓厚。随着现代家庭结构的日益小型化和人口的日趋老龄化，人们对在家庭之外方便地参与社会活动的要求相应提高；同时由于居民工作情况的变化（如工作效率提高、工作负担减轻、工作时间缩短、办公家庭化等），居民休闲时间日益增加，更加有条件进行户外活动。

作为这些活动的空间载体，在城镇住区小区中除了公共绿地和数量较少的广场空间以外，莫过于人们日常通行的那些街道及其绿化空间了。人们企望人性复归，向往遭受汽车破坏前的城镇文化回归，使交通环境人性化，使街道空间具有可驻留性也日益成为营造良好住区环境的不可或缺的内容。当步行尤其是汽车交通以慢速行进时，在不影响居民安全的情况下，没有理由要求将停留、玩耍的区域和交通区域绝对分隔开来。大多数情况下，出入家门口的交通也是城镇住区小区所有活动中最广泛的活动，有必要将尽可能多的其他活动与交通综合治起来。对于走动的人群、游戏的儿童以及住宅附近进行其他活动的人来说，交通综合的政策将会使不同的活动相互启迪，相得益彰。

3.3.2 住区小区交通体系的人性化规划设计

信息化时代的到来使得居住和工作功能可以在住区中得以集成。人们生产效率的提高，工作时间的减少及家庭办公的日益增多，使得人们在住区中驻留的时间更长，人与人、人与社区之间的交流将更加频繁，对人居环境要求越来越高，对于闲暇生活的需求将越来越成为生活中不可缺少的重要组成部分，如个体单独休闲（读书、散步、美容等）、私人社交活动（聚会、沙龙、体育、交谈等）、社会公益活动（志愿者、NGO、社区服务等）等。这些活动对城镇住区公共活动空间和步行交通的需求在质和量上都会逐渐加大。可以预见在未来的一段时间内，住区步行交通将会有一定程度地增长，同时步行的质量也不容忽视，正如著名的布坎南（Buchanan）报告中所强调的"应该尽量使人们在步行时感到舒适和安全"，这是普通常识，正像人人都知道健康对自己有什么好处一样。步行也跟许多其他行动联系在一起，不可分割。如步行时看看两旁商店橱窗，欣赏景色，跟人聊天。总之，一个人能否自由自在，东看西望地悠然地走路，这对衡量一个城镇及其住区小区的文明质量是非常有用的。

城镇住区交通组织和道路系统规划，除考虑机动车的流动之外，更要考虑人的流动，注意生活环境的人性化。对残疾人、儿童、老年人要格外关怀，体现为步行者优先。在人车共存的情况下，对车辆进行一定的限制（如速度限制、通行区域限制、通行时间限制、通行方向限制、路线线型限制等），从而保障步行者的优先权；在某些地段禁止小汽车的通行，从而限制住区内的通行量。具体有如下措施：

① 充分考虑到行人的无障碍设计，在住宅单元入口、中心绿地、公共活动场所等凡是有高差的地方设置残疾人坡道，且在人行道中设置盲道。

② 将道路的平面线性设计成蛇形或锯齿形，迫使进入的车辆降低车速，也使外来车

辆因线路曲折不愿进入从而达到控制车流的目的。

③ 在道路的边缘或中间左右交错种植树木，产生不愿进入的氛围，以减少不必要车辆的驶入。

④ 在道路交叉处的路面部分抬高或降低，使车辆驶过时产生震动感，给驾驶者以警示。

⑤ 在住区小区入口或道路交叉口设置形象的交通标志传达限速、禁转等交通信息。

⑥ 住区小区交通与市区、市郊及镇际公共交通、较大规模城镇镇区公共交通的衔接。

以上措施在实际运用中往往可同时使用，其根本目标就在于抑制机动车交通，改善步行环境，以达到鼓励行人和自行车活动的目的。

美国城市设计师彼得·卡斯罗普（Peter Calthorpe）首先提出了"步行社区"（Pedestrian Pocket）的概念。他在 Laguna West 新城的住区规划中摒弃了车行和人行相分离的做法，将街道当作公共开放空间中的一种基本的线形要素，直接联系住户、公园和住区中心。所有的街道都同时为行人和汽车而设计，其中人行道有树荫遮蔽，并和车行道划分开；绿地不时点缀着道路，车库则隐蔽于屋后，以宜人的步行环境吸引着人们离开汽车步行到住区中心。

这种步行系统提供了一系列多样化的室外空间：家庭私人庭院、一组住宅的半公共空间、所有人都可使用的中心公园，而办公区的室外空间和商业街道空间，不仅为住区内，也为住区外的人们提供了公共空间。

他所构想的规划模式在住区川流不息的来往交通中找到了一种转化方式，这种方式将步行和高速的车行成功的整合在一起，从而在汽车主宰的地方开辟出一片可以自由的步行和骑车的"飞地"，这样既改变了住区原有的熙来攘往的交通模式，也减少了交通阻塞。

3.3.3　住区小区交通体系的可持续规划设计

在 21 世纪，安全健康的居住生活环境将越来越受到公众的关注。基于可持续发展理论下的小城镇住区交通可理解为：在推进住区交通体系建设的同时，重视对住区小区生态环境的保护和资源的合理开发利用，注意对交通需求的管理和对交通行为的修正，使在满足近期需求的同时，又能符合住区小区社会经济生态复合系统长期持续发展的整体需要。

可持续发展理念在城镇住区小区交通体系中的具体应用就是强调交通规划在一开始就要对规划区域进行环境评估，识别环境区域的敏感性，以及了解进行基础设施建设可能产生的后果，综合协调住区土地使用、交通运输、生态环境与社会文化等因素，减少对空气、水源的污染，限制非再生资源的消费，有效保护城镇独特的地形、地貌与景观资源，强化人的行为方式与生态准则的相融性。

住区小区交通体系的可持续发展同时也离不开住区及其所在城镇的可持续发展。住区小区交通规划应与城镇紧凑的土地规划布局相适应，力求以最安全、经济的方式保障居民出行的机动性，同时利用土地可达性的改变使居住、文化、商业等活动重新分布组合，以适应城市与住区小区经济、社会长远的可持续发展要求。

3.3.4　住区小区道路环境景观规划设计

随着我国经济的迅猛发展，城镇居民对居住环境的要求日益提高。道路作为城镇居民出行与外部空间联系的必然通道，必然具备交通和环境景观双重功能。

城镇环境景观特色是一个城镇区别于其他城镇的个性特征。城镇住区环境景观特色是城镇整体特色的延续，它受到城镇文脉和地域的制约。因此，保护和发扬已有的文化传统，综合考虑现代生活因素是城镇住区小区道路环境景观设计的前提。

3.3.4.1 住区小区道路环境景观规划设计原则

（1）道路空间形态必须以人为本，注意生活环境的人性化，符合居民生活习俗、行为轨迹和管理模式，体现方便性、地域性和艺术性。

（2）为居民交往、休闲和游乐提供更多方便，更好环境。

（3）高效利用土地，完善生态建设，改善住区空间环境。

（4）立足于区域差异，体现自己的地域特色与文化传统。

（5）自然景观、人文景观和交通景观的融合。

3.3.4.2 城镇住区小区道路环境景观构成要素和设计要素

（1）构成要素

住区道路环境景观的构成要素可以分为两类：一种是物质的构成，即人、车、建筑、绿化、水体、庭院、设施、小品等实体要素；另一种是精神文化的构成，即历史、文脉、特色等。住区小区道路环境景观是上述两者不可分割的统一体（图3-33）。

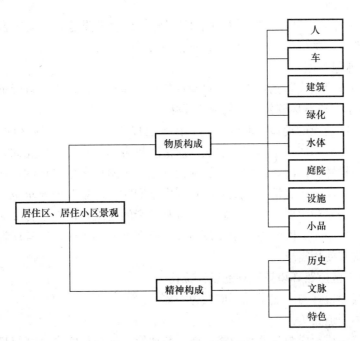

图3-33 城镇住区道路环境景观构成要素图

（2）设计要素

1）交通管理与交通安全设施。交通管理设施包括：交通标志、标线、信号及相关构件、路墩、消防设备、对于现代化城镇住区小区道路，以上设施不仅仅是保障交通安全，同时兼备环境景观功能。

2）无障碍设施。道路的交通应包括车辆交通和行人的交通。道路的交通功能在保证车辆正常运行的同时，亦需保证行人的安全出行。住区的环境设施必须体现对所有人的关心，其中包括：残疾人、老年人、病弱者和儿童。

3）铺装景观。城镇住区小区居民的户外生活是以道路为依托展开的，地面铺砌与人的关系最为密切，它所构成的交通与活动环境是城镇住区小区环境系统中的重要内容。地面铺装设计不仅为人提供便利，保证安全，提高功效和地面利用率，而且对丰富居民生活，美化住区小区环境起着相当大的辅助作用。住区小区道路铺装包括车行道铺装、人行道铺装、桥面铺装，也包括人行道上树池的树箅等。

4）桥梁景观。一些城镇，特别是江南水乡小城镇，"小桥流水"，桥梁成为住区重要的交通要素，因此桥梁精巧的优美造型，合理完美的结构，艺术的桥面装饰及栏杆往往是住区道路环境景观的一个亮点。

5）绿化景观。植物具有净化空气、吸收噪声、调节人们心理和精神的生态作用，更是住区道路绿色景观构成中最引人注目的要素。

6）照明景观。灯不再是单纯的照明工具，而是集照明装饰功能为一体，并成为创造、点缀、丰富住区环境空间的重要元素，包含文化内涵。住区道路照明主要为路灯照明，也包括住区绿地、公共设施照明。

7）建筑景观。道路景观必须以沿线建筑景观为依托，共同形成完整的、富于地域文化底蕴的住区道路景观。

8）建筑小品景观。建筑小品是提供便利服务的公益性设施，提高人们生活质量，同时也是住区道路景观的载体。主要包括：书报亭等。

9）雕塑、水景景观。

10）其他服务设施。包括：邮筒、自动售货机、座椅、垃圾箱、自行车架等。

3.3.4.3 住区小区道路环境景观的需求多样化

随着城镇住区建设的规模化和综合化，住区已成为一个市区、镇区的"浓缩体"，其内部居住着层次各异的居民，而每一层次的居民对景观的需求都不尽相同，从而导致了居住景观需求的多样性。同时，居住环境景观设计是为了给居民创造休闲、活动的空间，即使是同一层次的居民，当其活动方式和活动强度不同时，对景观的要求也不同。如在车行交通中人们关注的景观主要集中于道路的街景和两旁的建筑，而在步行交通和休闲中，人们关注的景观更集中于庭院绿地、小品设施等。所在这些都要求住区景观设计能够满足区内多元化的欣赏和使用需求。

3.3.4.4 住区小区道路环境景观规划设计优化

（1）道路线形设计与自然景观环境融为一体

道路线形体现道路美。

城镇住区道路线形应与自然环境相协调，与地形、地貌相配合，宜与自然景观环境融为一体。有时为了街景变化，可设微小转角，以给人留下多种不同的印象。在道路走向上，采用微小的偏移分割成不同场所，把要突出的景观引入视线范围。

城镇滨山住区道路的线形应主要考虑与地形景观的协调，采用吻合地形的匀顺曲线和低缓的纵坡组合三向协调的立体线形，对减少地形的剧烈切割，以及融合自然环境具有一定的优越性。

城镇滨水住区道路的线形应根据地形、地质、水文等条件确定。沿岸应具有适宜的台地，无滑坍、碎落和冲击锥等地质不良情况。道路线形应沿着自然岸线走向布置，形成与自然景观协调统一的优美线形。

住区道路S形曲线可以便于人们提供最大限度地观察周围环境，同时也是一种通过道路设计，把行车速度控制在满足规范要求极限内的方法。

(2) 生态与艺术相结合的道路绿化设计

遵循道路绿化的生态和艺术性相结合的原则。生态是物种与物种之间的协调关系，它要求植物的多层次配置，乔一灌一花，乔一灌一草的结合，分隔竖向的空间，创造植物群落的整体美。同时应根据本地区气候、栽植地的小气候和地下环境条件选择适于在该地生长的树木，以利于树木的正常生长发育，抗御自然灾害，保持较稳定的绿化成果。因此，城镇住区道路绿化规划设计既要满足植物与环境在生态习性上的统一，又要通过艺术的构图原理体现植物个体及群体的形式美，即符合统一、调和、均衡和韵律艺术原则。

突出住区街道个性。植物的季节变化与临路住宅建筑产生动与静的统一，它既丰富了建筑物的轮廓线，又遮挡了有碍观瞻的景象。在城镇住区小区道路绿化设计中，应将植物材料通过变化和统一、平衡和协调、韵律和节奏等变化进行搭配种植后，产生良好的生态景观环境。如果能和周围的环境相结合，选择富有特色的树种来布置，则可尽显住区街道的个性。

突出住区小区道路视觉线形设计。城镇住区小区道路绿化主要功能是庇荫、滤尘、减弱噪声、改善住区道路沿线的环境质量和美化环境。道路空间是提供人们生活、工作、休息、相互往来与货物流通的通道。各种不同出行目的人群，在动态的过程中观赏道路两旁的景观，产生不同行为规律下的不同视觉特点。在规划设计道路绿化时，应充分考虑行车的速度和行人的视觉特点，坚持以人为本的原则，将路线作为视觉线形设计的对象，不断提高视觉质量。

突出住区小区停车空间与绿化空间有机结合。利用绿化吸附粉尘和废气，隔离吸收噪声，减少停车空间因车辆集中而造成的对周围环境污染的扩散；自然优美的园林绿化可改变停车场库单调、呆板、枯燥、缺乏自然气息的不良视觉感受，美化停车库的视觉环境；环境绿化具有明显的遮阳降温、改善小气候的效果。如：地面停车场与园林绿化的结合对面积较小的露天停车场，可沿周边种植树冠较大的乔木以及常青绿篱，开成围合感并具有遮阳效果；对面积较大的停车场，可利用停车位之间的间隔带，种植高大乔木，植株行距及间距类似于车库柱网布局，以便于车辆进出和停放；在停车位之间或停车场周边设种植池。露天停车场与园林绿化的有机结合，可形成"花园式停车场"。

(3) 良好建筑环境设计

道路旁的建筑物是住区道路空间中最重要的围合元素，它的性质、体量、形式、轮廓线以及外表材料与色彩，直接影响住区小区道路空间的形象和气质。历史文化名城、名镇的具有传统地方特色的道路，其美学价值很大程度上取决于其富有地方特色和民族文化的建筑群，包括住宅建筑群。

良好住区小区道路建筑环境应具有以下方面：

1) 良好的尺度和比例。

2) 建筑空间富于变化，造型、立面形式多样，并具有因地制宜的灵活性和个性。

3）色彩丰富，搭配和谐有序，构图富有创意和特色，与环境和谐。

4）体现地方建筑风格和传统民居特色。

(4) 空间变化设计

道路根据各路段交通量不同，或地形条件限制，可能出现宽度的变化，在区别空间变化波动时，宽度变化是一个很重要内容。可提供错车空间，在特殊情况下，亦可提供停车空间，有时也为行人提供休息逗留的场所。

(5) 领域分隔设计

作为住区小区内的生活性道路，应为住户居民提高生活空间的领域感。此效果可以通过分离手法来实现。这种分隔多见为过街楼、拱门等。在我国古城中，牌坊是分隔街道空间最佳"道具"。

(6) 道路设施设计

住区小区道路通常有步行者在活动，此种活动常有随意性和观赏性。故要求道路上多设置公用设施等，如坐椅、花坛、候车亭及路灯、交通标志、信号设备等，选择宜人的色彩和尺度，增强美感和愉悦感。

3.3.5 住区与小区道路景观案例

3.3.5.1 长白岛国际化社区道路景观

占地面积：120000m²。

房地产类型：高层住宅。

项目特色：力求完美的住区道路景观，诠释自然与理性的现代生活理念（图3-34）。

图 3-34 完美的国际化社区道路景观图

3.3.5.2 四川会东县城河东区步行景观

项目特色：

(1) 公建住宅混合中心（小）区。

(2) 结合城市休闲景观带规划。

(3) 公共设施、广场绿地人行道有机组织。

(4) 打造步行交通的步行廊道景观（图3-35、图3-36）。

3.3 配套道路的人文、环境景观复合设计

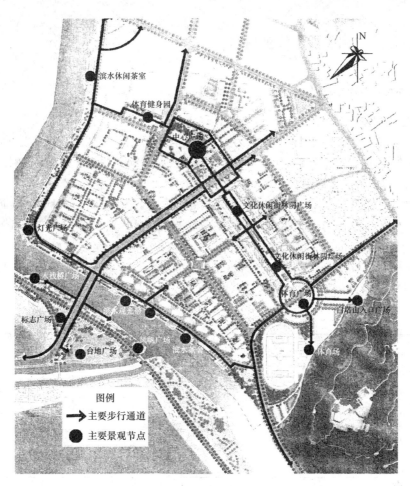

图 3-35 步行廊道景观规划图

图 3-36 步行廊道景观效果图

3.4 停车位及其相关技术经济指标

3.4.1 国外及我国台湾地区住区停车指标借鉴

与一些发达国家和地区相比而言，我国的小汽车发展要晚一些，差距较大。城镇小汽车发展比城市小汽车发展更有很大差距。因此，借鉴其他国家和地区前小汽车发展阶段中的住区停车指标的规定，对我国城镇住区停车位及其相关技术指标的制定具有重要的参考价值。

3.4.1.1 新加坡政府组屋停车指标

新加坡政府公共组屋计划（Public Housing）在从1960年到1980年中后期，不到30年的时间里解决了全民居住问题，在对停车指标的控制上，有几点值得我们注意：一是要求停车位数量与居民的汽车拥有量成正比，二是对停车位分配的标准随着单元套型标准而增加，三是因私人拥车量日渐增多的趋势而在不同的时代有着不同的指标，且随时间发展指标不断提高。如表3-14所示，即为新加坡几年来HDB停车位的分配标准。

新加坡不同时间HDB停车位的分配标准表　　　　表3-14

单元类型	每停车位的住房单元数量（套）		
	1984年前	1986年	1990年
1室	10.0	7.7	5.5
2室	5.0	5.2	3.9
3室	3.0	2.1	1.6
4室	1.5	1.7	1.4
5室	1.0	0.9	0.7
行政型	1.0	0.9	0.7
HUDC型	1.0	0.9	0.7

另外一方面，新加坡实际建设的停车位往往是占停车位分配标准的一定比例，其余部分以保留用地的形式存在，以备当需求增加时建设停车场用，从1985年7月起，实际分配的数量为预期需求的80%。

3.4.1.2 日本住区的停车指标

依据1995年日本公团住宅设计展中的数据：新建的出租住房的停车场设置率大约为70%，而出售的住房的停车场设置率为100%，如图3-37为日本住宅停车场设置率。由此

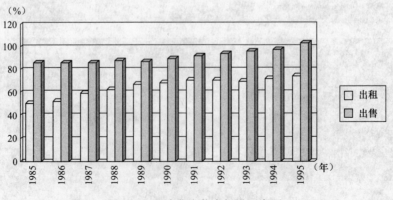

图3-37　日本住宅停车场设置率图

图可见，出售房的停车率始终比出租房要高出 20%，这是因为有能力购买住房的居民，通常有较好的经济条件，其购车的倾向也大，从中可见停车数量和居民的经济能力密切相关。

3.4.1.3 英国住区的停车指标

英国小汽车拥有率已达到 0.45 辆/人。由于这种高拥有率，英国的规划师认为在具体应用时经验会比标准更重要。他们通常根据下面这样一些条件来确定具体某个小区的停车指标：估计周围邻近小区的车辆拥有量并作为本小区初始设计标准；郊区的住区标准可能比城内的要高一些；不同类型的住房应有相应的标准；根据对车辆拥有率的预测，设计要保证长期的需求；同时要为来访人的车辆提供一定数量的车位。

表 3-15 和表 3-16 是通常被英国规划权威所推荐的住区停车指标。从中可以看出：①位于郊区的小区停车率比市区要高一些。并且要求半数以上是集中车库，位于市区的小区只提出停车空间。②标准高的套型停车率也高。③在首先满足了 100% 住户停车要求后，都考虑了其他形式的停车，如来访停车等，并提供了 50%～125% 的车位。这部分车位没有具体分配的，即是共享的。④有一类小区所有的车位都未被分配，没有明确分居民停车和来访停车，只是提供总共 100%～150% 的车位。

英国组团式停车的标准（都是集中停车）表　　　　　　　　　　表 3-15

		每户停车位数（个）		
		1 居室住宅	2 居室以上住宅	老人住宅
市区	已分配给住户的停车空间	1.00	1.00	0.25
	未分配的硬铺地停车场	0.50	0.75	0.25
	总计	1.50	1.75	0.50
郊区	分配了的集中车库	1.00	1.00	—
	未分配的铺地停车场	0.75	1.25	0.50
	总计	1.75	2.25	0.50
所有车位未被分配		1.00	1.50	0.50

部分车位设置在宅地内的停车标准表　　　　　　　　　　表 3-16

	每户停车位数（个）	
	1 居室住宅	2 居室住宅
车库	1.00	1.00
未分配的集中铺地停车	0.75	1.00
总计	1.75	2.00
1 个车库和一个硬铺地车位在庭院内	2.00	2.00
未分配的集中铺地停车	0.25	0.50
总计	2.25	2.50

从国外住区停车指标概况我们可以得到一些有益的启示：如停车数量与居民拥车率要一致；住宅单元套型越大，停车位标准也越高；住宅区位不同停车率也不一致；要考虑长期的停车需求等。

3.4.1.4 我国台湾地区住宅的停车指标

台北市 1984～1992 年私有小汽车年平均增长率为 13.5%。1992 年每千人拥有私车数目为 147 辆，全台湾省汽车总数已达 406 万辆，每户平均车辆拥有数为 0.75 辆。

与此同时,与车辆息息相关的道路面积及停车空间却不能相应增加。据停车位市场价格的调查表明,位于台北市区的停车位价格高达 200 万～300 万,"身价不下于一小套房"。针对这种情况,1993 年 3 月台湾地区有关部门修正了《建筑技术规划》中有关停车数量的规定,其中有关住宅的规定(表 3-17)。由表可以看出,新法规定的停车数量几乎比旧法增了一倍,新法的停车指标除了以建设面积为依据,还考虑了建筑物的区位,分为都市计划内与都市计划外两区域。都市计划内地区,由于人口集中,交通繁忙,停车空间需求量高,因此其附设停车空间数量标准较高,车位基数上限为总楼地板面积每 $150m^2$ 设置 1 辆,下限为每 $250m^2$ 设置 1 辆。在都市计划外地区,由于人口稀少,各种活动少,无交通及停车问题,因此其需求标准较低,车位基数上限为总楼地板面积每 $250m^2$ 设置 1 辆,下限为每 $350m^2$ 设置 1 辆。

台湾地区《建筑技术规划》有关停车数量规定表　　　　表 3-17

	总楼地板面积(m^2)	修正前规定附设车辆数(辆)	新法规定附设车辆数(辆)	
			都市计划区内	都市计划区外
住宅、集合住宅	500	0	0	0
	1000	0	4	2
	2000	3	10	5
	4000	6	24	12
	10000	25	64	32
	15000	36	97	49

除此之外,台湾地区交通部门为了使停车位的假性需求转化为切身需求,于 1992 年通过"购车自备停车位"的政策,并在 1995 年开始正式实施。为了配合这个政策,新法规定在实施容积管制地区,住宅建筑的附设车位要依实际需要增设至每一居住单元一辆。

3.4.2　影响城镇住区停车指标的相关因素分析

不同的城镇住区,其实际停车率是不一样的,甚至有时差异甚大。城镇住区停车指标主要受以下一些因素的影响。

3.4.2.1　不同地区城镇经济、社会发展差别

地区经济发展程度是影响停车指标的主要因素。地区不一样,其经济发展水平也存在差异并直接造成居民小汽车拥有率的不同。

我国现阶段小汽车主要集中在一些经济较发达的地区和城镇。我国《城市居住区规划设计规范》对居住建筑的停车位指标没有作统一的规定就是考虑到这一原因。我国的现实情况是地区经济发展不平衡,地区间经济增长的差距迅速扩大,这种差异同时体现在省、市、自治区之间,沿海地区与内陆地区之间,东、中、西三个地带之间,少数民族聚集地区与汉民族聚集地区之间,城市与乡村之间。一般而言,经济越发达,居民的汽车拥有率越高,配建停车标准也应相应提高。

对于城镇而言,不同地区、不同性质、类别城镇经济社会发展差别很大,经济发达地区的县城镇、中心镇小汽车发展较快,远期居民的汽车拥有率较高,配建停车标准也相应较高。

3.4.2.2　居民经济能力

根据国外机动车发展所走过的道路及已有的数据和经验,我们可以发现这样一个事

实，那就是城镇居民的收入（即经济能力）是影响机动车需求量的重要变量。图3-38是美国、法国、日本、（前）苏联各国居民收入与汽车化程度（小汽车辆/千人）关系图，从中可以看出以下规律：

（1）汽车化程度（习惯上以每千人拥有量作为衡量汽车化程度的主要指标）与人均居民收入呈递增关系，它的总趋势可划分成三个阶段：初级阶段、发展阶段与高级阶段。

（2）汽车化程度在年收入500～1500美元之间发展最快，其速度高于同期经济增长速度，进入高级阶段后，发展速度逐渐减慢，但绝对增加幅度加大。

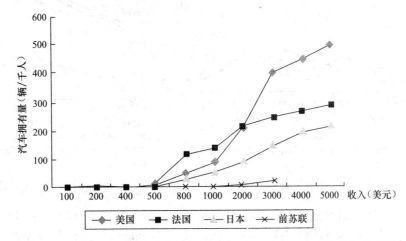

图3-38 美国、法国、日本、（前）苏联居民的收入与汽车化程度关系图

我国目前正处于机动化初期，家庭平均收入水平较低，私人小汽车还是一种高档消费品，是财富和地位的象征，只有少数高收入家庭才有经济实力购买小汽车，并且每年支付一大笔使用费，大量的普通家庭要晋升为有车阶层还有一段路程。因此，小区居民的经济收入水平从根本上决定了该小区内小汽车拥有率的高低。

从前面介绍的国外情况来看，停车指标也和居民收入紧密相连，如新加坡的停车指标，是按不同的单元类型来划分的，高标准的住房相应指标也高，而日本的公团住宅则是按出租和出售房来制定不同的停车率，其背后正是反映了居民的经济收入水平。

3.4.2.3 不同类别城镇小汽车需求差别

我国城镇按其性质、功能、空间形态有各种不同分类。不同分类城镇居民经济水平和其从事行业性质、比例以及城镇区位环境等与小汽车需求相关的因素存在诸多不同与较大差别。不同类别城镇小汽车需求差别也很大。

一般而言，城市周边地区的城镇，包括位于大中城市规划区的城镇和作为其卫星城的城镇，以及位于城镇群中的城镇，由于经济发展基础好，与周边城市及城镇的联系密切，居民小汽车拥有量较高，停车位及其相关技术经济指标应有较高要求的考虑。

商贸型城镇、工贸型城镇，以及以房地产为特色产业，特别是作为城市第二居所的郊区（包括远郊）城镇住区，居民小汽车拥有量、停车位及其相关技术经济指标总体上都应有较高考虑，其中，并也有不低于城市相关标准的部分。

农业型和家庭工业占有较大比例的工业型城镇生产生活区一体化的住区停车位，尚应考虑拖拉机，小型货车的要求。

国外来看，由于对很多家庭来说，在郊野小城镇获得廉价而又舒适的居住环境的可能性比城市要大很多。城市周边地区及其小城镇的汽车拥有量始终高于中心城市的汽车拥有量。图 3-39、图 3-40 分别是德国城市周边地区及其小城镇居住增长示意图和德国每千居民汽车拥有量示意图。

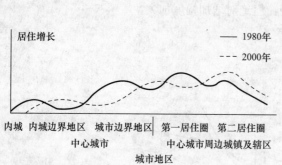

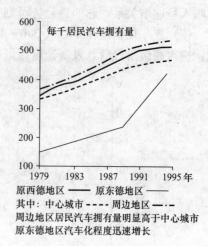

居住分布的变化类似于沙丘的移动，从中心城市逐渐向周边城镇和地区转移

其中：中心城市 - - - - 周边地区 - · -
周边地区居民汽车拥有量明显高于中心城市
原东德地区汽车化程度迅速增长

图 3-39　德国城市周边地区及其小城镇居住增长示意图　　　图 3-40　德国每千居民汽车拥有量图

在我国，一些高档的住区通常建在城乡结合部和城镇。这类小区地处郊区，环境良好，但公共交通相对不便，购买这类第二居所的居民往往收入较高，有能力购买和使用小汽车，因此这类小城镇小区的停车率也会很高。

3.4.2.4　城镇不同住区组织结构停车位的不同要求

我国城镇不同住区组织结构对停车位有不同要求。由于城镇居住区、居住小区居民居住较集中、居住户数在千户以上，停车场库和自行车棚在方便居民使用的原则下可采取小区或几幢多层住宅楼集中布局或集中与分散相结合的布局形式，住宅庭院住区一般是一户一院，除保留的传统住宅外，也包括别墅住宅，从远期规划角度，其中有相当比例的当地经济富裕家庭和经济条件较好的其他城镇上层社会阶层，因而远期小汽车拥有率较高，停车位一般一户一院单独考虑。

介于居住小区和住宅庭院之间的住宅组群户数在 250～500 户左右，停车场和自行车棚，在方便居民使用的原则下，可采取分散布局或分散和集中相结合的形式布局。

3.4.2.5　小区周围的道路及公共交通服务条件

城镇道路的发展与车辆拥有量有着密切的联系。一方面，城镇道路发展越快，车辆就会越来越多，而道路建设越慢，则对汽车交通的发展起抑制作用；另一方面，反过来，随着车辆的发展，迫使城镇发展道路，以满足车辆对道路的需求。

当小区周围有便利的公共交通条件，居民会减少利用小汽车出行的次数而改用公共交通。西方国家 20 世纪 90 年代提出的"以公交为主"的开发规划思想，就是通过建立完善的公共交通系统把居住、工作、办公和娱乐重新联系起来，减少居民对小汽车的依赖。

随着我国住宅建设郊区化，一些城市郊区小城镇楼盘为了方便住户，还为居民提供班车服务。如广州市番禺区的南国奥林匹克花园 129 路专用班车多达 40 多辆，日夜不停地往返于住区和市区之间，高峰时平均 7min 一班，一般时段 30min 一班，休息日则 1h 一班。班车不断提高服务质量，还给予居民尽可能的优惠待遇。便利的公共交通系统，在一定程度上削弱了居民对小汽车的购买欲望，并直接导致住区停车数量的下降。

3.4.3 城镇住区停车指标制定方法

3.4.3.1 停车指标的预测和调研基础及其制定原则

（1）预测和调研基础

城镇住区停车指标并非是一成不变的，它首先取决于一个科学的交通工具与结构的预测分析，而这种预测分析的结果，由于地域与城镇不同，结果也并非一致。停车指标的制定，需要在科学合理的预测基础上，确定合理的配置指标。

借鉴国外的收入弹性系数法，可以对我国的机动车发展作出预测。众多国家的机动化发展过程比较分析表明：虽然影响机动化发展水平的因素很多，诸如经济、文化、地理等因素，但其中人均收入的增长是推动机动化发展的最重要因素。20世纪70年代以来，国外不少学者研究了人均收入与机动化、小汽车拥有水平之间的关系。1994年F·Kain和刘志先生对60个国家的研究结论是：小汽车拥有量对于人均GDP的弹性系数为1.02～1.95之间（表3-18）。

这些系数是从不同国家或不同城市样本中得出来的，既包括了发达国家也包括了发展中国家；既包括了市场经济国家也包括了计划经济国家，并且包括以前对私人小汽车实行严格控制的国家。这些系数的高度一致性表明：无论是贫穷国家还是富裕国家，从机动化角度来看，仅仅是一系列不同的样本而已。

世界机动车数量与收入弹性系数表　　表3-18

研究	样本	机动车拥有对人均GDP弹性系数
Silberston（1970年）	38个市场经济国家，1965，汽车 38个市场经济国家，1965，车辆总数 46个国家，包括苏联和东欧，1965，汽车	1.14 1.09 1.21
Wheaton（1980年）	25个国家，20世纪70年代早期，汽车总量 25个国家，20世纪70年代早期，车辆总数 42个国家，20世纪70年代早期，汽车总量	1.38 1.19 1.43
Kain（1983年）	23个欧共体国家，1958 23个欧共体国家，1968 98个非社会主义国家，1977	1.95 1.59 1.30
Kain and Liu（1994年）	52个国家，1990，小汽车 52个国家，1990，商用车 52个国家，1990，机动车总量 52个国家，1990，小汽车	1.58 1.15 1.44 1.02

注：Kain和刘志是世界银行中国及蒙古局环境与市政发展处高级交通专家。

应用收入弹性系数法（小汽车1.58，货车1.15）对1995～2020年的中国小汽车、货车、机动车拥有量进行了预测。预测假设中国的人均国内生产总值GDP增长将由目前的每年10%逐渐下降至2020年的8%。他们提出了低增长与高增长两种方案。在低增长方案中，小汽车千人拥有指标在2000年、2010年、2020年分别达到5辆/千人、16辆/千人和53辆/千人；而在高增长方案中，小汽车千人拥有指标在2000年、2010年、2020年分别达到6辆/千人、25辆/千人和83辆/千人（表3-19）。按每户3.5人计算，上述小汽车千户拥有指标 2020 年低增方案为 185.5/千户，高增方案为 290.5/千户，也就是说，高增方案远期近每 3 户有 1 辆小汽车。

中国机动车增长预测表   表 3-19

	年份	低方案			高方案		
		小汽车	货车	机动车总量	小汽车	货车	机动车总量
千人拥有量指标（辆/千人）	1995	2	6	9	2	6	9
	2000	5	10	16	6	10	19
	2010	16	24	45	25	26	57
	2020	53	57	124	83	62	162
年增长率（%）	1995~2000	16	10	10	23	11	15
	2000~2010	12	9	11	15	10	12
	2010~2020	13	9	9	13	9	11

有关专业部门的我国家用轿车发展战略研究则预测：全国小汽车保有率在 2000 年、2005 年、2010 年分别为 4.7 辆/千人、9 辆/千人、15.8 辆/千人，这和前面的低发展方案相近，但远低于高发展方案。

上述预测可以从宏观层面上指导我国不同地区城镇未来机动车增长数量的科学预测，进而指导不同城镇住区配建停车指标的制定。

以小城镇来说，据对 100 多个小城镇及其住区道路交通和部分经济富裕地区小城镇道路交通相关调查，我国小城镇农用车占机动车比例较高，一些小城镇在 50% 左右，而小汽车（含摩托车）的比例仅为 16%~18%，县城镇农用车比例一般在 20% 左右，少数达到 30%。经济发达地区县城镇、中心镇、大型一般镇、商贸小城镇、房地产为主导产业小城镇汽车拥有率较高，这些小城镇小汽车拥有率与城市差距较小，其中，也有一些小城镇不低于城市，但小城镇整体小汽车拥有率还是很低，特别是经济欠发达地区小城镇差距甚大。小城镇相关指标预测与制定应考虑小城镇现状实际情况。

（2）制定原则

城镇住区停车主要包括住区居民自行车、小汽车、摩托车、小货车、拖拉机的停放，也包括住区内部公共建筑所吸引车辆和公共服务设施本身车辆的停放，其相关指标制定应考虑以下原则要求。

1）指标前瞻性

城镇住区配建停车标准的制定要满足远期发展的需求，由于一些相关因素的不可预见，常常会有预测小于实际需求，这就要求一方面每隔一段时间（一般 3~5 年）对配建指标及时调整，另一方面指标制定应有前瞻性。

2）指标的弹性

由于不同城镇住区所处的具体情况不同，因此，配建停车指标应具有一定弹性以适应不同的情况。国外的许多住区在规划中往往有"剩余地"（Leftover Space）的保留，以备将来的发展所用。停车是一种重要的土地利用形式，土地利用和交通发展的变化都对停车数量有相关的重要影响。

3）近远期结合，按远期规划预留停车用地

按远期指标一次修建，会使停车位远高于现阶段实际停车需求，造成资源和资金浪费；近远期结合，按远期规划预留停车用地，能满足远期规划发展需要。

4）按经济发展水平不同地区城镇划分标准

不同地区城镇居民小汽车拥有率存在很大差别，东部沿海经济发达地区城镇对停车指标的研究相对深入和成熟一些，对指导其他地区城镇相关停车指标具有一定前瞻性。

5）按照城镇不同住区组织结构和不同住区档次划分标准

城镇不同住区组织结构和不同住区档次对停车位、停车指标有不同要求，不同住区档次，其停车位差别也会很大。一般而言，居住档次越高停车率也越高。对经济发达地区城镇高级别墅区而言，停车率至少是100%，也就是说至少每户1个停车位。独立别墅普遍超过了1户1个车位的标准，多是1户2个车位或甚至3个车位；联排别墅一般也是1户1个车位。但一些档次较低的住区，如经济适用房、拆迁安置房等，居民小汽车的拥有率会低很多。如北京市车位设置标准分别是：中高档商品住宅楼1∶1，高档公寓1∶1.3。武汉市新建住宅建筑停车位标准为普通住宅小区每4户配备1个停车位，别墅停车位配备达1户1车位。

我国城市住区停车指标一般可分为别墅、中高档商住区、一般商住区和经济适用房等几个档次，根据不同的档次建议确定停车指标分别为每户1.5～2.5辆、1.0～1.5辆、0.5～1.0辆、0.25～0.5辆。

我国小镇住区停车指标也可按小城镇不同地质、不同性质、类别、不同规模及其不同住区档次划分和确定停车指标。

小城镇停车指标划分的居住档次一般可分为庭园别墅、商住区、一般住区几个档次。

6）停车位地面、地下比例及其车型比例分配

随着小康社会逐步实现，小汽车数量增多，停车无疑会占用城镇住区宝贵用地，特别是绿地和居民活动场地。因此对于远期小汽车拥有率较高的经济发达地区县城镇、中心镇住区停车位标准宜对照国标《城市居住区规划设计规范》地面停车率（居民汽车的地面停车位数量与居住户数的比率）不宜超过10%的规定作出相应比例要求。

城镇停车位应考虑自行车、板车、摩托车、小汽车、小货车不同车型及其不同比例要求。就小城镇而言，从长远来看，随着经济发达地区县城镇、中心镇住区小汽车拥有率会有的很大增长，将来住区会以小汽车停车位建设为主，对现在必需的自行车和摩托车位宜灵活设计，以使将来更改为小汽车停车位。

3.4.3.2 城镇住区停车行为规律与规划布局

（1）城镇住区停车行为规律

停车服务半径是影响居民停车行为的首要问题。停车设施布局，要充分考虑居民的停车步行距离，避免步行距离过长而影响车库的使用。根据有关调研分析，大多数居民愿意接受的停车步行距离在100m以内，这与《城市居住区规划设计规范》对停车服务半径的要求（不大于150m）相近。

不同的停车规模和停车设施其布局密度和服务半径也不同。根据经验，车库的服务半径与车库的规模成正比，而与住区的小汽车密度成反比。当车库服务范围内的小汽车密度一定时，车库的规模越大，其服务半径也越大；若车库规模不变，它服务范围内的小汽车密度较高，相应的服务半径越短。如果以100m作为停车库的服务半径，车库规模与小汽车密度的估算关系值如表3-20所示。可见当小汽车密度较低时，车库规模不宜过大，大

型车库不宜布置在其服务区域的一侧。

考虑小汽车密度与服务半径的车库规模推荐值表　　　表 3-20

小汽车密度（区内小汽车拥有率×区内住宅平均层数）	建议车库规模（服务半径为 100m）	
	车库位于服务区中央（车位）	车库位于服务区一侧（车位）
1.2	90～100	—
1.8	130～140	70～80
2.4	170～180	90～100
3.0	210～220	110～120

另一方面，随着居民收入的增加，居民对居住生活的合适性提出更高要求，住宅分配制度的改革又使对住区设施的各项投资可以通过出售或有偿使用物业来回收。居民可以选择多出钱以换取较好的服务。因此在布置住区车库时，不仅要注意规模的经济性，也应充分考虑车库建成后的服务情况，使之尽量接近居民的"价格—服务水平"期望。

（2）停车规划布局

城镇房地产停车设施布局最重要的考虑因素是住户居民的停车步行距离和对住区生活的干扰，应按照整个住区道路布局与交通组织来安排，以方便、经济、安全和减少环境污染为原则。

1) 集中式停车布局

住区的集中停车一般采用建设单层和多层停车库（包括地下）的方式，往往设置在住宅区和若干住宅群落的主要车行出入口或服务中心周围。这样既方便居民购物、又可限制外来车辆进入住宅区，并有利于减少住区内汽车通行量，减少空气和噪声污染，保证区内和住宅群落内的安静和安全。图 3-41 为德国法兰克福西北城住区采用的地下停车方式，大型的地下车库设置在住区主入口的服务中心地下，小型地下车库设置在组团内。

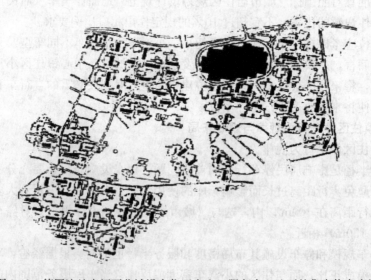

图 3-41　德国法兰克福西北城设在住区主入口服务中心地下的集中停车库图

2) 分散式停车布局

一定程度的分散停车将对住户居民的使用带来方便，因此应该考虑设置一定比例的分散停车量，特别是一些规模较大的以多层为主的住区停车布局采用分散式布局有利于缩短停车服务半径，方便居民使用。

按组团级配置的车库，服务半径一般不应超过150m，大部分使用者感到"距离适当"，停车入库率较高；而按住区级配置（辅以局部地面停车场）的车库，车库服务半径一般都超过300m，半数以上的使用者觉得"不方便"，服务范围内的小汽车主动停车入库率不足1/3。

采用以组团为单位设置停车设施是一种很普遍的做法。广州市番禺区星河湾住区，其居住规模很大，规划采取以住宅组团为单位设置若干个分散的地下停车库，车库的入口在组团入口处，避免了小汽车进入组团内部造成对居住组团内部的干扰。

图3-42是德国汉堡斯泰尔斯荷普住区，距汉堡市中心7.5km，有地铁和公交车方便的联系，其东南部和西部有工业和商业区可为居民提供就业岗位，区位条件良好。该住区由20个住宅组团组成，在每个组团的入口处布置了汽车停车场，保证了住宅院落的安宁。

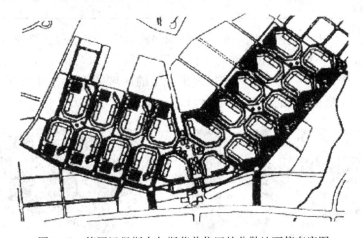

图3-42　德国汉堡斯台尔斯荷普住区的分散地下停车库图

3）集中和分散停放方式相结合

住区停车设施布局以集中和分散停放方式相结合为宜。对居民而言，最方便的停车方式一定是按照每户或每一单元为单位设置停车位的布局方式，如在住宅单元出入口（或附近）的路边（上）；在住宅单元的底层；在住宅的院子里等。

但对于多层和高层住宅区（群、组）来说，因为密度较高，交通量也会较大，停车到家将会引入许多机动车交通进入或穿越一些机动车不宜或不需进入的空间，如住宅院落、活动场地周围和公共绿地，同时也会影响居住环境的安全、安静和洁净。

(3) 住区主要停车方式

1）地面停车方式

地面停车是一种最直接、最经济的停车方式。现阶段，我国城镇住区大部分车辆停放仍是采用地面停放方式，而且可以预测未来的停车方式中，地面停车仍将有较大的适应性。

地面停车投资少，但是占地多，因此要利用好住区内有限的土地，既不侵占活动场地，又少占绿地，还要保证停车场与住宅之间足够的防火间距。

① 路上停车位

路上停车位是住区一种常见的停车方式。尤其在一些事先没有规划停车场的住区，路上停车是主要的一种停车方式。在一些新规划的小区中，路上停车也因其灵活方便而成为停车方式的一种有利补充。对于一些临时停车，路上停车显得尤为必要，表3-21是路上停车方式与停车数量的比较，从中可以看出，当车辆平行停放时，单位长度的停车数量最少，当采用垂直停放时，单位长度的停车数量最多，斜放时，单位长度的停车数量介于两者之间。

路上停车方式与停车数量比较表　　　　　　　　　　　表 3-21

与道牙相交形式	角度（°）	每30m道牙的停车数量（辆）
平行	0	4.3
斜放	30	5.5
斜放	45	7.8
斜放	60	9.7
垂直	90	11.1

路上停车位利用小区道路一侧停车，有的局部放宽小区主路和支路的路面，有的在尽端适当扩大路面。在一些停车位不够的居住小区，可以采取局部地段适当拓宽路面的方式，即在宽度6.5m以上的道路上，可以划出一定的区域（宽度约为2m）作为占用路面的停车场地，如白天道路交通流量较大，可作为夜间停车场（图3-43、图3-44）。

图 3-43　小区夜间停车场图（一）　　　　图 3-44　小区夜间停车场图（二）

北京市龙泽苑小区，小区总建筑面积的80%为多层住宅，其余的为高层住宅。多层住宅按经济适用房的标准设计，住户的汽车拥有率为平均每10户为4辆。规划利用小区主路的外侧和组团之间的消极空间安排停车位，使停车服务半径不超过80m，极大地方便了居民的使用。高层住宅的标准较高，规划按每户1辆车考虑，利用高层住宅庭院地下空间停车，停车后从地下直接乘电梯回家。其具体的做法是：在退离小区周边用地红线15m的空间内，设置了6m宽的双向车道。车行道外侧与红线之间留出6m深的停车位，汽车靠路边停放，每车占2.7m宽的空间。在车行道的另一侧设置了3m宽的绿化带，其中人行道宽1.5m宽，方便人们停车后步行回家。最后，人行道与住宅之间还留出1.5m宽的绿化隔离带，这样一来，就减少了噪声、废气和晚间眩光对住户的干扰，用地也最省（图3-45）。

② 路外停车场

路外停车场是住区中非常重要的一种停车方式。路外停车场主要应考虑停车场的规模、位置及景观设计。

3.4 停车位及其相关技术经济指标

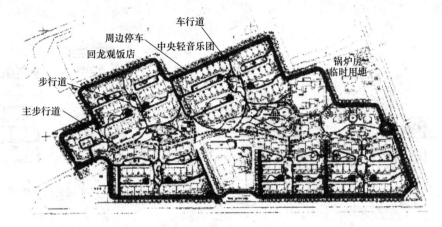

图 3-45 小区主路外侧和组团间消极空间停车位图

规模：路外停车场的规模不宜过大，宜采用小型分散设置。停车场面积过大，犹如兵营，会造成住区内的空旷感，尤其是在高楼俯视下令人十分不悦，同时带来服务半径增加而造成使用不便。建议停车场以 20～30 辆的分散停车为宜，这样对景观影响不大，而且布置也比较灵活，容易与住宅有较好的联系。一些确实需要大规模集中停车场的，在用地允许的情况下，应该打散为零碎的小块，并结合一些景观设计来削弱其大规模铺地的不良影响。

位置：住区内部可利用路边、庭院以及边角零星地段灵活设置较小型的停车场地。小型的停车场可以布置在靠近住宅的地块，并且在居民的监视范围内，同时与步行系统分离，不干扰居民的活动。大型的集中车库建在绿地或场地下，距离住宅有一定的距离，同时在靠近住宅处布置一些小型露天停车场。

景观：停车场直接影响着住区的整体形象，因此要努力创造优美的环境，并与其周围的建筑相互协调，使之成为住区的有机组成部分。

停车场应根据停车场的总平面布置合理规划绿化用地，再根据规划绿化的用地具体情况和停车场的性质等选用合适的树种。在停车场内绿化，有利于车辆防晒，而且对净化空气、防尘、防噪声等都有实际意义。

停车场的绿化形式应在满足绿化功能及交通要求的原则下，考虑其布置的美观，并与停车场内外及道路协调。一般可采用绿化带或树池两种形式（图 3-46 和图 3-47）。采用绿化带形式是除了种植高大的乔木外，还混合种有灌木，使绿化带起到隔离和遮护的目的。树池分为条形、方形和圆形三种形式，树池大小一般为 1.5～2.0m，株距一般为 5.0～6.0m。树距过密不利于发挥停车效能，一般可定为 10m 左右。防治停车场噪声的措施除了用植物来掩蔽噪声，还可以结合地形将停车场地坪适当降低。

路外停车场形式多样，使用方便，特别适用于临时或短时间使用，但一定要加强管理，以免影响住区内部环境和行人的安全。例如，广州市番禺区的祈福新郊，基本全采用地面停车方式，在每一个住宅组团的道路一侧设置了地面停车位，停车位采用植草砖铺砌，草从空隙生长出来，整个感觉和绿地差不多，另还设置了 24h 值班亭加强对地面停车场的管理（图 3-48）。

图3-46 停车场绿化带布置图

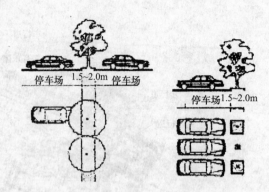
图3-47 停车场树池布置图

图3-48 住宅组群一侧的地面停车场图

③ 地面停车库（房）

停车库（房）是车辆的室内停放空间，一般能满足较大的停车需求，且有利于管理。由于停车在室内，因而可以尽可能多地利用住区室外空间布置绿化和休闲设施，对住区室外环境影响较小，有利于为居民创造舒适的居住环境，但其造价与地面停车场相比而言要大得多。

④ 住宅底层封闭或架空停车

这种方式可以少占露天场地，又可靠近住宅。利用住宅底层停车，应考虑住宅上部结构的影响。对于承重结构为砖墙、砌块等多层住宅来说，通常北向房间多是厨房、卫生间或次要卧室等开间较小的房间，这部分住宅底层一般不适于作车库；而南向房间多为开窗较大的起居室或主卧室，一般宜于作车库。如果要把底层全部用来作车库就得采用框架结构，把底层的结构转换为由框架柱承重（图3-49）。

对于多层住宅区（群、组）来说，住宅底层停车有很好的优势。例如，一幢由3个1梯2户住宅单元拼接的6层高多层住宅楼，总计户数30户，采用底层停车方式，共计停车位12个，可达到总户数的40%，基本能够满足本楼的停车需求。

利用住宅底层封闭或架空停车可方便用户使用，但车辆进出院落，容易造成对居民的干扰。因此，一般宜将住宅底层车库安排在院落的对外一侧，不让车开进院落里来停放。例如，上海三林苑试点小区，规划按照7户1辆停车位考虑，总共300个停车位，设计将住宅底层架空，架空层层高2.2m，根据不同大小的跨距，部分作为小汽车车库，部分作为自行车和摩托车车库。但是，车辆进出院落，影响了居民的室外活动（图3-50）。

3.4 停车位及其相关技术经济指标

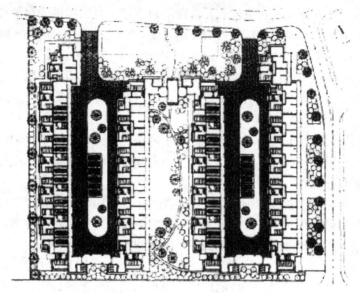

图 3-49 住宅底层停车库图

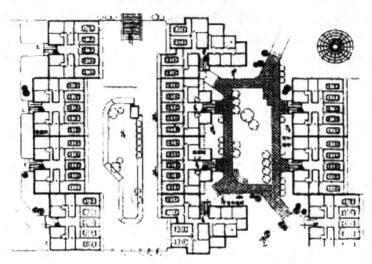

图 3-50 住宅底层封闭或架空停车库图

厦门集美东海小区多层住宅组团利用人行与车行不同标高设置底层停车库,而且车行道与人行步道分开,车辆不进入组团,减少了干扰(图 3-51)。

图 3-51 人行与车行不同标高设置底层停车库图

⑤ 平台下停车

平台下停车是将几栋住宅作为一个整体来考虑,住宅楼之间用平台联系起来,居民由平台进出住宅楼,汽车则在平台下停放。这种平台下停车可以提供大量的停车位,平台以上还可绿化作居民的活动场所,居民停取车辆方便,而且在造价上远低于地下车库。

2) 地下停车方式

地下停车是住区重要的停车方式,地下停车能高效利用土地,不减少绿化量,同时能隔绝噪声,减少废气,而且便于对车辆进行管理,对住区环境的影响最小。

① 附建式地下停车库(房)

多建于住宅楼、公建的地下层,也可附建于高层住宅建筑的地下室中。这类车库受上部建筑结构制约,灵活性和停车量均有局限,因此规划设计应协调好车库与上部结构的柱网尺寸,使地下车库获得最佳最多车位。

在居民小汽车拥有率较高的小高层或高层住宅区,采用地下成片车库停车具有独特优点:住宅电梯直接深入车库,可以有效地缩短住宅与车库之间的步行距离,并完全避免不良气候干扰,最大限度地体现汽车门到门联系的优越性。

② 单建式地下停车库(房)

单建式停车库(房)常建于小区的广场、绿地和活动场地的地下,主要特点是对地面以上的空间和建筑物基本没有影响,只有少量出入口和通风口外露地面,能保持外部空间完整并有利于节约用地;同时车库柱网尺寸和外形轮廓不受地面使用条件的限制,可完全按照车库技术要求修建,从而提高车库面积利用率。

小区中心绿地下常设置车库,有的将绿地地面抬高,绿地下设两层车库,有的则全部埋入地下。

3) 混合式地下停车库(房)

这种做法兼把住宅地下和庭院下的空间结合起来,因为住宅的地下部分受承重结构的限制,能停车的空间不多,而且无法解决车辆的迂回和上下,而庭园的地下空间可以灵活划分,不受地上部分的制约,停车效率可以大大上升。

成都市锦城苑小区,其地下车库采取分散设置在组团内庭院和部分住宅的下面,两部分结合在一起互相延伸补充,充分利用空间,扩大停车容量,增强使用的应变能力。

(4) 停车设施经济比较

经济问题是我国当前工程现实可行性的首要问题。一般来说,地面停车比地下停车便宜,但是地面停车却不节省土地,实际上浪费了土地的价值;地下停车造价高,但节约了土地资源。据英国 HMSO(英国皇家出版局)发表的各种车库造价比较中我们可以看出,地下车库的造价相当于地面铺地停车场的 13 倍。

针对停车库的造价与规模的一项调查结果显示,独立车库规模在 200 车位以下时,平均车位造价随车库规模增加而明显降低(如图 3-52),大车库的平均管理费用也比小车库便宜。然而在住区内布置车库并非越大越好,如前所述,如果车库规模与小汽车密度不配套,会导致车库服务半径过大,由车库至住宅的步行距离过远(图 3-52)。

(5) 停车方式与小区人口密度的关系

国外经验说明,停车数量以及停车方式与小区人口密度是相关的。人口密度越高,空地率就越低,但是停车却多,为解决停车而修建的设施代价往往也越高。

通过调研发现,我国开发的住区其停车方式与人口密度的关系,基本上与表 3-12 英国居住人口密度与停车状况的关系一致,这说明,在我国高密度的小区里停放小汽车,地

3.4 停车位及其相关技术经济指标

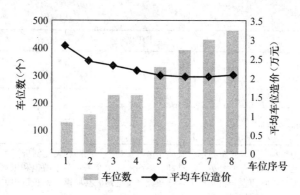

图 3-52 停车库规模与平均车位造价关系图

面停车根本是不够的,只有往地下空间发展才是一个有效的办法,既能够少占用地,又能提供大量停车位。

3.4.4 我国城镇住区主要停车指标

3.4.4.1 非机动车停车场指标

城镇非机动车辆主要为自行车,以小城镇来说,据100多个小城镇及小区交通调查资料分析,目前小城镇居民出行交通工具以自行车为主体,并约占整个交通工具的70%~80%,其他非机动车尚有三轮车、大板车、小板车及兽力车。非机动车停车场的车标闪光车定为自行车为宜。

小城镇住区非机动车停车场可按服务范围调查、测算自行车保有量的20%~40%来规划自行车停车场面积,并按调查、测算所含需停其他非机动车辆的比例因素修整、计算得出非机动车停车场面积。

小城镇自行车停车位参数应符合表3-22规定。

自行车停车位参数表　　　　　　　　　　表 3-22

停靠方式		停车宽度 (m)		车辆间距 (m) C	通道宽度 (m)		单位停车面积 (m²/辆)	
		单排 A	双排 B		单侧 D	双侧 E	单排停 (A+D)×C	双排停 (B+E)×C/2
垂直式		2.0	3.2	0.6	1.5	2.5	2.10	1.71
角停式	30°	1.7	2.9	0.5	1.5	2.5	1.60	1.35
	45°	1.4	2.4	0.5	1.2	2.0	1.30	1.10
	60°	1.0	1.8	0.5	1.2	2.0	1.10	0.95

3.4.4.2 不同城镇机动车停车场指标

城镇住区机动车停车指标宜按不同地区、不同规模城镇及其不同住区档次确定。对小城镇来说可按表3-23停车位指标范围,结合地方要求和小城镇实际情况分析比较选择确定。

不同小城镇不同档次住区远期规划停车建议指标表(辆/户)　　表 3-23

		庭园别墅	商住区	一般住区
经济发达地区	县城镇 中心镇	1~1.3	0.2~0.7	0.05~0.15
	一般镇	0.8~1	0.1~0.5	0.02~0.1

87

续表

		庭园别墅	商住区	一般住区
经济一般地区	县城镇中心镇			
	一般镇			
经济欠发达地区	县城镇			
	一般镇			

注：1. 表中值以小车为基本车型，停车指标含其他车型可按与小车之间相关比例折算。
2. 表中小城镇类型主要按综合型分类。小车拥有率高的商贸、工贸型小城镇和以第2居所房地产开发为主导产业的小城镇可在实际调查分析基础上，比较经济发达地区县城镇、中心镇相关指标确定。
3. 经济欠发达地区中心镇就是县城镇。
4. 经济欠发达地区小车拥有率低的小城镇规划停车场可先作绿地预留。

3.4.4.3 城镇停车场停车道、通行道宽度及停车场面积指标

如同 3.1.2.6 所述，城镇住区停车场停车道、通行道宽度及停车场面积等相关技术指标可结合城镇住区实际情况按表 3-5 规定选取。

3.4.4.4 停车场其他相关技术经济指标与技术要求

（1）小城镇住区停车场和用户住宅距离以 50~150m 为宜。

（2）停车场位置应尽可能使用场所的一侧，以便人流、货流集散时不穿越道路，停车场出入口原则上应分开设置。

（3）地上停车场，当停车位大于 50 辆时，其疏散出入口数不少于 2 个，地下车库停车大于 100 辆时，其疏散口数不少于 2 个。疏散口之间距离不小于 10m，汽车疏散坡道宽度不应小于 4m，双车道不应小于 7m。坡道出入口处应留了足够的场地供调车、停车、洗车作业。

（4）停车场的平面布置应结合用地规模、停车方式、合理协调安排好停车区、通道、出入口、绿化和管理等组成部分。停车位的布置以停放方便、节约用地和尽可能缩短通道长度为原则，并采取纵向或横向布置，每组停车量不超过 50 辆，组与组之间若没有足够的通道，应留出不少于 6m 的防火间距。

（5）停车场内交通线必须明确，除注意单向行驶，进出停车场尽可能做到右进右出。同时，利用画线、箭头和文字来指示车位和通道，减少停车场内的冲突。

（6）停车场地纵坡不宜大于 2.0%；山区、丘陵地形不宜大于 3.0%，但为了满足排水要求，均不得小于 0.3%。进出停车场的通道纵坡在地形困难时，也不宜大于 5.0%。

（7）停车场应注意适当考虑绿化来改善停车环境。在南方炎热地区尤其要注意利用绿化来保护车辆防晒。

3.4.4.5 城镇停车场规划相关技术参数

（1）标准车型外形尺寸

标准车型外形尺寸，见表 3-24 所示。

标准车型外形尺寸表　　　　表 3-24

车辆类型	总长（m）	总宽（m）	总高（m）
微型汽车 1	3.2	1.0	1.8
小型汽车	5.0	1.8	1.6

续表

车辆类型	总长（m）	总宽（m）	总高（m）
中型汽车（含拖拉机）2	8.7	2.5	4.0
普通汽车（含带挂拖拉机）	12.0	2.5	4.0
铰接汽车	18.0	2.5	4.0

注：1. 微型车含微型客车、货车和机动三轮车。
 2. 中型客车含客车、旅游车以及4t以内的货车。

(2) 停放车辆安全间距

停放车辆安全间距，见表3-25所示。

停放车辆间安全间距表 表3-25

净距（m）	小型车辆（辆）	大型或铰接车辆（辆）
车间纵向净距	2.0	4.0
车辆背对背尾距	1.0	1.5
车间横向净距	1.0	1.0
车辆距围墙、护栏等的净距	0.5	0.5

(3) 停车场库行车通道

停车场地内部水平交通应协调停车位与行车通道的关系。常见的有一侧通道一侧停车、中间通道两侧停车、两侧通道中间停车以及环形通道四周停车等多种关系。行车通道可为单车道或双车道，双车道比较合理，但用地面积较大；中间通道两侧停车，行车通道利用率较高，目前国内多采用这种形式。

(4) 车位布置方式

车位组织方式有平行式、垂直式和斜列式三个基本类型，具体应根据停车场库性质、疏散要求和用地条件等因素综合考虑。

平行式停车所需停车带较宽，驶出车辆方便、迅速，但占地最长，单位长度内停车位最少；垂直式停车单位长度内停车位最多，但停车带占地较宽（需按较大型车身长度计），且在进出时需倒车一次，因而需要通道至少有2个车道宽，布置时可两边停车合用中间通道；斜列式停车车辆与行车通道成角度停放（一般有30°、40°、60°三种），其特点是所需停车带宽度随停放角度而异，适用于场地受限制时采用，其车辆出入及停放均较方便，有利于迅速停放与疏散，但单位停车面积比垂直停车要多，特别是30°停放，用地最费，较少采用。

(5) 停车场出入口及坡道

多层车库和地下车库的出入口和坡道是汽车进出唯一的通道，也是车库重要的组成部分。

地上汽车库和停车场的出入口技术指标与要求同3.4.4.4所述。

坡道主要有直线型和曲线型两种类型（图3-53、图3-54）。坡道在车库的位置取决于库内水平交通的组织和地下与地面之间交通的联系，以及地面上的交通状况等因素。概括起来，坡道在汽车库中的位置基本上有两种情况，即坡道在主体建筑内和在主体建筑外。

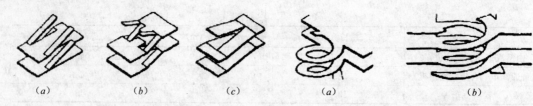

图 3-53 直线型坡道　　　　　　　　　　图 3-54 曲线型坡道
(a) 直线长坡道；(b) 直线短坡道；(c) 倾斜楼板　　　(a) 整圆形坡道；(b) 半圆形坡道

坡道的坡度直接关系到车辆进出和上下的方便程度及安全程度，对坡道的长度和面积也有一定的影响。直线坡道的设计纵向坡度为 10%～15%，横向坡度 1%～2%；曲线坡道的设计纵向坡度为 8%～12%，横向坡度 5%～6%。

(6) 小汽车停车位建设的成本

我国小汽车停车位建设的直接成本，见表 3-26、英国各种类型车库的造价比较，表 3-27。

我国小汽车停车位建设的直接成本　　　　表 3-26

停车方式	每车位面积（m²）	每 m² 价格（元）	每车位价格（万元）
路边停车	16.8	120	0.20
广场停车	25	120	0.30
地上停车	35	900	3.15
地下停车	35	1200	4.20
底层停车	20	550	1.10

英国各种类型车库的造价比较　　　　表 3-27

序号	车库类型	与硬地面停车比较（倍率）
1	硬地面停车	1.0
2	邻靠住宅的停车棚	2.5
3	集中停车棚	3.0
4	能关闭的集中停车棚	4.0
5	二、三层（无围护）	4.5
6	邻靠住宅的底层停车	5.0
7	二、三层住宅底层车库	5.5
8	三层以上的住宅底层硬地面停车（无围护）	6.5
9	三层停车楼（无围护）	6.6
10	三层以上的住宅底层硬地面停车（有围护且能关闭）	7.5
11	三层停车楼（有围护且能关闭）	7.8
12	用承重屋顶覆盖的硬地面停车（无围护）	8.0
13	有覆盖的半地下停车（无围护）	10.0
14	有覆盖的半地下停车（有围护且能关闭）	11.0
15	有覆盖的地下停车（无围护）	13.0
16	有覆盖的地下停车（有围护且能关闭）	14.0

思考题

1. 住区道路交通规划有哪些特点，包括哪些内容？
2. 如何运用层次分析法评价住区小区交通体系？
3. 如何分析与考虑不同类型住区的动态交通组织？
4. 住区停车方式分哪几类？不同类住区如何选择合理停车方式，确定停车布局？
5. 住区小区道路的人文·环境景观复合设计包括哪些内容？有哪些要求？如何在实际工作中应用？

第 4 章 配套绿地景观设施

内容提要：本章与第 3 章都是住区与小区人居环境的主要组成，也是房地产环境质量与价值提升的主要相关因素。

住区与小区的公共绿地是其绿化环境的主体。其功能一是构建住区与小区建筑室外自然生活空间，满足住户与居民各种休憩活动的需要，包括户外健身运动、散步、休息、观赏、文化娱乐、儿童游戏等；其二是绿化、美化住区与小区人居环境，运用各种环境因素，如树木、花草、山水地形、建筑小品等提高环境质量与品位，同时，也为防灾避难留有疏散隐蔽的安全防备通道与场所。

本章内容包括住区与小区绿地景观配套设施设置、绿地布置形式与景观绿化要求、公共绿地指标及规划案例。其中，4.1 与 4.2 为本章重点。

4.1 配套绿地景观设施设置

4.1.1 居住小区级以下绿地景观配套设施设置

居住区、居住小区公共绿地主要是小游园、小块绿地以及有一定宽度和面积的带状绿地等，其中居住区公共绿地还包括一定规模的公园（多为市政部门直接管理，详略）。住宅组群公共绿地主要指住区组群中心绿地。一般来说，$1.0hm^2$ 以上规模的住区公共绿地景观配套设施按明确功能分区设置，$0.4\sim1.0hm^2$ 的公共绿地景观配套设施按一定功能分区设置，$0.4hm^2$ 左右小块公共绿地景观配套设施要求景观有灵活地布置。房地产的住区绿地景观配套设施主要还是居住小区级以下的绿地景观配套设施。

4.1.1.1 居住小区游园绿地景观配套设施

居住小区游园绿地景观配套设施设置有花木草坪、花坛、水面、雕塑、儿童设施和铺装地面等。

4.1.1.2 居住组团绿地景观配套设施

居住组团绿地景观配套设施要便于设置中小型儿童活动场地和设施，并适合成年人休息散步而不干扰周围居民生活的基本要求。用地规模不小于 $0.04hm^2$，其中院落式组团绿地（住宅日照间距内用地）不小于 $0.05\sim0.2hm^2$。服务半径步行 3min 左右（约 200m）。要求结合用地情况灵活布置，绿地内宜设花卉草坪、桌椅、简易儿童设施等。图 4-1 为院落式组团公共绿地混合式布局，分前庭和后庭两部分，入口前庭部分设有健身草坪、儿童游戏等，主景为阶梯交往平台，此处是组团人流出入交汇处，可为邻里交往提供场所，前庭属动空间。后庭成片树林成为主景的衬托，林中螺旋楼梯为主园底景，整个后庭气氛安宁是休息或练功的好场所，属于静空间前后庭一动一静，以连廊相隔，闲坐廊内可同时感受前后两庭不同的氛围。图4-2为散点式住宅群，空间松散，是一坡地独立组团，由五块矩形台地组成，台地间由阶梯联系，共分成三大部分。中部为主体，以中央点式住宅底层架空，内外庭渗透形成中心，并以台阶与左右两侧的台地相联接形成一个整体，台地上设有沙坑、铺地、草坪、桌椅等。每一栋点式住宅的近宅空间由铺地、花架、草地组成，布置各异，利于识别。组群四周以绿篱树墙围合，形成安宁优美的邻里空间。该组群绿地属规则式布局。

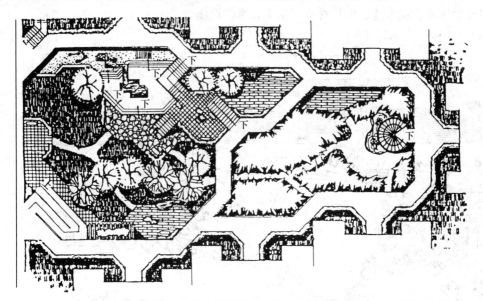

图4-1　院落式组团公共绿地混合式布局图

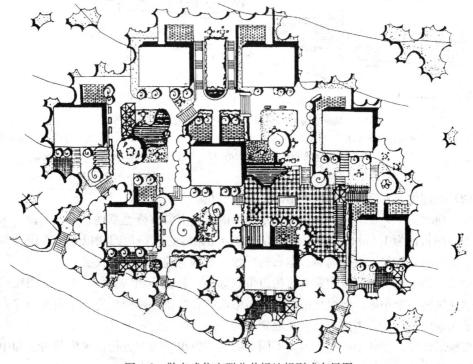

图4-2　散点式住宅群公共绿地规则式布局图

4.1.1.3 其他小型住区绿地景观配套设施

其他小型住区绿地景观，如儿童游戏场、道路两旁绿地防护绿带、组群间分隔绿地、利用地形水面和边角余地等公共绿地。一般为开敞式，四邻空间环境较好，可设置儿童活动设施和满足基本功能要求。用地宽度不应小于8m，面积小宜小于0.04hm²。

（1）图4-3是瑞士苏黎世斯特图布鲁克住宅区的游戏场，设于扩大的住宅日照间距内，划分三个区：东南为儿童游戏的圆形场地，周围用混凝土墩柱、座椅和灌木丛围合，其间分设沙坑、戏水池、爬行管道、秋千和攀爬设施。

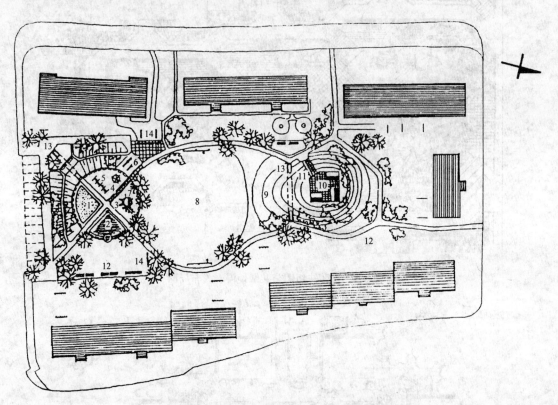

图4-3 瑞士苏黎世斯特图布鲁克住宅区游戏场规划平面图
1—沙坑；2—戏水池；3—用树根制成的攀爬设施；4—攀登塔；5—绳索；6—压板；7—爬行管道；8—游戏草坪；9—滑雪小山；10—木制板墙和栅栏；11—滑梯；12—滑行车硬地；13—地道；14—游戏墙

（2）中部为大片草坪，供球类活动、夏季游戏和冬季滑雪橇。

（3）西北为一人工堆砌的小山丘，冬季可由山丘上滑雪橇至草地；山丘上设一木屋以避风雨，用直径为1.5m的混凝土游戏地道由半山腰穿过。场地四周以乔灌木围合与住宅分隔。为自由式布局，设施简单，但布置巧妙，充满童趣和活跃的气氛。

带状公共绿地在居住区中常见于街道带状绿地，林荫步道等，图4-4为立陶宛拉兹季纳依居住区的一个小区，以变化的小空间与绿地结合组成一林荫步道，空间变幻并有效地阻断了车辆的通行。自由式与规则式混合布局。

城镇居住区、居住小区应根据其不同分级规划组织结构配置相应规模和功能的中心公共绿地、活动场地及休闲游乐设施。

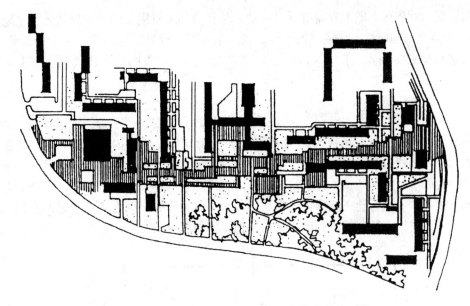

图 4-4　立陶宛拉兹季纳依居住区林荫步道平面图

表 4-1 所示为城镇住区绿地景观配套设施配置。

城镇住区绿地景观配套设施配置表　　　　　表 4-1

中心绿地名称	设置内容	要求	最小规模（hm²）
居住区公园	花木草坪、花坛水面、凉亭雕塑、小卖茶座、老幼设施、停车场地和铺装地面等	园内布局应有明确的功能划分	1.0
小游园	花木草坪、花坛水面、雕塑、儿童设施和铺装地面等	园内布局应有一定的功能划分	0.4
组团绿地	花木草坪、桌椅、简易儿童设施等	灵活布局	0.04

4.1.1.4　庭园绿地

庭园绿化与宅间庭院空间组织、宅间庭院各种室外活动场地相关。

（1）宅间庭院空间组织

宅间庭院空间组织主要是结合各种生活活动场地进行绿化配置，并注意各种环境功能设施的应用与美化。其中应以植物为主，使拥塞的住宅群加入尽可能多的绿色因素，使有限的庭院空间产生最大的绿化效应。

（2）宅间庭院各种室外活动场地

各种室外活动场地是庭院空间的重要组成，与绿化配合丰富绿地内容相辅相成。

① 动区与静区。动区主要指游戏、活动场地；静区则为休息、交往等区域。动区中的成人活动，如早操、练太极拳等，动而不闹，可与静区贴邻合一；儿童游戏则动而吵闹，可在宅端山墙空地、单元入口附近或成人视线所及的中心地带设置。

② 向阳区与背阳区。儿童游戏、老人休息、衣物晾晒以及小型活动场地，一般都应

置于向阳区。背阳区一般不宜布置活动场地,但在南国炎夏则是消暑纳凉佳处。

③ 显露区与隐蔽区。住宅临窗外侧、底层杂务院、垃圾箱等部位,都应作隐蔽处理,以护观瞻和私密性要求。单元入口、主要观赏点、标志物等则应显露无遗,以利识别和观赏。

(3) 宅间庭院绿地

一般来说,庭院绿地主要供庭院四周住户使用,为了安静,不宜设置运动场、青少年活动场等对居民干扰大的场地。3～6周岁幼儿的游戏场是主要内容。幼儿好动,但独立活动能力差,游戏时常需家长伴随。掘土、拍球、骑儿车等是常见的游戏活动。儿童游戏场内可设置砂坑、铺砌地、草坪、桌椅等,场地面积一般为 $150\sim450m^2$。此外,老人休息场地,放一些木椅石凳;晾晒场地需铺设硬地,有适当绿化围合。场地之间宜用铺砌小路联系起来,这样,既方便了居民,又使绿地丰富多彩(图4-5)。

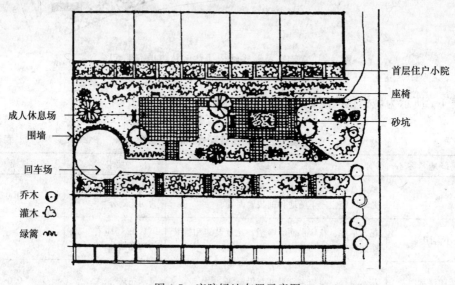

图 4-5 庭院绿地布置示意图

4.1.1.5 宅旁绿地

宅旁绿地是住宅内部空间的延续和补充,它虽不像公共绿地那样具有较强的娱乐、游赏功能,但却与居民日常生活起居息息相关。结合绿地可开展各种家务活动,儿童林间嬉戏、绿荫品茗弈棋、邻里联谊交往,以及衣物晾晒、家具制作、婚丧宴请等场面莫不是从室内向户外铺展,使众多邻里乡亲甘苦与共、休戚相关,密切了人际关系,具有浓厚的传统生活气息,使现代住宅单元楼的封闭隔离感得到较大程度的缓解。使以家庭为单位的私密性和以宅间绿地为纽带的社会交往活动都得到满足和统一协调。宅旁绿地根据绿地不同领域属性及其使用情况可分为以下三部分。

① 近宅空间:有两部分,一为底层住宅小院和楼层住户阳台、屋顶花园等。另一部分为单元门前用地,包括:单元入口、入户小路、散水等,前者为用户领域,后者属单元领域。

② 庭院空间:包括庭院绿化、各活动场地及宅旁小路等,属宅群或楼栋领域。

③ 余留空间：是上述两项用地领域外的边角余地，大多是住宅群体组合中领域模糊的消极空间。

图4-6所示为宅旁绿地空间构成示意。

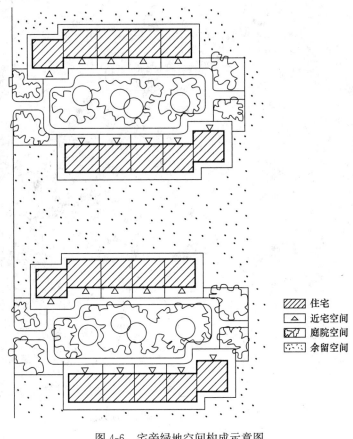

图4-6　宅旁绿地空间构成示意图

4.1.2　其他小区绿地景观配套设施设置

房地产其他小区指有较多公共建筑的小区及小城市含住区在内的中心小区，其绿地景观配套设施设置一般可结合城镇规划设置。

以四川会东县城河东中心区绿地景观规划为例：根据相关控制性详细规划，河东中心区绿地布局采取"两带多点结合道路防护"的绿地格局（图4-7）。

"两带"指相邻鲹鱼河滨水景观带与本区步行开放空间景观绿带，规划的主要公园绿地、广场和街头绿地均分布于这两条绿带中，形成本中心区公共开放空间。

"多点"指区内主要居住组团或公共建筑内部的游憩绿地和附属绿地。

"道路防护绿地"主要在本区道路的人行道一侧和建筑退让道路红线内布置树池或街头花坛等绿地形式，栽植行道树和路缘花坛，形成既有道路防护，又有沿街休闲的综合功能小区道路绿化。

第4章 配套绿地景观设施

图例
- 居住组团绿地
- 步行休闲景观绿地
- 道路绿化
- 鲶鱼河滨河景观绿地

图 4-7 河东中心区绿地景观规划图

4.2 住区与小区绿地布置形式与景观绿化要求

4.2.1 住区与小区绿地布置形式

绿地布置形式一般可分为规则式、自然式以及规则与自然结合的混合式三种基本形式。

4.2.1.1 规则式

布置形式较规则严整，多以轴线组织景物，布局对称均衡，园路多用直线或几何规则线形，各构成因素均采取规则几何型和图案型。如树丛绿篱修剪整齐，水池、花坛均用几何形，花坛内种植也常用几何图案，重点大型花坛布置成毛毯型富丽图案，在道路交叉点或构图中心布置雕塑、喷泉、叠水等观赏性较强的点缀小品。这种规则式布局主要适用于平地住区与小区（图4-8）。

4.2.1.2 自然式（自由式）

以效仿自然景观见常，各种构成因素多采用曲折自然形成，不求对称规整，但求自然

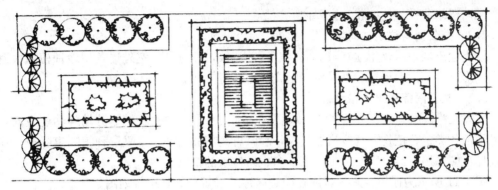

图 4-8　绿地布置的规则式示意图

生动。这种自由式布局适于地形变化较大的用地，在山丘、溪流、池沼之上配以树木、草坪，种植有疏有密，空间有开有合，道路曲折自然，亭台、廊桥、池湖作间或点缀，多设于人们游兴正浓或余兴小休之处，与人们的心理相感应，自然惬意。自由式布局还可运用我国传统造园手法取得较好的艺术效果（图 4-9）。

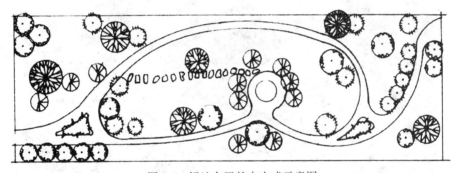

图 4-9　绿地布置的自由式示意图

4.2.1.3　混合式

混合式是规则式与自由式相结合的形式，运用规则式和自由式布局手法，既能和四周环境相协调，又能在整体上产生韵律和节奏，对地形和位置的适应灵活（图 4-10）。

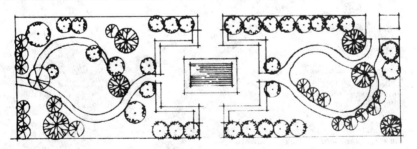

图 4-10　绿地布置的混合式示意图

4.2.2　住区与小区景观绿化一般要求

4.2.2.1　住区景观绿化

房地产住区景观绿化重点是绿化居住小区游园和组团中心绿地。根据条件创造各有特色的园区庭院景观，如月季园、桂花园等，对住区庭院景观绿化则以加强住宅基础绿化和各类庭荫树绿化及立体绿化为主要内容。

4.2.2.2 办公商务建筑林荫场地绿化

该类建筑场地绿化用地有限，应结合活动流线，充分利用室外边角用地种植高大遮阴乔木，形成林荫活动场地，可采用规则式绿地布置方式。

4.2.2.3 文教医疗建筑区绿化

文教医疗公共建筑区人流集中，应根据活动类型利用植物种植划分动静功能空间，动区可种植各类赏花植物，营造热烈气氛，静区可利用乔—灌—草复层种植隔离噪声。在植物选择上应忌用有毒植物及带刺、飞毛多、易过敏的植物。

图4-11所示为四川会东县城河东中心区绿地景观植物种植规划图。

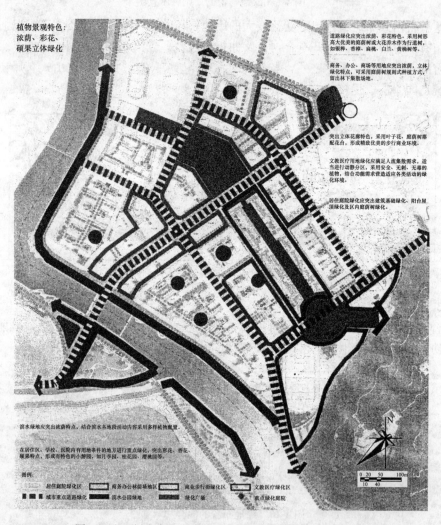

图4-11　四川会东县河东中心区绿地景观植物种植规划图

4.2.3 住区与小区绿地景观主要树种选择

4.2.3.1 遮阴树种

常绿阔叶树：扁桃、小叶榕、黄桷树、云南樟、高山榕、广玉兰、白兰、桉树、印度胶榕、女贞等。

常绿针叶树：云南松、雪松、华山松、南洋杉、云杉、桧柏、柏木等。

落叶树：杨树、柳树、无患子、法国梧桐、枫香、银杏、麻栎、桑树、黄连木、漆树等。

4.2.3.2 观花树种

大花乔木：洋紫荆、刺桐、蓝花楹、毛刺槐、刺槐、银桦等。

香花树种：白兰、桂花、刺槐、含笑等。

花灌木：叶子花、月季类、蔷薇、红千层、杜鹃、山茶、大花绣球、夹竹桃、黄蝉、紫薇、迎春、棣棠、碧桃、海棠、木槿、凤尾兰、仙人掌类。

花卉：天竺葵、虎刺梅、旱金莲、萱草类、石竹类、菊花、芍药、景天类。

4.2.3.3 观果树种

火棘、樱桃、石榴、枇杷、梨、李、桃、柿、核桃、南天竺等。

4.2.3.4 立体绿化植物

藤本植物：叶子花、凌霄、炮仗花、金银花、爬墙虎、常春藤、川七、络石、葡萄、紫藤等。

绿地景观树种部分示例，见图 4-12 所示，植物应用景观示例见图 4-13 所示。

图 4-12　绿地景观树种部分示例图（一）
(a) 南天竹；(b) 三叶槭；(c) 蓝花楹；(d) 藤木月季；(e) 樟；(f) 广玉兰；

第4章 配套绿地景观设施

图4-12 绿地景观树种部分示例图（二）
（g）扁桃芒果；（h）银杏；（i）羊蹄甲；（j）黄葛树；（k）柳

图4-13 植物应用景观示例图（一）

图 4-13　植物应用景观示例图（二）

4.3　公共绿地指标与绿地规划其他要求

4.3.1　公共绿地指标

居住区内绿地，应包括公共绿地、宅旁绿地、配套公建所属绿地和道路绿地，其中包括满足当地植树绿化覆土要求、方便居民出入的地下或半地下建筑的屋顶绿地。

居住区绿地率：新区建设不应低于30%，旧区改建不宜低于25%。

居住区内公共绿地的总指标，应根据居住人口规模分别达到：组团不少于0.5m²/人，小区（含组团）不少于1m²/人，居住区（含小区与组团）不少于1.5m²/人，并应根据居住区规划布局灵活使用。

各级中心公共绿地的规模确定，主要考虑因素：一是人流容量，如居住区级中心绿地即居住区公园应考虑3万～5万人，日常在公园出游的居民量为15%。二是各级中心绿地合理安排场地和游憩空间的使用功能要求。如居住区中心绿地规模，要能满足具有明确功能划分和相应活动设施的公园所需的合理用地。根据我国一些城市的居住区规划实践，考虑以上两因素，居住区公园规划用地不小于1hm²，即可建成具有较明确的功能划分和较完善的游憩设施，并能容纳相应规模的出游人数的基本要求。居住小区的小游园规划用地不小于4000m²，即可满足有一定的功能划分和一定游憩活动设施，并容纳相应的出游人数的基本要求。居住组团绿地用地不小于400m²，即可作简易设施的灵活布置。居住区其他公共绿地，参照以上要求，应同时满足宽度不小于8m，面积不小于400m²的规模要求。

居住区各公共绿地的绿化面积（含水面）不宜小于70%。即在有限的用地内争取最大的绿化面积，并使绿地内外通透融为一体。

布置在住宅间距内的组团及小块公共绿地的设置应满足"有不少于1/3的绿地面积在标准的建筑日照阴影线范围之外"的要求，以保证良好的日照环境，同时要便于设置儿童的游戏设施和适于成人游憩活动。其中院落式组团绿地的设置还应同时满足表4-2中的各项要求。院落式组团和宅旁（宅间）绿地面积计算起止界限应符合图4-14～图4-15的要求。

第4章 配套绿地景观设施

院落式组团绿地设置规定表　　　　　表4-2

封闭型绿地		开敞型绿地	
南侧多层楼	南侧高层楼	南侧多层楼	南侧高层楼
$L \geqslant 1.5L_2$ $L \geqslant 30\mathrm{m}$	$L \geqslant 1.5L_2$ $L \geqslant 50\mathrm{m}$	$L \geqslant 1.5L_2$ $L \geqslant 30\mathrm{m}$	$L \geqslant 1.5L_2$ $L \geqslant 50\mathrm{m}$
$S_1 \geqslant 800\mathrm{m}^2$	$S_1 \geqslant 1800\mathrm{m}^2$	$S_1 \geqslant 500\mathrm{m}^2$	$S_1 \geqslant 1200\mathrm{m}^2$
$S_2 \geqslant 1000\mathrm{m}^2$	$S_2 \geqslant 2000\mathrm{m}^2$	$S_2 \geqslant 600\mathrm{m}^2$	$S_2 \geqslant 1400\mathrm{m}^2$

注：L——南北两楼正面间距（m）；
　　L_2——当地住宅的标准日照间距（m²）；
　　S_1——北侧为多层楼的组团绿地面积（m²）；
　　S_2——北侧为高层楼的组团绿地面积（m²）。

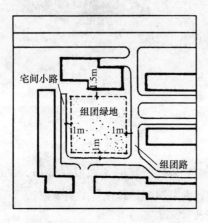

图4-14　院落式组团绿地面积计算起止界示意图

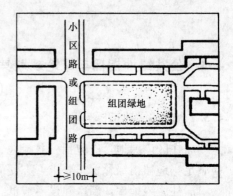

图4-15　开敞型院落式组团绿地示意图

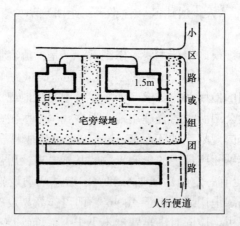

图4-16　宅旁（宅间）绿地面积计算示意图

4.3.2　绿地规划其他要求

住区绿地应符合以下要求：
① 一切可绿化的用地均应绿化，并宜发展垂直绿化；宅间绿地应精心规划与设计。
② 住区绿地规划，应根据住区规划组织结构的类型、不同的布局方式、环境特点及

用地的具体条件，采用集中与分散相结合，点、线、面相结合的绿地系统。并宜保留和利用规划或改造范围内的已有树木和绿地。

③ 住区与小区公共绿地的位置和规模，应根据住区与小区周围的城镇级公共绿地的布局综合确定。

④ 住区与小区树木与建（构）筑物水平间距要求见表4-3。

树木与建（构）筑物水平间距参考表　　　　　表4-3

名　称	最小间距（m）	
	至乔木中心	至灌木中心
有窗建筑物外墙	3.0	1.5
无窗建筑物外墙	2.0	1.5
道路侧面外缘、挡土墙脚、陡坡	1.0	0.5
人行道	0.75	0.5
高2m以下的围墙	1.0	0.75
高2m以上的围墙	2.0	1.0
天桥、栈桥的柱及架线塔、电线杆中心	2.0	不限
冷却池外缘	40.0	不限
冷却塔	高1.5倍	不限
体育用场地	3.0	3.0
排水明沟边缘	1.0	0.5
邮筒、路牌、车站标志	1.2	1.2
警亭	3.0	2.0
测量水准点	2.0	1.0

4.4　配套绿地景观设施规划案例

4.4.1　住区绿地景观精品案例

本节中4.4.1.1-4.4.1.10住区绿地景观精品案例由沈阳田园景观设计公司提供原作品选。

4.4.1.1　沈阳新铁西前卫高端物业绿地景观

占地面积：50000m²。

房地产类型：高层、多层住宅。

项目特色：新日式庭院景观的生活秀场；高端物业与自然精品庭院景观的完美结合（图4-17）。

4.4.1.2　中海地产顶级物业绿地景观

占地面积：75000m²。

房地产类型：别墅住宅。

项目特色：自然绿地水景配套，突出景观豪宅高雅（图4-18）。

图 4-17　庭院景观的生活秀场图
(a) 生活秀场 (一)；(b) 庭院路景；(c) 生活秀场 (二)；(d) 庭院水景

图 4-18　自然绿地水景豪宅图
(a) 豪宅水景相映；(b) 人造景观生态；(c) 水绿人居环境；(d) 住区景观道路

4.4.1.3 沈阳大东城市中心的高层住区绿地景观

占地面积：58000m²。

房地产类型：高层住宅。

项目特色：经典水景艺术花园烘托、高品位城市中心小区（图4-19）。

(a)

(b)

(c)

(d)

图4-19　城市中心小区的经典水景艺术花园图
(a) 艺术花园（一）；(b) 艺术花园（二）；(c) 经典水景（一）；(d) 经典水景（二）

4.4.1.4 沈阳南塔多高层住区绿地景观

占地面积：78000m²。

房地产类型：多层、高层住宅。

项目特色：再塑传统商业地块的贵重形象；凸显城市品位生活的身份象征（图4-20）。

4.4.1.5 沈阳长白岛中式景观大盘

占地面积：180000m²。

房地产类型：高层、多层、洋房、别墅。

项目特色：传统造园艺术在现代居住环境中完美展示（图4-21）。

4.4.1.6 四平北欧风情小区绿地景观配套

占地面积：80000m²。

房地产类型：多层、洋房住宅。

项目特色：最具影响力和品牌价值的四平北欧风情小镇（图4-22）。

图 4-20 传统商业地块的城市品位生活图
（a）、（b）水景相映品位生活；（c）、（d）绿地相衬品位生活；（e）梯步绿地品位生活

图 4-21 传统造园艺术与现代人居环境（一）
（a）内园生态环境；（b）、（c）传统园门艺术

4.4 配套绿地景观设施规划案例

图 4-21 传统造园艺术与现代人居环境（二）
(d) 传统园门艺术；(e)、(f)、(g) 传统内园艺术

图 4-22 四平北欧风情小镇的绿地景观图

第 4 章 配套绿地景观设施

4.4.1.7 沈阳长白区某小区绿地景观

占地面积：140000m²。

房地产类型：高层、多层、别墅住宅。

项目特色：体验城市水岸生活头等舱之品位；诠释城市水岸生活古典景观建筑之完美（图 4-23）。

图 4-23 体验城市水岸生活的古典景观图

4.4.1.8 沈阳东部城区某庭院社区绿地景观

占地面积：400000m²。

房地产类型：高层、多层住宅。

项目特色:超级景观大盘与托斯卡纳庭院风情(图 4-24)。

图 4-24 超级景观大盘与托斯卡纳庭园风情园林图

4.4.1.9 沈阳保利小区花园景观

占地面积：600000m^2。

房地产类型：多层、高层住宅。

项目特色：自然山水园林与新古典建筑的完美融合（图4-25）。

图 4-25 新古典建筑的自然山水园林塑造图

4.4.1.10 沈阳铁西某社区绿地景观

占地面积：75000m^2。

房地产类型：多层住宅。

项目特色：江南园林社区，粉墙黛瓦，春色浓浓（图4-26）。

图 4-26 北方江南园林社区图

4.4.1.11 曼谷市中心 Quatto 新公寓花园式院落绿地景观

房地产类型：公寓、住宅。

项目特色：保留原有生态结构，以栖息松鼠和鸟等生物的古老大型雨树为中心的花园式绿地景观设计，突出居民与自然共生，闹中取静为特征的繁华地段高端公寓住宅与花园式绿地景观的完美结合。

项目设计：泰国 TROP 景观设计室（图 4-27）。

图 4-27 曼谷 Quatto 新公寓花园式院落（一）
(a) 院落俯瞰，古雨树花园像本身存在一样；(b) 露台分成两部分，水和软石成为降低区域热量的调节元素

图 4-27 曼谷 Quatto 新公寓花园式院落（二）

(c) 露台看上去更像是建在地面上的花园；(d) 当地树种、印度橡树、海芒果等，是主要的绿化树种；
(e) 主水池远离古树设计

4.4.2 公共建筑为主的中心小区绿地景观案例

以会东县城河东中心区绿地景观为例。

中心区的公共开敞空间绿地景观主要由以下几方面组成。

4.4.2.1 鲹鱼河——白塔山步行休闲景观轴

以连续公共开放空间序列形成的多功能为一体的步行休闲景观轴（图 4-28、图 4-29）。

4.4.2.2 沿街体育健身园

结合沿路绿地布置小区健身器械和林荫广场周围布置花坛桌椅、棋牌娱乐设施，提供居民就近体育健身场所和多样化的休憩活动空间（图 4-30）。

4.4.2.3 中心公园与广场

中心公园与广场是中心区主要景观轴线的重要公共活动空间（图 4-31、图 4-32）。

4.4.2.4 步行商业街与入口公园

入口公园是步行景观轴线的对景与焦点（图 4-33、图 4-34）。

4.4.2.5 居住小区组团游憩绿地

中心绿地布置亭廊、座椅、花坛、草坪、特色植物群落、文化小品、健身设施（图 4-35、图 4-36）。

4.4 配套绿地景观设施规划案例

图 4-28 步行景观轴平面图

图 4-29 步行景观轴效果图

第 4 章 配套绿地景观设施

图 4-30 沿街体育健身园效果示意图

图 4-31 中心公园与中心广场平面图

4.4 配套绿地景观设施规划案例

图 4-32 中心公园与中心广场效果图

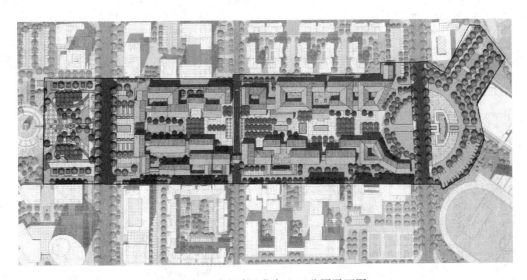

图 4-33 步行商业街与入口公园平面图

(a) (b)

图 4-34 步行商业街与入口公园效果图（一）
(a) 步行商业街效果图；(b) 公园入口广场效果图

(c)

图 4-34　步行商业街与入口公园效果图（二）

(c) 总体效果图

图 4-35　居民小区景观平面布局示意图

图 4-36　居住小区中心绿地景观效果示意图

4.4.2.6 伦敦市中心 NEO Bankside 豪华公寓为主小区

花园式绿地景观（图 4-37）。

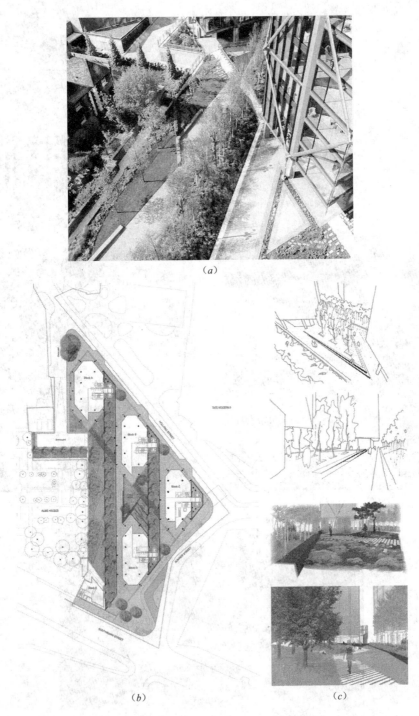

图 4-37 伦敦 NEO Bankside 小区花园式绿地景观（一）
(a) 绿地景观与公寓建筑空间交相辉映；(b) 花园式绿地平面布置；(c) 设计构想

图 4-37 伦敦 NEO Bankside 小区花园式绿地景观（二）
(d) 绿地等配套场地剖面；(e) 花园绿地细部设计；(f) 小区绿地花园配景植物；(g) 夜景细部

房地产类型：住户公寓与公共建筑

项目特色：

（1）丰富有趣的绿地景观与公寓交相辉映，突出柔美自然同精美建筑及现代设计的完美平衡；

（2）桦木林和桤木林自然林地，繁衍生物物种多样性；

（3）研究建筑阴影及风向，巧妙配置植物，形成四季花园；

（4）毗邻泰特美术馆，花园中四栋年代和风格迥异的建筑，包括城市救济院，特色分明；

（5）屋顶花园成为又一绿地景观特色，采用雨水收集和灌溉，植物景观提供舒适的小区微气候与温馨空间。

思考题

1. 住区与小区绿地景观配套设施包括哪一些？
2. 比较分析住区与小区绿地的三种布置形式。
3. 综述住区与小区的景观绿化要求。
4. 住区与小区公共绿地指标有哪些？
5. 举例说明房地产项目的绿地景观配套设施组成与应用。

第 5 章 配套公共服务设施

内容提要：住区公共服务设施作为社会基础设施，不仅是提供居民购物等生活密切相关各项公共服务的住区物质生活支撑系统的组成部分，而且是体现住区面貌和社区精神，具有凝聚力的、居民邻里交流交往的精神生活不可缺少的空间场所之一。住区公共服务配套设施的建设水平与完善程度同样直接展示房地产开发项目的档次和水准。

本章内容包括住区公共服务配套设施的分类与配置特点、配置规划及实例。本章要求重点掌握住区公共设施规划配置特点与要求、配置项目、技术指标及规划布局。

5.1 配套公共服务设施的分类与配置特点

5.1.1 住区配套公共服务设施的组成分类

住区配套公共服务设施主要服务于居住区居住小区居民。相关设施可分别按功能性质、使用频率和规模级别进行分类，以利不同配套公共服务设施的功能组合，规划布局与分级配建。

5.1.1.1 按功能性质分类

住区配套公共服务设施（也称配套公建）包括：教育、医疗卫生、文化体育、商业服务、金融邮电、社区服务、市政公用和行政管理及其他八类设施。

每一类又分为若干项目，如教育类设有托儿所、幼儿园、小学、中学等项目。根据各类公建功能特点可进行分区、选址、组织修建，以及连营管理等。如商业服务设施和文化体育活动设施可邻近设置，二者业务经营上有联系，可综合形成中心，设置于不影响车行交通的人流出入口附近、人流交汇或过往人流频繁地段，既方便本区居民又便于过往顾客，以增加营业销售。

5.1.1.2 按使用频率分类

可分为两类，即居民每日或经常使用的公共设施和必要而非经常使用的公共设施两类。前者主要指少年儿童教育设施和满足居民小商品日常性购买的小商店，如副食、菜店、早点铺等，要求近便，宜分散设置。后者主要满足居民周期性、间歇性的生活必需品和耐用商品的消费，以及居民对一般生活所需的修理、服务的需求，如百货商店、书店、日杂、理发、照相、修配等，要求项目齐全，有选择性，宜集中设置，以方便居民选购，并提供综合服务。

5.1.1.3 按配建层次分类

以公共设施的不同规模和项目区分不同配建水平层次，可分为3类。即基层生活公共服务设施（以1000～3000人的人口规模为基础），应配建综合服务站、综合基层店、早点小吃、卫生站等；基本生活公共服务设施（以0.7万～1.5万人的人口规模为基础），应配建托幼、学校、粮油店、菜店、综合副食店等；整套完善的生活公共设施（以3万～5万人的人口规模为基础），应配建综合管理服务、综合百货商场、食品店、综合修理部、文化活动中心、门诊所等。一般来讲，服务人口规模越大，吸引范围就越大，公共服务设施配建水平（配建项目及面积指标）越高，服务等级和提供的商品档次越高，这类公共服务设施应集中设置在较高一级的公共中心，如居住区中心。反之，应分设在低一级公共中心，如居住小区、居住组团等。

5.1.2 住区配套公共服务设施规划配置特点与要求

5.1.2.1 系统分级配置

居住区与居住小区配套公共服务设施是城镇公共（服务）设施系统的组成部分，是城镇级公共设施向住区级公共服务设施的延续，在其规模项目、经营等方面都有其系统的延续性，并受城镇规划布局的制约和支撑。并且住区还有其相对独立性，以其特有的居住功能满足住户居民生活的多层次需求。

5.1.2.2 功能综合配置

紧张的生活节奏使人们对闲暇生活寄于更多的要求，丰富多彩、多种选择是消费时尚。因而公共服务设施将购物、饮食、娱乐、文化、健身、休憩等多种功能综合配置。这样不仅方便使用，提高设施效率。同时，集中建设可节约用地，减少费用并利于经营管理。

5.1.2.3 营造步行宽松的购物环境与氛围配置

保证购物环境的安全、舒适，将车行和步行分离，创造宽松的购物环境和氛围，闹中取静。使顾客能从容选择、品评、欣赏商品，构成良好的购物心理，促进商品的销售。

5.1.2.4 景观化配置

在保证使用功能的同时组织环境景观，适当配置绿化、铺地、小品等，提高公共设施环境的文化品位，将商品陈列在良好的环境中，一个好的商场便是一个展览馆，逛商店轻松惬意，购商品、看商品、看景物、人看人，各得其所，热闹又悠然，让人们的紧张生活有片刻调剂。同时，公共设施环境的景观化更新，可活跃住区空间单一的格调，利于展示社区风采，并为城市添景增色。

5.1.2.5 社会化配置

将公共设施及购物环境视为提供社交活动的场所，沟通供求渠道，提供工作岗位，宣传国家方针政策，维护社区治安，提供家政社会化服务等。公共设施项目与内容随社会发展和市场需要不断充实和更新。

5.1.2.6 设备完善化配置

适应公共活动和购物行为的需求，从安全、卫生、交通、休息、交往等行为所需，配置相应设施和设备，提高公建设施环境的精神与物质文明。

表5-1所示为居住区街道设施分类及设置参考。

居住区街道设施分类及设置参考表 表 5-1

类别	项目	设置原则	参考数据
交通设施	公共汽车站	步行商业区的出入口附近	
	停车场	区内宜设地下或地面停车场	停车位数计算：1 车位/300～500m² 公建面积
公用设施	路灯	可按 10～15m 间距设置	步行商业街内以小于 6m 为宜
	公共厕所	宜设于休息场地附近与绿化配合	
绿化	行道树	选择适宜树种及栽植形态并考虑与休息设施配合	行栽距 6～10m 或 0.9～1.5m 宽
	花草坛	宜与休息设施组合考虑设置	土壤深度：草木≥0.15m 矮树≥0.3，高树≥0.9m
休息	座椅	按不同场地考虑形式、围合布置形式	双人椅长 1.50m，坐面高 0.38m，椅背 0.8～0.9m
卫生设备	饮水器	功能与装饰结合，保证视觉洁净感	高度以 0.8m 为宜
	烟蒂筒	根据吸烟行为	高度 0.8m 左右，筒形直径 0.35～0.55m
	废物箱	造型醒目，便于清除废物，与休息设施配合	高 0.6～0.9m
公共设施	电话亭	选择人群聚集、滞留场所设置	正方形 0.8m×0.8m，高度 2.0m
	悬挂式电话机	色彩醒目，局部围合隔声，视线通透	电话设置高度 1.5m 左右（残疾者用 0.8m）
	指路标	方向变换及人群多，聚集停留场所	设置高度 2.0～2.40m 字体 8cm 以上（视距 6m 以下）
	标志牌	符号含意清晰、醒目、美观	
	导游图	设于出入口及中心人群停留场所	
	报时钟	功能与装饰相结合	高度 6m 以下，钟面 0.8m 左右
	雕塑小品	考虑城市文脉及场所行为设计造型	
	路面彩砖	表面光洁、防滑、色彩宜人	以（0.3m×0.3m）～（0.45m×0.45m）为宜
	车挡护栏	根据交通状况考虑固定式或活动式	高度 0.6～1.0m 为宜

5.2 配套公共服务设施配置规划

5.2.1 住区配套公共服务设施配置项目和技术指标

居住区居住小区配套公共服务设施的配建规划，首先要考虑配建的项目及其面积指标，其确定主要依据：住户居民在物质与文化生活方面的多层次需要，以及公共服务设施项目自身经营管理的要求。配建项目和面积与其服务人口相对应时，才有可能方便居民使用和发挥各项目最大经济效益和社会效益。而且住区公共服务配套设施应与住宅同步规划、同步建设和同时投入使用。

5.2.1.1 配置项目

居住区配套公共服务设施项目应符合表 5-2 要求。

5.2 配套公共服务设施配置规划

公共服务设施分级配置表　　　　　　表 5-2

类　别	项　目	居住区	小　区	组　团
教育	托儿所	—	▲	△
	幼儿园	—	▲	—
	小学	—	▲	—
	中学	▲	—	—
医疗卫生	医院（200～300床）	▲	—	—
	门诊所	▲	—	—
	卫生站	—	▲	—
	护理院	△	—	—
文化体育	文化活动中心（含青少年、老年活动中心）	▲	—	—
	文化活动站（含青少年、老年活动站）	—	▲	—
	居民运动场、馆	△	—	—
	居民健身设施（含老年户外活动场地）	—	▲	△
商业服务	综合食品店	▲	▲	—
	综合百货店	▲	▲	—
	餐饮	▲	▲	—
	中西药店	▲	△	—
	书店	▲	△	—
	市场	▲	△	—
	便民店	—	—	▲
	其他第三产业设施	▲	▲	—
金融邮电	银行	△	—	—
	储蓄所	—	▲	—
	电信支局	△	—	—
	邮政所	—	▲	—
社区服务	社区服务中心（含老年人服务中心）	—	▲	—
	养老院	△	—	—
	托老所	—	△	—
	残疾人托养中心	△	—	—
	治安联防站	—	—	▲
	居（里）委会（社区用房）	—	—	▲
	物业管理	—	▲	—
市政公用	供热站或热交换站	△	△	△
	变电室	—	▲	△
	开闭所	▲	—	—
	路灯配电室	—	▲	—
	燃气调压站	△	△	—
	高压水泵房	—	—	△
	公共厕所	▲	▲	△
	垃圾转运站	△	△	—
	垃圾收集点	—	—	▲
	居民存车处	—	—	▲

续表

类别	项目	居住区	小区	组团
市政公用	居民停车场、库	△	△	△
	公交始末站	△	△	—
	消防站	△	—	—
	燃料供应站	△	△	—
行政管理及其他	街道办事处	▲	—	—
	市政管理机构（所）	▲	—	—
	派出所	▲	—	—
	其他管理用房	▲	△	—
	防空地下室	△②	△②	△②

注：1. ▲为应配建的项目；△为宜设置的项目。
2. 在国家确定的一、二类人防重点城市，应按人防有关规定配建防空地下室。

此外，居住区公共服务设施项目，根据现状条件及基地周围现有设施情况，可在配建水平上，即项目和面积相应地增减。如处在公交站附近、流动人口多的地方可增加百货、食品、服装等项目或增大同类设施面积；若地处商业中心地带，则可在一些同类项目中得到替代或可减少有关项目和面积等。

随着市场经济与文化水平的提高，促使公共服务事业的发展，会新增或淘汰一些项目，因此配建公共设施既要考虑当前还要预测将来，并留有余地。

5.2.1.2 配建面积

公共服务设施规模以每千居民所需的建筑和用地面积作控制指标，即以"千人总指标与分类指标"控制（简称"千人指标"），"千人指标"是一个包含了多种因素的综合性指标，具有很高的总体控制作用。根据居住人口规模估算出需配建的公共服务设施总面积和各分类面积，作为控制公建规划项目指标的依据。当居住人口数介于两级人口规模时，其配套设施面积进行插入法计算。当按居住区、小区、组团三级规模控制时，上一级指标覆盖下一级指标，即小区含组团；居住区含小区和组团指标，这样，在总指标控制前提下，具体指标可灵活分配与使用，既能保证总的配建控制，又可满足不同基地和多种规划设计布局的需要。

居住区公共服务设施配建千人总指标和分类指标，见表5-3所示。

公共服务设施控制指标表（m^2/千人） 表5-3

类别	居住规模	居住区		小区		组团	
		建筑面积	用地面积	建筑面积	用地面积	建筑面积	用地面积
	总指标	1668～3293 (2228～4213)	2172～5559 (2762～6329)	968～2397 (1338～2977)	1091～3835 (1491～4585)	362～856 (703～1356)	488～1058 (868～1578)
其中	教育	600～1200	1000～2400	330～1200	700～2400	160～400	300～500
	医疗卫生（含医院）	78～198 (178～398)	138～378 (298～548)	38～98	78～228	6～20	12～40
	文体	125～245	225～645	45～75	65～105	18～24	40～60
	商业服务	700～910	600～940	450～570	100～600	150～370	100～400
	社区服务	59～464	76～668	59～292	76～328	19～32	16～28

续表

类 别	居住规模	居住区 建筑面积	居住区 用地面积	小 区 建筑面积	小 区 用地面积	组 团 建筑面积	组 团 用地面积
其中	金融邮电（含银行、邮电局）	20～30（60～80）	25～50	16～22	22～34	—	—
	市政公用（含自行车存车处）	40～150（460～820）	70～360（500～960）	30～140（400～720）	50～140（450～760）	9～10（350～510）	20～30（400～550）
	行政管理及其他	46～96	37～72	—	—	—	—

注：1. 居住区级指标含小区和组团级指标，小区级含组团级指标。
　　2. 公共服务设施总用地的控制指标应符合表5-5规定。
　　3. 总指标未含其他类，使用时应根据规划设计要求确定本类面积指标。
　　4. 小区医疗卫生类未含门诊所。
　　5. 市政公用类未含锅炉房。在采暖地区应自行确定。

各类公建设施的具体项目的面积确定，一般应以其经济合理的规模进行配建，根据各公建项目的自身专业特点要求，可参考有关建筑设计手册。同时应遵循以下原则：

① 表5-3使用可根据规划布局形式和规划地四周的设施条件，对配建项目进行合理的归并、调整，但不应少于与其居住人口规模相对应的应配建项目与千人总指标。

② 当规划用地内的居住人口规模介于组团和小区之间或小区和居住区之间时，除配建下一级应配建的项目外，还应根据所增人数及规划用地周围的设施条件，增配高一级的有关项目及增加有关指标。

③ 旧区改建和城市边缘的居住区，其配建项目与千人总指标可酌情增减，但应符合当地城乡规划行政主管部门的有关规定。

④ 凡国家确定的一、二类人防重点城市均应按国家人防部门的有关规定配建防空地下室，并应遵循平战结合的原则，与城市地下空间规划相结合，统筹安排。将居住区使用部分的面积，按其使用性质纳入配套公共服务设施。

⑤ 居住区配套公建项目的设置要求应符合表5-4要求，对其中的服务内容可酌情选用。

公共服务设施各项目的设置规定表　　　　　　　　表5-4

设施名称	项目名称	服务内容	设置规定	每一处规模 建筑面积（m²）	每一处规模 用地面积（m²）
教育	（1）托儿所	保教小于3周岁儿童	（1）设于阳光充足，接近公共绿地，便于家长接送的地段。 （2）托儿所每班按25座计；幼儿园每班按30座计。 （3）服务半径不宜大于300m；层数不宜高于3层。 （4）三班和三班以下的托、幼园所，可混合设置，也可附设于其他建筑，但应有独立院落和出入口，四班和四班以上的托、幼园所均应独立设置。 （5）八班和八班以上的托、幼园所，其用地应分别按每座不小于7m²或9m²计。 （6）托、幼建筑宜布置于可挡寒风的建筑物的背风面，但其主要房间应满足冬至日不小于2h的日照标准。 （7）活动场地应有不少于1/2的活动面积在标准的建筑日照阴影线之外	—	4班≥1200 6班≥1400 8班≥1600
	（2）幼儿园	保教学龄前儿童		—	4班≥1500 6班≥2000 8班≥2400

第5章 配套公共服务设施

续表

设施名称	项目名称	服务内容	设置规定	每一处规模 建筑面积（m²）	每一处规模 用地面积（m²）
教育	（3）小学	6～12周岁儿童入学	(1) 学生上下学穿越城市道路时，应有相应的安全措施。 (2) 服务半径不宜大于500m。 (3) 教学楼应满足冬至日不小于2h的日照标准不限	—	12班≥6000 18班≥7000 24班≥8000
教育	（4）中学	12～18周岁青少年入学	(1) 在拥有3所或3所以上中学的居住区或居住地内，应有一所设置400m环形跑道的运动场。 (2) 服务半径不宜大于1000m。 (3) 教学楼应满足冬至日不小于2h的日照标准不限	—	18班≥11000 24班≥12000 30班≥14000
医疗卫生	（5）医院	含社区卫生服务中心	(1) 宜设于交通方便，环境较安静地段。 (2) 10万人左右则应设一所300～400床医院。 (3) 病房楼应满足冬至日不小于2h的日照标准	12000～18000	15000～25000
医疗卫生	（6）门诊所	或社区卫生服务中心	(1) 一般3万～5万人设一处，设医院的居住区不再设独立门诊。 (2) 设于交通便捷，服务距离适中的地段	2000～3000	3000～5000
医疗卫生	（7）卫生站	社区卫生服务站	1万～1.5万人设一处	300	500
医疗卫生	（8）护理院	健康状况较差或恢复期老年人日常护理	(1) 最佳规模为100～150床位。 (2) 每床位建筑面积≥30m²。 (3) 可与社区卫生服务中心合设	3000～45000	—
文体	（9）文化活动中心	小型图书馆、科普知识宣传与教育；影视厅、舞厅、游艺厅、球类、棋类活动室；科技活动、各类艺术训练班及青少年和老年人学习活动场地、用房等	宜结合或靠近同级中心绿地安排	4000～5000	8000～12000
文体	（10）文化活动站	书报阅览、书画、文娱、健身、音乐欣赏、茶座等主要供青少年和老年人活动	(1) 宜结合或靠近同级中心绿地安排。 (2) 独立性组团应设置本站	400～600	400～600
文体	（11）居民运动场、馆	健身场地	宜设置60～100m直跑道和200m环形跑道及简单的运动设施	—	10000～15000

5.2 配套公共服务设施配置规划

续表

设施名称	项目名称	服务内容	设置规定	每一处规模	
				建筑面积（m²）	用地面积（m²）
文体	（12）居民健身设施	篮、排球及小型球类场地，儿童及老年人活动场地合其他简单运动设施等	宜结合绿地安排	—	—
商业服务	（13）综合食品店	粮油、副食、糕点、干鲜果品等	（1）服务半径：居住区不宜大于500m；居住小区不宜大于300m。 （2）地处山坡地的居住区，其商业服务设施的布点，除满足服务半径的要求外，还应考虑上坡空手，下坡负重的原则	居住区：1500～2500 小区：800～1500	—
	（14）综合百货店	日用百货、鞋帽、服装、布匹、五金及家用电器等		居住区：2000～3000 小区：400～600	—
	（15）餐饮	主食、早点、快餐、正餐等		—	—
	（16）中西药店	汤药、中成药与西药		200～500	—
	（17）书店	书刊及音像制品		300～1000	—
	（18）市场	以销售农副产品和小商品为主	设置方式应根据气候特点与当地传统的集市要求而定	居住区：100～1200 小区：500～1000	居住区：1500～2000 小区：800～1500
	（19）便民店	小百货、小日杂	宜设于组团的出入口附近	—	—
	（20）其他第三产业设施	零售、洗染、美容美发、照相、影视文化、休闲娱乐、洗浴、旅店、综合修理以及辅助就业设施等	具体项目、规模不限	—	—
金融邮电	（21）银行	分理处	宜与商业服务中心结合或邻近设置	800～1000	400～500
	（22）储蓄所	储蓄为主		100～150	—
	（23）电信支局	电话及相关业务	根据专业规划需要设置	1000～2500	600～1500
	（24）邮电所	邮电综合业务包括电报、电话、信函、包裹、兑汇和报刊零售等	宜与商业服务中心结合或邻近设置	100～150	—

第5章 配套公共服务设施

续表

设施名称	项目名称	服务内容	设置规定	每一处规模 建筑面积（m²）	每一处规模 用地面积（m²）
社区服务	(25)社区服务中心	家政服务、就业指导、中介、咨询服务、代客订票、部分老年人服务设施等	每小区设置一处，居住区也可合并设置	200～300	300～500
社区服务	(26)养老院	老年人全托式护理服务	(1)一般规模为150～200床位 (2)每床位建筑面积≥400m²	—	—
社区服务	(27)托老所	老年人日托（餐饮、文娱、健身、医疗保健等）	(1)一般规模为30～50床位。 (2)每床位建筑面积20m²。 (3)宜靠近集中绿地安排，可与老年活动中心合并设置	—	—
社区服务	(28)残疾人托养所	残疾人全托式护理	—	—	—
社区服务	(29)治安联防站	—	可与居（里）委会合设	18～30	12～20
社区服务	(30)居（里）委会（社区用房）	—	300～1000户设一处	30～50	—
社区服务	(31)物业管理	建筑与设备维修、保安、绿化、环卫管理等	—	300～500	300
市政公用	(32)供热站或热交换站	—	—	根据采暖方式确定	—
市政公用	(33)变电室	—	每个变电室负荷半径不应大于250m；尽可能设于其他建筑内	30～50	—
市政公用	(34)开闭所	—	1.2万～2.0万户设一所；独立设置	200～300	≥500
市政公用	(35)路灯配电室	—	可与变电室合设于其他建筑内	20～40	—
市政公用	(36)煤气调压站	—	按每个中低调压站负荷半径500m设置；无管道煤气地区不设	50	100～120
市政公用	(37)高压水泵房	—	一般为低水压区住宅加压供水附属工程	40～60	—
市政公用	(38)公共厕所	—	每1000～1500户设一处；宜设于人流集中之处	30～60	60～100

5.2 配套公共服务设施配置规划

续表

设施名称	项目名称	服务内容	设置规定	每一处规模 建筑面积（m²）	每一处规模 用地面积（m²）
市政公用	（39）垃圾转运站	—	应采用封闭式设施，力求垃圾存放和转运不外露，当用地规模为0.7~1km²设一处，每处面积不应小于100m²，与周围建筑物的间隔不应小于5m		
	（40）垃圾收集点	—	服务半径不应大于70m，宜采用分类收集	—	—
	（41）居民存车处	存放自行车、摩托车	宜设于组团或靠近组团设置，可与居（里）委会合设于组团的入口处	1~2辆/户；地上0.8~1.2m²/辆；地下1.5~1.8m²/辆	
	（42）居民停车场、库	存放机动车	服务半径不宜大于150m	—	—
	（43）公交始末站	—	可根据具体情况设置	—	—
	（44）消防站	—	可根据具体情况设置	—	—
	（45）燃料供应站	煤或罐装燃气	可根据具体情况设置	—	—
行政管理及其他	（46）街道办事处		3万~5万人设一处	700~1200	300~500
	（47）市政管理机构（所）	供电、供水、雨污水、绿化、环卫等管理与维修	宜合并设置	—	—
	（48）派出所	户籍治安管理	3万~5万人设一处；宜有独立院落	700~1000	600
	（49）其他管理用房	市场、工商税务、粮食管理等	3万~5万人设一处；可结合市场或街道办事处设置	100	
	（50）防空地下室	掩蔽体、救护站、指挥所等	在国家确定的一、二类人防重点城市中，凡高层建筑下设满堂人防，另以地面建筑面积2%配建。出入口宜设于交通方便的地段，考虑平战结合		

5.2.2 小区配套公共服务设施规划配置案例

项目名称：某县望都太阳城商住区开发。

用地面积：1710991m²。

商住建筑面积：2040000m²。

住区规模：总人口51600人。

第5章 配套公共服务设施

总户数 17200 户。

公共服务设施配建项目及规模，见表 5-5 所示。

配套设施一览表　　　　　表 5-5

类别	项目名称	设置规模 建筑面积（m²）	设置规模 用地面积（m²）	备注
教育	托儿所	4050	4200	3 所 6 班托儿所用地 1400m²×3，建筑 1350m²×3
教育	幼儿园	6480	7200	3 所 8 班幼儿所用地 2400m²×3，建筑 2160m²×3
教育	小学	20000	24000	2 所 24 班小学用地 12000m²×2，建筑 10000m²×2
教育	中学	28000	48000	2 所 60 班小学用地 52000m²，建筑 28000m²
医疗卫生	医院	12000	13000	1 处 200 床医院
医疗卫生	卫生站	1200	2000	4 处，每处建筑 300m²，用地 500m²
文化体育	文化活动中心	4000	8000	文化康乐设施、图书阅览科技活动设施、老年活动设施、青少年之家等，结合中心绿地设置
文化体育	文化活动站	4800	4800	12 处结合会所设置，每处建筑 400m²，占地 400m²
文化体育	居民建设设施	0	6000	室外活动场所，结合绿地设，用地 500m²×12
商业服务	综合食品商场	6000	3600	3 处，每处建筑 2000m²，用地 1200m²
商业服务	综合百货商场	6000	3600	3 处，每处建筑 2000m²，用地 1200m²
商业服务	餐饮	5000	4000	食品百货餐饮可合并集中设置
商业服务	中西药店	1500	1500	3 处，每处建筑 500m²，用地 500m²
商业服务	书店	1000	0	1 处
商业服务	集贸市场	6000	8000	1 处，室内市场
商业服务	综合便民店	6000	6000	12 处，每处建筑 500m²，用地 500m²
商业服务	其他三产设施	7000	6000	沿街底商
金融邮电	银行分理处	800	400	1 处
金融邮电	储蓄所	600		3 处，每处建筑 200m²
金融邮电	电信支局	2000	1000	1 处
金融邮电	邮电所	200	0	1 处
社区服务	社区服务中心	2400	3600	12 处，每处建筑 200m²，用地 300m²
社区服务	养老院	6000	5000	合并设 1 处，建筑 6000m²，用地 5000m²
社区服务	托老所			合并设 1 处，建筑 6000m²，用地 5000m²
社区服务	残疾人托养所			
社区服务	治安联防站	6000	5000	12 处，每处建筑 20m²，用地 15m²
社区服务	居委会	240	180	12 处，每处建筑 40m²
社区服务	物业管理	480	0	12 处，每处建筑 300m²，用地 300m²
行政管理	街道办事处	100	600	1 处
行政管理	派出所及巡察	1000	600	1 处
行政管理	市政管理机构	1000	600	可结合物业管理中心设置
行政管理	其他管理用房	200	200	1 处
市政公用	垃圾转运站	300	360	3 处，每处建筑 100m²，用地 200m²
市政公用	公共厕所	720	960	12 处，每处建筑 60m²，用地 80m²
市政公用	公交首末站	500	2000	根据公交规划安排
市政公用	市政站点	2064	2064	热力点开闭站变电室水泵房等，按需设置

5.2.3 住区配套公共服务设施的规划布局及实例

5.2.3.1 规划布局原则

住区公共服务设施的规划布局应符合以下原则要求。

① 根据不同项目的使用性质和住区的规划布局形式，采用相对集中与适当分散相结合的方式合理布局。并应利于发挥设施效益，方便经营管理，使用和减少干扰。

② 商业服务与金融邮电、文体等有关项目宜集中布置、形成居住区各级公共活动中心。

③ 基层服务设施的设置应方便居民，满足服务半径的要求。

④ 配套公共服务设施的规划布局和设计应考虑发展需要。

5.2.3.2 规划布置

居住区公共服务设施在上述中的集中布置形式可分为以下多种形式。

(1) 沿街集中布置

街道空间的限定元素主要是各类公共建筑，可为商住楼也可单独设置。

图 5-1 所示为建筑与街道空间结合方式示意。

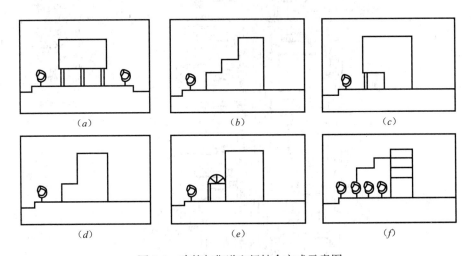

图 5-1 建筑与街道空间结合方式示意图
(a) 底层架空；(b) 退台布置；(c) 底层退空；(d) 挑出群房；(e) 临街设廊；(f) 留出广场

1) 沿街双侧布置

在街道不宽、交通量不大的情况下，双侧布置，店铺集中、商品琳琅满目，商业气氛浓厚。居民采购穿行于街道两侧，交通量不大较安全省时。如果街道较宽，像居住区的主干道超过 20m 宽，可将居民经常使用的相关商业设施放在一侧，而把不经常使用的商店放在另一侧，这样可减少人流与车流的交叉，居民少过马路，安全方便。如辽化居住区的沿街双侧布置将人流多的公共建筑，如文化馆、百货商店、副食商店、饭店、体育馆等设置在街道同一侧。并相应配置了较宽的步行活动区，利用地形，将其置于台地上，形成绿地，设座椅供休息，在繁华商业街开辟了一叶绿洲。在台地上与平行道隔离，安全感领域感油然而生（图 5-2）。

第5章 配套公共服务设施

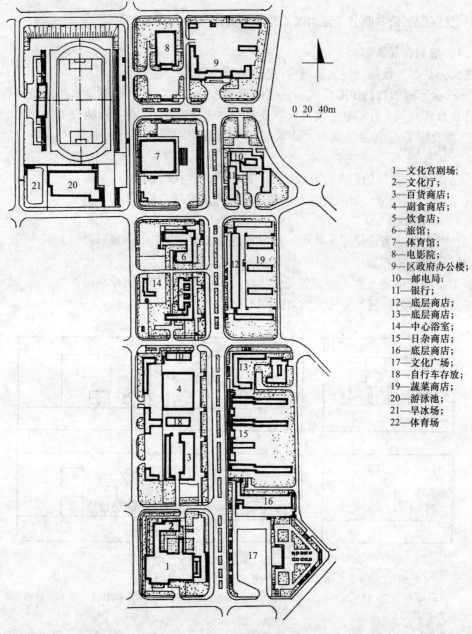

1—文化宫剧场；
2—文化厅；
3—百货商店；
4—副食商店；
5—饮食店；
6—旅馆；
7—体育馆；
8—电影院；
9—区政府办公楼；
10—邮电局；
11—银行；
12—底层商店；
13—底层商店；
14—中心浴室；
15—日杂商店；
16—底层商店；
17—文化广场；
18—自行车存放；
19—蔬菜商店；
20—游泳池；
21—旱冰场；
22—体育场

图5-2 辽化居住区公建服务设施沿街双侧布置规划平面图

2) 沿街单侧布置

当居住区临街街道较宽且车流较大，或街道一侧与绿地、水域、城市干道相临时，沿街单侧布置公共服务配套设施较为适宜。如北京塔院小区北临城市道路，小区商业服务设施布置在小区出入口两侧的临城市道路一边，既方便住户上下班顺路购物，还可对外营业，同时方便邻近单位（图5-3）。

3) 步行商业街

在沿街布置公共设施的形式中，将车行交通引向外围，没有车辆通行或只有少量供货车辆定时出入，形成步行街。使商业服务业环境比较安宁，居民可自由活动，不受干扰。步行和车行分流形式有环型、分枝型以及立体型等形式（图5-4）。

（2）成片集中布置

成片集中布置是在干道临接的地块内，以建筑组合体或群体联合布置公共设施的一种形式。它易于形成独立的步行区，方便使用，便于管理，但交通流线比步行街复杂。根据其不同的周边条件，可有几种基本的交通组织形式（图5-5）。其空间组织主要由建筑围合空间，辅以绿化、铺地、小品等。如日本大阪千里古江台邻里中心（图5-6）将商业服务设施与绿化结合，在中心布置了树木、亭、廊等，便于购物时休息观赏。

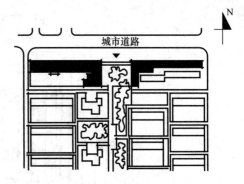

图5-3 北京塔院小区商业沿街单侧布置图

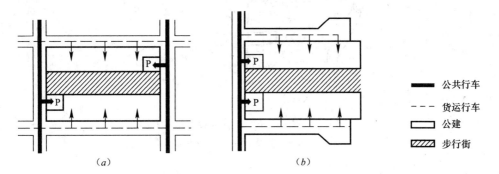

图5-4 步行街交通组织示意图
(a) 环型步车分流；(b) 分枝型步车分流

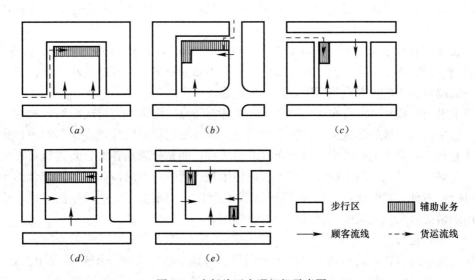

图5-5 步行片区交通组织示意图
(a) 单面临街；(b) 两面临街（一）；(c) 两面临街（二）；(d) 三面临街；(e) 四面临街

第5章 配套公共服务设施

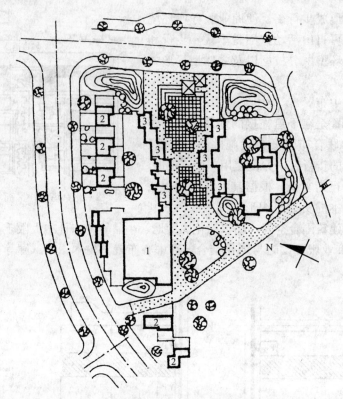

图 5-6 日本大阪千里·古江台邻里中心图
1—市场；2—新开店铺；3—店铺

（3）混合集中布置

混合集中布置是沿街和成片集中布置相结合的形式，可综合体现两者的特点。也应根据各类建筑的功能要求和行业特点相对成组结合，同时沿街分块布置，在建筑群体艺术处理上既要考虑街景要求，又要注意片块内部空间的组合，更要合理地组织人流和货流的线路。

如长沙望月村小区主干道商业中心，兼有单、双向沿街和集中成片布置的混合形式，将主要商业设施布于沿街一侧，并将部分设施集中布置形成一个开敞的小广场。与街道平行有一支路可达小广场各设施后院，成为货运通道（图 5-7）。

以上沿街、成片和混合布置三种基本方式各有特点，沿街布置对改变城市面貌效果较显著，若采用商住楼的建筑形式比较节约用地，但在使用和经营管理方面不如成片集中布置方式有利。在独立地段，成片集中布置的形式有可能充分满足各类公共建筑布置的功能要求，并易于组成完整的步行区，利于居民使用和经营管理。沿街和成片相结合的布置方式则可吸取两种方式的优点。在具体进行规划设计时，要根据当地居民生活习惯、建设规模、用地情况以及现状条件综合考虑，酌情选用。

（4）集约化布置

集约化空间布置形式，利于提高土地利用、节地节能、合理组织交通和物业管理等。如广东佛山市侨苑新村，采用平台式内庭院集约布局组织商业服务设施，一、二层为商店，住宅楼在商店屋顶上修建。采用框架结构，空间灵活，可按使用要求分隔，满足各种

5.2 配套公共服务设施配置规划

图 5-7 长沙望月村小区商业中心图
1—药店；2—日杂、理发、照相；3—百货店；4—保险、储蓄、银行；5—饮食小吃；
6—豆腐店；7—菜店、肉店；8—副食店；9—粮店；10—综合修理

不同需求。商店屋顶可供居民活动，下楼购物就近，非常方便。这种平台式商住楼，加大了建筑密度，节约用地，建筑体型较丰富。但需加强隔音、通风和安全管理（图 5-8）。

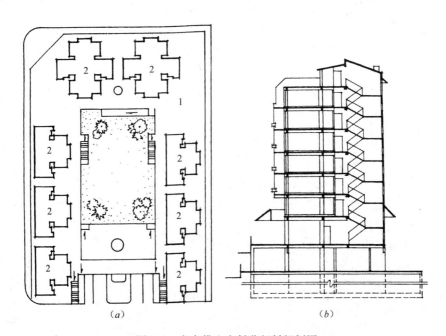

图 5-8 广东佛山市侨苑新村规划图
(a) 规划平面图；(b) 剖面图（1、2层为商店；3层以上为住宅）
1—商店层顶平台；2—住宅

第5章 配套公共服务设施

思考题

1. 住区公共服务配套设施如何分类，配置特点与要求有哪些？
2. 怎样理解住区公共服务配套设施的分级配置？
3. 如何正确理解和使用住区公共服务配套设施的控制指标？
4. 住区公共服务配套设施规划布局原则和布置形式有哪些？
5. 举例说明房地产住区开发项目的公共服务设施配置规划方法与应用。

第6章 配套市政公用设施

内容提要： 广义市政工程基础设施（市政公用设施）包括给水、排水、污水处理、内外交通、道路桥梁、电力、通信、燃气、集中供热、消防、防洪、抗震防灾、园林绿化、环境卫生以及垃圾处理。狭义市政工程基础设施主要指给水、排水、电力、通信、燃气、供热、环卫、防灾设施。作为城镇生存和发展必须具备的工程基础设施，这些是最主要，也是最基本的内容，也是本章最基本组成部分。

本章内容包括住区与小区给水、排水、供电、通信、燃气、供热、防灾、环境卫生设施与相关规划及工程管线综合规划。本章内容要求重点掌握住区与小区各配套市政公用设施的组成需求预测，分配网规划和地下管线综合敷设，以及消防、抗震防灾设施规划与环卫主要设施规划。

本章涉及的给水、排水、燃气、供热管网的水力计算内容、深度可视不同专业要求作相应选择和把握。

6.1 配套给水工程设施及规划

住区与小区给水公用配套设施主要为给水管网设施，规划包括用水量预测，给水管网布置，管段流量与管径确定以及给水管网水力计算。

6.1.1 用水量预测

住区与小区用水量预测一般指与给水管网设施相关的住区与小区给水工程统一供给的各类用水量的总和，主要包括：生活用水（含公共建筑用水）、市政用水（含街道洒水和绿化浇水）和消防用水。各类用水量按不同用水标准确定。

6.1.1.1 用水量指标

（1）住区与小区居民生活用水量指标

指城市居民平均日用水量或最高日用水量指标，属于单位人口用水量定额。生活用水量指标应根据城市的气候、生活习惯和房屋卫生设备等因素确定。各个城市的生活用水量指标并不相同，即使同一城市的几个地区也会因房屋卫生设备水平的差异而有所不同。进行给水工程规划时，城市住区与小区给水工程统一供给的用水量中居民生活用水量的预测，应根据当地国民经济和社会发展规划、城市特点、水资源充沛程度、居民生活水平等因素综合分析确定，规划宜采用表6-1的数值。

居民生活用水量指标表 [L/(人·d)]　　　　　　　　　　　　　　表 6-1

区域	特大城市		大城市		中、小城市	
	最高日	平均日	最高日	平均日	最高日	平均日
一区	180~270	140~210	160~250	120~190	140~230	100~170
二区	140~200	110~160	120~180	90~140	100~160	70~120
三区	140~180	110~150	120~160	90~130	100~140	70~110

注：1. 一区包括：贵州、四川、湖北、湖南、江西、浙江、福建、广东、广西、海南、上海、云南、江苏、安徽、重庆；
二区包括：黑龙江、吉林、北京、天津、河北、山西、河南、山东、宁夏、陕西、内蒙古河套以东和甘肃黄河以东的地区；
三区包括：新疆、青海、西藏、内蒙古河套以西和甘肃黄河以西的地区。
2. 经济特区及其他有特殊情况的城市，应根据用水实际情况，用水指标可酌情增减（下同）。
3. 用水人口为城市总体规划确定的规划人口数（下同）。
4. 本表指标为规划期最高日用水量指标（下同）。
5. 本表指标不包括管网漏失水量。

（2）住区与小区公共建筑用水量指标

住区与小区公共建筑生活用水可按表 6-2 预测。

公共建筑生活用水量标准表　　　　　　　　　　　　　　表 6-2

序号	建筑物名称	单位	生活用水量标准最高日（L）	时变化系数 K_h
1	集体宿舍：有漱洗室 有漱洗室和浴室	每人每日 每人每日	50~75 75~100	2.5
2	旅馆：有漱洗室 有漱洗室和浴室	每人每日 每人每日	50~100 100~120	2.5~2.0 2.0
3	医院、疗养院、休养所： 有漱洗室和浴室	每床每日	100~200	2.5~2.0
4	公共浴室	每顾客每次	80~170	2.0~1.5
5	理发室	每顾客每次	10~25	2.0~1.5
6	洗衣房	每公斤干衣	40~60	1.5~1.0
7	公共食堂、营业食堂	每顾客每次	15~20	2.0~1.5
8	幼儿园、托儿所	每儿童每日	25~50	2.5~2.0
9	办公楼	每人每班	10~25	2.5~2.0
10	中小学校（无住宿）	每学生每日	10~30	2.5~2.0
11	高等学校（有住宿）	每学生每日	100~150	2.0~1.5
12	影剧院	每观众每场	10~20	2.5~2.0

注：表中平均日和最高日包括了气候因素，一般夏季用水比冬季多。K_h 是变化系数（即最高时水量除以平均时用水量），这是用以计算最高小时用水量的。

（3）未预见用水量（市政用水及其他考虑未及的用水量）

未预见用水量包括：浇洒道路、绿化用水、管道漏损水量及其他考虑不到的因素的用水量。在用水量计算中，未预见用水量可按前两项用水量之和的 15%~25% 计算。

（4）住区与小区消防用水

住区与小区室外消防用水量，见表 6-3 所示。

住区与小区室外消防用水量表　　　　　　表 6-3

人数（万人）	同一时间内火灾次数（次）	一次灭火用水量（L/s）
≤1.0	1	10
≤2.5	1	15
≤5.0	2	25
≤10.0	2	35

6.1.1.2 用水量计算

住区与小区总用水量预测可采用以下几种方法计算。

（1）各项用水量总和法

$$Q_d = Q_1 + Q_2 + Q_3 \tag{6-1}$$

式中　Q_d——住区或小区最高日用水量（万 m³/d）；

Q_1——最高日生活用水量（含公建生活用水量）（万 m³/d）；

Q_2——住区或小区市政及未预见用水量（万 m³/d）；

Q_3——住区或小区市政及消防用水量（万 m³/d）。

（2）单位用地用水量法

单位用地用水量法可以用来估测住区与小区用水量。

1）住区相关居住用地用水量指标

应根据城市特点，住区与小区居民生活水平等因素综合分析确定（表 6-4）。

单位居民用地用水量指标表［万 m³/(km²·d)］　　　　表 6-4

用地代号	区域	特大城市	大城市	中等城市	小城市
R	一区	1.70～2.50	1.50～2.30	1.30～2.10	1.10～1.90
	二区	1.40～2.10	1.25～1.90	1.10～1.70	0.95～1.50
	三区	1.25～1.80	1.10～1.60	0.95～1.40	0.80～1.30

注：1. 本表指标已包括管网漏失水量。
　　2. 用地代号引用现行国家标准《城市用地分类与规划建设用地标准》（GBJ 137）（下同）。

2）小区相关公共设施用地用水量指标

应根据城市性质，小区类型及公共设施类别规模等因素确定（表 6-5）。

单位公共设施用地用水量指标表［万 m³/(km²·d)］　　　　表 6-5

用地代号	用地名称	用水量指标	用地名称	用水量指标
C	体育文化娱乐用地	0.50～1.00	行政办公用地	0.50～1.00
	旅馆、服务业用地	0.50～1.00	商贸金融用地	0.50～1.00
	医疗、休（疗）养用地	1.00～1.50	教育用地	1.00～1.50
	其他公共设施用地	0.80～1.20		

注：本表指标已包括管网漏失水量。

3）住区与小区相关其他用地用水量指标

其他用地用水量指标的确定，见表 6-6 所示。

其他用地用水量指标表 [万 $m^3/(km^2 \cdot d)$] 表 6-6

用地代号	用地名称	用水量指标	用地代号	用地名称	用水量指标
G	绿地	0.10~0.30	S	道路广场用地	0.20~0.30
U	市政设施用地	0.25~0.50			

注：表中指标包括管网漏失水量。

6.1.1.3 最高时设计秒流量

设计住区与小区给水管网时按最高时设计秒流量计算。

住区与小区最高日最高时用水量：

$$Q_{max} = K_h Q_d / 24 \tag{6-2}$$

式中 K_h——用水量时变化系数；

Q_{max}——最高日最高时用水量（m^3/h）；

Q_d——最高日用水量（m^3/d）。

最高时设计秒流量：

$$q_{max} = \frac{Q_{max} \times 1000}{3600} \tag{6-3}$$

式中 q_{max}——最高时设计秒流量（L/s）；

Q_{max}——最高日最高时用水量（m^3/h）。

6.1.2 住区与小区给水管网的布置

6.1.2.1 城镇及住区小区给水管网布置形式

给水管网布置应考虑以下要求：

① 管网应布置在整个给水区域内，在技术上要使用户有足够的水量和水压。

② 正常工作或在局部管网发生故障时，应保证不中断供水。

③ 定线时应选用短捷的线路，并便于施工与管理。

给水管网由输水管（由水源到水厂及由水厂到配水管的管道，一般不装接用户水管）和配水管（把水送至各用户的管道）组成。输水管不宜少于两根，当其中一根管线发生事故时，另一根管线的事故给水量不应小于正常给水量的70%。

给水管网的布置形式，根据城市规划、用户分布及对用水要求等，分为树枝状管网和环状管网，也可根据不同情况混合布置。

（1）树枝状管网

干管与支管的布置犹如树干与树枝的关系。其主要优点是管材省、投资少、构造简单；缺点是供水可靠性较差，一处损坏则下游各段全部断水，同时各支管尽端易造成"死水"，导致水质恶化。

一般情况下，住区与小区给水工程详细规划不单独进行水源选择，而是由邻近道路下面敷设的城市给水管道供水，街坊只考虑其最经济的入口。街坊内部的管网布置，通常根据建筑群的布置组成树枝状（图6-1）。

（2）环状管网

指供水干管间用连通管互相连通起来，形成许多闭合的环（图6-2）。环状管网中每条管都有两个方向来水，因此供水安全可靠。一般在大中城市及其住区与小区给水系统或供

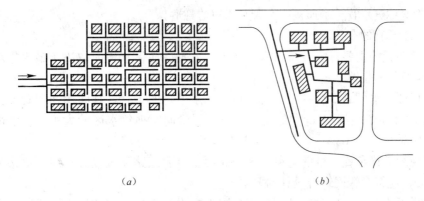

图 6-1 树枝状管网布置图
(a) 小城镇树枝状管网；(b) 住区与小区街坊树枝状管网

水要求较高，不能停水的管网，均采用环状管网。环状管网还可降低管网中的水头损失，节省动力，管径可稍减小，另外环状管网还能减轻管内水锤的威胁，有利管网的安全。但环网的管线较长，投资较大。实际工作中，为了发挥给水管网的输配水能力，达到既工作安全可靠，又适用经济，常采用树枝状与环状相结合的管网。如在主要供水区采用环状，在边远区或要求不高而距离水源又较远的地区，采用树枝状管网，比较经济合理。

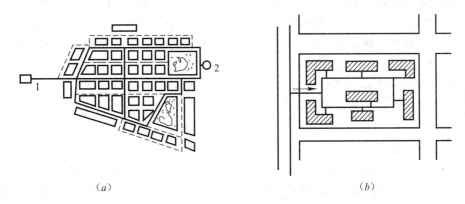

图 6-2 环状管网布置图
(a) 城市环状管网；(b) 住区与小区街坊环状管网
1—水厂；2—水塔

6.1.2.2 城镇及住区小区给水管网的布置原则

城镇及住区与小区涉及的给水管网按管线的作用可分为干管、支管、分配管和接户管等。

干管的主要作用是输水至城市各用水地区，直径一般在 100mm 以上，在大城市为 200mm 以上。城市给水网的布置和计算，通常只限于干管。支管是把干管输送来的水量送到分配管网的管道，适应于面积大、供水管网层次多的城区。

分配管是把干管或支管输送来的水量送到接户管和消火栓的管道。分配管的管径由消防流量来决定，一般不予计算。为了满足安装消火栓所要求的管径，不致在消防时水压下降过大，通常配水管最小管径，小城市采用 75～100mm，中等城市 100～150mm，大城市采用 150～200mm。

接户管又称进水管。是连接配水管与用户的管道。

(1) 输水干管的布置原则

① 干管布置的主要方向应按供水主要流向延伸，而供水流向取决于最大用水户或水塔等调节构筑物的位置。

② 为保证供水可靠，按照主要流向布置几条平行的干管，其间用连通管连接，这些管线以最短的路径到达用水量大的主要用户。干管间距视供水区的大小、供水情况而不同，一般为500~800m。

③ 沿规划道路布置，尽量避免在高级路面及重要道路下敷设。管线在道路下的平面位置和高程，应符合管网综合设计的要求。

④ 应尽可能布置在高地，以保证用户附近配水管中有足够的压力，便于重力输水或分段重力输水。

⑤ 干管的布置应考虑发展和分期建设的要求，留有余地。

(2) 配水管网布置原则

① 住区与小区配水管网布置应符合住区与小区用地建设规划发展和供水设施分期发展的要求，给供水的分期发展留有充分的余地。

② 干管的方向应与给水主要流向一致；管网布置形式应按不同住区与小区的不同发展时期的相关分析比较确定，并宜根据条件，逐步布置成环状管网。干管的间距，可根据街区情况，采用500~800m，连接管间距可采用800~1000m。

③ 干管一般按规划道路定线，但尽量避免在高级路面或重要道路下通过。管线在道路下的平面位置和标高，应符合地下管线综合设计的要求。

④ 住区与小区生活饮用水的管网严禁与非生活饮用水管网连接。

⑤ 负有消防给水任务的管道最小管径不应小于100mm，室外消火栓的间距不应大于120m。

6.1.2.3 管网的自由水头

为了对建筑物的最高用水点供应足够的水量和适宜的压力，要求管网供水具有一定的自由水头。自由水头是指配水管中的压力高出地面的水柱高度。这个水头必须能够使水达到建筑物最高用水点，而且还应保证取水龙头的放水压力。

管网自由水头的数值取决于建筑物的层数，在生活饮用水管网中一般规定：一层建筑为10m；二层建筑为12m；三层以上每增加一层增加4m计算。对于较高的建筑物，大多自设加压设备，而在管网压力中不予考虑，以免加大全部管网压力。

为求算管网起点所需的水压，须在管网内选择最不利的一点（称为控制点），该点一般位于距地面较高、离水厂（或水塔）较远或建筑物层数较多的地区，只要控制点的自由水头合乎要求，则整个管网的水压均合乎要求。

6.1.3 住区与小区管段流量与管径确定

新建和扩建的住区与小区管网，首先按最高时用水量计算，据此求出管段的管径、水头损失、水泵扬程和水塔高度或高地水池的标高。并在最高时确定的管径及其他设施的基础上，按消防时、事故时、对置水塔（高地水池）系统最大转输时所需流量，核算管网水压，从而确定满足各种工况的给水系统的管径、水泵扬程和水塔高度（高地水池标高）。

6.1.3.1 管段流量计算

(1) 管网图形简化

一般情况下,管网的规划与设计多为在已有管网基础上进行,而现状管网往往错综复杂,因此,应在保证计算结果基本反映实际用水状况的前提下,对其进行简化,以减少工作量。此外,对于一些管径相对较小的管线,全部纳入管网进行计算,也无必要。

(2) 沿线流量

管段沿线流量是该管段沿线配出的总流量。如图 6-3 所示,管网干管上接有很多分配管和用户,用水并不均匀,且经常变化。为了简化计算,通常假设沿干管长度的用水量是均匀分布的,即沿途均匀泄流,则可确定单位长度管线的用水量,称为比流量:

$$q_{ls} = \frac{Q - \sum q}{\sum l} \quad (6-4)$$

式中 q_{ls} ——单位管线长度比流量 [L/(s·m)];

Q ——管网总用水量 (L/s);

$\sum q$ ——大用户集中用水量总和 (L/s);

$\sum l$ ——配水干管总长度 (m),只计实际配水管线的长度,只有一侧配水的管线,长度按一半计算。

管段沿线流量为:

$$q_1 = q_{ls} l \quad (6-5)$$

式中 q_1 ——管段沿线流量 (L/s);

l ——对应管段配水长度 (m)。

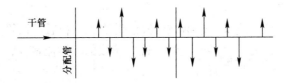

图 6-3 干管沿线配水情况图

管网所有管段沿线流量总和等于该管网总用水量与集中用水量总和的差值。

单位管线长度比流量是假定在整个管网系统中,沿干管长度用水量均匀分布,忽略了沿管线长度用水人口和其他小规模用户分布不均匀的情况,即用水量沿线不均匀的实际情况。同时也忽略了干管沿街区分布不均匀的情况。由此计算的管网节点流量与实际节点流量不一致。根据住区与小区的具体情况。当沿干管长度用户用水均匀性较差、干管沿街区分布不均匀,可能造成按管段长度比流量计算的沿线流量(节点流量)与实际情况差别较大时,可考虑采用服务面积比流量法计算沿线流量和节点流量。

如图 6-4 所示,将干管两侧住区与小区的街区供水区域,按长边梯形、短边三角形的原则,分配给配水干管,以供水区总面积 $\sum A$ 代替配水干管总长度 $\sum l$,由此计算面积比流

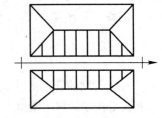

图 6-4 干管服务面积分配图

量 q_A，再以配水管段服务面积 A 代替管段长度 l，计算管段沿线流量。

$$q_{As} = \frac{Q - \sum q}{\sum A} \tag{6-6}$$

式中 q_{As}——单位服务面积比流量 [L/(s·m²)]；

$\sum A$——供水区域总面积（m²），不包括供水区域范围内非供水面积；

$\sum q$——大用户集中用水量总和（L/s）。

管段沿线流量为：

$$q_l = q_{As} A \tag{6-7}$$

式中 q_l——管段沿线流量（L/s）；

A——管段服务面积（m²）。

（3）节点流量

管网节点流量即管网中管段连接点配出的流量。在管网计算过程中，管网节点是指简化后的管网节点。

在实际城镇住区与小区的配水管网中，管网节点特别多，而且极为复杂，整个住区与小区用户也不均匀。管网计算，不可能调查每一管段服务面积的用户情况，而对于沿线供水变化的管段，则无法确定其管径，因此，必须进行简化。即将管段沿线流量简化为管段两端的节点流量。

管网中任一节点的节点流量为：

$$q_i = 0.5 \sum_j q_{lij} \tag{6-8}$$

式中 q_{lij}——与 i 节点连接的 ij 管段的沿线流量（L/s）。

（4）管段计算流量

管网中任一管段的计算流量，包括该管段的沿线流量和通过该管段输送给下游管段的转输流量。确定管段的转输流量，首先需对管网供水量进行分配。

图 6-5 树状管网流量分配图

对于树状供水管网，任一管段的计算流量是唯一的，只要从管网末端开始，沿管网供水反方向进行节点流量的累加，直至该管段上游节点即可。

树状管网管段计算流量的确定，如图 6-5 所示。管段 1—2 的计算流量为除节点 1 外的各节点流量之和：

$$q_{1-2} = \sum_{i=2}^{9} q_i \tag{6-9}$$

同样，管段 4—5 的计算流量为：

$$q_{4-5} = \sum_{i=5}^{8} q_i \tag{6-10}$$

环状管网的管段流量是随时间和供用水状况变化的，并且，同样的管网和用户，不同人员初次分配的管段流量也不是唯一的。因此，进行环状管网管段流量的计算，需首先将供水量沿供水方向进行分配，或沿供水反方向进行节点流量累加，直至末端用户或供水水源。

环状管网中管段计算流量的确定，如图 6-6 所示。已知某时该管网总供水量和管网节点流量，首先对总供水量 Q 沿管段进行分配，并确定管段流量方向，从而得到所有管段的计算流量 q_{ij}。假设流入节点的管段流量为负，流离节点的管段流量为正。在流量分配过程中，须遵循节点水流连续原则：

$$q_i + \sum_j q_{ij} = 0 \qquad (6-11)$$

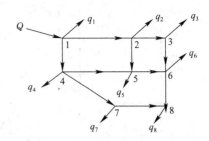

图 6-6 环状管网流量分配图

式中　q_{ij}——管段 ij 的计算流量（L/s）。

给水管径简易估算，见表 6-7。

6.1.3.2 管径计算

管段直径应按分配的流量，即管段计算流量确定：

$$D = \sqrt{\frac{4q}{\pi v}} \qquad (6-12)$$

式中　D——管段管径（m）；
　　　q——管段计算流量（m³/s）；
　　　v——流速（m/s）。

在管段流量确定的条件下，管段流速的大小决定着管径的大小。若流速大些，管径就会小些，可降低管网投资，但将提高供水水泵的扬程，从而提高了电耗；若流速小些，管径就会大些，则会提高管网投资，但将降低水泵扬程，减少电耗。住区与小区应根据具体情况，确定当地管网造价和运行管理费用之和最低的经济流速。

为了防止管网因水锤现象而出现事故，管段最大设计流速不应超过 2.5～3.0m/s；在输送浑浊的原水时，为防止水中杂质在管内沉积，最低流速通常不得小于 0.6m/s。

影响流速的因素很多，如管材质量、施工条件、经营费用、投资偿还年限等，但主要还是管网的建造费用和经营费用。管道建造费用与年经营费用之和最小时所对应的流速称为经济流速（V_e）。我国各地均有根据经济技术指标计算出来的各种管径所对应的经济流速和流量的设计资料，规划设计时可查阅有关资料。

不同流量与经济流速相适应的管径，称为该流量的经济管径。

在规划设计中，也可根据各地所采用的经济流速范围，用控制每公里管段的水头损失值（一般为 5m/km 左右）的计算法来确定经济管径。如缺乏资料，则可参考下列管径与经济流速经验值：

　　$d=100\sim350$mm 时，V_e 可采用 0.5～1.1m/s；
　　$d=350\sim600$mm 时，V_e 可采用 1.1～1.6m/s；
　　$d=600\sim1000$mm 时，V_e 可采用 1.6～2.1m/s。

图 6-7 为住区局部地段给水管网布置图。

为了简化计算，也可根据人口数和用水定额，直接从表 6-7 中求得所需的管径。

6.1.3.3 水头损失计算

管网管段计算流量和管径确定之后，便可计算各管段的水头损失了。管段的水头损失，包括沿程损失和局部损失。对于供水管网来说，主要考虑沿程水头损失、局部水头损

第6章 配套市政公用设施

表6-7 给水管径简易估算表

管径 (mm)	计算流量 (L/s)	用水标准=50 [L/(人·d)] (K=2.0)	用水标准=60 [L/(人·d)] (K=1.8)	用水标准=80 [L/(人·d)] (K=1.7)	用水标准=100 [L/(人·d)] (K=1.6)	用水标准=120 [L/(人·d)] (K=1.5)	用水标准=150 [L/(人·d)] (K=1.4)	用水标准=200 [L/(人·d)] (K=1.3)	注
1	2	3	4	5	6	7	8	9	10
50	1.3	1120	1040	830	700	620	530	430	1. 流速: 当 $d \geq$ 400mm, $V \geq 1.0$m/s; 当 $d \leq 350$mm, $V \leq 1.0$m/s 2. 本表可根据用水人口数以及已知的管径, 亦可根据得该管径查得得该管可供多少人使用
75	1.3~3.0	1120~2600	1040~2400	830~1900	700~1600	620~1400	530~1200	430~1000	
100	3.0~5.8	2600~5000	2400~4600	1900~3700	1600~3100	1400~2800	1200~2400	1000~1900	
125	5.8~10.25	5000~8900	4600~8200	3700~6500	3100~5500	2800~4900	2400~4200	1900~3400	
150	10.25~17.5	8900~15000	8200~14000	6500~11000	5500~9500	4900~8400	4200~7200	3400~5800	
200	17.5~31.0	15000~27000	14000~25000	11000~20000	9500~17000	8400~15000	7200~12700	5800~10300	
250	31.0~48.5	27000~41000	25000~38000	20000~30000	17000~26000	15000~23000	12700~20000	10300~16000	
300	48.5~71.00	41000~61000	38000~57000	30000~45000	26000~28000	23000~34000	20000~29000	16000~24000	
350	71.00~111	61000~96000	57000~88000	45000~70000	28000~60000	34000~58000	29000~45000	24000~37000	
400	111~159	96000~145000	88000~135000	70000~107000	60000~91000	58000~81000	45000~70000	37000~56000	
450	159~196	145000~170000	135000~157000	107000~125000	91000~106000	81000~94000	70000~81000	56000~65000	
500	196~284	170000~246000	157000~228000	125000~181000	106000~154000	94000~137000	81000~117000	65000~95000	
600	284~384	246000~332000	228000~307000	181000~244000	154000~207000	137000~185000	117000~157000	95000~128000	
700	384~505	332000~446000	307000~412000	244000~328000	207000~279000	185000~247000	157000~212000	128000~171000	
800	505~635	446000~549000	412000~507000	328000~404000	279000~343000	247000~304000	212000~261000	171000~211000	
900	635~785	549000~679000	507000~628000	404000~506000	343000~425000	304000~377000	261000~323000	211000~261000	
1000	785~1100	679000~852000	628000~980000	506000~780000	425000~595000	377000~529000	323000~453000	261000~366000	

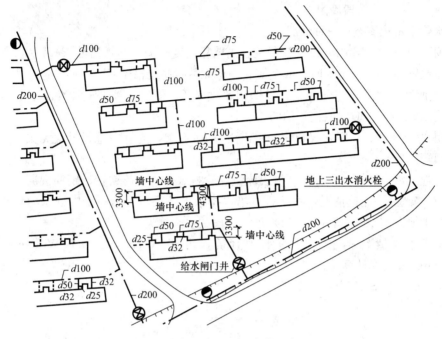

图 6-7 住区局部地段给水管网布置图

失,如阀门、三道、四通、弯管、渐缩管、渐扩管等,相对管线沿程损失,数值较小,可忽略不计。

管网中任一管段的水头损失,与该管段两端节点水压之间有如下关系:

$$H_i - H_j = h_{ij} \tag{6-13}$$

$$h_{ij} = il_{ij} \tag{6-14}$$

式中 H_i、H_j——以某一基准面为标高零点的 ij 管段两端节点的水压标高(m);

h_{ij}——管段 ij 的水头损失(m);

i——管段水力坡度,即单位管段长度的水头损失;

l_{ij}——管段 ij 的长度(m)。

根据均匀流速公式,

$$i = aq_{ij}^2 \tag{6-15}$$

$$a = \frac{64}{\pi^2 C^2 D^5} \tag{6-16}$$

式中 q_{ij}——ij 管段计算流量(m³/s);

a——管段比阻;

C——谢才系数;

D——水管内径(m)。

管段水头损失的通用公式为:

$$h_{ij} = kl_{ij}\frac{q_{ij}^n}{D_{ij}^m} = al_{ij}q_{ij}^n = s_{ij}q_{ij}^n \tag{6-17}$$

式中 k、m、n——常数;

l_{ij}——ij 管段长度(m);

$s_{ij}=al_{ij}$——管段摩阻。

给水管中水流流态有三种情况:

① 阻力平方区,比阻 a 仅与管径及管内壁粗糙度有关,与雷诺数 Re 无关。例如旧钢管和旧铸铁管在 $v<1.2\text{m/s}$ 时,或金属管内壁无特殊防腐措施时。

② 过渡区,比阻 a 与管径、管内壁粗糙度及 Re 有关。例如任何流速下的石棉水泥管,流速 $v<1.2\text{m/s}$ 时的旧钢管的旧铸铁管。

③ 水力光滑区,比阻 a 仅与管径、雷诺数 Re 有关,与管内壁粗糙度无关。例如塑料管和玻璃管。

进行管网水力计算时,可根据管段流量、管材(钢管、铸铁管、钢筋混凝土管、石棉水泥管)、当地经济流速情况,直接查《给水排水设计手册》第一册中的水力计算表,得到千米水头损失 $1000i$,按式 (6-14) 计算管段的水头损失。

对于塑料、镀锌钢管管材的水力计算,可按 A. Hazen, G. S. Williams 公式和 C. F. Colebrook 公式计算。

A. Hazen, G. S. Williams 公式:

$$h_{ij} = \frac{10.67 q_{ij}^{1.852} l_{ij}}{C^{1.852} D_{ij}^{4.87}} \tag{6-18}$$

式中　q_{ij}——ij 管段计算流量(m³/s);
　　　l_{ij}——ij 管段长度(m);
　　　C——系数,见表 6-8;
　　　D_{ij}——ij 管段管径(m)。

A. Hazen, G. S. Williams 公式系数 C 值表　　　表 6-8

管材	C 值	管材	C 值
塑料管	150	混凝土管,焊接钢管	120
新铸铁管,涂沥青或水泥的铸铁管	130	旧铸铁管和旧钢管	100

C. F. Colebrook 公式:

$$\frac{1}{\sqrt{\lambda}} = -2\lg\left(\frac{k}{3.71D} + \frac{2.51}{Re\sqrt{\lambda}}\right) \tag{6-19}$$

$$i = \frac{\lambda v^2}{2\lg D} \tag{6-20}$$

式中　λ——阻系数;
　　　k——绝对粗糙度(mm),见表 6-9,其他同上。

绝对粗糙度 k 值表　　　表 6-9

管材	k 值 (mm)	管材	k 值 (mm)
涂沥青铸铁管	0.05~0.125	石棉水泥管	0.03~0.04
涂水泥铸铁管	0.50	离心法钢筋混凝土管	0.04~0.25
涂沥青钢管	0.05	塑料管	0.01~0.03
镀锌钢管	0.125		

6.1.4 给水管网水力计算

6.1.4.1 管网水力计算基础方程

管网水力计算的目的是各水源节点（如多水源供水的水源、水塔或高地水池等）的供水量、管段计算流量、管径、各节点的供水压力和水泵扬程。

任一环状管网的管段数 P、节点数 J（包括水源节点）和环数 L 之间满足以下关系：

$$P = J + L - 1 \tag{6-21}$$

对于树状管网，式（6-21）依然适用，此时，$L=0$，则

$$P = J - 1 \tag{6-22}$$

管网的节点流量、管段流量、管段水头损失之间，遵循质量守恒和能量守恒原理，即连续性方程和能量方程。

连续性方程，即任一节点流进与流出流量的代数和等于零（流入节点的流量为负，流离节点的流量为正）：

$$q_i + \sum_j q_{ij} = 0 \tag{6-23}$$

式中　i——编号为 i 的节点，$i=1, 2, \cdots, j-1$。

能量方程，即管网中任一环所有管段的水头损失代数和等于零（在该环中，顺时针方向流动的管段流量，水头损失为正，逆时针方向流动的管段流量，水头损失为负）：

$$\left(\sum_{i,j} h_{ij} \right)_k = 0 \tag{6-24}$$

式中　k——编号为 k 的环，$k=1, 2, \cdots, L$。

在环状管网中，有 P 个管段，即有 P 个管段流量未知，因此，需要有 P 个（$J+L-1$ 个）独立方程组成的方程组。式（2-23）、式（2-24）即所需的方程组。

将式（6-13）、式（6-17）代入式（2-23），可得管段压降方程：

$$q_i = \sum_{m=1}^{n} \left[\pm \left(\frac{H_i - H_j}{s_{ij}} \right)_m^{1/n} \right] \tag{6-25}$$

式中　n——连接 i 节点的管段数；

其他同上。

式中正负号视各管段流量的方向而定，这里假定管段流量流入节点时为负，流离节点时为正。由于树状管网中管段流量唯一，所以只需进行流量分配，即可计算管段水头损失。

6.1.4.2 管网水力计算

一般来说，对于树枝状给水管网改扩建为环状给水管网，必须详细调查住区与小区给水工程现状及居民、公建用户现状用水量，并对现状给水管网进行适当简化，在此基础上进行给水工程规划。

（1）管网计算方法

给水管网水力计算，就是求解管网连续性方程、能量方程和管段压降方程。根据所求未知数是管段流量或节点水压，管网水力计算类型可分为解环方程、解节点方程和解管段方程三种。

1）解环方程

解环方程就是在各管段流量初步确定后，求解在管网某种状态下，满足各环能量方程

的各管段流量的过程。如前所述，进行管网流量分配后，管网中各管段已经有了初分流量，即各节点已经满足连续性方程，但初分的流量通常不满足各环的能量方程，必须反复进行调整，直至管段流量所产生的水头损失满足各环的能量方程。

Hardy Cross 法是最常用的解环方程的方法。由于环方程组方程数最少，所以是手工计算常用的方法。

2）解节点方程

解节点方程是在假定各节点水压的条件下，应用连续性方程和管段压降方程，通过反复计算调整，求得管网中各节点水压的过程。即在满足能量方程式（6-24）的条件下，求解连续性方程式（6-25）。

Hardy Cross 法也是最常用的解节点方程的方法。虽然节点方程组方程数较多，但应用计算机求解时，其计算过程较快，所以该法是应用计算机求解管网问题最常用的方法。

3）解管网管段方程

解管网管段方程，是应用连续性方程和能量方程，求得各管段流量和水头损失，再根据已知节点水压，求出其余节点水压。

(2) 树状网水力计算

由于树状网中管段水流流向唯一，因而管段流量也唯一，故其水力计算简单。

树状网水力计算步骤：

① 计算比流量。

② 计算管段沿线流量。

③ 计算管网节点流量。

④ 按连续性方程确定管段流量。

⑤ 选择经济流速，确定管径。

⑥ 计算管段水头损失。

⑦ 选定最不利点，确定最不利点服务水头，并由该点推求管网各节点水压。

⑧ 计算泵站扬程和水塔高度或高地水池位置。

(3) 环状网水力计算

环状网水力计算步骤：

① 计算比流量。

② 计算管段沿线流量。

③ 计算管网节点流量。

④ 按连续性方程初步确定各管段流量。

⑤ 选择经济流速，初步确定各管段的管径。

⑥ 根据初步确定的各管段流量和管径，依据能量方程进行管网平差计算，从而确定各管段的管径和水头损失。

⑦ 选定最不利供水点，确定最不利点服务水头，并由该点推算管网各节点水压。

⑧ 计算泵站扬程和水塔高度或高地水池位置。由于管网平差计算误差的存在，根据管网中不同水量路径计算的泵站扬程和水塔高度或高地水池的高度会有差别，一般可根据两个以上路径的计算结果，求平均值。在利用计算机进行平差计算时，可设定比较小的误差。

除第④、⑤、⑥步以外，环状管网的计算过程基本与树状管网相同。

（4）环网的平差计算

环网计算时，先假定各管段的流量分配，并使满足连续方程 $\sum q = 0$，但初步分配的流量不可能同时满足 n 环的能量方程 $\sum h = 0$ 的条件，为此，管段流量必须校正，使之在环内 $\sum h$ 渐近于 0 或等于 0。管段中增减校正流量应不破坏流量的平衡条件。

这种消除水头损失闭合差所进行的流量调整计算，称为管网平差。

管网平差计算的步骤如下：

第一步，按最短路线送水的原则，对每一个管段先假定它的流向，并估计一个流量，但要求每一个节点的流量都要满足 $\sum h = 0$ 这个平衡条件。

第二步，根据第一步所给的流量定出每段管道的管径。

第三步，由每段管的管径、长度和流量，计算每段管长的水头损失 h。

第四步，按水流方向定正负号，计算每一个环的闭合差 $\sum h$。

第五步，当某个环的闭合差 $\sum h$ 不等于 0 时，即满足不了水头损失平衡的条件，说明原来假定的管段流量有误差，必须进行修正。这种修正是根据 $\sum h$ 的大小和正负号对各管段定出流量修正值，它就起了平差的作用。另外，对于 $\sum h = 0$ 的环的流量不必进行修正（但当受邻环公共边影响时，也需随之修正）。

第六步，重新计算出每条管段修正后的流量。

第七步，重复第四步到第六步。当每个环的闭合差 $\left|\sum h\right| < 0.5 \mathrm{m}$ 时，就可以停止计算。

例 计算图 6-8 的各管段流量。

【**解**】

1）先假定各管段流量

由图 6-8 看出节点 2 比节点 3 的流量大得多，所以节点 1 流量 49L/s 的大部分应该通过管段 1—2，假定为 39L/s，这样就可以用 $\sum h = 0$ 的关系把其管段的流量计算出来。

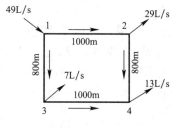

图 6-8 单环计算例图

节点 1：管段 1—3 流量 = 49 − 39 = 10L/s；
节点 2：管段 2—4 流量 = 39 − 29 = 10L/s；
节点 3：管段 3—4 流量 = 10 − 7 = 3L/s；

2）选定管径

利用水力计算表，管段 1—2 流量为 39L/s，选用 250mm 管径，流速为 0.78m/s，符合一般要求。其他管段流量虽然很小，但由于管段很长，管径不宜过小，所以均采用 150mm。

3）计算各管段水头损失

$$\sum h = h_{1-2} + h_{2-4} - h_{1-3} - h_{3-4} = 4.43 + 3.75 - 3.75 - 0.53 = 3.90 \mathrm{m}$$

4）流量修正

由 $\sum h = 3.90$m 看，管段 1—2、2—4 的水头损失比管段 1—3、3—4 的水头损失大，所以要减小管段1—2、2—4的流量,增加1—3、3—4的流量。这种修正值是较小的,按2L/s估计,对管段1—2、2—4定为—2L/s,对管段1—3、3—4定为+2L/s。则各管段的新流量为:

管段1—2:39—2=37L/s

管段2—4:10—2=8L/s

管段1—3:10+2=12L/s

管段3—4:3+2=5L/s

按新流量计算出$\sum h=+0.04m$,符合要求,不必再进行流量修正。

环网平差中,关键问题是要求出流量修正值。流量修正值可用下式确定:

$$\Delta q = -\frac{\Delta h}{1.85\sum \frac{h}{q}} \tag{6-26}$$

或

$$\Delta q = -\frac{\Delta h}{2\sum \frac{h}{q}} \tag{6-27}$$

从式(6-26)或(6-27)中可以看出,Δq和Δh的符号相反。当Δh为正值时,Δq为负,反之亦然。即在一个环网中,同一流向的水头损失之和较大的各管段减去Δq,而同一流向的水头损失之和较大的各管段加上Δq。

用式(2-26)或(2-27)求出的Δq调整到各管段中去后,即为第一次修正后的流量值,直至试算到$\sum h=0$,此时q、h值为所求之真实流量与水头损失。

通常$\sum h/h$在10%以下时即可停止计算,即单环$|\Delta h|\leqslant 0.5m$,多环$|\Delta h|\leqslant 1.5m$时,停止计算。

当管段为两环公共时,该管段修正流量应该是相邻两环的修正值的代数和。例如图6-9所示的两环环网,Δq_I和Δq_{II}分别是Ⅰ环和Ⅱ环的修正流量,故管段2—5的调整后的流量应为:

$$Q_7+\Delta Q_I-\Delta Q_{II} \tag{6-28}$$

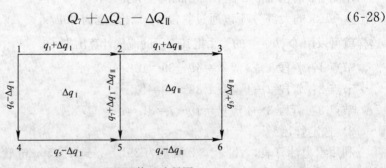

图6-9 两环环网修正流量图

6.2 配套排水公用设施及规划

6.2.1 住区与小区排水量预测

住区与小区排水量应包括污水量和雨水量,其中污水量主要为住区与小区的住宅生活污水与公建生活污水。

住区与小区排水量预测主要对应小区与住区详细规划阶段的相关预测。

6.2.1.1　详细规划阶段的污水量计算

详细规划阶段应尽量计算出污水的设计流量。污水管道的设计流量是污水管道及其附属构筑物能保证通过的污水最大流量，通常采用规划末期的最大日最大时的污水量。污水量可以用用水量的计算结果为依据，也可利用有关污水指标计算污水量。

6.2.1.2　污水设计总流量计算

（1）住区生活污水设计流量

住区生活污水设计流量按下式计算：

$$Q_1 = \frac{n \cdot N \cdot K_z}{24 \times 3600} \tag{6-29}$$

式中　Q_1——住区生活污水设计流量（L/s）；

　　　n——住区生活污水量标准[L/(cap·d)]；

　　　N——住区规划设计人口数；

　　　K_z——生活污水量总变化系数。

注：cap是"人"的计算单位。

① 住区生活污水量标准。城镇居民每人每日的平均污水量，称为住区生活污水量标准。它取决于用水量标准，并与城镇所在地区的气候、建筑设备及人们的生活习惯、生活水平有关。住区生活污水量标准应根据城镇排水现状资料，按城镇的近、远期规划年限并综合考虑各影响因素确定，可按当地用水定额的80%～90%采用。

② 设计人口数。设计人口数是指污水排水系统设计期限终期的人口数，规划中应按住区与小区近期和远期的发展规模，分别估算其设计人口数。

住区的设计人口数可用人口密度与排水面积的乘积表示。人口密度是指单位面积上的居民人数，单位以 cap/hm² 表示。

③ 变化系数。城镇及住区与小区生活污水量逐年、逐月、逐日都在变化，是不均匀的。污水量的变化情况常用变化系数表示。变化系数有日变化系数（K_d）、时变化系数（K_h）和总变化系数（K_z）：

a. 日变化系数 K_d＝最高日污水量/平均日污水量。

b. 时变化系数 K_h＝最高日最高时污水量/平均日平均时污水量。

c. 总变化系数 K_z＝$K_d \times K_z$。

污水量变化系数随污水量的大小而不同。污水量愈大，其变化幅度愈小，其变化系数较小；反之则变化系数较大。根据《室外排水设计规范》（GB 50014—2006），综合生活污水量总变化系数可按当地实际综合生活污水量变化资料采用，没有测定资料时可采用表6-10居住区生活污水量总变化系数值。

综合生活污水量总变化系数表　　　表6-10

污水平均日流量（L/s）	5	15	40	70	100	200	500	≥1000
总变化系数	2.3	2.0	1.8	1.7	1.6	1.5	1.4	1.3

注：当污水平均日流量为中间数值时，总变化系数用内插法求得。

(2) 公共建筑生活污水设计流量

公共建筑生活污水设计流量的计算公式如下：

$$Q_2 = \frac{S \cdot N \cdot K_h}{24 \times 3600} \quad (6-30)$$

式中 　Q_2——公共建筑生活污水设计流量（L/s）；

　　　S——公共建筑生活污水量标准（L/cap·d），一般按相关标准推荐参数选用，也可以通过调查或比较同类参数确定；

　　　N——住区规划设计人口数；

　　　K_h——时变化系数。

(3) 住区与小区污水设计总流量

住区与小区污水设计总流量

$$Q = Q_1 + Q_2 + Q_3 \quad (6-31)$$

式中 　Q——住区与小区污水设计总流量（L/s）；

　　　Q_1——住区与小区居民生活污水（L/s）；

　　　Q_2——住区与小区公共建筑生活污水（L/s）；

　　　Q_3——占总流量10%左右地下水渗入量（L/s）。

6.2.1.3 雨水量计算

住区与小区雨水量计算，宜按当地或地理环境，气候相似的所属城市或邻近城市的标准，按降雨强度公式计算确定。

(1) 雨水流量公式

雨水设计流量按下式计算：

$$Q = \psi q F = 167 i \psi F \quad (6-32)$$

式中 　Q——雨水量（L/s）；

　　　q——暴雨强度[L/(s·hm²)]；

　　　ψ——径流系数，其数值<1；

　　　F——汇水面积（hm²）；

　　　i——降雨量（mm/min）。

雨水设计流量公式是根据一定假设条件，由雨水径流成因加以推导而得出的，是半经验、半理论的公式，通常称为推理公式。当有生产废水排入雨水管道时，应将其水量计算在内。

(2) 雨量设计参数

① 降雨量。降雨量是指降雨的绝对深度。用 H 表示，单位以 mm 计。某场雨的降雨量也可用单位面积上降雨体积（L/hm²）表示，是指这场雨降落在不透水平面上的深度，可以用雨量计测定。

② 降雨历时。降雨历时是指连续降雨的时段，可以指一场雨全部降雨的时间，也可以指其中个别的连续时段。用 t 表示，单位以 min 或 h 计，从自计雨量记录纸上读得。

③ 暴雨强度。暴雨强度是指某一连续降雨进段内的平均降雨量，即：

$$i = \frac{H}{t} \quad (6-33)$$

暴雨强度是描述暴雨特征的重要指标，单位以 mm/min 计，也是决定雨水设计流量的主要因素。

④ 降雨面积和汇水面积。降雨面积是指降雨所笼罩的面积，汇水面积是指雨水管渠汇集雨水的面积。用 F 表示，单位以 hm^2 或 km^2 计。

⑤ 暴雨强度的频率和重现期。暴雨强度的频率是指等于或超过某指定暴雨强度值出现的次数与观测资料总项之比。其中有经验频率和理论频率之分，在水文统计中，常采用以下公式计算经验频率。

$$P_n = \frac{m}{n+1} \times 100\% \tag{6-34}$$

式中　m——出现的次数（序号）；
　　　n——资料的总项数。

暴雨强度重现期是指等于或超过它的暴雨强度值出现一次的平均间隔时间，单位以年（a）表示。在水文统计中，常采用以下公式计算重现期。

$$T = \frac{N+1}{m} \tag{6-35}$$

式中　N——统计资料的年数（a）。

(3) 暴雨强度公式

暴雨强度公式是在各地的自计雨量记录分析整理的基础上，按一定的方法推求出来的。暴雨强度公式是暴雨强度——降雨历时——重现期 P 三者间关系的数学表达式，是设计雨水管渠的依据。我国常用的暴雨强度公式形式为：

$$q = \frac{167A_1(1+c\lg P)}{(t+b)^n} \tag{6-36}$$

式中　　　q——设计暴雨强度 [$L/(s \cdot hm^2)$]；
　　　　　P——设计重现期（a）；
　　　　　t——降雨历时（min）；
A_1, c, b, n——地方参数，根据统计方法进行确定。

目前，我国小城镇尚无暴雨强度公式，规划中选用附近地区的暴雨强度公式，或在当地气象部门收集自计雨量记录（一般不少于 10 年），确定计算地方参数及当地的暴雨强度公式。

(4) 径流系数 ψ

径流量与降雨量的比值称为径流系数 ψ，其值常 <1。径流系数的值因汇水面积的覆盖情况、地面坡度、地貌、建筑密度的分布、路面铺砌等情况的不同而异。由于影响因素很多，要精确地求出其值很困难，目前在雨水管渠设计中，径流系数提出采用按地面铺盖种类确定的经验值（表 6-11）。

径流系数 ψ 值表　　　　　　　　　　　　　　　　表 6-11

地面种类	ψ
各种屋面、混凝土和沥青路面	0.85~0.95
大块石铺砌路面和沥青表面处理的碎石路面	0.55~0.65
级配碎石路面	0.40~0.50

续表

地面种类	ψ
干砌砖石和碎石路面	0.35～0.40
非铺砌土路面	0.25～0.35
公园和绿地	0.10～0.20

注：引自《室外排水设计规范》GB 50014—2006。

通常汇水面积是由各种性质的地面铺盖组成，随着它们占有的面积比例变化，径流系数 ψ 值也各异，所以，整个汇水面积上的平均径流系数 ψ 值是按各类地面面积用加权平均法计算而得到。

根据《室外排水设计规范》GB 50014—2006 在设计中也可以采用表 6-12 区域综合径流系数。

综合径流系数表　　　　表 6-12

区域情况	ψ	区域情况	ψ	区域情况	ψ
城镇建筑密集区	0.60～0.85	城镇建筑较密集区	0.45～0.60	城镇建筑稀疏区	0.20～0.45

(5) 设计重现期 P

降雨重现期是指等于或大于该值的暴雨强度可能出现一次的平均间隔时间，一般以年为单位。

雨水管渠的设计重现期的选用，应根据汇水地区建设性质（广场、干道、厂区、居住区）、地形特点、汇水面积和气象特点等因素确定。一般选用 0.5～3a。对于重要的干道、重要地区或短期积水即能引起较严重损失的地区，宜采用较高的设计重现期，一般选用 2～5a，并应和道路设计相协调，表 6-13 列有降雨重现期的取值要求，可供规划时参考。对于特别重要的地区可酌情增加，而且在同一雨水排水系统中也可采用同一设计重现期或不同的设计重现期（表 6-13）。

降雨设计重现期表（单位：年）　　　　表 6-13

地形		地区使用重要性（a）		
地形分级	地面坡度	一般居住区一般道路	中心区、使馆区、工厂区、仓库区、干道、广场	特殊重要地区
有两向地面排水出路的平缓地形	<0.002	0.333～0.5	0.5～1	1～2
有一向地面排水出路的谷线	0.002～0.01	0.5～1	1～2	2～3
无地面排水出路的封闭洼地	>0.01	1～2	2～3	3～5

注："地形分级"与"地面坡度"是地形条件的两种分类标准，符合其中的一种情况，即可按表选用。两种不同情况同时占有，则宜选表内数据的高值。

(6) 集水时间 t

$$t = t_1 + mt_2 \tag{6-37}$$

$$t_2 = \frac{L}{60v} \tag{6-38}$$

式中　t——集水时间（min）；

m——折减系数，我国《室外排水设计规范》GB 50014—2006 规定折减系数为：暗管 $m=2$，明渠 $m=1.2$，在陡坡地区暗管 $m=1.2～2$；

t_1——地面集水时间（min）；

t_2——雨水在管渠内的流行时间（min）；

L——各管段的长度（m）；

v——各管段满流时的水流速度（m/s）；

60——单位换算系数，1min＝60s。

《室外排水设计规范》GB 50014—2006 规定：地面集水时间 t_1 视距离长短和地形坡度及地面铺盖情况而定，一般采用 $t_1=5\sim15$min。按照经验，一般在建筑密度较大、地形较陡、雨水口分布较密的地区和街区内设置的雨水暗管，宜采用较小的地面集水时间，$t_1=5\sim8$min。一般在建筑密度较平坦、雨水口分布较稀疏的地区和街区内设置的雨水暗管，宜采用较大值，一般可取 $t_1=10\sim15$min。

房地产住区与小区排水体制一般多为分流制，合流制水量计算略。

6.2.2 住区与小区污水管网的平面布置

6.2.2.1 布置形式

住区与小区污水管网的平面布置。包括污水管走向与平面位置，一般按涉及的主干管、干管、支管顺序依次进行。

住区与小区污水管网的布置形式主要取决于住区与小区地形、建筑规划和用户接管方便，一般有三种布置形式。

（1）低边式

污水管道布置在住区与小区街坊地形较低的一边，承接街坊内的污水，这种布置形式管线较短，适用于街坊狭窄或地形倾斜地区，在小城市住区与小区排水系统规划中采用较多，如图 6-10 所示。

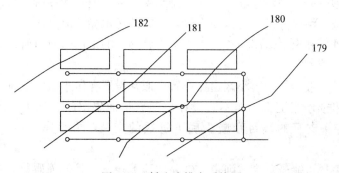

图 6-10 低边式排水系统图

（2）围坊式

沿街坊四周布置污水管，街坊内污水由四周流入污水管道。这种布置形式多用于地势平坦的大、中城市住区与小区街坊，如图 6-11 所示。

（3）穿坊式

住区与小区街坊的四周不设污水管道，其管道穿坊而过，这种布置形式管线较短，工程造价低，适用于街坊内部建筑规划已确定或街坊内部管线自成体系的地区。但由于管道维护管理不便，故一般较少采用，如图 6-12 所示。

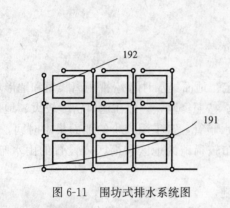 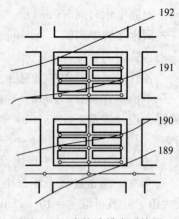

图 6-11　围坊式排水系统图　　　图 6-12　穿坊式排水系统图

6.2.2.2　布置原则

污水管道定线时，应尽可能地考虑到各种影响因素，因地制宜地利用其有利因素而避免不利因素。通常影响住区与小区污水管道平面布置的主要因素有：竖向规划和分期建设情况；地形、用地布局和水文地质条件；排水体制和线路数目；污水处理厂和出水口位置；道路和交通情况；地下管线和构筑物的分布情况；排水量大的公共建筑物的分布情况等。

住区与小区污水管网布置要考虑以下的一些原则。

（1）尽量用最短的管线，在较小的埋深下，把最大面积的污、废水能自流送往污水处理厂。为实现这一原则，在定线时根据城镇地形特点和污水处理厂、出水口的位置，充分利用有利的地形，合理布置城镇排水管道。

（2）在一定条件下，地形是影响管道定线的主要原因。定线时应充分利用地形，使管道的走向符合地形趋势，一般应顺坡排水。排水主干管一般布置在排水区域内地势较低的地带，沿集水线或沿河岸等敷设，以便支管、干管的污水能自流接入。

（3）污水处理厂和出水口的位置决定了排水管网总的走向，所有管线都应朝出水口方向铺设并组成支状管网。

（4）排水干管一般沿住区与小区道路布置。通常设置在污水量大或地下管线较少一侧的人形道、绿化带或慢车道下，而不宜设在交通繁忙而狭窄的街道下。若街道宽度超过40m，为了减少连接支管的数目和减少底下管线的交叉，可考虑设置两条平行的排水管道。

（5）污水管道尽可能避免穿越河道、铁路、地下建筑或其他障碍物，也要减少与其他地下管线和构筑物的交叉。

（6）管线布置应简捷，要特别注意节约管道的长充。以减少管道的埋深。为了节省工程造价及经营管理费，要尽可能不设或少设中途泵站。

6.2.2.3　污水管道在住区与小区街道上的位置

污水管道一般沿道路敷设并与道路中心线平行。在交通繁忙的道路上应尽量避免污水管道横穿道路以利维护。

住区与小区街道下常有多种管道和地下设施。这些管道和地下设施相互之间，以及与地面建筑之间，应当很好地配合。

污水管道与其他地下管线或建筑设施之间的互相位置，应满足下列要求：(1) 保证在敷设和检修管道时互不影响；(2) 污水管道损坏时，不致影响附近建筑及基础，不致污染生活用水。

污水管道与其他地下管线或建筑设施的水平和垂直最小净距，应根据两者的类型、标高、施工顺序和管道损坏的后果等因素，按管道综合设计确定。

6.2.3 污水管网的水力计算

污水在管道内的流动是重力流。污水中含有一定数量的悬浮物，但含水率一般在99%以上，可以假定污水的流动按照一般液体流动规律，并假定管道内的水流是均匀的。在设计中可采用水力学公式计算。

由于管道中水流流经转变、交叉、变径、跌水等地点时水流状态发生改变，流速也就发生变化，实际管道内污水的流动属于非均匀流。但在一段直线管段上，当流量变化不大时，管内的水流可视为均匀流，在设计中每一计算管段按均匀流公式计算。

6.2.3.1 水力计算的基本公式

根据以上所述，如果在设计与施工中注意改善管道的水力条件，可使管内的流速接近均匀流。为了简化计算工作，目前在排水管道的计算中仍采用均匀流公式，即：

流量公式： $$Q = \omega v \tag{6-39}$$

流速公式： $$v = \frac{1}{n} R^{\frac{2}{3}} I^{\frac{1}{2}} \tag{6-40}$$

$$Q = \frac{1}{n} \omega R^{\frac{2}{3}} I^{\frac{1}{2}} \tag{6-41}$$

式中　Q——设计流量（L/s）；
　　　ω——过水断面面积（m²）；
　　　v——流速（m/s）；
　　　R——水力半径（m）；
　　　I——水力坡度（渠底坡降）；
　　　n——管壁粗糙系数。该值根据管渠材料而定，混凝土和钢筋混凝土污水管道的管壁粗糙系数一般采用0.014。

6.2.3.2 污水管渠的断面与衔接

污水管渠的断面形式必须满足静力学、水力学、经济及养护管理上的要求，即要求管道有足够的稳定性、良好的输水性、管材造价低且便于清通养护等。常用的断面形式有圆形、半椭圆形、马蹄形、矩形、梯形及蛋形等。其中圆形管道具有水力条件好，能适应流量变化，便于预制和运输，造价低等优点而应用较广。对于大型管渠，常采用砖石砌筑、预制组装及现场浇筑的方法施工，管渠断面多为较宽浅的形式。

污水管道在管径、坡度、高程、方向发生变化及支管接入的地方都需设置检查井，满足污水管渠中的衔接与维护的要求。在设计时，检查井中上下游管渠的衔接时尽可能提高下游管段的高程，以减少管道埋深，减低造价；避免上游管段中形成回水而产生淤积。

管道的衔接方法，通常采用水面平接和管顶平接两种。

水面平接（图6-13）指污水管道水力计算中，使上下游管段在设计充满度的情况下，其水面具有相同的高程。同径管段往往是下游管段的充满度大于上游管段的充满度，为避免上游管段回水而采用水面平接。在平坦地区，为减少管道埋深，异管径的管段有时也采用水面平接。

管顶平接（图6-14）是指污水管道水力计算中，使上游管段终端与下游管段起端的管顶标高相同。采用管顶平接时，可以避免上游管段产生回水，但增加了下游管段的埋深，管顶平接一般用于不同口径管道的衔接。

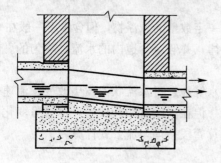 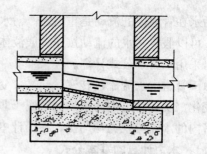

图6-13　水面平接图　　　　　图6-14　管顶平接图

特殊情况下，下游管段的管径小于上游管段的管径（坡度突然变陡时）而不能采用管顶平接或水面平接时，应采用管底平接，以防下游管段的管底高于上游管段的管底。有时为了减少管道系统的埋深，虽然下游管道管径大于上游，也可采用管底平接。

污水管道一般都采用管顶平接法。在坡度较大的地段，污水管道可采用阶梯连接或跌水井连接（图6-15）。无论采用哪种衔接方法，下游管段的水面和管底部都不应高于上游管段的水面和管底。污水支管与干管交汇处，若支管管底高程与干管管底高程相差较大时，需在支管上设置跌水井，经跌落后再接入干管，以保证干管的水力条件。

6.2.3.3　水力计算规定

（1）设计充满度

在设计流量下，污水在管道中的水深 h 和管道直径 D 的比值称为设计充满度（或水深比），如图6-16所示。当 $h/D=1$ 时称为满流；当 $h/D<1$ 时称为非满流。

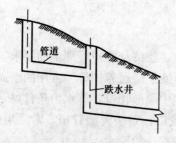 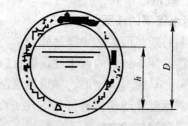

图6-15　跌水井连接图　　　　图6-16　充满度示意图

我国《室外排水设计规范》GB 50014—2006规定，污水管道的设计充满度应小于或等于最大设计充满度，其最大设计充满度见表6-14。在计算污水管道的充满度时，污水设计流量不包括淋浴或短时间突然增加的污水量，但当管径小于或等于300mm时，应按满流复核。

最大设计充满度的有关规定表 表6-14

管径 D 或暗渠高 H (mm)	最大设计充满度 h/D 或 h/H
200~300	0.55
350~450	0.65
500~900	0.70
≥1000	0.75

对于明渠，其超高（渠中最高设计水面至渠顶的高度）应不小于0.2m。这样规定的原因如下：

① 污水量时刻在变化，很难精确计算，而且雨水或地下水可能通过检查井盖或管渠接口渗入污水管道。因此有必要保留一部分管道断面，为未预见水量的增长留有余地，避免污水溢出妨碍环境卫生。

② 污水管道内沉积的污泥可能会分解出一些有害的气体。此外，污水中如含有汽油、苯、石油等易燃液体时，可能形成爆炸气体。故需留出适当的空间，以利管道的通风，排除有害气体，对防止管道爆炸有良好效果。

③ 便于管道的疏通与管理。

(2) 设计流速

设计流速是和设计流量、设计充满度相对应的水流平均速度。污水在管内流动缓慢时，污水中所含杂质可能下沉，产生淤积；当污水流速增大时，可能产生冲刷现象，甚至损坏管道。为了防止管道中产生淤积或冲刷，设计流速不宜过小或过大，应在最大和最小设计流速范围之内。就整个污水管道系统而言，各设计管段的设计流速从上游到下游最好是逐渐增加的。

最小设计流速是保证管道内不产生淤积的流速。这一最低限值与污水中所含悬浮物的成分与粒度有关；与水力半径，管壁粗糙系数有关。根据国内污水管道实际运行情况的观测数据并参考国外经验，污水管道的最小流速定为0.60m/s。含金属、矿物质或重油杂质的生产污水管道，其最小设计流速宜适当加大，其值要根据试验或运行经验确定。

最大设计流程是保证管道不被冲刷损坏的流速。该值与管道材料有关。我国《室外排水设计规范》GB 50014—2006规定，金属管道的最大设计流速为10m/s，非金属管道的最大设计流速为5m/s。

(3) 最小设计管径

一般污水管道系统的上游部分设计污水流量很小，若根据流量计算，则管径会很小。根据养护经验证明，过小的管道极易堵塞，清通频繁且不方便，增加污水管道的维护工作量和管理费用。为此，为了养护工作的方便，常规定一个允许的最小管径。在街区和厂区内最小管径为200mm，在街道下为300mm。

在进行管道水力计算时管段由于服务的排水面积水，因设计流量小，按此流量计算得出的管径小，此时就采用最小管径值。

(4) 最小设计坡度

在均匀流情况下，水力坡度等于水面坡度，即管底坡度。由均匀流流速公式看出，管渠坡度和流速之间存在一定关系。相应于管内流速为最小设计流速时的管道坡度叫最小设计坡度。

从水力计算公式看出，水力设计坡度也与水力半径有关，而水力半径是过水断面积与湿周的比值，因此，不同管径的污水管道应有不同的最小坡度。管径相同的管道，因充满度不同，其最小坡度也不同。当在给定设计充满度条件下，管径越大，相应的最小设计坡度值也就越小。但是，通常对同一直径的管道只规定一个最小坡度，因此以设计充满度为1或0.5时的最小坡度作为最小设计坡度。目前我国采用的街坊内污水管道的最小管径为200mm，相应的最小坡度为0.004。街道下污水管道的最小管径为300mm，相应的最小坡度为0.022，规范规定为0.003。若管径增大，相应于该管径的最小设计坡度小于0.003，如管径400mm的最小设计坡度0.0015。

当设计流量很小而采用最小管径的设计管段称为不计算管段。由于这种管段不进行水力计算，因此直接规定管段的最小设计坡度。

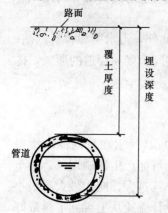

图6-17 管道埋深与覆土厚度图

（5）污水管道的埋设深度

管道的埋设深度是指从地面到管道内底的距离。管道的覆土厚度则指从地面到管道外顶的距离，如图6-17所示。污水管道的埋深对于工程造价和施工影响很大。污水管道的埋设深度愈大，施工愈困难，工程造价越高。显然，在满足技术要求的条件下，污水管道的埋设深度越小越好。但是，管道的覆土厚度有一个最小限值，称为最小覆土厚度，其值取决于下列三个因素。

① 在寒冷地区，必须防止管内污水冰冻和因土壤冰冻膨胀而损坏管道。生活污水的水温一般较高，即使在冬季污水的温度也不会低于4℃，此外污水管道按一定的坡度敷设，管内污水具有一定的流速，经常保持一定的流量不断地流动。所以污水在管道内是不会冰冻的，管道周围的泥土也不会冰冻。因此没有必要把整个污水管道都埋在土壤冰冻线以下。但如果将管道全部埋在冰冻线以上，则会因土壤冰冻膨胀可能损坏管道基础，从而损坏管道。

通常情况，无保温措施的生活污水管道或水温与生活污水接近的工业废水管道，管底可埋设在冰冻线以上0.15m。有保温措施或水温较高的管道，管底在冰冻线以上的距离可以加大，其数值应根据该地区或条件相似地区的经验确定。

② 必须防止管壁因地面荷载而受到破坏。埋设在地下的污水管道承受着覆盖在其上的土壤荷载和地面上交通车辆运行产生的荷载。为了防止管道因外部荷载影响而受到破坏，首先要注意管材质量，另外必须保证管道有一定的覆土厚度。因为车辆运行对管道产生的荷载，其垂直压力随深度增加而向管道两侧传递，最后只有一部分集中的轮压传递到地下管道上。从这一因素考虑并结合各地埋管经验，我国《室外排水设计规范》GB 50014—2006规定：污水管道在车行道下的最小覆土深度宜为0.7m，人行道下为0.6m。

③ 必须满足管道与管道之间的衔接要求。街道污水管起点埋深，可根据污水出户管埋深，按下式计算决定（图6-18）：

$$H = h + iL + Z_1 - Z_2 + \Delta h \tag{6-42}$$

式中 H——街道污水管最小埋深（m）；

h——街坊内最远处污水管起点的最小埋深（m）；

i——街坊内污水管和连接支管坡度；

L——街坊内污水管和连接支管坡度总长充（m）；

Z_1——街道污水管检查井处地面标高（m）；

Z_2——街坊内污水管起点检查井处地面标高（m）；

Δh——连接支管与街道污水管的管内底高差（m）。

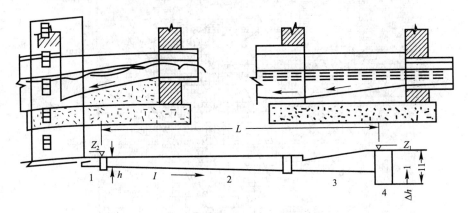

图 6-18 污水管道起端埋深图
1—住宅排除管；2—街坊污水支管；3—连接管；4—街道污水管

对于每一个具体管段，按上述决定最小埋深的三个条件，可以得到三个不同的管底埋深或管顶覆土厚度值，其中最大值即是该管段的允许最小埋深或最小覆土厚度。

在污水排水区域内，对排水管渠的埋深起控制作用的地点称为控制点。各条管渠的起点大都是这些管渠的控制点。离最后出水口最远的起点，一般情况是整个管渠系统的控制点，个别低洼地区管道或大工厂较深的排除口，也可能成为整个管渠系统的控制点。这些个别控制点，通常可采用一些特别措施解决。例如，管渠加固；地面镇土以保证最小覆土厚度；设置泵站提高管位，减小控制点管渠埋深，从而减小整个管渠系统的埋深，降低工程造价。

污水管渠埋深愈大，工程造价愈高，当地下水位高时更是如此，并且给管渠施工带来困难。因此必须根据经济指标及施工方法定出管渠埋深允许的最大值，该值称为最大允许埋深。在一般比较干燥土壤中，最大允许埋深不超过 7~8m；在地下水位高、流沙、石灰岩地层中不超过 5m。当超过最大允许埋深时，应设置泵站以提高管渠的位置。

（6）水力计算方法。在设计管段具体计算中，已知设计流量 Q 和粗糙系数 n，求管径 D、水力坡度和流速 v。由于计算中未知数较多，使用水力计算公式计算比较复杂。为了简化管渠水力计算，常采用水力计算图表进行计算。

非满流圆形管道的水力计算可以用水力计算图进行。水力计算图的粗糙系数 $n=0.014$，每一张图适用于一种管径，管径从 200mm 到 1000mm。水力计算图中包括流量 Q、充满度 h/D、管径 D、粗糙系数 n、水力坡度 i 和流速 v 六个水力因数。图中管径 D 和粗糙系数 n 是已知的，图上曲线表示流量 Q、充满度 h/D、水力坡度 i 和流速 v 四者之间的关系。只要知道两个因素，就可查出另外两个。

例 已知 $n=0.014$、$D=300$mm、$Q=30$L/s、$i=0.004$，求 v 及 h/D。

【解】 采用 $D=300$mm 的水力计算图，如图 6-19 所示。

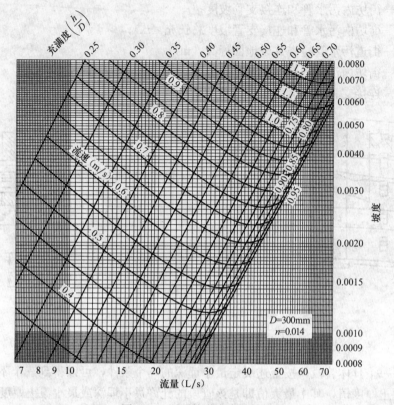

图 6-19 圆形管道水力计算图

在横坐标轴上找到 $Q=30$L/s 值,作竖线,在纵坐标轴上找到 $i=0.004$ 值,作横线。两线交于一点,从这一点的位置可估算出:$v=0.82$m/s;$h/D=0.52$。

也可采用水力计算表进行计算,表 6-15 为摘录的圆形管($n=0.014$)$D=300$mm 水力计算表的部分数据。

每一张表的管径 D 和粗糙系数 n 已知的,表中流量 Q、充满度 h/D、水力坡度 I 和流速 v 四个因素,知道其中任意两个便可求出另外两个。

圆形断面 $D=300$mm 水力计算表　　　　表 6-15

h/D	1‰									
	2.5		3.0		4.0		5.0		6.0	
	Q (L/s)	v (m/s)	Q (L/s)	v (m/s)	Q (L/s)	v (m/s)	Q (L/s)	v (m/s)	Q (L/s)	v (m/s)
0.10	0.94	0.25	1.03	0.28	1.19	0.32	1.33	0.36	1.45	0.39
0.15	2.18	0.33	2.39	0.36	2.76	0.42	3.09	0.46	3.38	0.51
0.20	3.93	0.39	4.31	0.43	4.97	0.49	5.56	0.55	6.09	0.61
0.25	6.15	0.45	6.74	0.49	7.78	0.56	8.70	0.63	9.53	0.69
0.30	8.79	0.49	9.63	0.54	11.12	0.62	12.43	0.70	13.62	0.76
0.35	11.81	0.54	12.93	0.59	14.93	0.68	16.69	0.75	18.29	0.83
0.40	15.13	0.57	16.57	0.63	19.14	0.72	21.40	0.81	23.44	0.89
0.45	18.70	0.61	20.94	0.66	23.65	0.77	26.45	0.86	28.97	0.94

续表

h/D	1‰									
	2.5		3.0		4.0		5.0		6.0	
	Q (L/s)	v (m/s)	Q (L/s)	v (m/s)	Q (L/s)	v (m/s)	Q (L/s)	v (m/s)	Q (L/s)	v (m/s)
0.50	22.45	0.64	24.59	0.70	28.39	0.80	31.75	0.90	34.78	0.98
0.55	26.30	0.66	28.81	0.72	33.26	0.84	37.19	0.93	40.74	1.02
0.60	30.16	0.68	33.04	0.75	38.15	0.86	42.66	0.96	46.73	1.06
0.65	33.96	0.70	37.20	0.76	42.96	0.88	48.03	0.99	52.61	1.08
0.70	37.59	0.71	41.18	0.78	47.55	0.90	53.16	1.01	58.23	1.10
0.75	40.94	0.72	44.85	0.79	51.79	0.91	57.90	1.02	63.42	1.12
0.80	43.89	0.72	48.07	0.79	55.51	0.92	62.06	1.02	67.99	1.12
0.85	46.26	0.72	50.68	0.79	58.52	0.91	65.43	1.01	71.67	1.12
0.90	47.85	0.71	52.42	0.78	60.53	0.90	67.67	0.98	74.13	1.11
0.95	48.24	0.70	52.85	0.76	61.02	0.88	68.22	0.90	74.74	1.08
1.00	44.90	0.64	49.18	0.70	56.79	0.80	63.49	0.91	69.55	0.98

(7) 设计管段的划分及其流量的确定。两个检查井之间的管段采用的设计流量不变，且采用同样的管径和坡度，称之为设计管段。通常以街坊污水支管及工厂污水出水管等接入干管的位置作为起讫点划分设计管段。设计管段的起讫点应编上号码。

每一管段的污水设计流量包括：从街坊流入设计管段的本段流量 q_1；从上游管段和旁侧管段流入设计管段的传输流量 q_2 及从工业企业或其他生产大量污水的建筑流来的集中污水量 q_3，如图 6-20 所示。

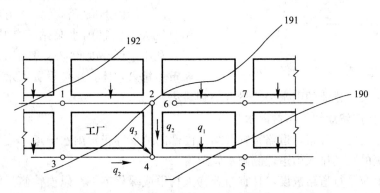

图 6-20 设计管段设计流量图

本段流量可用下式计算：

$$q_1 = F q_0 K_z \tag{6-43}$$

式中　q_1——设计管段的本段流量（L/s）；

　　　F——设计管段服务的街坊面积（$10^4 \mathrm{m}^2$）；

　　　K_z——生活污水量总变化系数；

　　　q_0——单位面积的本段平均流量为比流量 $[\mathrm{L/(s \cdot 万\ m^2)}]$。

即：

$$q_0 = n \cdot N / 86400 \tag{6-44}$$

式中 n——污水量标准（L/cap·d）；

N——人口密度（cap/万 m^2）。

从上游管段和旁侧管段流入设计管段的平均流量以及集中流量对这一管段是不变的。

6.2.4 住区与小区的雨水管渠平面布置

6.2.4.1 充分利用地形，就近排入水体

规划雨水管线时，首先按地形划分排水流域，然后进行管线布置。雨水管渠布置应尽量利用地形的自然坡度以最短的距离依靠重力排入附近的池塘、河流、湖泊等水体中（图6-21）。

一般情况下，当地形坡度变化大时，雨水干管宜布置在地形较低处或溪谷线上，当地形平坦时，雨水干管宜布置在排水流域中间，以便于支管的接入，尽可能扩大重力流排除雨水的范围。在地势较高的地方，雨水尽量就近自流排入河流。在地势较低的地方，尽量利用原有排水干渠、农灌渠和自然水沟把雨水相对集中到其出口处，并设置雨水排涝泵站。

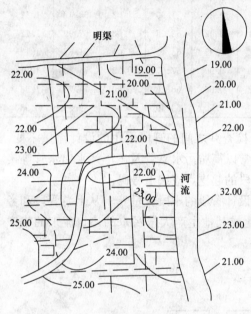

图 6-21 某地区雨水管渠平面布置示意图

6.2.4.2 尽量避免设置雨水泵站

由于暴雨形成径流量大，雨水泵站的投资相对较大，而且雨水泵站一年中工作时间较短，利用率低。因此应尽量利用地形，使雨水靠重力排入水体，避免设置雨水泵站。如需设置，应把经过泵站排泄的雨水径流量减小到最小。

6.2.4.3 结合道路规划等布置雨水管道

应根据建筑物的分布，道路布置及街区内部的地形等布置雨水管道，使街区内绝大部分雨水以最短的距离排入街道低侧雨水管道。

雨水管渠应平行道路敷设，且宜布置在人行道或绿化带下，以便检修。而不宜布置在交通量大的干道下，以免积水时影响交通。若道路宽度>40m时可考虑道路两侧分别设置雨水管道。

雨水干管的平面和竖向布置应考虑与其他地下构筑物在相交处相互协调，雨水管道与其他各种管线或构筑物在竖向布置上要满足最小净距要求。

6.2.4.4 合理布置雨水口，以保证路面雨水排除通畅

一般在街道交叉路口的汇水点、低洼处应设置雨水口（图6-22）。此外，在道路两侧一定距离处也应设置雨水口，间距一般为25～50m（视汇水面积大小而定），容易产生积水的区域适当加密或增加雨水口。

6.2.4.5 合理开辟水体

规划中尽量利用洼地与池塘，或有计划地修建雨水调节池以便储存一部分雨水径流

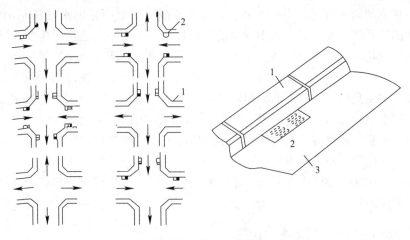

图 6-22 雨水口布置图
1—路边石；2—雨水口；3—道路路面

量，以便减小雨水管渠断面尺寸，节省投资。同时所开辟的水体可供景观娱乐，在缺水地区还可回用于农业灌溉。

6.2.4.6 雨水管道采用明渠或暗管应结合具体条件确定

在郊区、建筑密度较低或交通量较小的地区，可考虑采用明渠，以节省工程费用。在城区或工厂区内，建筑密度较大或交通量较大的地区，一般采用暗管。在受到埋深和出口深度限制的地区，可采用盖板明渠排除雨水。

此外，在每条雨水干管的起端，应尽可能采用道路边沟排除路面雨水，通常可减少暗管长度100～150m。

6.2.4.7 合理布置雨水出口

雨水出口有集中与分散两种布置形式。当管道排入池塘或小河沟时，由于雨水出口构造比较简单，一般造价不高，因此宜采用分散出口，有利于雨水就近排放。但当河流的水位变化很大时，管道出口离河道很远时，出水口的建筑费用很大，在这种情况下，不宜采用过多的出水口，宜采用集中出口。

6.2.4.8 设置排洪沟排除设计地区以外的雨水径流

雨水排除应与防洪结合起来，位于山坡上或山脚下的小城镇，应在城郊设置排洪沟，以拦截从分水岭以内排泄下来的洪水，使之排入水体，保护镇区避免洪水危害。

6.2.4.9 雨水合理利用

住区与小区雨水合理利用，不仅涉及住区与小区雨水资源的回用，而且关系到住区与小区生态环境的改善。

城镇及住区与小区雨水作中水等杂用水源的直接收集利用、用各种渗透设施将雨水回灌地下的间接利用、城市生活小区水系统的合理设计及其生态环境建设等方面，是一项涉及面很广的系统工程。

城镇及住区与小区雨水的利用不是狭义的利用雨水资源和节约用水，它还包括减缓城区雨水洪涝和地下水位的下降、控制雨水径流污染、改善城市及住区与小区生态环境等广泛的意义。因此，它是一种多目标的综合性技术。目前雨水利用的应用技术可分为以下几大类：分散住宅的雨水收集利用中水系统；建筑群或小区集中式雨水收集利用中水系统；分散式雨水渗透系统；集中式雨水渗透系统；屋顶花园雨水利用系统；生态小区雨水综合利用系统（屋顶花园、中水、渗透、水景）等，充分通过养活硬地铺装来利用雨水渗透绿地植被以扩大雨水渗透能力，居住区地面水、雨水、污水等尽可能改造为景观水；雨水贮留供水系统，主要是以屋顶、地面集留，可提供家庭生活供水之补充水源、工业区之替代用水、防水贮水及减低城市洪峰负荷量等多目标用途的系统。雨水的利用受气候、地质、水资源、雨水水质、建筑等因素的影响，不同住区与小区或项目之间，各种因素和条件的不同都能决定采用完全不同的方案。

总而言之，住区与小区雨水利用技术应避免生搬硬套，应该充分体现因地制宜、针对性强、灵活多样的特点。

6.2.5 住区与小区的雨水管渠水力计算

6.2.5.1 水力计算规定

① 设计充满度。《室外排水设计规范》GB 50014—2006 规定，雨水管道的设计充满度按满流计算，即 $\frac{h}{D}=1$。明渠超高不得小于 0.2m。另外，街道边沟应有≥0.03m 的超高。

② 设计流速。为避免雨水所挟带的泥沙等无机物在管渠内沉淀下来而堵塞管道，雨水管道在满流时最小设计流速为 0.75m/s，明渠最小设计流速为 0.40m/s。

为避免管道因冲刷而损坏，影响及时排水，对雨水管渠的最大设计流速规定为：金属管道的最大设计流速为 10m/s，非金属管道的最大设计流速为 5m/s。明渠设计流速的最大值决定于渠道的铺砌材料及水深。当明渠水深为 0.4～1.0m 时，最大设计流速宜按表 6-16 确定。当水深小于 0.4m 时，表中数值乘以系数 0.85；当水深＞1m 时，表中数值乘以系数 1.25；当水深≥2.0m 时，表中数值乘以系数 1.40。

明渠最大设计流速表 表 6-16

明渠类别	最大设计流速（m/s）	明渠类别	最大设计流速（m/s）
粗砂或低塑粉质黏土	0.08	草皮护面	1.6
粉质黏土	1.0	干砌块石	2.0
黏土	1.2	浆砌块石或浆砌砖	3.0
石灰岩中砂岩	4.0	混凝土	4.0

管渠设计流速应在最小设计流速与量大设计流速范围内。

③ 最小设计坡度与最小管径。雨水管道的最小设计管径为 300mm，相应的最小设计坡度为 0.003，雨水口连接管道的最小设计管径为 200mm，相应的最小设计坡度为 0.01。梯形明渠底宽最小为 0.3m。

④ 最小埋深与覆土厚度。具体规定同污水管道。在冰冻深度＜0.6m 的地区，可采用无覆土的地面式暗沟。

⑤ 雨水管道在检查井内连接。一般采用管顶平接。不同断面管道必要时也可采用局部管段管底平接。

6.2.5.2 水力计算的方法

雨水管渠水力计算仍按均匀流考虑，其水力计算公式与污水管道相同，但按满流（即

$h/D=1$) 计算。在实际计算中，通常采用根据公式计算制成的水力计算图或水力计算表，供设计时使用。

对每一计算管段而言，通过水力计算主要确定 5 个水力因素：管径 D、粗糙系数 n、水力坡度 I、流量 Q、流速 v。在工程设计中，通常选定管材之后，n 即为已知数值，而设计流量 Q 也是经过计算后求得的已知数，在实际中，可以参考地面坡度，假定管底坡度，从水力计算图（图 6-32）或水力计算表示得 D 及 v 值，并使所求得的 D、v、I 各值符合水力计算基本数据的技术规定。

例 已知：$n=0.013$，$Q=200$L/s，该管段地面坡度为 $i=0.004$，试计算该管段的管径 D、流速 v 及管底坡度 I。

【解】 设计采用 $n=0.013$ 的水力计算图，如图 6-23 所示。

在横坐标轴上找到 $Q=200$L/s，作竖线，在纵坐标轴上找到 $I=0.004$ 值，作横线。两线相交，得到 $v=1.17$m/s，D 值介于 $D=400\sim500$mm 两斜线之间，须进行调整。

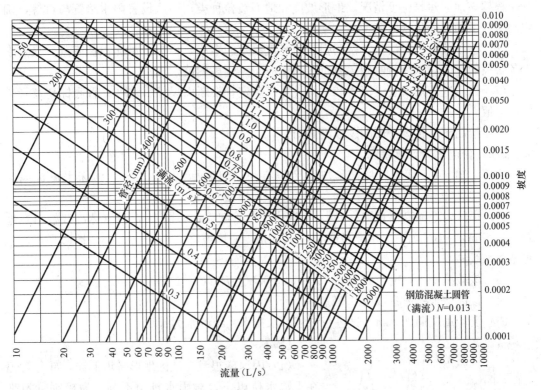

图 6-23　钢筋混凝土圆管水力计算图（D 以 mm 计）

设 $D=400$mm，将 $Q=200$L/s 值的竖线与 $D=400$mm 的斜线相交，图中得到 $I=0.00092$，及 $v=1.60$m/s，此结果符合要求，但 I 与原地坡度相差较大，将增加管道埋深，不宜采用。

设 $D=500$mm，将 $Q=200$L/s 值的竖线与 $D=500$mm 的斜线相交，得到 $I=0.0045$，及 $v=1.04$m/s，此结果合适，故决定采用。

6.2.5.3 规划设计步骤

（1）划分排水流域和管道定线，根据城镇规划和排水区的地形，划分排水流域。结合建筑物及雨水口分布，布置雨水管渠系统，绘制水力计算简图。

（2）划分设计管段。把两个检查井之间流量没有变化且预计管径和坡度也没有变化的管段定为设计管段，并从上游往下游按顺序进行检查井的编号。

（3）划分并计算各设计管段的汇水面积。各设计管段汇水面积的划分结合地形坡度、汇水面积的大小以及雨水管段布置等情况而划定。地形平坦时，可按就近排入附近雨水管道的原则，把汇水面积按周围管道布置，用分角线划分汇水面积；地形坡度较大时，应按地面雨水径流的水流方向划分汇水面积。并将每块面积进行编号，计算面积的数值标注在图中。汇水面积除街区外，还包括街道、绿地。

（4）确定各排水流域的平均径流系数。通常根据排水流域内各类地面的面积数或所占比例，计算出该排水流域的平均径流系数。也可根据规划地区类别，采用区域径流系数。

（5）确定设计重现期 P、地面集水时间。结合区域性质、汇水面积、地形及管渠溢流后的损失大小等因素、确定设计重现期 P。

根据该地区建筑密度情况，地形坡度和地面覆盖种类，街区设置雨水暗管与否等，确定雨水管道的地面集水时间。

（6）求单位面积径流量。暴雨强度与径流系数的乘积，称为单位面积径流量。只要求得各管段的管内雨水流行时间，就可求出相应于该管段的值。

（7）列表进行雨水管渠流量和水力计算，确定管渠断面尺寸、坡度、管底标高及管道埋深等值。

（8）绘制雨水管渠平面图及纵剖面图。

6.2.5.4 管道水力计算举例

例 已知（1）某小区局部地段其旁侧有河，河底标高 -1.50m，河床水位标高为 $-1.50 \sim -1.00\text{m}$。

（2）小区内地面高出道路 0.5m，小区内雨水管起点最小覆土 0.5m（冰冻线极值在地面下 0.57m）。小区内雨水水流长度 $200 \sim 250\text{m}$，平均坡降 $0.004 \sim 0.005$，地形平坦，无明显分水线。

（3）该城镇暴雨强度公式为 $q = 880(1 + 0.86\lg P)/(t + 4.6)^{0.62}$。

（4）该区综合径流系数为 0.52。

（5）设计重现期 $T = 2a$。试进行该区雨水排水系统的水力计算。

【解】

（1）因河床很浅，该区地形平坦低洼，部分管道在正常水位以下，对雨水排出不利，为控制管道埋深，避免修建众多雨水泵站，节约投资，尽量减少雨水汇流，靠重力流就近排出。根据小区内雨水排水情况，定出道路上雨水管最小覆土为 1.0m，最大管底高程控制在绝对标高 -1.50m 以内。

（2）该地区地形平坦，无明显分水线，故排水流域按城镇主要街道的汇水面积划分。其中某局部地段雨水管道布置和沿线汇水面积如图 6-24 所示。

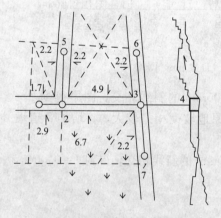

图 6-24 雨水管道汇水面积划分图

（3）划分设计管段，并将设计管段的检查井依次编号，将各设计管段的长度记入表6-18中第2项。计算每一设计管段所承担的汇水面积，见表6-17。

汇水面积计算表　　　　　　　表6-17

设计管段编号	本段汇水面积（万 m²）	转输汇水面积（万 m²）	总汇水面积（万 m²）
1—2	4.6	0	4.6
5—2	4.4	0	4.4
2—3	11.6	9	20.6
6—3	2.2	0	2.2
7—3	2.2	0	2.2
3—4	—	25	25

（4）根据街坊面积、地面坡度、地面覆盖及街坊内部雨水管渠情况，取地面集水时间为10min，$m=2.0$。

（5）重现期采用2a，单位面积径流量为：

$$q_0 = \psi q = 0.52 \times \frac{880(1+0.86\lg 2)}{(t+4.6)^{0.62}} = \frac{1107.8}{\left(14.6+2\sum\dfrac{L}{60v}\right)^{0.62}}[\text{L/(s·ha)}] \quad (6-45)$$

其中管段2—3、7—3汇水面积的径流系数因林木公园应重新计算数值，2—3管段径流系数为0.42，7—3管段径流系数为0.20。

（6）已确定道路上雨水管最小覆土为1.0m，故1、5、6、7点的覆土深度定为1.0m。列表进行水力计算，结果详见表6-18。

雨水管道水力计算表　　　　　　　表6-18

设计管段编号	管长 L (m)	汇水面积 F（万 m²）	管内雨水流行时间（min） 2∑L/60v	管内雨水流行时间（min） 2L/60v	单位面积径流量 [L/(s·万 m²)]	设计流量 Q (L/s)	管径 D (mm)	流速 (m/s)
1	2	3	4	5	6	7	8	9
1—2	120	4.6	0	3.92	109.29	502.7	800	1.02
5—2	265	4.4	0	9.01	109.29	480.9	800	0.98
2—3	375	20.6	9.01	10.50	65.52	1349.78	1200	1.19
6—3	250	2.2	0	9.58	109.29	240.44	600	0.87
7—3	250	2.2	0	11.26	42.03	92.48	400	0.74
3—4	175	25	12.93		73.75	1843.87	1400	1.21

设计管段编号	坡度 I (‰)	管道输水能力 (L/s)	坡降 (m)	设计地面标高 (m) 起点	设计地面标高 (m) 终点	设计管内底标高 (m) 起点	设计管内底标高 (m) 终点	埋深 (m) 起点	埋深 (m) 终点
		10	11	12	13	14	15	16	17	18
1—2	1.5	512	0.18	2.35	2.35	0.55	0.37	1.80	1.98
5—2	1.4	494	0.37	2.15	2.35	0.35	−0.02	1.80	2.37
2—3	1.2	1350	0.45	2.35	2.30	−0.42	−0.87	2.77	3.17
6—3	1.6	246	0.40	2.15	2.30	0.55	0.15	1.60	2.15
7—3	2.0	93	0.50	2.45	2.30	1.05	0.55	1.40	1.75
3—4	1.0	1860	0.18	2.30	2.30	−1.07	−1.25	3.37	3.55

图6-25为雨水管道水力计算结果图。

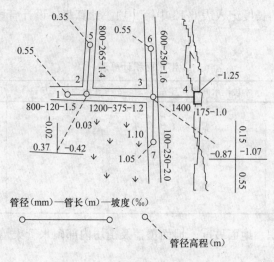

图 6-25 雨水管道水力计算结果图

6.2.6 住区与小区排水泵站、管道附属构筑物及材料

6.2.6.1 排水泵站

城镇污水、雨水因受地形条件、地质条件、水体水位等因素的限制,不能以重力流方式排除,以及污水处理厂为了提升污水(或污泥)时,需要设置排水泵站。

排水泵站按排水的性质可分为污水泵站、雨水泵站、合流泵站和污泥泵站四类。按泵站在排水系统中所处的位置可分为中途泵站、局部泵站和终点泵站(图 6-26)。按排水泵启动的方式可分为自灌式泵站和非自灌式泵站。为了使排水泵站设备简单、启动和管理方便,应首先考虑采用自灌式泵站。

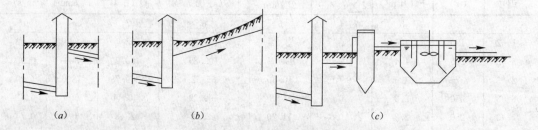

图 6-26 污水泵站的设置地点图
(a) 中途泵站;(b) 局部泵站;(c) 终点泵站

排水泵站主要由泵房、集水池、格栅、辅助间及变电室组成。

排水泵站的形式主要根据进水管渠的埋深、进水流量、地质条件等而定。排水泵站按泵房与集水池的组合方式分为合建式和分建式两种。当集水池很深,泵房很大时,宜采用分建式。按泵站的平面形状可分为圆形和矩形两种。对于雨水泵站,按水泵是否浸入水中可分为湿式泵站和干式泵站。

城镇排水泵站宜单独设置,与住宅、公共建筑间距应符合有关要求,周围宜设置宽度不小于 10m 的绿化隔离带,以减轻对周围环境的影响。在受洪水淹没的地区,泵站入口设计地面高程应比设计洪水位高出 0.5m 以上,必要时可设置闸槽等临时防洪措施。

排水泵站占地面积随流量、性质等不同而相异。应参考全国市政工程投资估算指标的雨（污）水泵站用地指标（表6-19），结合当地实际情况，分析、比较选定。

泵站建设用地指标表（单位：m²）　　　　　　　表6-19

泵站性质	建设规模（m²）			
	Ⅰ	Ⅱ	Ⅲ	Ⅳ
污水泵站	2000～2700	1500～2000	1000～1500	600～1000
合流泵站	1500～2200	1200～1500	800～1200	400～800

注：1. 建设规模：Ⅰ类：20～50万 m³/d；Ⅱ类：10万～20万 m³/d；Ⅲ类：5万～10万 m³/d；Ⅳ类：0.5万～2万 m³/d。
　　2. 表中指标为泵站围墙内，包括整个流程中构筑物和附属建筑物、附属设施等占地面积。
　　3. 小于Ⅳ类规模的泵站，用地面积按Ⅳ类规模的控制指标。大于Ⅰ类规模的泵站，每增加10万 m³/d，用地指标增加300～400m²。

6.2.6.2　常用附属构筑物

（1）雨水口

雨水口是在雨水管渠或合流管渠上收集雨水的构筑物。地面及街道路面上的雨水经雨水口通过雨水连接管流入排水管渠。

雨水口一般应设置在交叉路口、道路两侧边沟的一定距离处及设有道路边石的低洼处。雨水口的形式与数量通常按汇水面积所产生的径流量确定。雨水口设置间距一般为25～50m，在低洼地段适当增加雨水口的数量。

雨水口由连接管和街道排水管渠的检查井连接。连接管的最小管径为200mm，坡度一般为0.01，连接到同一连接管上的雨水口不宜超过3个。

（2）检查井

检查井是排水管渠上连接其他管渠以及供养护工人检查、清通的构筑物。通常设在管渠交汇、变径、变坡及方向改变处，以及相隔一定距离的直线管段上。检查井在直线管段上的最大间距一般按表6-20采用。检查井有不下人的浅井和需下人的深井。

检查井最大间距表　　　　　　　表6-20

管径或暗渠净高（mm）	最大间距（m）	
	污水管道	雨水（合流管道）
200～400	40	50
500～700	60	70
800～1000	80	90
1100～1500	100	120
1600～2000	120	120

注：1. 管径或暗渠净高大于2000mm时，检查井的最大间距可适当增大。
　　2. 引自《室外排水设计规范》GB 50014—2006。

（3）跌水井

跌水井是设有消能设施的检查井。常用的跌水井有竖管式和溢流堰式。前者适用于管径≤400mm的管道系统，后者适用于管径＞400mm的管道系统。当跌水落差＜1m时，一般只把检查井底部做成斜坡，不设跌水井。

（4）溢流井

在截流式合流制管渠系统中，通常在合流管渠与截流干管的交汇处设置溢流井。分为截流槽式、溢流堰式和跳跃堰式三类（图6-27）。

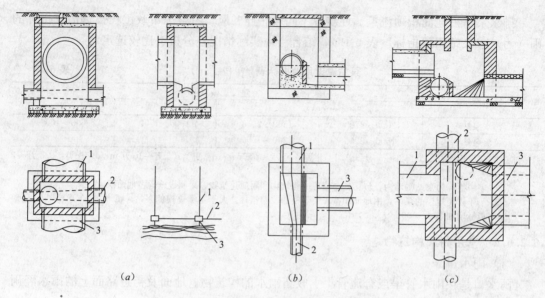

图 6-27 溢流井图
(a) 截流槽式；(b) 溢流堰式；(c) 跳跃堰式
1—合流管渠；2—截流干管；3—排出管渠

(5) 出水口

出水口是使废水或雨水排入水体并与水体很好地混合的工程设施。其位置与形式，应根据出水水质、水体水位及其变化幅度、水流方向、主导风向、岸边地质条件及下游用水情况，并取得当地卫生主管部门和航运管理部门的同意。

雨水出水口一般都采取非淹没式，管底最好不低于多年平均洪水位，一般在常水位以上，以免倒灌。污水管的出水口一般都采取淹没式，出水口管顶高程在常水位以下，利于污水与水体充分混合。

常用的出水口形式有淹没式、江心分散式、一字式和八字式。出水口最好采用耐浸泡、抗冻胀的材料砌筑。

(6) 倒虹管

城镇污水管道穿越河道、铁路及地下构筑物，不能按原有坡度埋设，而是按凹的折线方式穿越障碍物，这种管道称为倒虹管。倒虹管一般由进水管、下行管、水平管、上行管和出水管组成。图 6-28 为一穿越河道的倒虹管。

倒虹管应尽量与障碍物正交通过，以缩短倒虹管的长度。倒虹管的管顶与河床距离一般不小于 0.5m，工作管线一般不少于两条，但通过谷地、旱沟或小河时，可以敷设一条。倒虹管施工困难，造价高，不易管理维护，在城镇排水规划时，应尽量少设倒虹管。

6.2.6.3 排水管渠材料

排水管渠必须满足一定的要求，才能保证正常的排水功能。如排水管渠必须具有足够的强度，以承受外部的荷载和管道内部的水压；能抗冲刷、防渗、耐磨损和防止腐蚀；内壁整齐光滑，水流阻力小；便于就地取材，以降低管渠的造价及运输和施工的费用。

目前常用的排水管渠主要是混凝土管和钢筋混凝土管、陶土管、金属管、砖石管渠及塑料管等。

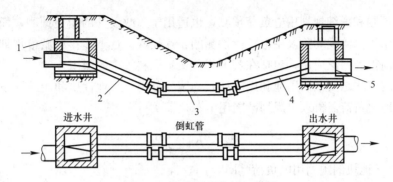

图 6-28 穿越河道的倒虹管图
1—进水井；2—下行管；3—水平管；4—上行管；5—出水井

(1) 混凝土管和钢筋混凝土管

混凝土管和钢筋混凝土管在排水工程中应用极为广泛。多用于污水和雨水的排除。它们一般有承插式、企口式和平口式三种接口方式。混凝土管管径一般不超过600mm，长度不大于1m，适用于管径较小的无压管；当直径大于400mm时，一般做成钢筋混凝土管，长度为1~3m，多用在埋深较大或地质条件不良的地段。混凝土管和钢筋混凝土管可以在专门的工厂预制，也可以现场浇制。

(2) 陶土管

陶土管是用塑性黏土焙烧而成。根据需要做成无釉、单面釉及双面釉的陶土管。陶土管的管径一般不超过500~600mm，有效长度为400~800mm，其接口形式有承插式和平口式等。适用于排除腐蚀性工业废水或铺设在地下水侵蚀性较强的地方。

(3) 金属管

金属管有铸铁管和钢管。室外重力排水管道较少采用，只用在抗压或防渗要求较高的地方，如泵站的进出水管，穿越河流、铁路的倒虹管。

(4) 大型排水管渠

排水管道的预制管径一般小于2m，当设计管道断面大于1.5m时，可建造大型排水管渠。常用材料有砖、石、陶土块、混凝土和钢筋混凝土等。一般现场浇制、铺砌和安装。

(5) 其他

随着新型建筑材料的不断研制，用于排水管渠的材料日益增多。例如，玻璃纤维钢筋混凝土、玻璃纤维离心混凝土管和聚氯乙烯管等。

6.3 配套供电工程设施及规划

6.3.1 住区与小区用电负荷预测

6.3.1.1 按用地分类综合用电指标法预测

按用地分类综合用电指标法是作者结合国家第一个城市规划标准《城市用地分类与规划建设用地标准》GBJ 137—1990实施的城市规划实际，在大量调查研究和规划设计实践总结、资料分析的基础上，按城市规划用地和用电性质的统一分类，编制分类用地综合用电技术指标，1991年提出的预测方法。这种预测方法建筑面积负荷指标特别适合城镇新区用电负荷预测和详细规划用电负荷预测，也适用于市政设计的相关预测；而用地面积负荷指标也适用于总体规划阶段用电负荷预测的相互校核。近十多年在城市规划部门和专业规划设计部门得到广泛应用，包括在若干相关文献资料等中的引用。

这种预测方法是按城镇用地和用电性质的统一分类、用地性质和用地开发强度，逐块预测各用地地块负荷，再求出规划范围用电总负荷 P_Σ：

$$P_\Sigma = K_T \sum_{i=1}^{n} P_i \tag{6-46}$$

式中　P_i——i 地块的预测用电负荷（kW）；

　　　K_T——各地块用电负荷的同时系数；

　　　n——规划范围用地地块数。

在新区规划和详细规划中，可将用地地块的一般用户负荷和大用户负荷分别预测，一般负荷作为均布负荷，大用户作为点负荷。

均布负荷可采用综合用电指标法预测，可根据分类的单位建筑面积综合用电指标和用地地块建筑面积或分类的负荷密度指标和地块用地面积推算出分块用地负荷。

分类的单位建筑面积综合用电指标或分类负荷密度，可通过综合分析典型规划建设和建筑设计的有关用电负荷资料，或实际调查分析类似建成区的分类用电负荷得出。

表 6-21 为城镇住区与小区规划分类综合用电指标表。

城镇住区与小区规划分类综合用电指标表　　　表 6-21

用地用电性质	分类及其代号		综合用电指标（W/m²）	备注
居住用地 R	一类居住用地 R1	高级别墅	15～18	按每户 400m²，有空调、电视、烘干洗衣机、电热水器、电灶等家庭电气化、现代化考虑
		别墅	15～20	按每户 250～300m²，有空调、电视、烘干洗衣机、电热水器、无电灶考虑
	二、三类居住用地 R2、R3	多层	16～23	按平均每户 76～100m² 小康电器用电考虑
		中高层	18～25	按平均每户 76～100m² 小康电器用电考虑
公共设施用地 C	行政办公用地 C1		15～28	行政、党派和团体等机构用地
	商业金融业用地 C2		20～44	商业、金融业、服务业、旅馆业的市场等用地
	文化娱乐用地 C3		20～35	新闻出版、文艺团体、广播电视、图书展览、游乐业设施用地
	体育用地 C4		14～30	体育场馆和体育训练基地
	医疗卫生用地 C5		18～25	医疗、保健、卫生、防疫、康复和急救设施等用地
	教育科研设计用地 C6		15～25	高校、中专、科研和勘测设计机构用地
	文物古迹用地 C7		15～18	
	其他公共设施用地 C8		8～10	宗教活动场所、社会福利院等
道路广场用地 S	道路用地 S1 广场用地 S4 社会停车场库用地 S3		17～20kW/km²	kW/km² 系全开发区考虑的该类用电负荷密度

注：1. 表中综合用电指标除在备注中注明为开发区该类用电负荷密度者外，均匀单位建筑面积的用电指标，指标考虑了同类负荷的同时率。

　　2. R1、R2 中有服务设施用地，应按相应的用电指标考虑。

　　3. 表中仅列与房地产住区、小区相关用地分类用电指标。

6.3.1.2 分类用电综合指标法预测

住区与小区详细规划用电负荷预测宜酌情采用详细的分类用电综合指标,详细分类用电综合指标可应用计算机储存、统计、分析有关用电资料,根据详细用电构成和地方实际情况,按照标准用地分类的小类编制得出。

新区开发建设中较大建筑体量的公共建筑项目也可依据项目建设相关规划设计资料作为点负荷预测。

表 6-22 所示为住区与小区规划建筑面积用电负荷指标。

住区与小区规划单位建筑面积用电负荷指标表（W/m²）　　　　表 6-22

建设用地分类	居住建筑	公共建筑
单位建筑面积负荷指标	15～40（或 1～4kW/户）	30～80

注：表外其他类建筑的规划单位建筑面积用电负荷指标的选取,可根据当地及住区、小区的实际情况,调查分析确定。

表 6-22 规划单位建筑面积用电负荷指标的选取,应根据居住建筑和公共建筑的具体构成分类及其用电设备配置,结合当地各类建筑单位建筑面积负荷水平分析比较选取。

6.3.1.3 负荷密度法与同类比较结合预测

负荷密度法预测及与同类住区、小区用电负荷比较可作为一种简便的辅助预测方法用于住区与小区的用电负荷估测和用电负荷预测校验（表 6-23）。

住区与小区规划单位建设用地负荷指标表　　　　表 6-23

建设用地分类	居住建筑	公共建筑
单位建筑面积负荷指标（kW/hm²）	80～280	300～550

表 6-21～表 6-23 所示指标宜根据住区与小区具体用地分类构成及负荷特征,结合住区与小区现状水平和实际情况及同类分析比较确定。

6.3.2　住区与小区配电网设施

6.3.2.1　高压配电网设施

通常在较大范围的电力规划中统筹规划并依据住区与小区及相关片区的规模、用电负荷预测与容载的要求,确定住区与小区可能涉及的 35～110kV 高压变电站位置、容量、用地及结线方式。

高压配电线路主要为高压变电站的进线或变电站间联络线,采用架空线路时,以二回路为宜,采用电缆线路时,可为多回路。

高压配电网的高压进线原则接线如图 6-29～图 6-32 所示,可按实际情况,灵活组合。

（1）单侧电源

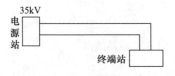

图 6-29　单侧电源放射形接线图

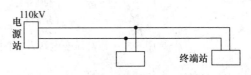

图 6-30　单侧电源放射形双 T 接线图

(2) 双侧电源

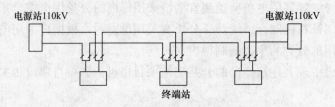

图 6-31 双侧电源环形 T 接线图

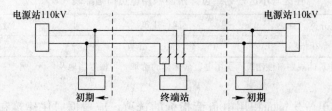

图 6-32 由二端单侧电源放射形单 T 接过渡到双侧电源 T 接的结线图

当 T 接 3 个及以上变电站时，宜双侧有电源，并且回路应分段。同时，规划区 35～110kV 架空线路应预留走廊。

6.3.2.2 中、低压配电网设施

住区与小区供电配套设施主要为中低压配电网设施。

中、低压配电网包括 10kV 线路、变配电站、开闭所和 380/220V 线路。

(1) 中压配电网规划

一般较小规模的住区与小区中压配电设施应依据住区与小区所在较大片区的中压配电网规划，居住区规模及以上住区与小区依据住区与小区中压配电网规划。相关中压配电网的主要结线方式有以下几种：

1) 以高压变电站为中心的放射树枝形架空线结线方式（图 6-33）。适用于一般城镇及其住区与小区。为了缩小线路自身检修和事故时的停电范围，应用断路器或隔离开关分段。分段距离应根据电网结构和负荷决定，各分段尽可能从不同的变电所或同一变电所的不同母线受电。

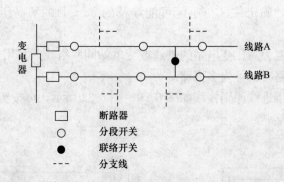

图 6-33 以高压变电站为中心的放射树枝形架空线结线图

2) 自不同高压变电站（或开闭所）或同一高压变电站的不同母线段引出的单环网结

线方式,一般适用于供电可靠性要求较高的城镇及住区与小区(图6-34、图6-35)。

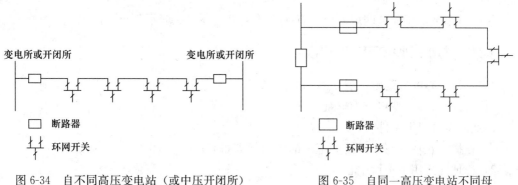

图6-34　自不同高压变电站(或中压开闭所)　　　图6-35　自同一高压变电站不同母
　　　　　引出的单环网结线图　　　　　　　　　　　　　　　线段引出的单环网结线图

3)自两个高压变电站、中间经中压开闭所(在开闭所开环运行)的双射线双环网结线方式,适用于供电可靠性要求更高的大城市住区与小区。为了加强环网结构,保证某一条线路出现故障时,各用户仍有较好的电压水平,或为了增加网络的灵活性的倒闸操作的方便,保证在更严重的故障情况下的供电可靠性(图6-36)。

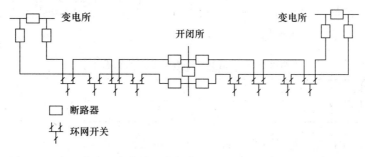

图6-36　自两个高压变电站经中间中压开闭所的双射线双环网结线图

4)开闭所结线方式。自同一开闭所不同母线段的放射形结线,要求开闭所母联开关可以并列操作,或自投时先切开关1或2(图6-37)。

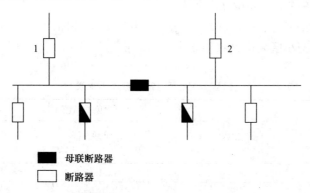

图6-37　自同一开闭所不同母线段的放射形结线图

(2)低压配电网

低压配电线路停运只造成少量负荷的停电,住区与小区低压配电网规划宜力求结线简单,安全可靠,一般采用以10kV变配电站为中心的单回路或二回路放射式以及树枝放射式网。

住区与小区低压配电网规划也应有明确的供电范围,一般不跨越街区供电。

6.3.3 住区与小区供电配套设施相关要求

6.3.3.1 35～110kV变电站规划的相关要求

(1) 35～110kV变电站的选址

选址应符合以下条件:

1) 根据所在住区与小区较大范围的电力规划布局;
2) 选址接近用电负荷中心或网络中心;
3) 便于相关各级电压线路的引入和引出,进出线走廊与站址同时决定;
4) 交通运输与用水方便;
5) 与通信规划协调,避免对通信设施的干扰;
6) 站址地面标高尽可能在百年一遇洪水位之上;
7) 避开其他不利建设地段。

(2) 35～110kV变电站的类型选择要求

城市较大规模住区与小区可能涉及的35～110kV变电站,因占地困难,环境要求高,多为户内型。其用地面积不宜超表6-24的要求。

户内型35～110kV变电站用地控制面积表　　　表6-24

变电站变电电压 (kV)	110/35/10	110/10	63/10	35/10
用地控制面积 (m²)	4000	2500	1000	800

(3) 变电站的主变压器台数与单台变压器容量选择要求

变电站的主变压器台数(三相)不宜少于2台或多于4台;单台变压器(三相)容量一般不宜大于下列数值:1) 110kV,63MV·A。2) 63kV,31.5MV·A。3) 35kV,20MV·A。

(4) 变电站布置的不同环境噪声要求

布置住区与小区的变电站的噪声应符合《声环境质量标准》GB 3096—2008相关要求。表6-25为住区与小区变电站噪声要求。

住区与小区变电站的噪声要求表　　　表6-25

变电站所在范围	限制噪声 (dB)		
	白天 7:00～21:00	早晨/晚间 5:00～7:00　21:00～23:00	午夜 23:00～5:00
住宅区	50	45	40
住宅、学校区	55	50	45
商业、住宅区	60	55	50
工业、商业、住宅一般街区	65	60	55
主要街道两侧	75	65	55

(5) 变电站布置的相关防灾要求

住区与小区变电站的变压器室的耐火等级应为二级；配电装置室、电容器室及电缆夹层应为二级；变电站与邻近建筑应符合消防防火间距要求。

住区与小区变电站的建筑物及高压电器设备均应根据其重要性按国家地震局公布的所在地区地震烈度等级设防。7级及7级以上地震烈度地区的变电站建筑设计，应满足预防次生灾害的相关要求，电器设备应选用符合抗震技术条件要求的设备。

6.3.3.2 输配电线路规划相关要求

(1) 架空高压输配电线路敷设的相关要求

住区与小区的架空高压输配电线路规划控制走廊应符合表6-26的规定。

高压线路走廊规划控制宽度表　　表6-26

线路电压等级（kV）	走廊宽度值（m）
35	12~20
66~110	15~25

(2) 中、低压配电架空线路规划的相关要求

小城镇住区与小区中、低压配电架空线路应同杆架设；同杆并架的线路应同一电源。小城镇住区与小区中、低压配电架空线路架设应与园林主管部门协商，通过适当提高导线对地高度和合理选择行道树树种，以及及时修剪树枝、确保导线对树枝的安全距离。县城镇、中心镇和其他有条件的小城镇住区与小区宜采用绝缘架空线。

小城镇住区与小区道路至少有一侧考虑为电力线路的专用走廊，同侧人行道下为需考虑的电力电缆走廊。小城镇住区与小区中、低压配电线路主干线导线截面不宜超过2种，并宜按表6-27选择。

中、低压配电线路导线截面表　　表6-27

电压等级（kV）	线路类别	导线截面（mm²）	备注
0.38/0.22	主干线	185/150　120　95　70	导线截面系按铝绞线考虑
10（6）	主干线	240　185　150	
	次干线	150　120　90	
	分支线	不小于50	

住区与小区中、低压配电电缆线路应按不同情况，采取不同敷设方式：

1) 人行道、公园绿地，以及公共建筑边缘地带、小区道路一侧，应优先考虑直埋敷设。直埋敷设电缆同路径条数不宜超过6条。

2) 不能直埋，且无机动车负载的通道，应采用电缆沟槽敷设，电缆沟槽敷设电缆同路径条数一般以4~8条为宜。

3) 当中、低压配电电缆条数较多，且有机动车等重载的地段，如穿越道路电缆线路段，宜采用排管敷设。排管敷设电缆同路径条数一般以6~18条为宜。

4) 当中、低压配电电缆线路跨越河流时，应尽量利用已有的桥梁结构；新建桥梁工程规划设计应同时考虑电力电缆等敷设要求。

6.4 配套通信工程设施及规划

6.4.1 住区与小区电信用户预测

6.4.1.1 微观预测方法

微观预测是根据用户调查数据、城市用地现状和用地规划等相关资料进行的较小范围、较细的一种预测方法。

微观预测测算的主要方法是分类用户增长率法。其计算公式为：

$$Y = A_1(1+p)^t + A_2 \tag{6-47}$$

式中　Y——该类用户预测电话数（个）；
　　　A_1——该类用户基年电话数（个）；
　　　p——该类用户预测期的平均增长率（%）；
　　　t——预测期年数（a）；
　　　A_2——该类用户预测期的待装用户数（户）。

预测总户数为预测的各分类用户数之和。另一常用的方法是等密度法。把用户密度图上的方格按其所属地块的用地功能和用地性质分类，每一方格按类别确定净增用户数并据实际修正，根据类别方格数和其每方格净增用户，可计算类别净增用户数。预测期总增加用户数为各类用户净增用户数之和。预测数即为预测范围基年用户数加上总增加用户数。

微观预测的步骤如下：

1）作用户密度图：一般把规划图底图分为边长 500m 的方格。
2）用户调查：实装户，待装户，新发展用户。
3）采用测算方法测算。
4）调整、确定用户密度图，得出预测结果。微观预测一般采用计算机辅助预测。

6.4.1.2 小区预测方法

小区预测是一种结合现场情况，预测具体点和小区的电话需求的微观预测，亦称现场预测。小区预测是常用的预测方法，一般可直接用于住区与小区电信配套设施的规划和设计。

(1) 预测小区的划分

小区划分的范围越小，预测越细，规划与设计则越准确、方便；但划分越细，预测的工作量也越大。一般其用户分布详略按照城镇详细规划和城镇修建性详细规划用地和建筑布局的详略要求。

日本早已实现固定配线区，其固定配线区也就是预测小区。我国已实现固定交接区配线。固定交接区按河流、绿地、铁路等自然界线及地形、道路、街区等条件和情况划分，一般固定交接区也是自然配线区。因此，从便于规划和工程设计考虑，按固定交接区或自然配线区划分预测小区是比较合适的。

小区划分也可考虑按照用户密度大小划分，用户密度大，小区划分得小一些，而用户密度小，小区则可划分得大一些。根据我国实际情况，一般1个小区在达到满足年限（15～20a）时 200～800 线是合适的。而对于 100 线以上的单位，则可视为1个单独小区。

(2) 小区预测的主要方法

当前，我国小区预测主要采用以下方法。

1) 发函调查和实地调查。每隔3～4a由电信部门向预测范围内的一些较大用户单位发出业务预测通知，要求用户的负责部门按规定的表格填写近期或若干年内需要的直通电话、中继线及非话业务线数量。一般发函调查取得的资料经过预测人员分析和纠正，可作为小区预测的依据；对重点用户或发函调查未取得满意结果的用户，可通过实地调查，取得较准确的小区预测依据。

2) 对于现有用户、在建或即将建设的用户，按照分类的用户电话发展指标，估算各规划期的用户需求量。

3) 对于难以了解掌握的，但为数不少的各类零散用户，一般靠预测人员凭眼力撒点预测。

4) 对于中、远期的小区预测，一般按城市规划的用地性质和用地功能，自上而下逐级分类分配预测。

5) 现场预测总数与统计预测结果不符时，对照统计预测作自上而下和自下而上的比较修正。

提高小区预测水平应该从较多凭经验预测转到较多逻辑推理预测。对此，日本的小区预测可以作为借鉴。日本现场预测对为数不少的分散的业务电话和住宅电话有一套计算方法。首先把预测小区分为几种标准分类模式，再根据分类及其发展阶段，确定预测期的不同电话需要率。

表6-28为日本预测小区的若干标准分类模式。

日本预测小区的标准分类模式表　　　　　　表6-28

标准模式分类		饱和时每公顷社会单位数（个/hm²）		适应场合
		标准值	范围	
商业区	S1	90	60～120	村镇中心地区及相当的商业街
	S2	150	100～200	小城市中心地区及相当的商业街
	S3	200	150～250	中等城市中心地区或繁华商业街
	S4	250	200～300	大都市中心地区或繁华商业街
住宅区	R1	40	30～50	每户居住面积300m² 左右
	R2	70	50～90	每户居住面积150m² 左右
	R3	90	80～100	每户居住面积100m² 左右
商混合住区	SR1	90	60～120	一般住宅区混合商业区
	SR2	150	120～180	繁华商业街混合住宅区

属上述标准模式的小区预测运用需要率增长曲线，它是根据业务电话和住宅电话普及率增长曲线，分解出按商业单位和住宅数随年头变化直至需要电话数接近饱和的需要率增长曲线。运用时以实际情况相符点为起点，找出按预测期增加的年头相应的需要率数据，再乘以按预测期实现的饱和率估算得到的社会单位数或住宅数，即为需要预测的电话数。对于混合区，可按比例分别计算预测。

实际使用中，上述方法还可以运用需要率增长曲线数据表。

日本的预测小区按有无电话分类，可分为有效区和无效区两大类。有效区除分为上述几种标准模式外还可分为：特殊区（大楼、大工厂、学校、神社、寺院、公共设施）；未来开发区（未来出现的住宅、工厂等建设开发区）。

特殊区，按不同类别的标准预测；未来开发区，按规划内容，单独预测或参照相关标准模式预测。

实际上，我国运用不同时期的分类普及率和分类发展指标的小区预测，以及对城镇详细规划中的商住区、行政办公综合居住区和底商楼按比例及按预测年份的规划实现率，测算单类开发面积（用地面积或建筑面积），然后按发展指标单位预测商业用户、办公用户和住宅用户等，均与上述日本小区预测有许多相似之处。

对于城市和小城镇的住区和小区预测，都需要结合我国城市和小城镇住区、小区现状和发展规划，在收集、研究和分析大量相关资料的基础上，系统归纳出有普遍代表性的用户分类和分级，并根据其增长发展规律，制定适用性较强的预测办法和不同年份、不同规划期的分类需要率和分类指标。

6.4.1.3 小区预测指标的制定

以小城镇住区小区预测指标制定为例，可以按不同地区、不同用户分类和用户性质分别制定，并可用分类普及率方法制定。

（1）业务电话小区预测指标。单位用户宜按每百人占用电话数或每单位需要电话数作为需要率指标（表6-29）。

某地县城业务电话小区预测指标表　　　　表6-29

用户性质分类		每百人需要局号数（线/百人）	
		近期（2012年前）	远期（2020年）
政府机关		35~45	50~65
商业	商场	10~15	12~20
	商店（1~2个门面）	1~2	1.5~2
宾馆、旅馆	高级宾馆	20~30	28~40
	普通宾馆	10~15	18~24
	普通旅馆	4~10	6~18
工厂	<100人	3~5	4~8
	100~300人	5~8	8~14
	300~500人	10~12	14~18
学校	中学	7~10	10~18
	小学	5~8	8~12
	幼托	1.5~2	2~3

（2）住宅电话小区预测指标。住宅电话小区预测指标可以按各类住宅分别制定。一般以每户（家庭）、每百户平均需用电话数作为需要率指标。

住宅电话小区预测指标制定应注意各类住宅的电话增长规律的差别，同时应根据不同城市、不同阶层人均收入及其增长趋势进行细致测算。一般来说，不同类别的住宅反映一定程度人均收入的一定差别，但需结合实际调查（表6-30）。

某地县城各类住宅电话小区预测指标表　　　　　　　　表 6-30

住宅分类	每户（套）局号数（线/户）	
	近期（2012 年）	远期（2020 年）
别墅	1.8～2.5	2～3
高级住宅	1.2～1.5	1.5～2
普通住宅	0.9～1.2	1～1.5

（3）公用电话小区预测指标。公用电话小区预测指标可以按不同城镇、不同地段的公用电话服务半径要求制定。

一般在城镇中心公用电话服务半径小一点；在其边缘地区公用电话服务半径大一些；郊区公用电话仅设在人口聚集点（表 6-31）。

某地县城公用电话小区预测指标表　　　　　　　　表 6-31

所在城镇地段	预测需要率（局号/M）		备注
	近期（2012 年）	远期（2020 年）	
城镇中心	1/(80～120)	1/(50～80)	M 为服务半径（m）
城镇边缘	1/(150～200)	1/(120～150)	
主要街道	1/(250～300)	1/(120～150)	M 为沿街长度（m）
其他公共场所	根据设计要求		

6.4.1.4　按建筑面积测算的小区预测方法

按建筑面积测算电信需求的小区预测方法是根据城镇用地规划或实际建筑，预测具体建筑点和小区电话需求的小区预测方法之一。可直接用于城镇住区小区电信工程的规划与设计。

我国香港特区和一些国家在 20 世纪 50 年代就开始采用，到 20 世纪 70 年代已是城镇电信需求的主要测算方法之一。其道理很简单，因为建筑有人住，有人办公，就会有电话需求。同样也总会有通信、信息等新业务需求。

这种方法特别适用于城镇及住区与小区的新区控制性详细规划、修建性详细规划的电话用户需求的预测。城镇的上述新区没有历史统计资料，预测的主要依据是规划开发建设的各类不同性质和功能的建筑，并在城镇修建性详细规划中，有详细的建筑布局、建筑性质和建筑面积，在城镇上述详细规划中，有详细的用地布局、用地功能、用地性质、用地面积和容积率。因此，在上述情况下，按建筑面积测算的小区预测方法作为主要的预测方法，应该说是恰到好处的。

规划用地面积通过规划的容积率可以换算成预测采用的规划建筑面积。容积率，即建筑面积毛密度，是每公顷居住用地上拥有的各类建筑的建筑面积（m^2/hm^2）也即是总建筑面积与居住区用地面积的比值。容积率也表示用地的开发强度，在一定的前提下，也隐含电信用户需求潜在力的大小。

按建筑面积测算的小区预测指标可以采用类比法，由同类普及率指标或小区预测指标换算得到。

表 6-32 为按建筑面积测算的若干城市综合的小区预测指标。表中指标以 2005 年为预测基础年，并在调查、综合分析和预测若干市相关用户需求的基础上得出。选择的若干

城市综合分析有一定的典型性和代表性，但不可能代替标准制定必需的大量调查、综合分析。值得指出的是，表6-32的指标主要是着重于预测方法的引述。在目前无相关标准的情况下，可供相关规划设计的小区预测参考使用，表中数据可采用相关的实际城市规划指标，如实际规划的别墅的每户建筑面积，公寓的每套建筑面积等作适当调整，并宜根据不同城市、不同规划的实际情况修正，以使选取指标更切合实际。

按建筑面积测算的若干城市综合的小区预测指标表　　　　　表6-32

建筑、用户性质分类			需要率指标	
			经济发达城市	一般城市
住宅电话	别墅	400～500m²/户	(2.5～3线)/(400～500m²)	(1.8～2线)/(300～400m²)
		300～400m²/户		
		200～300m²/户	(1.8～2.4线)/(200～300m²)	(1.3～1.5线)/(200～250m²)
		200～250m²/户		
	公寓	120～140m²/套	(2～2.5线)/(120～140m²)	(1.8～2线)/(120～140m²)
		80～120m²/套	(1.7～2.0线)/(80～120m²)	(1.3～1.5线)/(80～120m²)
	楼房	140m²/户	(1.6～1.8线)/140m²	(1.3～1.5线)/140m²
		110～120m²/户	(1.3～1.5线)/(110～120m²)	(1.1～1.3线)/(110～120m²)
		60～90m²/户	(1.1～1.3线)/(60～90m²)	(1.0～1.2线)/(60～90m²)
业务电话	写字楼	高级	1部/25m²	1部/30m²
		普通	1部/35m²	1部/40m²
	行政办公楼	高级	1部/30m²	1部/35m²
		普通单位	1部/40m²	1部/45m²
	商业楼	大商场	1线/(60～100m²)	1线/(80～130m²)
		贸易市场	1线/(30～35m²)	1线/(40～45m²)
		商店	1线/(25～50m²)	1线/(25～55m²)
		金融大厦	1部/25m²	1部/30m²
		宾馆	1部/(20～25m²)	1部/(25～30m²)
		旅馆	1部/(40～45m²)	1部/(45～50m²)

注：1. 写字楼、行政办公楼、金融大厦、宾馆、旅馆、话机需要率换算为主线需要率应考虑小交换机因素。
　　2. 住宅电话可由建筑面积换算为不同类别户数预测。

表6-32中写字楼、行政办公楼、金融大厦、宾馆、旅馆、大工厂的电话，一般在大于200门时，都装有用户小交换机，其话机需要率换算为主线需要率，应考虑小交换机影响。可以先分析计算其典型调查的话机分机与面积的关系，从分机数量确定小交换机容量，再计算中继线数，加上一定的直通电话与专线数即为预测主线数（一般可考虑每10门配一对中继线，一对直通线），然后从预测的主线数和计算建筑面积，推算出其主线需要率指标。

6.4.1.5　计算机辅助预测

计算机辅助预测不仅采用数学模型可进行宏观辅助预测，而且也同样可进行微观辅助预测和小区辅助预测。

（1）微观预测计算机辅助预测。市话用户微观预测，一般统计计算工作量都很大，采用计算机辅助预测，首先根据预测流程，设计编制计算机程序，可以帮助整理基础数据，得出用不同色彩表示的密度图，调整和预测，并将预测结果汇总、打印和显示，同时，也为密度图的滚动修改创造便利条件。

图 6-38 为计算机辅助微观市话需求预测的计算流程框图。

（2）小区预测计算机辅助预测。小区预测计算机辅助设计，采用等面积的方格密度图，一般近期预测方格边长代表实际距离 200m，远期 300m。

同时，采用用地性质分区矩阵。一般是在用不同颜色表示的用地分类的县城镇、中心镇用地规划图上，画上密度图标准方格，并根据小城镇用地分类和方格覆盖的地块，在方格中填入相应的地块用地性质代号，即可得用地性质矩阵。

小区计算机辅助预测一般采用微观预测方法中的等密度法，也可采用等密度饱和上限法。

等密度法数学模型为：

$$Y = A + \Delta A_i \tag{6-48}$$

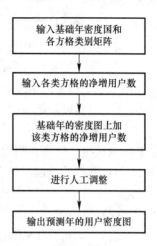

图 6-38 计算机辅助微观市话需求预测计算流程框图

式中　A——该类地块方格基年值；
　　　ΔA_i——该类地块方格预测年增长值。

等密度饱和上限法采用如下增长曲线数学模型预测：

$$Y = \begin{cases} A_1 & M_i \leqslant A_1 \\ \dfrac{M_i - A_i}{1 + T_i e^{-\alpha_i t}} & M_i > A_1 \end{cases} \tag{6-49}$$

式中　A_1——该类用户的基年值；
　　　M_i——该类用户的饱和上限值；
　　　T_i——该类用户的饱和年限；
　　　α_i——该类用户的调整系数。

值得指出的是，在城市规划中，同一用地性质的不同地块，由于所处地段不同，可能会有不同的容积率等差别，也即会有不同电话用户密度的差别。因此，此种情况在等密度法预测中，应该注意酌情考虑不同分类，或者在人工调整中注意适当调整。

人工调整一般考虑以下原则：

（1）在城镇中心和主要大街两侧的方格，容积率较大，用户密度较高，用户数应适当增加。（2）城镇边缘方格，用户数应适当减小。（3）邻近两小区的方格，用户数逐渐增减，而不是突变。（4）一般城镇新区，开发区要比旧城、旧镇改造区的方格用户数要大一些。

6.4.2　住区与小区配套通信工程设施规划

6.4.2.1　电信局所

电信局所布局应在城市及分区相关的规划中统筹规划。住区和小区涉及电信局所等主要通信设施应在住区和小区的详细规划中进一步落实局址与用地。

（1）局所选址

通信局所选址一般原则，应考虑环境安全、服务方便、技术合理和经济实用。电话交换局址选定尚应考虑：

1) 接近计算的线路网中心。

2) 避开靠近110kV以上变电站和线路的地点,避免强电对弱电干扰。

3) 避开地质危险地段,不利抗震地段,易受洪水、雨水淹灌地段、雷击区和有腐蚀气体或产生粉尘、烟雾、水汽较多工厂的常年下风侧。

4) 便于进局电缆两路进线和电缆管道的敷设。

5) 兼营业服务点的局所,一般宜在城镇中心区、商业区等有利于营业的地方选址,单局制局所一般宜在临近城镇中心选址。

6) 考虑近、远期结合,以近期为主,顾及远期,局所规模和占地范围宜留有发展余地。

(2) 局所用地

表6-33所示为城镇常用规模电信局所预留用地。

城镇常用规模电信局所预留用地表　　　　表6-33

局所常用规模(门)	≤2000	3000~5000	5000~10000	30000	60000	100000
用地面积(m^2)	1000~2000	2000~3000	4500~5000	6000~6500	8000~9000	

注:1. 用地面积同时考虑兼营业点需要。
　　2. 当局所为电信枢纽局(长途交换局、市话汇接局)时,4万~7万路端用地:20000~23000m^2,2万~3万路端用地:15000~17000m^2。
　　3. 表中所列规模之间大小的局所,预留用地可比较酌情预留。

6.4.2.2　小区接入网规划

(1) 规划小区划分及原则

规划小区是微观分布预测的基础,是界定光纤到小区(光纤到路边)规划的重要单位。规划小区内电信用户数是光纤接入网规划中ONU个数的容量、网络结构组织的重要依据。因此,规划小区界限的划分直接影响到光纤接入网规划的深度、复杂度和网络组织的合理性。同时接入网的用户分布预测是以规划小区为单位的微观分布预测,可以分为电话业务分布预测和大用户数据业务分布预测。

根据宽带光纤接入网的规划特点,宽带光纤接入网规划小区的划分原则主要有以下几个方面:

1) 考虑主干道路的走向,使被划分的规划小区的范围尽量沿着主干街道,并包容街道两边的交接箱。

2) 考虑人口分布和人口密度情况,使规划小区中人口的数量相差不要太悬殊,总量不要过大。

3) 考虑交换局界的划分,使被划分的规划小区尽量不跨越交换局界。

4) 考虑交接箱的分布,使被划分的规划小区尽量不要打破交接区的范围,以免造成调查中的麻烦

5) 考虑用户管道的分布,使被划分的规划小区内有用户管道通达,便于光节点的接入。

6) 考虑光纤接入网规划的深度,规划小区划分的不宜过大,一般以几百米左右为宜。其具体大小应根据自然街区的大小和用户密度的大小确定,一般市中心区域的小区划分的较小,边缘区域可适当扩大面积。

6.4 配套通信工程设施及规划

（2）大用户的选择与原则

大用户都有对业务要求多，通信需求旺盛的特点，同时大用户也是电信业务收入的重要来源，是各运营商争夺用户的首选。对于地区的通信来说，现阶段抓住并保住这部分经济实力有保障的电信大用户是当务之急。为此，需要为其提供高带宽的光纤多业务承载通道，提供光纤到大楼的服务。光纤到大楼也是光纤接入网建设重要的组成部分。

一般选择的大用户可以分成重要用户和通信大用户两类。重要用户可定义为行政地位较高的用户或在政府实施的与通信相关计划中的重要单位（如校校通中的学校）或在业务上、或服务质量上（如安全可靠性）有特殊要求的用户。通信大用户可定义为电信支出费用较大的用户。

大用户根据性质可以分成：党政机关、金融保险、大中企业、教育机构、旅游饭店、医疗机构、学校科研、邮电通信等几类。

一般城市宽带接入网业务分布预测大用户选取原则如下：

1）党政机关行业中主要选取市委、市政府及各厅级单位，如有和上述所选单位共处一楼或一院的单位，将其纳入到上述单位中。

2）金融证券部门中首批实现光纤到大楼的单位主要包括市级分行和大的证券交易中心，其他金融证券部门可先采用光纤到小区的接入方式。

3）优先采用光纤到大楼的单位还包括：大中专等高等院校、部分星级宾馆、大型医院、大型商贸集团等。

（3）网络组成与功能

光纤接入网简称光接入网（Optical Access Network，OAN）是指从业务节点到用户终端之间全部或部分采用光纤传输技术通信的接入网。宽带光接入网采用基带数字传输技术，并以传输双向交互式业务为目的，同时能以数字或模拟技术传输宽带广播式和交互式业务的接入传输系统。

1）光接入网的组成

光纤用户接入系统由三部分组成：局端设备（OLT）、光分配网络（ODN）、光网络单元（ONU）（图6-39）。

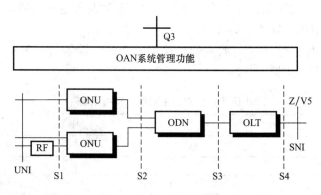

图 6-39 光接入网组成模型图

图 6-39 中，OLC（Optical Line Terminal）光线路终端，光纤接入网局端设备；ODN（Optical Distribution Network）光配线网，即光分配网络；ONU（Optical Network Uni-

o) 即光网络单元。

参考点 S1 为接入设备远端单元与用户之间的接口（UNI）。参考点 S2 为传输设备与接入设备远端单元之间的接口。考虑到传输设备的可选择性，这里采用通用的 E1 接口。参考点 S3 为接入设备局端机与传输设备之间的接口。参考点 S4 为接入设备局端机与各种业务网络之间的接口（SNI）。

2) 光纤入网功能模块

接入网具有五大功能：用户接口功能、业务接口功能、核心功能、传送功能、管理功能，光接入网设备是由各功能模块组成，分别完成各种功能。

6.4.2.3 小区通信管道

小区（通信）管道是从主干管道或配线管道的特定人孔接出进入用户小区或用户建筑物的通信管道，并在用户小区内建筑群间进行延伸的通信管道。

(1) 一般要求

1) 小区管道分为小区内建有通信局所（含模块局）、小区内未建局所但建有交接间及小区内上述通信设施均未建通信管道等形式。

小区内建有市话端局（含模块局）的干线管道部分按照相关通信规范中的主干管道建设标准执行，其他管道（含配线管道）均按照本节标准执行。

2) 小区管道的规划应与城市主干通信管道的其他地下管线的规划相适应，应纳入城市规划中，宜与小区道路、给排水管、热力管、煤气管、有线电视、电力电缆等市政设施同步建设。

3) 小区管道在进行工程设计时，应根据小区的建筑物的性质、功能、环境条件和用户要求，进行通信管道的设计。

工程设计时必须保证通信管道的质量的安全，满足施工和维护方便的要求，做到技术先进、经济合理。

4) 小区内的地下通信配线管道应与城市主干通信管道和各建筑物通信引入管道或引上管相衔接。其位置应选在建筑物的电话用户多的一侧。

(2) 管孔容量

1) 小区通信管道的管孔数应按终期电缆、光缆条数及备用孔数确定，一般按 4~6 孔考虑。建筑物的通信引入管道，每处管孔数不宜少于 2 孔。

2) 根据不同的用户性质确定的主配线比例关系的电缆条数，确定小区管孔的容量。小区不同用户的主配线比见表 6-34。

小区不同用户的主配线比例关系表　　表 6-34

用户性质	主配线比	
	建筑户数：主干	建筑户数：配线
市区小区	1：1.1	1：1.2
商住小区	1：(1.5~1.8)	1：(1.5~1.8)
效县小区	1：1	1：(1.1~1.2)
高档居住小区	1：1.1	1：1.2
别墅小区	1：1.5（单楼）	1：1.5（单楼）
小区写字楼		语音为 1：2，数据为 1 个/40m^2

6.4 配套通信工程设施及规划

(3) 管道管材选用

目前使用的新型管材包括：格栅管、塑合金复合通信管、硅芯管、PE实壁管、ABS塑料管等。

新材料、新技术的应用更符合未来传送网发展的特点，同时可以降低综合成本，其性能及强度已通过检验，规格符合使用标准，可以在今后光进铜退的大环境下逐渐推广。

栅格管等多孔管与普通水泥管块相比，单根公里造价较高，但是使用栅格管等多孔管可整体提高管道截面的利用率，同时省去光缆保护子管，间接节省投资，使综合成本降低。在小区内短距离使用组合硅芯管，同时解决与建筑预留管道的接续问题，可减少人、（手）孔的建设密度，直接降低成本。基本EPON网络的新建小区管道建设应以栅格管为主，引入管道宜采用硅芯管为主。

采用传统混凝土管宜以6孔（孔径90mm）管块为基数进行组合；双壁波纹管宜以孔径90mm和50mm进行组合；格栅管宜以单孔、4孔（孔径50mm）、9孔（孔径28mm）进行组合。

(4) 管道埋深与坡度

1) 小区内通信管道的埋深一般不小于0.8m，宜为0.8~1.2m。在穿越人行道、车行道、铁道时，最小埋深应符合表6-35的规定。

通信管道最小埋深（m）　　　　　　　　　　表6-35

通信管道类别	人行道下	车行道下	与电车轨道交叉（从轨道底部算起）	与铁道交叉（从轨道底部算起）
水泥管、石棉水泥管、塑料管	0.5	0.7	1.0	1.5
钢管	0.2	0.4	0.7	1.2

2) 小区内通信管道的坡度宜为3‰~5‰，最小不宜小于2.5‰；由建筑物向外的预埋管道应向手孔方向降低，坡度不得小于4‰。

(5) 人（手）孔选用

1) 由交接间引出和管道容量达到12孔的应采用人孔。

2) 小于11孔的管道应采用手孔。6孔以上应采用1.2m×1.7m手孔，6孔以下应采用1.0m×1.5m手孔。

随着光进铜退及光缆的大量使用。大对数电缆的应用将逐渐减少已是发展趋势，同时小区配线管道建设随着新型（多子孔）管材的逐步引入，可依据新型管材的特点，选用定型人孔（小号人孔及手孔）。

(6) 管道建筑形式

1) 小区内通信管道的建筑形式应根据管道的容量采取不同的形式。一般小区管道容量在12孔以上时，应采取6孔混凝土管的格栅管组合形式或双壁波纹管与格栅管组合形式或钢管与格栅管组合形式；容量在6孔以上时，应采取6孔混凝土管和格栅管组合形式或双壁波纹管与格栅管组合形式或钢管与格栅管组合形式；6孔以下时，可采用双壁波纹管不同孔径组合或格栅管不同孔径组合的形式。

2) 建筑物引出的管道应根据孔数和孔径的不同分别采取不同形式。一般高层住宅楼引出的管孔数不小于4孔，孔径多为ϕ100mm和ϕ80mm两种；一般多层住宅楼引出的孔

径多为 ϕ80mm 和 ϕ50mm 两种。对于 ϕ100mm 的钢管应采用钢管（套管）对接方式，对于 ϕ80mm 和 ϕ50mm 两种钢管宜采用钢管（套管）对接方式。

（7）小区配线管道综合规划设计

1）配线管道主要敷设接入点到用户的配线电缆、用户光缆，也包括广播电视用户线路。

2）配线管道采用辐射建设方式。

3）配线管道一般采用12孔以下塑料管。

4）配线管道规划应与局所（含模块局）、OLT 和大型 ONU 规划相一致。

5）在主干管道的上面建设配线管道（图 6-40）。一般主干管道埋深大于 800mm，因而在其上方建设配线管道有足够的余地，这种方法扩建配线管道不必破坏主干管道和新建人孔，因而节省投资，方便施工，减少接头。

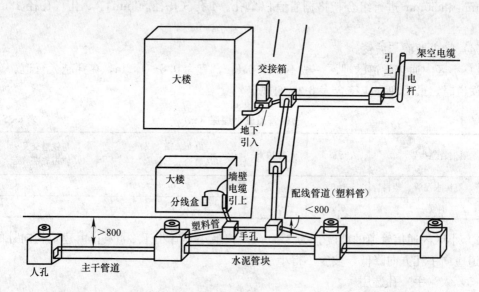

图 6-40　主干管道与配线管道建设方式示意图

6.4.3　住区与小区配套邮政设施

城镇住区与小区邮政配套设施主要涉及的是邮政所也可能涉及邮政支局。

邮政所可参照表 6-36 标准设置。

城镇邮政所设置　　　　　　　　　　　　表 6-36

人口密度（万人/km²）	800～2500	2500～5000	5000～10000	10000～20000	20000～30000
服务半径（km）	3.0～1.5	1.5～1.1	1.1～0.7	0.7～0.6	0.6～0.5

邮政所作为小区公共服务配套设施配置，通常设于建筑首层，预留建筑面积一般为 100～300m²。

邮政支局应在城市较大范围规划中统筹考虑，设于住区、小区的邮政支局用地面积、建筑面积应按其业务量大小、结合实际，按表 6-37 与相关分析比较选定。

邮政支局规划面积（m²）　　　　　　　　　　　表 6-37

邮政支局类别	用地面积	建筑面积
独建邮政支局	1000～2000	800～2000
合建邮政支局		300～1200

6.5 配套燃气工程设施及规划

6.5.1 住区与小区用气量预测

6.5.1.1 用气量指标

用气量指标又称为耗气定额，是进行城镇及住区、小区燃气规划、设计，估算燃气用气量的主要依据。因为各类燃气的热值不同，所以，常用热量指标来表示用气量指标。

(1) 居民生活用气量指标

居民生活用气量指标是指城镇住区与小区住户居民每人每年平均燃气用量。

1) 影响居民生活用气量的因素。影响居民生活用户耗气定额的因素主要有：住宅内用气设备情况，公共生活服务网的发展程度，居民的生活水平和生活习惯，居民每户平均人口数，地区的气象条件，燃气价格等。

2) 居民生活耗气量指标。对于已有燃气供应的城市，居民炊事及生活热水耗气量指标，通常是根据实际统计资料，经过分析和计算得出；当缺乏用气量的实际统计资料时，可根据当地的实际燃料消耗量、生活习惯、气候条件等具体情况，参照相似城市用气定额确定。表 6-38 是我国部分城市和地区耗气量指标。

我国部分城市和地区耗气量指标表 ［单位：MJ/（人·年）、1.0×10^4 kcal/（人·年）］

表 6-38

城镇地区	有集中供暖的用户	无集中供暖的用户
东北地区	2303～2712（55～65）	1884～2303（45～55）
华东、中南地区	—	2093～2303（50～55）
北京	2721～3140（65～75）	2512～2931（60～70）
成都	—	2512～2931（60～70）
青海西宁市	3285（78）	—
陕西	2512（60）	—

注：燃气热值按低热值计算。

(2) 商业公共建筑用气量指标

影响商业公共建筑用气量的因素主要有：城镇燃气供应状况，燃气管网布置与商业公共建筑分布情况，居民使用公共服务设施的普及程度、设施标准、用气设施的性能、效率、运行管理水平和使用均衡程度及地区气候条件等。

商业公共建筑用气量指标与用气设备的性能、热效率、地区气候条件等因素有关。表 6-39 为城镇商业公共建筑用气量指标。

城镇商业公共建筑用气量指标表 表6-39

类别		用气量指标	单位	类别		用气量指标	单位
职工食堂		1884~2303	MJ/(人·年)	医院		2931~4187	MJ/(床位·年)
饮食业		7955~9211	MJ/(座·年)	招待所旅馆	有餐厅	3350~5024	MJ/(床位·年)
托儿所幼儿园	全托	1884~2512	MJ/(人·年)		无餐厅	670~1047	MJ/(床位·年)
	日托	1256~1675	MJ/(人·年)	宾馆		8374~10467	MJ/(床位·年)

注：燃气热值按低热值计算。

(3) 建筑物采暖及空调用气量指标

采暖及空调用气量指标可按国家现行的采暖、空调设计规范或当地建筑物耗热量指标确定。

6.5.1.2 年用气量计算

在进行城镇住区与小区燃气供应系统的规划设计时，首先要确定城镇住区与小区的年用气量。各类用户的年用气量是进行燃气供应系统设计和运行管理，以及确定气源、管网和设备通过能力的重要依据。

城镇住区与小区燃气年用气量一般按用户类型分别计算后汇总。用户类型包括：居民生活、商业公建、采暖通风与空调及其他。

(1) 居民生活年用气量计算

居民生活的年用气量可根据居民生活用气量指标、居民总数、气化率和燃气的低热值按下列公式计算：

$$Q_a = 0.01 \frac{Nkq}{H_1} \tag{6-50}$$

式中 Q_a——居民生活年用气量（m³/年）；
N——居民人数（人）；
k——城镇居民气化率（%）；
q——居民生活用气量指标[MJ/(人·年)]；
H_1——燃气低热值（MJ/m³）。

(2) 商业公共建筑用户用气量计算

$$Q = \sum q_i N_i \tag{6-51}$$

式中 Q——商业公共建筑总用气热量（MJ/h）；
q_i——某一类用途的用气耗热量（MJ/h）；
N_i——用气服务对象数量。

(3) 房屋供暖用气量计算

房屋供暖用气量与建筑面积、耗热指标和供暖期长短等因素有关。

$$Q_c = F_{qn}/H_L \eta \tag{6-52}$$

式中 Q_c——年供暖用气量（m³/a）；
F_{qn}——使用燃气供暖的建筑面积（m²）；
q——耗热指标[kJ/(m²·h)]；
n——年供暖小时数（h）；
H_L——燃气低热值（kJ/m³）；

η——燃气燃烧设备热效率（%），一般可达70%～80%。

由于各地冬季供暖计算温度不同，所以各地耗热指标不同，一般由实测确定。房屋供暖耗热指标可参考表6-40。

房屋采暖耗热指标表　　　　表6-40

序号	房屋类型	耗热指标 [kJ/(m²·h)]
1	工业厂房	418.68～628.02
2	住宅	167.47～251.21
3	办公楼、学校	209.34～293.08
4	医院、幼儿园	230.27～293.08
5	宾馆	209.34～252.21
6	图书馆	167.47～272.14
7	商店	210.27～314.01
8	单层住宅	293.08～376.81
9	食堂、餐厅	418.68～502.42
10	影剧院	334.94～418.68
11	大礼堂、体育馆	418.68～586.15

由于燃气供暖季节性强，在以人工燃气为主的情况下，若大面积利用燃气供暖将难以平衡季节性用气峰值，加上人工燃气成本高。因此，对燃气供暖用气量的确定，必须根据气源性质和规模综合考虑。一般情况下，它不是城镇用气量中的主要成分。

（4）未预见气量

未预见气量主要指管网的燃气漏损量和发展过程中未预见到的供气量。一般按总用气量的3%～5%计算。

（5）总用气量计算

1）分项相加法。分项相加法适用于各类负荷均可用计算方法求出较准确用量的情况：

$$Q = K \sum Q_i \tag{6-53}$$

式中　Q——燃气总用量（m³/kg）；

　　　Q_i——各类燃气用量；

　　　K——未预见用气量（%），一般按总用气量的3%～5%估算。

2）比例估算法。在各类燃气负荷中，居民生活用气和公共建筑用气一般可以比较准确的求出，当其他各类负荷不确定时，可以通过预测未来居民生活和公共建筑用气在总气量中所占的比例，求出总气量：

$$Q = Q_s / p \tag{6-54}$$

式中　Q——燃气总用量（m³/kg）；

　　　Q_s——居民生活和公共建筑燃气用量；

　　　p——居民生活和公共建筑用气在总气量中所占的比例（%）。

燃气的供应规模主要是由燃气的计算月平均日用气量决定的。一般认为，工业企业用气、公共建筑用气、采暖用气以及未预见用气都是较均匀的，而居民生活用气是不均匀的。燃气的计算月平均日用气量可由下式得出：

$$Q = \frac{Q_a K_m}{365} + \frac{Q_a[(1/p)-1]}{365} \tag{6-55}$$

式中 Q——计算月平均日用气量（m³ 或 kg）；

Q_a——居民生活年用气量（m³ 或 kg）；

p——居民生活和公共建筑用气在总气量中所占的比例（%）；

K_m——月高峰系数（1.1~1.3）。

由上式计算出来的数据即可以确定城镇燃气的总供应规模，也就是城镇的燃气总用量。

在对城镇燃气输配管网管径进行计算时，需要利用的主要数据是燃气高峰用气量，可用下式计算：

$$Q' = \frac{Q}{24} K_d K_h \tag{6-56}$$

式中 Q'——燃气高峰小时最大用气量（m³）；

Q——计算月平均日用气量（m³）；

K_d——日高峰系数（1.05~1.2）；

K_h——小时高峰系数（2.2~3.2）。

6.5.1.3 计算用量的确定

城镇住区小区燃气的年用量不能直接用来确定城镇住区小区燃气管网、设备通过能力和储存设施容积。决定城镇燃气管网设备通过能力和储存设施容积时，需根据燃气的需求情况确定计算流量。

确定燃气小时计算流量的方法，基本上有两种：不均匀系数法和同时工作系数法。一般城镇小时计算流量采用不均匀系数法，也可采用最大负荷利用小时法确定。对于只有居民用户的居住区，尤其是庭院管网的计算，小时计算流量一般采用同时工作系数确定。

(1) 城镇住区小区燃气管道的小时计算流量

采用不均匀系数法，可按下式计算：

$$Q_h = \frac{Q_y}{365 \times 24} K_{m\,max} K_{d\,max} K_{h\,max} \tag{6-57}$$

式中 Q_h——燃气管道的小时计算流量（m³/h）；

Q_y——年用气量（m³/a）；

$K_{m\,max}$——月高峰系数（平均月为1）；

$K_{d\,max}$——日高峰系数（平均日为1）；

$K_{h\,max}$——小时高峰系数（平均时为1）。

一般情况下：$K_{m\,max}=1.1~1.3$；$K_{d\,max}=1.05~1.2$；$K_{h\,max}=2.20~3.20$；供应户数越多，取值愈低。

(2) 庭院管网的小时计算流量

采用同时工作系数法，可按下式来计算：

$$Q_j = K \sum nq \tag{6-58}$$

式中 Q_j——燃气计算用量（m³/h）；

K——燃气灶具的同时工作系数（表6-41）；

$\sum nq$ ——全部灶具的额定耗气量（m³/h）；

n ——同一类型的灶具数；

q ——某一种灶具的额定耗气量（m³/h）。

双眼燃气灶灶具的同时工作系数表　　　　　　　　　　　　　表 6-41

灶具数 n	1	2	3	4	5	6	7	8	9	10	15	20	25	30
同时系数 K	1.00	1.00	0.85	0.75	0.68	0.64	0.60	0.58	0.55	0.54	0.48	0.45	0.43	0.40
灶具数 n	40	50	60	70	80	90	100	200	300	400	500	600	1000	
同时系数 K	0.39	0.38	0.37	0.36	0.35	0.34	0.33	0.31	0.30	0.29	0.28	0.26	0.25	

注：表中为每户装一个双眼燃气灶的同时工作系数。

6.5.2　住区与小区燃气调压站与供应站

住区与小区燃气调压站主要为用户调压站，用户调压站指与中压或低压管网连接，包括中压调压站和低压调压站，直接向居民用户供气的调压站。此外，也有向小区大型公共建筑的供气的专用调压站，专用调压站与较高压力管网连接。

按建筑形式分为地上调压站、地下调压站和箱式调压站。调压站的主要设备是调压器。调压站自身占地面积小，只有十几平方米，箱式调压站甚至可以安装在建筑物的外墙上。

布置调压站站址时应遵循以下原则：

(1) 调压站的供气半径以 0.5km 为宜。

(2) 调压站尽量布置在负荷中心。

(3) 调压站应避开人流量大的地区，并尽量减少对景观环境的影响。

(4) 调压站布置时应保持必要的防护距离（表 6-42）。

调压站与其他建筑物、构筑物的最小距离表　　　　　　　　　　　表 6-42

建筑形式	调压器入口燃气压力级制	最小距离（m）				
		距建筑物或构筑物	距重要建筑物	距铁路或电车轨道	距公路路边	距架空输电线
地上单独建筑	中压（B）	6.0	25.0	10.0	5.0	
	中压（A）	6.0	25.0	10.0	5.0	
地下单独建筑	中压（B）	5.0	25.0	10.0		大于 1.5 倍杆高
	中压（A）	5.0	25.0	10.0		

注：1. 当调压装置露天设置时，则指距离装置的边缘。
　　2. 重要建筑物系指政府、军事建筑、国宾馆、使馆、领馆、电信大厦、广播、电视台、重要集会场所、大型商店、危险仓库等。
　　3. 当达不到上表要求且又必须建筑时，采取隔离围墙及其他有效措施，可适当缩小距离。

液化石油气瓶装供应站主要为居民用户和小型公建服务，供气规模以 5000~7000 户为宜，一般不超过 10000 户。当供应站较多时，几个供应站中可设一管理所（中心站）。供应站的实际储存量一般按计算月平均日销售量的 1.5 倍计，空瓶储量按计算月平均日销售量的 1 倍计，供应站的液化石油气总储量一般不超过 10m³（15kg 钢瓶约 350 瓶）。

瓶装供应站的选址要点：

(1) 应选择在供应区域的中心,以便于居民换气。服务半径不宜超过 0.5~1.0km。
(2) 有便于运瓶汽车的出入的道路。
(3) 瓶库与站外建、构筑物的防火间距不应小于表 6-43 的规定。

瓶装供应站的瓶库与站外建、构筑物的防火间距表（m） 表 6-43

项目	总存瓶容量（m³）	
	≤10	>10
明火、散发火花地点	30	35
民用建筑	10	15
重要建筑	20	25
主要道路	10	10
次要道路	5	5

注：总存瓶容量应按实瓶个数乘单瓶几何容积计算。

液化石油气瓶装供应站的用地面积一般在 500~600m²，而管理所面积略大，约为 600~700m²。

6.5.3 住区与小区燃气管网布置与敷设

6.5.3.1 燃气管网的布置

管网布置应在管网系统的压力级制原则确定后进行，住区与小区燃气管网布置主要涉及中、低压管网，一般应先布置中压管网，后布置低压管网。

(1) 街区燃气管网布置

住区与小区燃气管网布置必须服从城镇的管线综合规划的安排。同时，还要考虑下列因素：

1) 中压燃气干管的位置应尽量靠近大型用户，主要干线应逐步连成环状。低压燃气干管最好在居住区内部道路下敷设。这样既可保证管道两侧均能供气，又可减少主要干管的管线位置占地。

2) 一般应避开主要交通干道和繁华的街道，采用直埋敷设以免给施工和运行管理带来困难。

3) 沿街道敷设管道时，可单侧布置，也可双侧布置。在街道很宽、横穿马路的支管很多或输送燃气量较大，一条街道不能满足要求的情况下可采用双侧布置。

4) 不准敷设在建筑物的下面，不准与其他管线平行上下重叠，并禁止在下列地方敷设燃气管道：a. 各种机械设备和成品、半成品堆放场地；易燃、易爆材料和具有腐蚀性液体的堆放场所。b. 高压电线走廊、动力和照明电缆沟道。

(2) 管道的安全距离

地下燃气管道与建（构）筑物基础及相邻管道之间的最小水平净距和最小垂直净距要求（表 6-44、表 6-45）。

(3) 住区小区庭院燃气管网布置

自街道燃气管网的引入口以后的室外燃气管网为庭院燃气管网。庭院燃气管网大都与建筑物平行铺设，离墙的最小距离为 2m，以防止管道漏气时燃气进入建筑物内。庭院燃气管网的设置要求和街道燃气管网相同。

6.5 配套燃气工程设施及规划

住区与小区地下燃气管道与建（构）筑物基础及相邻管道之间的最小水平净距表（m）

表 6-44

序号	项目		地下煤气管道（当有套管时，以套管计）	
			低压	中压
1	建筑物的基础		2.0	3.0
2	热力管的管沟外壁、给水管或排水管		1.0	1.0
3	电力电缆		1.0	1.0
4	通信电缆	直埋	1.0	1.0
		在导管内	1.0	1.0
5	其他煤气管道	DN 不大于 300mm	0.4	0.4
		DN 大于 300mm	0.5	0.5
6	有轨电车的钢轨		2.0	2.0
7	电杆（塔）的基础	≤35kV	1.0	1.0
		>35kV	5.0	5.0
8	通信、照明电杆（至电杆中心）		1.0	1.0
9	街树（至树中心）		1.2	1.2

住区与小区地下燃气管道与建（构）筑物基础及相邻管道之间的最小垂直净距表（m）

表 6-45

序号	项目		地下煤气管道（当有套管时，以套管计）
1	给水管、排水管或其他煤气管道		0.15
2	电缆	直埋	0.50
		在导管内	0.15
3	热力管的管沟底或顶		0.15

6.5.3.2 燃气管道的敷设

敷设在室外的低压燃气管道可以采用承插式铸铁管或涂有沥青的钢管，而中压必须采用无缝钢管，并用焊接接头。在土质松软之处、极易受震动之处，低压管亦采用无缝钢管。

燃气管道的埋设深度，应在冰冻线以下 0.1~0.2m，并须考虑到地面车辆负荷震动的影响：埋设在车行道下时，不得小于 0.8m，非车行道下不得小于 0.6m。

在穿过河道外露敷设时则需加以保护和保暖，以免损伤和冰冻。穿越铁路必须用钢套管。在燃气中常含有水汽，为了排除由水汽形成的冷凝水，燃气管道的敷设坡度应不小于0.003，并在燃气管低的地点设置凝液器。

6.5.4 住区与小区燃气管网水力计算

燃气管道水力计算的任务，一是根据计算流量和规定的压力损失来计算管径，进而决定管道投资与金属消耗；另外是对已有管道进行流量和压力损失的验算，以充分发挥管道的输气能力，或决定是否需要对原有管道进行改造。

6.5.4.1 燃气水力计算公式

（1）燃气在圆管中稳定流动方程式

在城镇及住区与小区燃气管网工程设计中，通常假定一段时间内流量不变，即将燃气在管内流动视为稳定流动。在多数情况下，管道内燃气的流动可以认为是等温的，其温度接近于埋管周围土壤的温度，因此决定燃气流动状况的参数为：压力 p、密度 ρ 和流速 w。

为了求得 p、ρ 和 w 必须有三个独立方程，对于稳定流动的燃气管道，可利用不稳定流动方程、连续性方程及气体状态方程组成如下方程组：

$$\left.\begin{array}{l} \dfrac{\mathrm{d}p}{\mathrm{d}x} = -\dfrac{\lambda}{d}\dfrac{w^2}{2}\rho \\ \rho w = \text{const} \\ p = Z\rho RT \end{array}\right\} \tag{6-59}$$

由此为基准可推导出高压和中压燃气管道单位长度摩擦阻力损失的表达式为：

$$\frac{p_1^2 - p_2^2}{L} = 1.27 \times 10^{10} \lambda \frac{Q_0^2}{d^5} \rho \frac{T}{T_0} Z \tag{6-60}$$

式中 p_1——燃气管道始端的绝对压力（kPa）；

p_2——燃气管道末端的绝对压力（kPa）；

Q_0——标准状态（T_0、p_0）燃气管道的计算流量（m³/s）；

d——管道内径（mm）；

λ——燃气管道摩擦阻力系数，反映管内燃气流动摩擦阻力的无因次系数，其数值与燃气在管道内的流动状况、燃气性质、管道材质（管道内壁粗糙度）及连接方法、安装质量等因素有关；

ρ——燃气密度（kg/m³）；

T——设计中所采用的燃气温度（K）；

R——气体常数 [J/(kg·K)]；

T_0——标准状态热力学温度（273.15K）；

p_0——标准大气压，kg/m²；

Z——压缩因子，当燃气压力小于 1.2MPa（表压）时，取 $Z=1$；

L——燃气管道的计算长度（km）。

根据稳定流动的连续性方程可推算燃气管道计算流量（m³/s）为

$$Q = Q_0 \frac{\rho_0}{\rho} \tag{6-61}$$

低压燃气管道单位长度摩擦阻力损失的表达式为：

$$\frac{\Delta p}{l} = 6.26 \times 10^7 \lambda \frac{Q^2}{d^5} \rho \frac{T}{T_0} \tag{6-62}$$

式中 Δp——燃气管道摩阻力损失（Pa）；

λ——燃气管道的摩阻系数；

l——燃气管道的计算长度（m）；

Q——燃气管道的计算流量（m³/h）；

ρ——燃气的密度（kg/m³）；

d——燃气管道的内径（mm）；

T——设计中所采用的温度（K）；

T_0——标准状态下热力学温度（273.16K）。

(2) 摩擦阻力系数 λ

燃气在管道中的运动状态不同，摩阻系数 λ 也不同。摩阻系数 λ 值与燃气的流态、管道的材料、管道制造和连接方式有关，也与安装质量有关。

不同流态时，低压管道单位长度的摩擦阻力损失按下列各式计算：

1) 层流状态：$Re<2100$，$\lambda=64/Re$

$$\frac{\Delta p}{l} = 1.13 \times 10^{10} \frac{Q}{d^4} \nu \rho \frac{T}{T_0} \tag{6-63}$$

2) 临界状态：$Re=2100\sim3500$，$\lambda=0.03+\frac{Re-2100}{65Re-10^5}$

$$\frac{\Delta p}{l} = 1.9 \times 10^6 \left(1 + \frac{11.8Q - 7\times10^4 d\nu}{23Q - 10^5 d\nu}\right) \frac{Q^2}{d^5} \rho \frac{T}{T_0} \tag{6-64}$$

3) 紊流状态：$Re>3500$

① 钢管

$$\lambda = 0.11 \left(\frac{k}{d} + \frac{68}{Re}\right)^{0.25}$$

$$\frac{\Delta p}{l} = 6.9 \times 10^6 \left(\frac{k}{d} + 192.2 \frac{d\nu}{Q}\right)^{0.25} \frac{Q^2}{d^5} \rho \frac{T}{T_0} \tag{6-65}$$

② 铸铁管

$$\lambda = 0.102 \left(\frac{1}{d} + 5158 \frac{d\nu}{Q}\right)^{0.284}$$

$$\frac{\Delta p}{l} = 6.4 \times 10^6 \left(\frac{1}{d} + 5158 \frac{d\nu}{Q}\right)^{0.284} \frac{Q^2}{d^5} \rho \frac{T}{T_0} \tag{6-66}$$

式中，ν 是燃气的运动黏度（m^2/s）；k 是管壁内表面的当量绝对粗糙度，对于钢管取 0.2mm。

在实际工程中，燃气管道水力计算并不是利用公式，而是常将上述公式制成图表。这些图表是在如下条件制成的：$\rho=1kg/m^3$，$T=273.16K$，$Z=1$。运动黏度：人工燃气 $\nu=25\times10^{-6}m^2/s$，天然气 $\nu=15\times10^{-6}m^2/s$，气态液化石油气 $\nu=4\times10^{-6}m^2/s$。因此，在应用图表时，对 ρ、T、Z、ν 应按实际数值进行修正。因后三项对城镇住区及小区管网计算影响不大，故一般不修正计算。ρ 的修正是将图上查得的结果乘以工程中采用的燃气密度，即为实际单位长度压力损失。

$$\frac{P_1^2 - P_2^2}{L} = \left(\frac{P_1^1 - P_2^2}{L}\right)_{P=1} \cdot \rho$$

$$\frac{\Delta P}{l} = \left(\frac{\Delta P}{l}\right)_{P=1} \cdot \rho$$

例： 已知人工燃气密度 $\rho_0=0.5kg/(N\cdot m^3)$，运动黏度 $\nu=25\times10^{-6}m^2/s$，温度为 15℃，燃气流经 $L=100m$ 长的低压燃气钢管，当燃气流量 $Q=10N\cdot m^3/h$ 时，管段压力降为 4Pa 输送，求该管段管径。

【解】 已知 $\rho_0=0.5kg/(N\cdot m^3)$，单位长度摩阻损失为

$$\left(\frac{\Delta p}{l}\right)_{\rho_0} = \frac{4}{100} = 0.04Pa/m$$

由式（6-22）得

$$\frac{\Delta P}{l} = \left(\frac{\Delta P}{l}\right)_{\rho=1} \cdot \rho = \frac{0.04}{0.5} = 0.08 \text{Pa/m}$$

据此及已知流量，查附录燃气水力计算图，得管径为 80mm。

6.5.4.2 燃气管道的压降与分配

由燃气管道水力计算公式可以看出，如果管径相同，则压力降越大，燃气管道的通过能力也越大。因此，利用较大的压力降输送和分配燃气，可以节省燃气管道的投资和金属消耗。但是，对低压燃气管道来说，压力降的增加是有限度的。低压燃气管道直接与用户灶具相连接，其压力必须保证燃气管网内燃气灶具能正常燃烧。因此，低压燃气管道压力降的大小及其分配要根据城镇及住区小区的建筑密度、街坊情况、建筑层数和燃气灶具的燃烧性能等因素确定。

室外低压燃气管道允许压力降可按下式计算：

$$\Delta P = 0.75 P_e \tag{6-67}$$

式中 ΔP——室外低压燃气管道允许压力降（Pa）；

P_e——低压燃气燃具的定额压力（Pa），对于人工燃气 $P_e=0.8\sim1$kPa；天然气 $P_e=2\sim5$kPa；气态液化石油气 $P_e=2.8\sim3$kPa。

低压管网压力降分配应根据技术经济条件，选择最佳的分配比例，一般低压输配干管为总压降的 55%～75%。

6.5.4.3 环状管网计算

环状管网计算是选择管网最佳方案的一种手段。最佳方案一般应满足管网和调压室布局合理，保证供气安全可靠，投资和金属消耗最小等几个条件。

环状管网的计算，不仅要决定管径，还要使燃气管网在均衡的水力工况下运行。因此，环状管网的计算比简单的枝状管道计算复杂。在环状管网计算中，大量的工作是消除管网中不同气流方向的压力降差值，所以一般称为平差计算或调环。

平差计算的准备工作与计算步骤如下：

（1）在已知用户用气量的基础上布置管网，并绘制管网平面示意图。管网布置应尽量使每环的燃气负荷接近，使管道负荷比较均匀。图上应注明节点编号、环号、管段长度、燃气负荷、气源或调压室位置等。

（2）计算管网各管段的途泄流量。途泄流量只包括居民用户、小型公共建筑的燃气用量。如果管段上连接了用气量较大的用户，则该用户应看作集中负荷来计算。在实际计算中，一般均假定居民、小型公共建筑是沿管道长度方向均匀分布的。因此，环网内的燃气消耗量与环网管道的计算长度之比，即为管段单位长度的途泄流量。每段管道的途泄流量就等于该管段的计算长度与单位长度途泄流量的乘积。

（3）计算节点流量。在环状燃气管网计算中，特别是利用电子计算机进行燃气环状管网水力计算时，常用节点流量来表示途泄流量。这时可以认为途泄流量 Q 相当于两个从节点流出的集中流量值。在燃气分配管网中，由于从分配管道接出的支管较多，途泄流量在管段总流量中所占比重较大，因此管段始端节点流量为 $0.45Q$，而终端节点的流量为 $0.55Q$。就某一节点来说，节点流量为流入该节点所有管段途泄流量的 0.55 倍，加上流出该节点所有管段途泄流量的 0.45 倍，再加上该节点的集中流量。当转输流量在管段总流量中所占比重较大时，管段始端和终端节点的流量均可按 $0.5Q$ 计算。这时，某一节点的流量就等于与该节点相连之各管段途泄流量一半的总和，再加上由该节点流出的集中流量。

(4) 确定环状管网各管段的气流方向。在拟定气流方向时，应使大部分气量通过主要干管输送；在各气源（或调压室）压力相同时，不同气流方向的输送距离应大体相同；在同一环内必须有两个相反的流向，至少要有一根管段与其他管段流向相反。一般以顺时针方向为（＋），逆时针方向为（－）。拟定后的气流方向应标注在管网示意图上。

(5) 求各管段的计算流量。根据计算的节点流量和假定的气流方向，由离气源点（或调压室）最远的汇合点（即不同流向的燃气流汇合的地方，也称零点）开始，向气源点（或调压室）方向逐段推算，即可得到各管段的计算流量。

推算管段流量，必须使流入节点的气量等于流出节点的气量，即 $\sum Q=0$。

当不计算节点流量时，管段计算流量 Q 可按下式计算：

$$Q = 0.55Q_1 + Q_2 \tag{6-68}$$

式中　Q_1——途泄流量；

　　　Q_2——转输流量。

(6) 初步计算。根据管网允许压力降和供气点至零点的管道计算长度（局部阻力通常取沿程压力损失的 10%），求得单位长度平均压力降，据此即可按管段计算流量选择管径。相邻管段的管径不宜相差太大，一般以相差一号为宜。

初步拟定的各管段管径也在管网示意图上注明。

(7) 平差计算。对任何一环来说，两个相反气流方向的各管段压力降应该是相等的（或称闭合差），即 $\sum \Delta P=0$。但要完全做到这一点是困难的，一般闭合差小于允许闭合差（10%）即可。各环的闭合差可由下式求得：

$$\frac{\sum \Delta P}{0.5 \sum |\Delta P|} \times 100\% \tag{6-69}$$

式中　ΔP——各管段的压力降；

　　　$|\Delta P|$——各管段压力降的绝对值。

由于气流方向、管段流量均是假定的，因此按照初步拟定的管径计算出的压力降在环内往往是不闭合的。这就需要调整管径或管段流量及气流方向重新计算，以至反复多次，直到满足允许闭合差的精度要求。这个计算过程一般称为平差计算。

为了不破坏节点上流量的平衡，一般采用校正流量来消除环网的闭合差。

对于低压管网，校正流量可按下式计算：

$$\Delta Q = \frac{\sum \Delta P}{1.75 \sum \frac{\Delta P}{Q}} + \frac{\sum \Delta Q'_{nn} \left(\frac{\Delta P}{Q}\right)_{ns}}{\sum \frac{\Delta P}{Q}} \tag{6-70}$$

对于高中压管网，计算校正流量的公式为：

$$\Delta Q = -\frac{\sum \delta P}{2 \sum \frac{\delta P}{Q}} + \frac{\sum \Delta Q_{nn} \left(\frac{\delta P}{Q}\right)_{ns}}{\sum \frac{\delta P}{Q}}$$

$$\delta P = P_1^2 - P_2^2 \tag{6-71}$$

式中 $\Delta Q'_{nn}$、ΔQ_{nn}——邻环校正流量的第一个近似值;

$\left(\dfrac{\Delta P}{Q}\right)_{ns}$、$\left(\dfrac{\delta P}{Q}\right)_{ns}$——与该邻环共用管段的 $\dfrac{\Delta P}{Q}$ 或 $\dfrac{\delta P}{Q}$ 值。

例：计算图 6-41 所示低压环状煤气管网。图中已注明节点号、环号、管段长度和每环的煤气负荷，并给出了需要由管段 1～2、2～3、1～6 供应的环外邻近区域的负荷以及由节点 3、6 引出支线的负荷。煤气管网供应的是焦炉煤气，其重度 $\gamma = 0.46 \text{kg/m}^3$，运动黏度 $\nu = 25 \times 10^{-6} \text{m}^2/\text{s}$。管网中的计算压力降 $\Delta P = 550 \text{Pa}$。

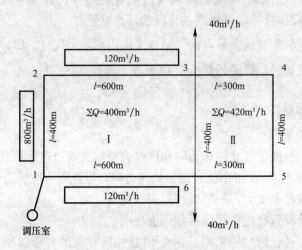

图 6-41　低压环状煤气管网图

【解】

（1）求各管段的途泄流量（表 6-46、表 6-47）

各环单位长度途泄流量计算表　　　　　表 6-46

环号	环内总负荷（m³/h）	环内管段总长（m）	单位长度途泄流量 [m³/(h·m)]
Ⅰ	400	2000	0.2
Ⅱ	420	1400	0.3

各管段途泄流量计算表　　　　　表 6-47

管段	管段长（m）	环内单位长度途泄流量 [m³/(h·m)]	环内管段途泄流量（m³/h）	与管段靠近的环外途泄流量（m³/h）	管段途泄流量小计（m³/h）	备注
1～2	400	0.2	80	80	160	
2～3	600	0.2	120	120	240	
3～4	300	0.3	90	—	90	3～6 为Ⅰ、Ⅱ环的公共管段
4～5	400	0.3	120	—	120	
5～6	300	0.3	90	—	90	
1～6	600	0.2	120	120	240	
3～6	400	0.2+0.3	200	—	200	

(2) 拟定气流方向。在距调压室最远处（4点）假定为零点位置，同时决定气流方向（图6-42）。

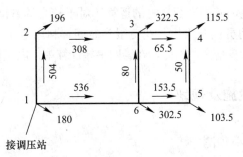

图 6-42　气流方向和管段计算流量结果图

(3) 计算节点流量（表6-48）。

节点流量表　　　　　　　　　　　　　　　　　　表 6-48

节点号	相连管段	节点流量（m³/h）
1	1~2，1~6	160×0.45+240×0.45=180
2	1~2，2~3	160×0.55+240×0.45=196
3	2~3，3~4，3~6	240×0.55+90×0.45+200×0.55+40=322.5
4	3~4，4~5	90×0.55+120×0.55=115.5
5	4~5，5~6	200×0.45+90×0.55=103.5
6	3~6，5~6，1~6	200×0.45+90×0.45+240×0.55+40=302.5

(4) 推算各管段计算流量。根据节点流量和气流方向推算的管段计算流量（图6-42）。

(5) 初步拟定管径。根据允许总压降550Pa和由供应点1到汇合点4的平均距离，并考虑局部阻力后计算允许单位长度压降，即

$$\frac{\Delta P}{l} = \frac{550}{1300 \times 1.1} = 0.38 \text{Pa/m}$$

根据允许单位长度压降和管段计算流量，由水力计算图表查得管径。

(6) 平差计算。用表格进行管网平差计算。先进行初步计算，再依次作校正计算。

在初步计算中，根据拟定的管径和管段流量计算管段压力降和各环压力闭合差。经初步计算，第Ⅱ环闭合差为15.2%，超过了允许误差范围。为分析其原因，计算由调压室至汇合点4的全部压降：

1~2~3~4　(20.4+13.2+9.3)×1.1=47.19
1~6~5~4　(33+6.3+7.6)×1.1=51.59
1~6~3~4　(33+2.64+9.3)×1.1=49.43

计算结果表明，总压降基本不超过允许总压降550Pa。说明初步拟定的管径基本合适，无需调整管径，只需调整管段流量。

校正各管段流量后，再计算各环闭合差。结果为：第Ⅰ环闭合差0.5%，第Ⅱ环闭合差0.7%，已满足精度要求。

最后再核算总压降：

1~2~3~4　(20.8+13.8+10.5)×1.1=49.6
1~6~5~4　(32.4+6+6.8)×1.1=49.7

1～6～3～4　（32.4＋2.4＋10.5）×1.1＝49.8

计算结果表明，闭合差和总压降均满足要求。

环状燃气管网的平差，需要进行反复的运算。对于较大的管网（环数很多的管网），利用手工平差时，往往要动员很多人力、花费很多时间。利用电子计算机平差不仅省时、省力，而且能保证较高的计算精度。因此，在管网平差计算中，电子计算机的应用日渐广泛。

6.6 配套供热工程设施及规划

6.6.1 住区与小区热负荷预测

6.6.1.1 采暖热负荷预测与计算

采暖也称供暖，即用人工的方法使室内获得热量并保持一定的温度，以达到适宜的生活条件或工作条件的过程。目前，我国采暖地区城镇民用集中供热系统中，采暖热负荷占总供热负荷的 80%～90%。

采暖热负荷的确定方法有设计计算法和规划预测法两种。

（1）设计计算法

当某一建筑物的土建资料比较齐全时，采暖热负荷可根据设计参数计算。计算法比较准确。一般民用建筑的采暖热负荷基本计算公式为：

$$Q'_n = Q'_1 + Q'_2 + Q'_3 \tag{6-72}$$

式中　Q'_n——采暖热负荷（W）；
　　　Q'_1——建筑物围护结构耗热量（W）；
　　　Q'_2——冷风渗透耗热量（W）；
　　　Q'_3——冷风侵入耗热量（W）。

以上三项耗热量中 Q'_1 占主导地位。

Q'_1 的计算方法为：

$$Q'_1 = (1 + X_g) \sum aKF(t_n - t'_w)(1 + X_{ch} + X_f) \tag{6-73}$$

式中　K——某一围护结构（外墙、外窗、外门、屋顶等）的传热系数 [W/(m²·℃)]；
　　　F——某一围护结构传热面积（m²）；
　　　t_n——采暖室内设计温度（℃），根据建筑物的用途按有关规范的规定选取；
　　　t'_w——采暖室外设计温度（℃）。
　　　a——围护结构的温差修正系数，当围护结构邻接非采暖房间时，对室外温度所作的修正，一般取 $a=0.4$～0.7；
　　　X_{ch}——朝向修正率，它考虑的是建筑物受太阳辐射的有利作用和房间的朝向所作的修正，朝向修正率的取值为：
　　　　　　北、东北、西北　$X_{ch} = 0$～10%
　　　　　　东南、西南　　　$X_{ch} = -15\%$ ～-10%
　　　　　　南　　　　　　　$X_{ch} = -30\%$ ～-15%；
　　　X_f——风力附加率，只对建在不避风的高、地、海岸、旷野上的建筑物，由于冬季室外风速较大，才考虑 5%～10% 的附加率；

X_g——高度附加率，当建筑物每层的高度>4m时，每高出1m附加2%。但总附加率不应大于15%。

Q_2'的计算方法为：

$$Q_2' = 0.278 n_k V \rho_w C_p (t_n - t_w') \quad (6-74)$$

式中 n_k——房间的换气次数，可取每小时 $n_k=0.5$ 次左右；

V——采暖建筑物的外围体积（m³）；

C_p——室外空气的定压比热，取 $C_p=1.0$kJ/(kg·℃)；

ρ_w——采暖室外计算温度下的空气密度（kg/m³）

其他符号同前。

Q_3'的计算方法为：

$$Q_3' = NQ_m \quad (6-75)$$

式中 Q_m——建筑物外大门的基本耗热量（W）；

N——外门附加率，多层民用建筑可取，$N=2.0\sim3.0$；公共建筑厂房可取，$N=0.5$。

(2) 规划预测法（概算法）

概算法又称概算指标法。当已知规划区内各建筑物的建筑面积，建筑物用途及层数等基本情况时，常用热指标法来确定热负荷。建筑物的采暖热负荷 Q_n'(kW) 可按下式进行概算：

$$Q_n' = q_f \cdot F \times 10^{-3} \quad (6-76)$$

式中 F——建筑物的建筑面积（m²）；

q_f——建筑物采暖面积热指标（W/m²），它表示每平方米建筑面积的采暖负荷，q_f 的值见表 6-49。

表中 q_f 的取值有一定的范围，确定 q_f 值的方法。

1) q_f 取值

① 对当地已建的采暖建筑进行调研以确定合理的 q_f 值。

② 如不具备上述条件，q_f 值可以遵循以下原则取值：严冬地区取较大值；建筑层数较少的取较大值；建筑外形复杂取较大值；建筑外形接近正方形取较小值。

2) 采暖热指标

如同前述，我国建筑节能已越来越重视，采暖热负荷应预测结合我国国情和当地实际情况，区分节能建筑和未节能建筑不同指标预测，当采用面积热指标法预测规划采暖热负荷，面积热指标可结合城镇实际情况选用表 6-49 推荐值。

采暖热指标（q_f）推荐值表（W/m²）　　　　表 6-49

建筑物类型	多层住宅	学校办公楼	医院	幼儿园	图书馆	旅馆	商店	单层住宅	食堂餐厅	影剧院	大礼堂体育馆
未节能	58~64	58~80	64~80	58~70	47~76	60~70	65~80	80~105	115~140	95~115	116~163
节能	40~45	50~70	55~70	40~45	40~50	50~60	55~70	60~80	100~130	80~105	100~150

注：1. 严寒地区或建筑外形复杂、建筑层数少者取上限，反之取下限。
2. 适用于我国东北、华北、西北地区不同类型的建筑采暖热指标推荐值。
3. 近期规划可按未节能的建筑物选取采暖热指标。
4. 远期规划要考虑节能建筑的份额，对于将占一定比例的节能建筑部分，应选用节能建筑采暖热指标。

6.6.1.2 建筑物通风热负荷

建筑物通风热负荷可采用建筑物通风热负荷系数法，预测公共建筑和厂房等通风热负荷。

通风热负荷公式为：

$$Q_V = K_V Q_h \tag{6-77}$$

式中 Q_V——通风计算热负荷（kW）；

Q_h——采暖计算热负荷（kW）；

K_V——建筑物通风热负荷系数，一般可取 $0.3\sim0.5$。

6.6.1.3 生活热水热负荷

生活热水热负荷可采用生活热水热指标法预测。

生活热水平均热负荷公式为：

$$Q_{w\cdot a} = q_w A \times 10^{-3} \tag{6-78}$$

式中 $Q_{w\cdot a}$——生活热水平均热负荷（kW）；

q_w——生活热水热指标（W/m²）；

A——总建筑面积（m²）。

城镇住区生活热水热指标应根据建筑物类型，采用实际统计资料确定或按表 6-50 推荐值结合城镇住区实际情况，分别比较选取。

居住区采暖期生活热水日平均热指标推荐值表（W/m²） 表 6-50

用水设备情况	热指标
住宅无热水设备，只对公共建筑供热水时	2～3
全部住宅有沐浴设备，并供给生活热水时	5～15

6.6.1.4 夏季空调冷负荷与冬季空调热负荷

可按表 6-51 推荐值，结合城镇住区小区实际情况，分别比较选定预测。

空调热指标 q_a、冷指标 q_c 推荐值表（W/m²） 表 6-51

建筑物类型		办公	医院	旅馆、宾馆	商店、展览馆	影剧院	体育馆
热指标	未节能	80～100	90～120	90～120	100～120	115～140	130～190
	节能	64～80	72～100	70～100	80～100	90～120	100～150
冷指标	未节能	80～110	70～100	80～110	125～180	150～200	140～200
	节能	65～90	55～80	65～90	100～150	120～160	110～160

注：1. 表中指标适用于我国东北、华北、西北地区；其他地区指标按实地调查和类比分析确定。
2. 近期规划可按未节能的建筑物选取空调热、冷指标。
3. 远期规划要考虑节能建筑的份额，对于将占一定比例的节能建筑部分，应选用节能建筑空调热、冷指标。

6.6.2 住区与小区集中供热系统的热力站配套设施

集中供热系统的热力站是供热网路与热用户的连接场所。

热力站根据热网工况和不同的条件，采用不同的连接方式，将热网输送的热媒加以调节、转换，向热用户系统分配热量，以满足用户的需求，并根据需要进行集中计量、检测供热热媒的参数和数量。

采用集中供热热力站，比分散供热用户热力点方式能减轻运行管理和便于实现检测、计量和遥控，提高管理水平和供热质量。

住区与小区集中供热系统的热力站多为小区热力站（常简称为热力站）——供热网路通过小区热力站向一个或几个街区的多幢建筑分配热能。这种热力站大多是单独的建筑物。从集中热力站向各热用户输送热能的网路，通常称为二级供热管网。小区热力站一般为民用热力站。

6.6.2.1 热力站示意

民用热力站的服务对象是民用用热单位（民用建筑及公共建筑），多属于热水供热热力站。图6-43所示是一个供暖用户的热力点示意图。热力点在用户供、回水总管进出口处设置截断阀门、压力表和温度计，同时根据用户供热质量的要求，设置手动调节阀或流量调节器，以便于对用户进行供热调节。用户进水管上应安装除污器，以免污垢杂物进入局部供暖系统。如引入用户支线较长，宜在用户供、回水管总管的阀门前设置旁通管。当用户暂停供暖或检修而网路仍在运行时，关闭引入口总阀门，将旁通管阀门打开使水循环，以避免外网的支线冻结。

图6-44所示为一个民用热力站的示意图。各类热用户与热水网路并联连接。

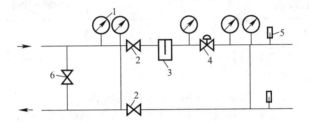

图6-43 用户引入口示意图
1—压力表；2—用户供回水总管阀门；3—除污器；4—手动调节阀；5—温度计；6—旁通管阀门

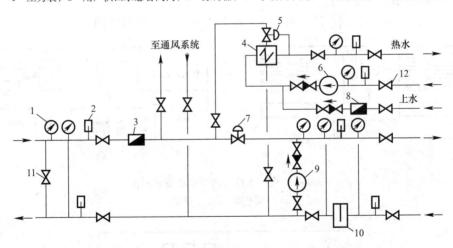

图6-44 民用集中热力站示意图（一）
1—压力表；2—温度计；3—热网流量计；4—水—水换热器；5—温度调节器；6—热水供应循环水泵；7—手动调节阀；8—上水流量计；9—供暖系统混合水泵；10—除污器；11—旁通管阀门；12—热水供应循环管路

供热上水进入水—水换热器4被加热，热水沿热水供应网路的供水管，输送到各用户。热水供应系统中设置热水供应循环水泵6和循环管路12，使热水能不断地循环流动。当城市上水悬浮杂质较多、水质硬度或含氧量过高时，还应在上水管处设置过滤器或对上水进行必要的水处理。

图 6-44 的供暖热用户与热水网路是采用直接连接。当热网供水温度高于供暖用户设计的供水温度时,热力站内设置混合水泵 9,抽引供暖系统的网路回水,与热网的供水混合,再送向各用户。

图 6-45 所示为供暖系统与热水网路采用间接连接方式的热力站示意图。其工作原理和流程与图 6-44 相同,只是安装了为供暖系统用的水—水换热器和二级网路的循环水泵,使热网与供暖系统的水力工况完全隔绝开来。

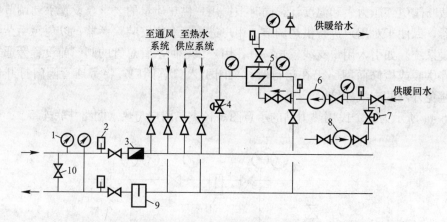

图 6-45 民用集中热力站示意图(二)
1—压力表;2—温度计;3—流量计;4—手动调节阀;5—供暖系统用的水—水换热器;
6—供暖系统循环水泵;7—补给水调节阀;8—补给水泵;9—除污器;10—旁通管阀门

6.6.2.2 热力站的平面布置

图 6-46、图 6-47 分别为汽—水、水—水热力站平面布置示意图。

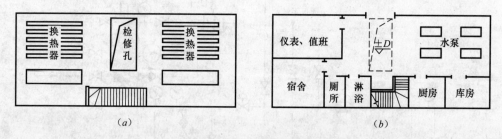

图 6-46 汽—水热力站平面布置示意图
(a) 二层平面;(b) 底层平面

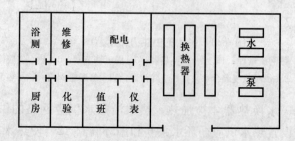

图 6-47 水—水热力站平面布置示意图

6.6.2.3 热力站的建筑面积要求

热力站一般为单独的建筑物,其所需要的建筑面积与热力站所服务的供热面积有关。见表 6-52。一个居住小区一般宜设一个民用热力站。

热力站建筑面积参考表　　　　表 6-52

规模类型	Ⅰ	Ⅱ	Ⅲ	Ⅳ	Ⅴ	Ⅵ
供热建筑面积(万 m^2)	<2	3	5	8	12	16
热力站建筑面积(m^2)	<200	<280	<330	<380	<400	≤400

6.6.3 住区与小区供热管网设施

6.6.3.1 相关规划要求

供热管网形式分枝状管网和环状管网,前者又可分为单级枝状管网和两级枝状管网;供热管网系统可分热水供热系统和蒸汽供热系统。

供热管网形式和供热管网选择在城市总体供热规划中确定。

6.6.3.2 住区小区供热管网布置与敷设方式

供热管网的布置应根据热源布局、热负荷分布和管线敷设条件全面规划,同时协调园林绿地关系,掌握水文地质条件等多种因素,经技术经济比较后确定管网的布置方式。

(1) 住区小区供热管网的平面布置要求

1) 经济上合理。主干线力求短直,主干线尽量先经过热负荷集中区。

2) 技术上可靠。供热管线应避开土质松软地区、地下水位高等不利地段。

3) 供热管道走向宜平行于道路中心线,并尽可能敷设在车行道以外的地方;一般情况下,同一条管道应只沿街道的一侧敷设;供热管道应少穿交通线。地上敷设的供热管道不应影响环境美观,不妨碍交通。

4) 供热管道与其他市政管线、构筑物等应协调安排,相互之间的距离应能保证运行安全和施工及检修方便。

(2) 供热管网的竖向布置要求

1) 地沟管线敷设深度应尽量浅一些,以减少土方工程量。为了避免地沟盖受汽车等动荷载的直接压力,地沟的埋深自地面至沟盖顶面不少于 0.5~1.0m。当地下水位高或其他地下管线相交情况极其复杂时,允许采用较小的埋设深度,但不少于 0.3m。

2) 热力管道埋设在绿化带时,埋深应>0.3m。

3) 热力管道与其他地下设备相交叉时,应在不同的水平面上互相通过。

4) 地下敷设时必须注意地下水位,沟底的标高应高于近 30 年来最高地下水位 0.2m 以上,在没有准确地下水位资料时,应高于已知最高地下水位 0.5m 以上,否则地沟要进行防水处理。

5) 热力管道和电缆之间的最小净距为 0.5m,如电缆地带土壤受热的附加温度在任何季节都<10℃,且热力管道有专门的保温层时,则可减小此净距。

(3) 供热管网的地下敷设

地下敷设可分为地沟敷设和直埋敷设。地下敷设不影响市容和交通,因而是城镇集中供热管道首选的敷设方式。

① 地沟敷设。地沟是地下敷设管道的围护结构物。地沟的作用是承受土壤压力和地面荷载并防止水的侵入。根据地沟的断面尺寸,可分为通行地沟、半通行地沟、不通行地沟。

通行地沟如图 6-48 所示。通行地沟内要保证工作人员直立行走。通行地沟的造价高,一般供热管道穿越交通干道时才采用。

半通行地沟如图 6-49 所示。在半通行地沟内留有高度 1.2～1.4m,宽度不小于 0.5m 的人行通道。操作人员可以在半通行地沟内检查管道和进行小型维修工作。半通行地沟适用于供热管道穿越交通干道而地下空间有限的场合。

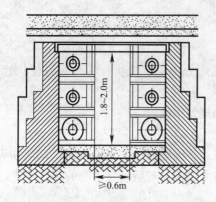

图 6-48　通行地沟敷设图

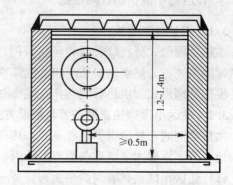

图 6-49　半通行地沟敷设图

不通行地沟,如图 6-50 所示。不通行地沟的断面尺寸小,仅需满足管道施工安装的必要尺寸间距,因此造价低,占地面积小,是城市供热管道经常采用的敷设形式。其缺点是管道检修时须掘开地面。

地沟通常设在土壤下面,管沟盖板覆土深度不宜小于 0.2m。地沟埋在土壤中的深度,应根据当地的水文气候条件确定,一般在冻土层以下和最高地下水位线以上。

② 直埋敷设。与传统的地沟敷设方式相比,直埋敷设具有占地少,施工周期短,使用寿命长等优点。适用于供热介质温度≤150℃的供热管道。因此常用于热水供热系统。直埋方式见图 6-51。直埋敷设管道常采用"预制保温管",它将钢管、保温层和保护层紧密粘在一起,具有足够的机械强度和良好的防水、防腐性能,是供热管道敷设方式发展的趋势。

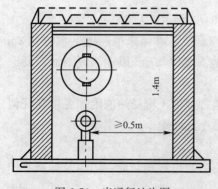

图 6-50　半通行地沟图

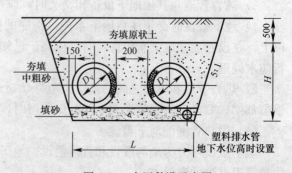

图 6-51　直埋敷设示意图

6.6.4 供热管道的水力计算

在城镇住区、小区集中供热规划中,需要对管道的管径进行计算或估算,即进行水力计算。供热管网水力计算的主要任务是根据热媒流量 G 和允许比摩阻 R 值(单位管道长度的沿程压力损失)来选择管径,或者根据管径和热媒流量来验算压力损失,以及求出管网中各点的压力,分析调整系统的水力工况;亦可根据管径和比摩阻校核管道流量。正确地选择管径和压力损失,对于整个管网投资、管网运行管理及经济效益都具有重要意义。

6.6.4.1 供热管道的水力计算一般可按下列顺序进行

绘制管道平面布置图或计算系统图,并在图上标明:
(1) 热源和用户的流量与参数。
(2) 各管段的几何展开长度(即计算长度)。
(3) 管道附件等。
(4) 对于热水管道应注明各管段的始点和终点(沿流动方向)的标高。

6.6.4.2 确定计算条件(即各计算量),选择计算主干线,确定经济比摩阻 R 值

在实际工作中,热水管网主干线通常选取从热源到最远用户的一条干线。由于各供暖用户所预留的压差一般都相等,主干线最长,因此平均比摩阻最小。选择合适的比摩阻值,对于确定管径起决定作用。比摩阻值大则管径小,工程投资小,热量损失少,但管网压力损失增大,循环水泵耗电量增加。所以必须确定一个经济比摩阻。目前国内尚无统一规定,在工程设计中常采用下列数值:

主干管:$R=20\sim62\text{Pa/m}$;支干管:$R=50\sim100\text{Pa/m}$。

6.6.4.3 根据确定的计算条件确定管径

若已知流量 G 和比摩阻 R,利用热水供暖管网管径计算表很容易查出管径、热媒流速及动压水头。初步计算出各管段的管径后,再按计算结果选用标准管径。主干管的管径确定后,再用同样方法确定支管的管径。为了满足热力网中各用户的作用压力,必须提高热源处用户支线的比摩阻,但管内的流速不宜超过限定流速(表6-53)。

热水管网限定流速表　　　　　　　　　　表 6-53

公称直径 D_g (mm)	15	20	25	32	40	50	100	≥200
限定流速(m/s)	0.6	0.8	1.0	1.30	1.50	2.00	2.30	2.50~3.00

6.6.4.4 根据选用的标准管径校核

核算各管段的压力损失和流速,并对管网最远用户和热媒参数有要求的用户核算是否满足设计要求。当管道阻力超过允许值、用户压力不够时,应考虑适当增加管径,重新按上述步骤计算,直至达到要求。

6.6.4.5 根据计算结果编制管道计算表

确定供热管道管径需要大量的资料和繁琐的计算工作,通常利用公式编制了水力计算图表和热水供暖管网管径计算表,这些图表可以在一些专业书籍中找到,本书从略。

下列仅介绍热力网计算的基本方法。

(1) 采暖热负荷热水热力网设计流量可按下式计算

$$G_n = 3.6 \frac{Q_n}{c(t_1 - t_2)} \quad (6-79)$$

式中 G_n——采暖热负荷热力网设计流量（kg/h，t/h）；
Q_n——采暖热负荷（W），（1kJ/h=0.278W）；
c——水的比热容[kJ/(kg·℃)]，可取 c=4.1868kJ/(kg·℃)；
t_1——采暖室外计算温度下的热力网供水温度（℃）；
t_2——采暖室外计算温度下的热力网回水温度（℃）。

热媒流速 v 与流量的关系为：

$$v = \frac{G_n}{3600 \frac{\pi d^2}{4} \gamma} = \frac{G_n}{900 \pi d^2 \gamma} \quad (6-80)$$

式中 G_n——介质流量（t/h）；
v——流速（m/s）；
d——管径（m）；
γ——热媒的密度（kg/m³）。

(2) 管径计算参数的确定

1) 流量的确定

各管段的计算流量按下列原则确定：

① 从热源引出的主管，按热源最大外供能力进行计算。
② 直接与用户连接的支管，按用户远期负荷所需流量进行计算。
③ 主干管或分支干管，按所通过的各用户最大流量之和进行计算。
④ 双管或环形干管，根据各用户最大流量进行计算，并保证在任何工况下不能间断用户供热。

最大流量计算：

$$G_{max} = K(1 + K_f) \sum G'_{max} \quad (6-81)$$

式中 G_{max}——最大流量（t/h）；
$\sum G'_{max}$——各用户最大流量之和（t/h）；
K——同时使用系数（如果设计负荷已考虑，此处不重计）：生产负荷 K=0.8～0.9，采暖负荷 K=1.0，通风负荷 K=0.8～1.0，生活热水负荷 K≤0.4；
K_f——流量附加系数，包括管道漏损裕量，蒸汽管道 K_f=0.15～0.30，热水管道 K_f=0.02～0.05。

2) 流速的确定

蒸汽和热水管道的允许流速见表 6-54 所示。

蒸汽、热水管道流速表 表 6-54

工作介质	管道种类	允许流速（m/s）
过热蒸汽	DN>200（mm）	40～60
	DN=200～100（mm）	30～50
	DN<100（mm）	20～40

续表

工作介质	管道种类	允许流速（m/s）
饱和蒸汽	DN＞200（mm）	30～40
	DN=200～100（mm）	25～35
	DN＜100（mm）	15～30
热网循环水	室外管网	0.5～3
凝结水	压力凝结水管	1～2
	自流凝结水管	＜0.5

(3) 热水管网中管段总压降估算法

在集中供热方案设计、可行性研究或城市供暖规划设计时，常利用每米管道长度沿程损失法和局部阻力当量长度百分数估算法，计算如下：

$$\Delta P = RL + \Delta P_j = RL + RL_d = R(L + L_d) = RL_{zh} \quad (6-82)$$

式中 ΔP——管段总压力损失（Pa）；
RL——管段沿程压力损失（Pa）；
ΔP_j——管段局部压力损失（Pa）；
L——管段长度（m）；
L_d——管段局部阻力当量长度（m）；
L_{zh}——管段折算长度（m）；
R——每米管长的沿程压力损失，也称比摩阻（Pa/m）。

R 值可用下式计算：

$$R = 6.88 \times 10^{-3} K^{0.25} \frac{G_n}{\rho d^{5.25}} \quad (6-83)$$

式中 G_n——管道热水流量（t/h）；
K——管壁粗糙系数；
ρ——水的密度（kg/m³）；
d——管道内径（m）。

局部阻力当量长度 L_d 可按管道长度 L 的百分数来计算。即：

$$L_d = \alpha L \quad (6-84)$$

式中 α——局部阻力当量长度百分数（%），详见表 6-55。

热水管道局部阻力损失当量长度比值 α 表　　表 6-55

管道等别	伸缩器形式	公称直径 D_g（mm）	α 值（%）
主干线	套管伸缩器	≤1000	20
	掫弯管伸缩器	≤300	30
	焊接弯管伸缩器	200～350	50
		400～500	70
		600～1000	100
支线	套管伸缩器	≤400	30
		450～1000	40
	掫弯管伸缩器	≤150	30
		175～200	40
		250～300	60

续表

管道等别	伸缩器形式	公称直径 D_g (mm)	α 值（%）
支线	焊接弯管伸缩器	175～200	60
		250～300	80
		400～500	90
		600～1000	100

城镇及住区小区规划中，因一些项目具有不确定性，参数的确定困难较大。因此，上述计算公式仅能作为参考，而不能作为施工的依据。而实际工程设计计算采用的公式和应用的参数要复杂得多，为简化繁琐计算，通常利用图表进行。图表可参阅有关专门书籍，这里不再介绍。

（4）热水管网管径估算表 6-56。

热水管网管径估算表　　　　表 6-56

热负荷		供回水温差（℃）								
		20		30		40 (110～70)		60 (130～70)		80 (150～70)	
（万 m^2）	(MW)	流量 (t/h)	管径 (mm)	流量 (t/h)	管径 (mm)	流量 (t/h)	管径 (mm)	流量 (t/h)	管径 (mm)	流量 (t/h)	管径 (mm)
10	6.98	300	300	200	250	150	250	100	200	75	200
20	13.96	600	400	400	350	300	300	200	250	150	250
30	20.93	900	450	600	400	450	350	300	300	225	300
40	27.91	1200	600	800	450	600	400	400	350	300	300
50	34.89	1500	600	1000	500	750	500	500	400	375	350
60	41.87	1800	600	1200	600	900	600	600	400	450	350
70	48.85	2100	700	1400	600	1050	500	700	450	525	400
80	55.82	2400	700	1600	600	1200	600	800	450	600	400
90	62.80	2700	700	1800	700	1350	600	900	450	675	450
100	69.78	3000	800	2000	800	1500	600	1000	500	750	450
150	104.67	4500	900	3000	900	2250	700	1500	600	1125	500
200	139.56	6000	1000	4000	1000	3000	800	2000	700	1500	600
250	174.45	7500	2×800	5000	1000	3750	800	2500	700	1875	600
300	209.34	9000	2×900	6000	2×900	4500	800	3000	800	2250	700
350	244.23	10560	2×900	7000	2×900	5250	900	3500	800	2625	700
400	279.12			8000	2×900	6000	1000	4000	900	3000	800
450	314.01			9000		6750	1000	4500	900	3375	800
500	348.90			10000		7500	2×800	5000	900	3750	800
600	418.68					9000	2×900	6000	1000	4500	900
700	488.46					10500	2×900	7000	1000	5250	900
800	558.24							8000	2×900	6000	1000
900	628.02							9000	2×900	6750	1000
1000	697.80							10000	2×900	7500	2×800

注：当热指标为 $70W/m^2$ 时，单位压降不超过 49Pa/m。

6.7 相关工程管线综合

6.7.1 住区与小区工程管线综合布置原则

6.7.1.1 工程管线综合布置原则

(1) 规划中各种工程管线的平面位置和竖向位置均应采用城镇统一的坐标系统和高程系统。工厂内的管线也可以采用自己定出的坐标系统，但厂界、管线进出口则应与城镇管线的坐标一致。如存在几个坐标系统和标高系统，必须加以换算，取得统一。

(2) 管线综合布置应与总平面布置、竖向设计和绿化布置统一进行，使管线之间，管线与建筑物之间在平面上及竖向上相互协调、紧凑合理。

(3) 管线敷设方式应根据管线内介质的性质、地形、生产安全、交通运输、施工检修等因素，经技术经济比较后择优确定。

(4) 管道内的介质具有毒性、可燃、易爆性质时，严禁穿越与其无关的建筑物、构筑物、生产装置及贮罐区等。

(5) 必须在满足生产、安全、检修的条件下节约用地。当技术经济比较合理时，应共架、共沟布置。

(6) 管线带的布置应与道路或建筑红线相平行。同一管线不宜自道路一侧转到另一侧。

(7) 平原城镇宜避开土质松软地区、地震断裂带、沉陷区以及地下水位较高的不利地带；起伏较大的山区城镇，应结合城镇地形的特点合理布置工程管线位置，并应避开滑坡危险地带和洪峰口。

(8) 应减少管线与铁路及其他干管的交叉，沿铁路、公路敷设的工程管线应与铁路、公路平行。当工程管线与铁路、公路交叉时宜采用垂直交叉方式布置；受条件限制，可倾斜交叉布置，其最小交叉角宜大于 30°。

(9) 当规划区分期建设时，管线布置应全面规划，近期集中，近远期结合。近期管线穿越远期用地时，不得影响用地的使用。

(10) 工程管线综合布置时，干管应布置在用户较多的一侧或将管线分类布置在道路两侧，应减少管线在道路交叉口处交叉。

(11) 充分利用现状工程管线。当现状工程管线不能满足需要时，经综合技术、经济比较后，可废弃或抽换。

(12) 工程管线在道路下面的规划位置宜相对固定。从道路两侧红线向道路中心线方向平行布置的次序，应根据工程管线的性质、埋设深度等确定。分支线少、埋设深、检修周期短和可燃、易燃及损坏时对建筑物基础安全有影响的工程管线应远离建筑物。布置次序宜为：电力电缆、电信电缆、燃气配气、给水配水、热力干线、燃气输气、给水输水、雨水排水、污水排水。按序电力电缆、电信电缆等分别在道路两侧布置。

(13) 地下工程管线最小水平净距、交叉时最小垂直净距、最小覆土深度应满足相关标准的技术规定表 6-57、表 6-58 的要求。

工程管线之间及其与建(构)筑物之间的最小水平净距(m)　　　　表6-57

序号	管线名称			1 建筑物	2 给水管 d≤200mm	2 给水管 d>200mm	3 污水雨水排水管	4 燃气管 低压	4 燃气管 中压 B	4 燃气管 中压 A	4 燃气管 高压 B	4 燃气管 高压 A	5 热力管 直埋	5 热力管 地沟	6 电力电缆 直埋	6 电力电缆 缆沟	7 电信电缆 直埋	7 电信电缆 管道	8 乔木	9 灌木	10 地上杆柱 通信照明及<10kV	10 地上杆柱 高压铁塔基础边 ≤35kV	10 地上杆柱 高压铁塔基础边 >35kV	11 道路侧石边缘	12 铁路钢轨(或坡脚)
1	建筑物				1.0	3.0	2.5	0.7	1.5	2.0	4.0	6.0	2.5	0.5	0.5		1.0	1.5	3.0	1.5	*				6.0
2	给水管	d≤200mm		1.0			1.0		0.5		1.0	1.5	1.5		0.5		1.0		1.5		0.5	3.0		1.5	
2	给水管	d>200mm		3.0			1.5																			
3	污水、雨水排水管			2.5	1.0	1.5		1.0	1.2		1.5	2.0			1.5				1.5			1.5			1.5	
4	燃气管	低压	p≤0.05MPa	0.7		1.0							1.0							1.2	1.0	1.0	5.0	1.5		5.0
4	燃气管	中压	0.005MPa<p≤0.2MPa	1.5	0.5		1.2						1.0	1.5			0.5	1.0								
4	燃气管	中压	0.2MPa<p≤0.4MPa	2.0				DN≤300mm 0.4 DN>300mm 0.5																			
4	燃气管	高压	0.4MPa<p≤0.8MPa	4.0	1.0		1.5						1.5	2.0			1.0								2.5	
4	燃气管	高压	0.8MPa<p≤1.6MPa	6.0	1.5		2.0						2.0	4.0	1.5		1.5									
5	热力管	直埋		2.5	1.5		1.5	1.0	1.0	1.5	2.0				2.0			1.5		1.0		2.0	3.0	1.5	1.0
5	热力管	地沟		0.5					1.5	2.0	4.0															
6	电力电缆	直埋		0.5	0.5		0.5	0.5	0.5		1.0	1.5	2.0				0.5		1.0		0.6			1.5	3.0
6	电力电缆	缆沟																								
7	电信电缆	直埋		1.0	1.0		1.0		0.5			1.0	1.5		0.5		0.5			1.0 1.5	0.6			1.5	2.0
7	电信电缆	管道																								
8	乔木(中心)			3.0	1.5		1.5		1.2				1.0		1.0		1.5			1.5			0.5	
9	灌木			1.5													1.0								
10	地上杆柱	通信照明及<10kV			0.5		0.5		1.0				1.0		0.5		0.5		1.5						
10	地上杆柱	高压铁塔基础边	≤35kV	*											0.6		0.6					0.5			
10	地上杆柱	高压铁塔基础边	>35kV		3.0		1.5		1.0 5.0		2.0 3.0															
11	道路侧石边缘				1.5		1.5	1.5	2.5			1.5		1.5		1.5			0.5		0.5				
12	铁路钢轨(或坡脚)			6.0		5.0						1.0		3.0		2.0									

注：横跨道路与无轨电车馈电线平行的架空电力线距地面应大于9m。

工程管线交叉时的最小垂直净距(m)　　　　表6-58

序号	下面的管线名称 净距(m) 上面的管线名称	1 给水管线	2 污、雨水排水管线	3 热力管线	4 燃气管线	5 电信管线 直埋	5 电信管线 管沟	6 电力管线 直埋	6 电力管线 管沟
1	给水管线	0.15							
2	污、雨水排水管线	0.40	0.15						

续表

序号	上面的管线名称	下面的管线名称 净距(m)	1 给水管线	2 污、雨水排水管线	3 热力管线	4 燃气管线	5 电信管线 直埋	5 电信管线 管沟	6 电力管线 直埋	6 电力管线 管沟
3	热力管线		0.15	0.15	0.15					
4	燃气管线		0.15	0.15	0.15	0.15				
5	电信管线	直埋	0.50	0.50	0.15	0.50	0.25	0.25		
5	电信管线	管沟	0.15	0.15	0.15	0.15	0.25	0.25		
6	电力管线	直埋	0.15	0.50	0.50	0.50	0.50	0.50	0.50	0.50
6	电力管线	管沟	0.15	0.50	0.50	0.15	0.50	0.50	0.50	0.50
7	沟渠（基础底）		0.50	0.50	0.50	0.50	0.50	0.50	0.50	0.50
8	涵洞（基础底）		0.15	0.15	0.15	0.15	0.20	0.25	0.50	0.50
9	电车（轨底）		1.00	1.00	1.00	1.00	1.00	1.00	1.00	1.00
10	铁路（轨底）		1.00	1.20	1.20	1.20	1.00	1.00	1.00	1.00

注：大于35kV直埋电力电缆与热力管线最小垂直净距应为1.00m。

（14）对于埋深大于建（构）筑物基础的工程管线，其与建（构）筑物之间的最小水平距离，应按下式计算，并折算成水平净距后与表6-59的数值比较，采用其较大值。

$$L = (H - h)/\tan\phi + b/2 \tag{6-85}$$

式中 L——管线中心至建（构）筑物基础边水平距离（m）；
H——管线敷设深度（m）；
h——建（构）筑物基础底砌置深度（m）；
b——开挖管沟宽度（m）；
ϕ——土壤内摩擦角（°）。

对于埋深大的工程管线至铁路的水平距离可按下式计算：

$$L = 1.25 + h + b/2 \geqslant 3.75 \tag{6-86}$$

式中 L——管道中心到铁路中心距离（m）；
h——枕木底至管道底之深度（m）。

（15）当工程管线交叉敷设时，自地表面向下的排列顺序宜为：电力管线、热力管线、燃气管线、给水管线、雨水排水管线、污水排水管线。

（16）架空管线与建（构）筑物等的最小水平净距应符合表6-59的规定；架空管线交叉时的最小垂直净距应符合表6-60的要求。

（17）严寒或寒冷地区给水、排水、燃气等工程管线应根据土壤冰冻深度确定管线覆土深度；热力、电信、电力电缆等工程管线以及严寒或寒冷地区以外的地区的工程管线应根据土壤性质和地面承受荷载的大小确定管线的覆土深度。

架空管线之间及其与建（构）筑物的之间的最小水平净距（m） 表6-59

名称		建筑物（凸出部分）	道路（路缘石）	铁路（轨道中心）	热力管线
电力	10kV边导线	2.0	0.5	杆高加3.0	2.0
电力	35kV边导线	3.0	0.5	杆高加3.0	4.0
电力	110kV边导线	4.0	0.5	杆高加3.0	4.0
电信杆线		2.0	0.5	4/3杆高	1.5
热力管线		1.0	1.5	3.0	—

架空管线之间及其与建（构）筑物之间交叉时的最小垂直净距（m）　　表 6-60

名称		建筑物（顶端）	道路（地面）	铁路（轨顶）	电信线		热力管线
					电力线有防雷装置	电力线无防雷装置	
电力管线	10kV 及以下	3.0	7.0	7.5	2.0	4.0	2.0
	35～110kV	4.0	7.0	7.5	3.0	5.0	3.0
电信线		1.5	4.5	7.0	0.6	0.6	1.0
热力管线		0.6	4.5	6.0	1.0	1.0	0.25

注：横跨道路或与无轨电车馈电线平行的架空电力线距地面应大于 9m。

工程管线的最小覆土深度应符合表 6-61 的规定。

工程管线的最小覆土深度（m）　　表 6-61

序号		1		2		3		4	5	6	7
管线名称		电力管线		电信管线		热力管线		燃气管线	给水管线	雨水排水管线	污水排水管线
		直埋	管沟	直埋	管沟	直埋	管沟				
最小覆土深度（m）	人行道下	0.50	0.40	0.70	0.40	0.50	0.20	0.60	0.60	0.60	0.60
	车行道下	0.70	0.50	0.80	0.70	0.70	0.20	0.80	0.70	0.70	0.70

注：10kV 以上直埋电力电缆管线的覆土深度不应小于 1.0m。

6.7.1.2　地下工程管线避让原则

（1）压力管让自流管。
（2）管径小的管道让管径大的管道。
（3）易弯曲的管道让不易弯曲的管道。
（4）临时管道让永久的管道。
（5）支管让干管。
（6）工程量小的管道让工程量大的管道。
（7）新建管道让现有的管道。
（8）检修次数少、检修方便的管道让检修次数多、检修不方便的管道。

6.7.2　住区与小区工程管线综合规划设计

6.7.2.1　工程管线综合规划

住区与小区工程管线综合是在城市工程管线综合总体规划完成的基础上，对应住区与小区（房地产开发）详细规划进行或未有前述总体规划基础，直接进行的工程管线综合详细规划。

（1）基础资料收集

① 自然地形资料：住区小区内地形、地貌、地物，地面高程，河流水系等。一般由规划委托方提供的最新地形图（1∶500）～（1∶2000）上取得。

② 土地利用状况资料：住区小区内详细规划平面图（1∶500）～（1∶2000），住区小区内现有和规划的各类用地，建筑物、构筑物、铁路、道路、铺装硬地、绿化用地等。

③ 道路系统资料：住区小区内现状和规划道路系统平面图（1∶500）～（1∶2000），各条道路横断面图（1∶100）～（1∶200），道路控制点标高等。

④ 城镇工程管线综合总体规划资料：城镇工程管线排列原则和规定，住区与小区各

种工程设施的布局，各种工程管线干管的走向、位置、管径等。

⑤ 各专业工程现状和规划资料：住区小区内现状各类工程设施和工程管线分布，各专业工程详细规划的初步设计成果，以及相应的技术规范。城镇住区小区给水、排水、供电、电信、供热、燃气等工程管线综合详细规划需收集的基础资料。

工程管线综合详细规划收集基础资料要有针对性。工程管线综合详细规划的基础资料应侧重于详细规划方面的资料，而以现状资料为辅。

（2）工程管线综合详细规划协调

工程管线综合详细规划的第二阶段是对基础资料进行汇总分析，将各专业工程详细规划的初步设计成果按一定的排列次序汇总到管线综合平面图上，检查管线之间的矛盾及不协调之处，组织相关专业讨论调整方案。其步骤如下。

1）准备底图

2）工程管线平面综合

通过工程管线综合规划图的编制，各种管线在平面上的相互位置与关系，管线与建筑物、构筑物的关系也已清楚。然后，在工程管线综合原则的指导下，检验各工程管线水平排列、不同种类管线之间的相互关系是否符合有关规定要求。如发现问题，应组织专业人员进行研究，确定平面综合的方案。

3）工程管线竖向综合

通过前述步骤，基本可以解决管线自身及管线之间，管线和建筑物、构筑物之间在平面上的矛盾。本阶段主要是检查路段和道路交叉口工程管线在竖向上配置是否合理，管线交叉的垂直净距是否符合有关规范规定。若有矛盾，需与各专业工程详细规划设计人员共同研究、协调，共同修改各专业工程管线详细规划，确定工程管线综合调整方案。

① 路段检查主要在道路断面图上进行，逐条、逐段地检查每条道路横断面中已经确定平面位置的各类管线有无垂直净距不足的问题。依据收集的基础资料，绘制各条道路横断面图，根据各工程详细规划初步设计成果中工程管线的截面尺寸、标高，检查相邻两条管线之间的垂直净距是否符合规范，在深埋允许的范围内给予调整，从而调整专业工程详细规划。

② 道路交叉口是工程管线分布最复杂的地区，多个方向的工程管线在此交叉，同时交叉口又是工程管线的各种管井密集地区。因此交叉口的管线综合是工程管线综合详细规划的重点。有些工程管线埋深虽然相近，但在路段上不易彼此干扰，而到了交叉口就容易产生矛盾。在进行交叉口的工程管线综合时，应将住区小区内所有道路交叉口平面放大至一定比例（1：200）～（1：500），按照工程管线综合有关规范和当地关于工程管线净距的规定，调整部分工程管线标高，使各种工程管线在交叉口处能安全有序的敷设。

（3）编制详细规划成果

1）工程管线综合详细规划平面图编制

住区小区工程管线综合详细规划平面图的图纸比例通常采用1：1000。图中内容和编制方法，基本与综合总体规划图相同，而在内容深度上有所差别。编制综合详细平面图时，需确定管线在平面上的具体位置，道路中心线交叉点、管线的起始点、转折点以及各大单位管线进出口处的坐标及标高。

2）管线交叉点标高图

此图的作用是检查和控制交叉管线的高程——竖向位置。图纸比例大小及管线的布置和综合详细平面图相同，并在道路的每个交叉口编上号码，便于查对。

管线交叉点标高等表示方法有以下几种：

① 在每一个管线交叉点处画一垂距简表，然后把地面标高、管线截面大小（用直径表示）、管底标高以及管线交叉处的垂直净距等项填入表中，如图6-52中的第①号道路交叉口所示。如果发现交叉管线发生冲突，则将冲突情况和原设计的标高在表下注明，将修正后的标高填入表中，表中管线截面尺寸单位一般用mm，标高等均用m。这种表示方法使用比较方便，但当管线交叉点较多时，往往会出现在图中绘不下的情况。

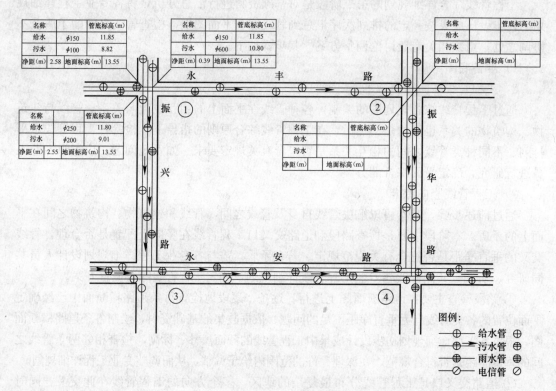

图 6-52 管线交叉点标高图

② 先将管线交叉点编上号码，而后依照编号将管线标高等数据填入，另外绘制交叉管线垂距表，有关管线冲突和处理的情况则填入垂距表的附注栏内，修正后的数据填入相应各栏中（表6-62）。这种方法不受管线交叉点标高图图面大小的限制，但使用起来不如前一种方便。

③ 一部分管线交叉点用垂距简表绘在标高图上，对另一部分交叉点则进行编号，并将数据填入垂距表中。当道路交叉口的管线交叉点很多而无法在标高图中注清楚时，通常可用较大的比例（1∶500）～（1∶1000）把交叉口画在垂距表的第一栏内。采用此法时，往往把管线交叉点较多的交叉口，或者管线交叉点虽少但在竖向发生冲突的交叉口，列入垂距表中。

④ 不绘制交叉管线标高图，而将每个管道交叉口用较大的比例（1∶1000 或 1∶500）分别绘制，每个图中附有该交叉路口的垂距表。此法的优点是交叉口图的比例较大，比较

清晰，使用起来也较灵活简便，缺点是绘制时较费工，如果要观察管线交叉点的全面情况，不如第一种方法方便。

交叉管线垂距表　　　　　　　　　表 6-62

道路交叉口图	交叉口编号	管线交点编号	交点处的地面标高	上面			下面			垂直净距(m)	附注
				名称	管径(mm)	管底标高(m)	埋设深度(m)	名称	管径(mm)	管底标高(m)	埋设深度(m)		

道路交叉口图	交叉口编号	管线交点编号	交点处的地面标高	名称	管径(mm)	管底标高(m)	埋设深度(m)	名称	管径(mm)	管底标高(m)	埋设深度(m)	垂直净距(m)	附注
	3	1		给水				污水					
		2		给水				雨水					
		3		给水				雨水					
		4		雨水				污水					
		5		给水				污水					
		6		电信				给水					
	4	1		给水				污水					
		2		给水				雨水					
		3		给水				雨水					
		4		雨水				污水					
		5		给水				污水					
		6		雨水				污水					
		7		电信				给水					
		8		电信				雨水					

注：-⊕-给水管；-⊖-污水管；-⊕-雨水管；-⊘-电信管。

⑤ 不采用管线交叉点垂距表的形式，而将管道直径、地面控制高程直接注在平面图上（1∶500）。然后将管线交叉点两管相邻的外壁高程用线分出，注于图纸空白处。这种方法适用于管线交叉点较多的交叉口，优点是能看到管线的全面情况，绘制时也较简便，使用灵活（图 6-53）。

表示管线交叉点标高的方法较多，采用何种方法应根据管线种类、数量，以及当地的具体情况而定。总之，管线交叉点标高图应简单明了、使用方便，不一定拘泥于某种表示方法，其内容可根据实际需要增减。

3）修订道路断面标准横断面图

工程管线综合详细规划时，有时由于管线的增加或调整规划所作的布置，需根据综合详细平面图，对原有配置在道路横断面中的管线位置进行补充修订。

道路标准横断面的数量较多，通常是分别绘制，汇订成册。

图 6-54 为图 6-52 中的振兴路道路断面图。

在现状道路下配置管线时，一般应尽可能保留原有的路面，但需根据管线拥挤程度、路面质量、管线施工时对交通的影响以及近远期结合等情况作方案比较，而后确定各种管线的位置。同一道路的现状横断面和规划横断面均应在图中表示出来。表示的方法可采用不同的图例和文字注释绘在一个图中（图 6-55）或将二者分上下两行绘制。

第6章 配套市政公用设施

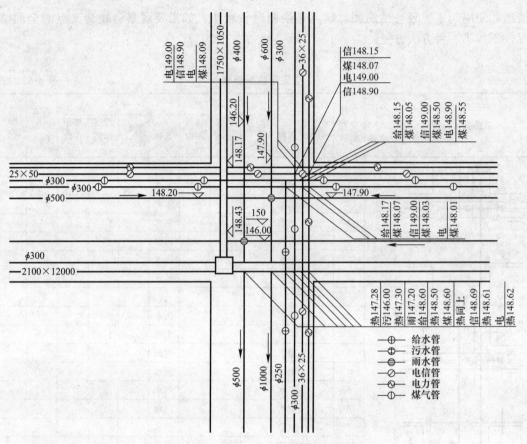

图 6-53 道路交叉口管线标高图

注：$\underset{\triangledown}{\dfrac{150}{}}$ 指路面高程；

$\dfrac{信 42.5}{煤 41.2}$ 表示电信在上面，外底高程为 42.5m；煤气在下面，上顶高程为 41.2m；

热力管道简称热；给水管道简称给；污水管道简称污；雨水管道简称雨；电力管道简称电；电信管道简称信；煤气管道简称煤。

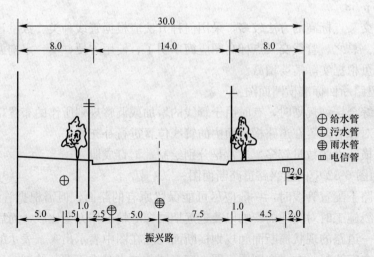

图 6-54 规划道路工程管线横断面图

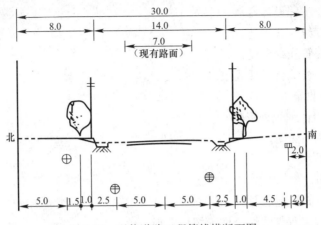

图 6-55 现状道路工程管线横断面图

(4) 工程管线综合详细规划说明书

工程管线综合详细规划说明书的内容，包括所综合的各专业工程详细规划的基本布局，工程管线的布置，国家和当地城市对工程管线综合的技术规范和规定，住区小区工程管线综合详细规划的原则和规划要点，以及必需叙述的有关事宜；对管线综合详细规划中所发现的目前还不能解决，但又不影响当前建设的问题提出处理意见，并提出下一阶段工程管线设计应注意的问题。

工程管线综合详细规划图，应根据城市的具体情况而有所增减，如管线简单的地段、图纸比例较大时，可将现状图和规划图合并在一张图上；对于管线情况复杂的地段，可增绘辅助平面图等。有时，根据管线在道路中的布置情况，采用较大的比例尺，按道路逐条绘制图纸，总之，应根据实际需要，并在保证质量的前提下尽量减少综合规划工作量。

6.7.2.2 工程管线综合设计

经过工程管线综合详细规划，一般的矛盾和问题都可以得到解决，但在各工程管线施工设计过程中，因设计深入，工程管线的井位、泵站等的设置，用户支管线的接入，管材的确定，或由于客观情况的变化，工程管线需作调整，各种工程管线之间会出现新的矛盾，甚至会对原来的专业工程管线综合详细规划和管线综合详细规划作某些调整和改动。同时，某些住区与小区未做工程管线综合详细规划，而直接进行住区小区工程管线设计和施工，出现冲突和矛盾的可能性更大。因此，必须进行工程管线综合设计。

工程管线综合设计是各工程管线设计与管线工程施工合理衔接的必不可少的过程，也是工程管线详细规划的深化与完善。只有通过工程管线综合设计，才能直接、具体、有效地解决各工程管线彼此协调、避让问题，科学地指导各工程管线施工的顺利进行。

工程管线综合设计与各专业工程管线设计交叉进行。首先，工程管线综合设计汇总各专业工程设计提供的成果资料，检查工程管线之间是否有矛盾和重大问题。发现矛盾和问题，应与专业工程设计人员一起磋商，共同确定工程管线综合设计方案，使各工程管线施工设计更为协调合理。

工程管线综合设计工作一般分五个步骤：

① 收集工程管线综合设计资料。

② 汇总各专业工程设计资料。

③ 路段工程管线综合设计。

④ 交叉口工程管线综合设计。

⑤ 编制工程管线综合设计成果。

(1) 设计资料收集

1) 设计范围内详细规划资料

① 详细规划总平面图。

② 道路规划图。

③ 竖向规划图。

④ 各专业工程详细规划图。

2) 设计范围内工程管线综合详细规划资料

① 管线综合详细规划剖面图。

② 道路标准横断面图。

③ 交叉口工程管线平面布置图。

3) 设计范围内道路工程设计资料

① 道路设计平面图。

② 道路桩号和控制点标高图。

③ 道路横断面布置图，以及横断面在平面图中的剖切位置。

④ 道路分段纵断面图，包括道路纵坡、坡度、坡向、起止点设计标高。

⑤ 路面结构图。

4) 设计范围内各专业工程管线设计资料

① 给水管网设计图。内容包括设计范围内给水干管、支管、过路管的分布，水平位置，管径、管底标高；管径变化点的具体位置、管底标高；配水构筑物的设计详图及其与给水管网的衔接方式。

② 雨水管网设计图。内容包括设计范围内各级雨水管道的分布、具体位置、管径、管底标高、坡度；变坡点位置和管底标高、管径；管径变化点的具体位置、管底标高；雨水泵站、窨井排水口的具体位置设计详图。

③ 污水管网设计图。内容包括设计范围内污水干管、支管、过路管的分布、具体位置、管径、管底标高、坡度；变坡点位置和管底标高、管径；管径变化点的具体位置、管底标高；污水检查井、污水泵站的具体位置、形式和设计详图；该范围内污水处理厂的设计详图及其与污水管网的衔接方式。

④ 燃气管网设计图。内容包括设计范围内燃气干管、支管、过路管的分布、具体位置、管径、管底标高、坡度；变坡点位置和管底标高、管径；管径变化点的具体位置、管底标高；燃气储配站、燃气调压站的具体位置和设计详图。如果燃气管网输送的是煤气，还应包括集水器的具体位置和详图。

⑤ 电力管网设计图。包括设计范围内电力管网的敷设方式；电力排管的分布、具体位置、孔数、截面尺寸、管底标高；工井的具体位置和设计详图；过路管的具体位置、孔数、截面尺寸；直埋电力电缆的分布、水平位置、回数、截面形式、电缆底部和缆顶部标高；该范围内各级电源、变配电设备的具体位置和设计详图。

⑥ 通信网络设计图。包括设计范围内通信管网的敷设方式；通信管道的分布、具体位置、孔数、截面尺寸、管底标高、标高；通信工井的具体位置和设计详图；直埋通信电缆的分布、水平位置、回数、截面形式、电缆底和电缆顶标高；局所、交接箱的具体位置、设计详图及其与管网的衔接方式。

⑦ 供热管网设计图。包括设计范围内热力管道的敷设方式、分布、管径、管底标高、坡度；变坡点位置和管底标高；管径变换点的具体位置、管底标高；通行地沟位置和设计详图；抢修孔的数量、具体位置和设计详图。

(2) 汇集各专业工程设计资料

在工程管线综合详细规划基础上，将各专业工程管线设计图的资料汇总到工程管线综合设计平面图上，操作过程为：

① 将工程管线综合详细规划平面图放大，作为工程管线综合设计的底图。如该地区未做工程管线综合详细规划，则用最新的 1：1000 或 1：500 地形图作底图。

② 将道路设计图的主要内容按比例绘制在底图上，包括桩号、道路纵坡、控制点设计标高等。

③ 将各专业工程管线设计图的主要内容按比例绘制到底图上。

(3) 路段工程管线综合设计

各类专业工程管线设计资料汇总后，必然会出现设计深化带来的新矛盾。首先检查路段上各类管线之间的水平、垂直的间距、净距是否满足规范要求，从而调整管线综合道路横断面。路段综合操作过程如下。

1) 检查路段管线、管井、过路管之间的矛盾

① 分段检查管井对两侧管线的影响，因为管井的形式和位置可能会干扰两侧管线的通行。根据各类管井、工井、检查井的设计详图提供的外围尺寸和标高等数据，按比例绘制在工程管线综合设计平面图上。

② 逐一检查各种过路管与相交管线的矛盾。因过路管在工程管线综合详细规划时，尚未布置设计，故无具体位置、管径、标高。在工程管线设计时，则有其具体位置、管径、标高等要求。因此，工程管线综合设计时，必须解决过路管与道路下工程管线垂直净距之间的矛盾。根据各类过路管及与之相交的其他管线的具体位置、管径、标高等数据，在平面图上检查各种过路管在路段上是否和上下管线保持足够的垂直间距、净距。

③ 分段检查重力管（雨水管、污水管），在坡度变化途中是否与其他管线产生矛盾。因为重力管的埋深一般在地面下 0.8～4.0m，而大多数管线的最佳埋深在 0.8～1.5m 之间，所以两者可能产生矛盾。而且重力管有时坡度变化比较大，又缺乏灵活性，容易与其他管线发生矛盾，所以需要按照排水分区和排水方向，逐段核查重力管与其他管线的矛盾。

2) 综合调整路段工程管线水平和竖向位置

根据路段各种井位对两侧管线的影响，分段调整路段工程管线的水平位置，使各种工程管线及与各种井位的水平净距，符合规范的要求；针对各种过路管与相交管线的矛盾，根据管线综合基本原则，调整路段工程管线的竖向排列、过路管平面排列位置和竖向标高，尽量使各类过路管在平面和竖向上错开，避免过分集中；并根据压力管让重力管、细管让粗管等原则，协调因坡度变化大的重力管在坡度变化途中与其他管线产生的垂直净距

等矛盾。由此做出调整后的分段道路工程管线综合设计横断面图、分段道路工程管线综合设计平面图。

(4) 道路交叉口工程管线综合设计

交叉口管线综合是管线综合设计的重点。各专业工程管线设计的各种管线从不同方向通过道路交叉口形成大量的管线交叉点。而且，同一工程管线需在道路交叉口汇接转向，因而在道路交叉口必须设有各种工程管线的管井、工井、检查井。此外，有时交叉口四周街坊内用户汇总管也能接入各种管井中，两街坊之间过路管也通过道路交叉口，从而使道路交叉口在平面和竖向上均出现复杂的管线交叉点。在道路交叉口有限的空间内，需要合理地安排好各种管线和各种井位，确保各种管线安全顺畅通过。

道路交叉口管线综合设计过程如下。

1) 检查道路交叉口工程管线、井位布置的合理程度

① 逐个检查交叉口各种管线、井位平面布置是否合理。将各专业工程设计的管线和井位按设计位置汇总到1：500的道路设计图或更大比例的设计图纸上，检查各管线之间、井位和井位之间、管线和井位之间的水平净距是否符合规范要求。由于各专业工程设计时，各种支管、街坊过路管等均要设计表示出来。因此，道路交叉口的管线要比综合详细规划时多，而且道路交叉口的各种井位平面尺寸均比本专业管线平面尺寸大。所以，往往在道路交叉口的管线平面布置均会产生矛盾，需合理调整。

② 逐条检查道路交叉口管线竖向布置是否合理。将各专业工程设计的管线、井位的平面位置、标高等汇总到综合设计底图上后，各管线交叉口的竖向净距比较清晰，可逐个检查是否符合规范要求。由于各种工程管线的首尾方向、坡度方向不相同，往往在未经管线综合设计之前，各工程管线交叉点的竖向净距，难以全部符合规范要求。

2) 综合调整道路交叉口工程管线井位布置

① 调整道路交叉口的管线、井位平面布置。首先要减少、简化交叉口的管线交叉，尽可能将进入交叉口的支管、过路管、街坊汇总管移出交叉口密集地区，或移出道路交叉口，使其在路段上通过或接入。由于井位平面尺寸大，阻碍管线通过，或水平净距不满足规范要求，则应先调整管线平面位置，若无法调整，则可采用移出井位或调整井位长宽方向等方法来解决。

② 调整道路交叉口的管线竖向位置。根据已汇总的各专业工程设计的管线标高，在基本适合专业工程技术规范、管线埋深等规定的前提下，调整某些管线在交叉口段内的管线标高，使各种管线在交叉口交叉均有合理的垂直净距，以免引起某根管线在交叉口段内上下起伏变化过大、过多，保证管线平顺地通过交叉口。

③ 调整管线交叉点的垂直净距和管线标高。通过道路交叉口管线、井位的平面调整和管线竖向调整，交叉管线的垂直净距矛盾大部分已解决。然后，按照管线综合避让原则，调整个别垂直净距矛盾未解决的交叉点的管线标高。微调时仍要考虑管线平顺性，不要使一根管线上下起伏变化过大。

④ 编制工程管线综合设计道路交叉口详图。将综合调整后的交叉口各类管线、井位的具体平面位置尺寸按比例绘制到放大的道路交叉口平面图上，并将各个管线交叉口编号，列表注明该点的两条管线的种类、管径、管顶标高、管材等。具体绘图方法可参考图6-52、图6-53和表6-61。

（5）综合设计成果

工程管线综合设计成果以图纸为主，辅有少量文字说明。工程管线综合设计图纸有以下几种。

1) 设计平面图

此图表示综合设计范围内道路平面、道路交叉口中心线的坐标、路面标高、各类工程管线、泵站、井位、过路管、支管接口等具体平面位置。图纸比例通常为1：500，若设计范围过大，图纸比例也可采用1：1000，但需要有1：500的分段道路工程管线综合设计平面图补充。

2) 道路横断面图

此图为工程管线综合设计范围内，各条道路的标准横断面和控制点横断面经综合协调确定后的各种工程管线水平和竖向排列图，各横断面图表示道路断面、各种工程管线的水平位置、管径、截面形式与尺寸、水平净距、地下工程管线的距段控制标高等。图纸比例通常为（1：50）～（1：100）。

3) 道路交叉口详图

该图为每个道路交叉口或过路管密集地段的各种工程管线、各种井位综合布置平面图。图纸表示交叉口各种工程管线，各类井位的具体平面位置、尺寸，道路中心线交叉点路面标高，管线交叉点编号等。图纸比例一般为（1：200）～（1：500）。同时，配有交叉口管线竖向标高综合控制表。表中分别列出交叉口每个交叉点上下管线的种类、管径、管顶标高、管材等详尽内容，以便在施工时控制。通常每个道路交叉口单独成图，并附有交叉口管线竖向标高综合控制表，图表一体。

4) 文字说明

工程管线综合设计通常只有简单说明，叙述综合设计范围、设计依据与原则，并在有关图纸上备注有关说明和必要的解释。

6.8 配套防灾工程设施及规划

城镇主要防灾减灾规划包括：防洪、消防、人防、抗震防灾、防地质灾害等防灾及综合防灾规划。一般都在城镇总体规划的专项规划中编制。房地产住区与小区防灾配套设施主要与住区与小区的抗震防灾和消防规划相关。

6.8.1 住区与小区抗震防灾规划与抗震防灾设施

住区与小区抗震防灾规划突出住区小区人与建筑的抗震防灾，主要相关内容包括：抗震防灾对策、抗震配套设施规划以及抗震规划设计措施。

6.8.1.1 抗震防灾对策

（1）选择房地产住区与小区建设项目用地时应考虑对抗震有利的场地和基地。

避免在地质上有断层通过或断层交汇的地带，特别是有活动断层的地段进行建设。在地形方面，宜选择地势平坦、开阔的地方作为建设项目的场地。

选择建筑场地时，应按表6-63来划分对建筑有利、不利以及危险的地段。

建筑场地各类地段划分表　　　　　　　表6-63

地段类别	地质、地形、地貌
有利地段	坚硬土或开阔平坦、密实均匀的中硬土等
不利地段	软弱土、液化土、条状突出的山嘴、高耸孤立的山丘、非岩质的陡坡、河岩和边坡边缘、平面分布成因、岩性、状态明显不均匀的土层（如古河道、断层破碎带、暗埋的塘滨沟谷及半填、半挖地基）等
危险地段	地震时可能发生滑坡、崩塌、地陷、地裂、泥石流等及发震断裂带上可能发生地表错位的部位

(2) 构、建筑物基础与地基处理

地基和基础设计，宜符合下列要求：

① 同一结构单元不宜设置在性质截然不同的地基上。

② 同一结构单元不宜部分采用天然地基，部分采用人工地基。

③ 地基有软弱黏性土、液化土、新近填土以及严重不均匀土层时，宜采取措施以加强基础的整体性和刚性。

(3) 规划布局的抗震减灾措施

① 抗震防灾规划中，人口稠密的住区小区和公共场所必须考虑疏散问题。地震区居民点的房屋建筑密度不得太高，房屋间距以不小于1.1~1.5倍房高为宜。烟囱、水塔等高耸构筑物，应与住宅（包括锅炉房等）保持不小于构筑物高度$\frac{1}{3}$~$\frac{1}{4}$的安全距离。易于酿成火灾、爆炸和气体中毒等次生灾害的工程项目应远离居民点住宅区。

② 抗震防灾工程规划设计要为地震时人员疏散、抗震救灾修建临时建筑用地留有余地。

③ 道路规划要考虑地震时避难、疏散和救援的需要，保证必要的通道宽度并有多个出入口。

④ 充分利用住区小区绿地、广场作为震时临时疏散场地。

(4) 在单体建筑方面应选择经济上合理、技术上可行的抗震结构方案。

矩形、方形、圆形的建筑平面，因形状规整，地震时能整体协调一致，并可使结构处理简化，有较好的抗震效果。Ⅱ形、L形、V形建筑平面，因形状凸出凹进，地震时转角处应力集中，易于破坏，必须从结构布置和构造上加以处理。

(5) 房屋附属物，如高门脸、女儿墙、挑檐及其他装饰物等，抗震能力极差，在抗震设防区不宜设置。

(6) 在满足抗震强度的前提下，尽量采用轻质材料来建造主体结构和围护结构，以减轻建筑物的重量。

6.8.1.2 住区小区抗震配套设施规划

避震和震时疏散通道及避震疏散场地为城市及住区小区抗震主要设施。

避震和震时疏散分为就地疏散、中程疏散和远程疏散。就地疏散指住区小区居民临时疏散至居所或工作地点附近的公园、操场或其他旷地；中程疏散指防灾疏散居民疏散至1~2km半径内的空旷地；远程疏散指防灾疏散使用各种交通工具疏散至外地。

(1) 疏散通道

考虑到消防车道（4m）、人行道（2m）、两旁停车道（7m）和机动路面（2m）的要求，市区及住区小区疏散场地周围道路和疏散通道的宽度不应小于15m，一般为城市主干道，通向市内疏散场地或郊外旷地，或通往长途交通设施。疏散通道要求两旁建筑具有高一级的抗震性能和防火性能，以免房屋倒塌、高空物体下落对疏散人群造成伤害。另外，沿疏散通道的管线应具有较高的抗震性能，以保证疏散道路的消防灭火、防燃和防毒。

为保证震时房屋倒塌不致影响其他房屋及人员疏散，住区小区住宅与公共建筑之间的间距规定如表6-64所示。

房屋抗震间距要求表　　　　　　　　　　　　　　　　　　表6-64

较高房屋高度 h（m）	≤10	10～20	>20
较小房屋间距 d（m）	12	6+0.8h	4+h

（2）疏散场地

疏散场地也称避难场所，一般应由公园、广场、绿地、学校、公共体育场以及空旷场地组成。不同抗震设防烈度区域对疏散场地要求不同，人均避震疏散面积规定如表6-65所示。

人均避震疏散面积表　　　　　　　　　　　　　　　　　　表6-65

城市设防烈度	6	7	8	9
面积（m²）	1.0	1.5	2.0	2.5

疏散场地布局应符合以下要求：

① 远离火灾、爆炸和热辐射源。
② 地势较高，不易积水。
③ 内有供水设施或易于设置临时供水设施。
④ 无崩塌、地裂和滑坡危险。
⑤ 易于铺设临时供电和通信设施。
⑥ 避难距离不宜超过3km。

6.8.1.3　抗震规划设计的措施

① 在进行城镇及住区小区规划布局时，注意设置绿地等空地，作为震灾发生时的临时救护场地和灾民的暂时栖身之所。

② 与抗震救灾有关的部门和单位（如通信、医疗、消防、公安、工程抢险等）应分布在建成区内受灾程度最低的地方，或者提高建筑的抗震等级，并有便利的联系通道。

③ 城镇规划的路网应有便利的、自由出入的道路，住区小区居民点内至少应有两个对外联系通道。

④ 供水水源应有一个以上的备用水源，供水管道尽量与排水管道远离，以防在两种管道同时被震坏时饮用水被污染。

⑤ 多震地区不宜发展燃气管道网和区域性高压蒸汽供热，少用和不用高架能源线，尤其绝对不能在高压输电线路下面搞建筑。

6.8.2　住区与小区消防规划与消防配套设施

6.8.2.1　住区消防现状分析

城镇住区、小区具有规模与建筑密度大、居住人员多、高层建筑发展快、建设趋向综合化等基本特点。住区小区消防水平虽然有较大提高，但地区发展建设不平衡仍然存在诸多突出问题，包括规划建设留下的隐患。主要表现在以下方面：

(1) 建筑密度偏大，总体布局不合理，不利消防

如不符消防要求"易燃、易爆和可能散发可燃性气体、蒸汽或粉尘的工厂，应布置在当地常年主导风向的下风侧，且人烟稀少的安全地带。工业区与居民区之间要设置一定的安全防护地带，以起到阻止火灾蔓延的分隔作用。"等方面规划总体布局不合理，为火灾留下的隐患。

(2) 消防设施没有与住区小区基础设施同步建设

① 居住小区虽考虑了消防给水，但不能满足国家标准的规定要求，水量不足，水压偏低，不能满足实际灭火的要求。

② 居住小区给水管网只有大环网，缺少小环网，并且市政消火栓数量少、间距大。

③ 小区高层建筑没有安装水泵接合器，一旦失火，因电气或消防水泵发生故障，对扑救高层部分火灾增大了难度，造成不应有的损失。

(3) 消防队（站）未和住区同步建设

我国建成的居住区规模大，人员密集，高层建筑占有一定的比例。有的居住小区离消防队较远，却未能与小区同步建设消防站。城市消防站点少，营区大，到达火场时间长，不能及时有效地扑救火灾。

(4) 消防车道建设不完善

在部分已建成的居住小区中，没有设置消防车道。有的虽已设置，但宽度不足，或没有设回车场，道路中心线之间距离太大，不能满足实际灭火的需要。

6.8.2.2 消防规划与消防设施

城市住区小区总体布局应根据城市规划的要求进行合理布局，各种不同功能的建筑群之间要有明确的功能分区。根据居住小区建筑物的性质和特点，各类建筑之间应有必要的防火间距，具体应按中华人民共和国国家标准《建筑设计防火规范》GB 50016—2006 和《高层民用建筑设计防火规范》（GB 50045—95）中的有关规定执行。表 6-66、表 6-67 所示为民用建筑防火间距和建筑物的防火间距。

民用建筑防火间距表　　　　　　　　　　　　　　表 6-66

防火间距（m）＼耐火等级	一、二级	三级	四级
一、二级	6	7	9
三级	7	8	10
四级	9	10	12

建筑物的防火间距表　　　　　　　　　　　　　　表 6-67

防火间距（m）＼建筑类别	高层建筑		其他民用建筑		
			耐火等级		
高层民用建筑	主体建筑	附属建筑	一、二级	三级	四级
主体建筑	13	13	13	15	18
附属建筑	13	6	6	7	9

在城镇居住小区内，为了居民生活方便，设置了一些生活服务设施，如煤气调压站、

液化石油气瓶库等，有的居民小区还配建了一些具有火灾危险性的生产性建筑，这些建筑与高层民用建筑的防火间距应按表6-68执行。

建筑物与厂房、库房、调压站等的防火间距表 表6-68

防火间距（m）名称		高层民用建筑	一类		二类	
			主体建筑	相连的附属建筑	主体建筑	相连的附属建筑
甲、乙类厂（库）房	耐火等级	一、二级	50	45	45	35
		三、四级				
丙、丁、戊类厂（库）房	耐火等级	一、二级	20	15	15	13
		三、四级	25	20	20	15
煤气调压站（进口压力 MPa）		0.005～0.15	20	15	15	13
		0.15～0.30	25	20	20	15
煤气调压箱（进口压力 MPa）		0.005～0.15	15	13	13	6
		0.15～0.30	20	15	15	13
液体石油气气化站、混气站	总储量（m³）	<30	45	40	40	35
		30～50	50	45	45	40
城市液化石油气供应站瓶库		>10	30	25	25	20
		<10	25	20	20	15

（1）住区小区消防给水系统规划

① 高压消防给水管道。高压消防给水管道能够经常保持足够的设计压力和水量，灭火时不需使用消防车或消防水泵、手抬泵等移动式水泵加压，而直接由消火栓接出水带和水枪，进行灭火给水。对于有条件的小区，可利用地势设置高位水池，或设置集中高压水泵房，采用高压消防给水管道。

② 临时高压消防给水管道。临时高压消防给水管网内平时充满水，但压力不太高，着火时开放高压水泵后，压力和水量很快达到设计要求。在住区小区规划建设时，室外和室内均可采用临时高压给水系统，也可采用室内采取高压、室外采取低压的消防给水系统。

③ 低压给水管道。低压给水管道管网内平时水压较低（一般为0.1～0.3MPa左右），灭火水枪所需的压力由消防车或其他移动式消防泵加压来满足。

④ 在规划给水管网时，如采用生活、消防合用或生活、生产和消防合用一个给水系统，应按生产、生活用水量达到最大时，同时要保证满足最不利点（一般为距离水泵站的最高、最远点）消火栓或其消防设备的水压和水量要求。为了确保消防用水量，则生产、生活用水量按最大日最大小时流量计算，消防用水量必须按最大秒流量计算。

⑤ 消防用水量。住区小区的室外消防用水量，应满足表6-69的要求。

住区小区的室外消防用水量标准表 表6-69

人数（万人）	同一时间内的火灾次数（次）	一次灭火用水量（L/s）	人数（万人）	同一时间内的火灾次数（次）	一次灭火用水量（L/s）
≤1	1	10	≤5	2	25
≤2.5	1	15	≤10	2	35

注： 消防用水量应按消防需水量最大的一座建筑物或防火墙间最大的一段计算。成组布置的建筑物应按水量较大的相邻两座计算。

⑥ 消防给水管网的布置。小区内的室外消防给水管网，应布置成环状。环状管网的水流四通八达，供水安全可靠。环状管网的输入管不应少于 2 条，当其中一条发生故障时，其余干管仍能供水。

⑦ 当市政给水管道、进水管或天然水源不能满足室外消防用水量或市政给水管道为枝状或只有一条进水管时，应规划建设消防水池。

⑧ 有条件的居住小区，应充分利用河、湖、堰、喷泉等作为消防水源。供消防车取水的天然水源和消防水池，应规划建设消防车道或平坦空地。

⑨ 水源比较缺乏的住区小区，可增设水井，弥补消防用水不足。

(2) 住区与小区消防通信规划要求

消防通信设备是城镇火灾报警、受理火警、调度指挥灭火力量、把火灾损失降到最低的必需装备。报警方式有：一是利用用户电话报警；二是在街道和公共场所，利用火警报警器报警；三是在安装有火灾自动报警探测器和电视监控设备的地点，利用火警自动转接装置，直接向消防队报警；四是大型剧院、体育馆、百货楼、展览馆、会堂、礼堂和高层住宅宜有火警专线电话（与消防队直通）或手按专用报警箱报警。此外，还可以通过公安部门的专线电话总机报警。有条件的小区，应实现多渠道报告火警，真正达到早报警、早扑救、损失少的目的。

(3) 住区、小区消防布局及消防道路要求

1) 公共建筑布局要求

① 公共建筑的消防布置应考虑分期建设、近远期结合、留有发展余地的要求。

② 对于旧城区原有布置不均衡、消防条件差的公共建筑，应结合规划作适当调整，并考虑充分利用原有设施逐步改善消防条件的可能性。

2) 居住区布局和消防道路要求

① 居住区消防规划应结合城市规划，按照消防要求，合理布置居住区和各项市政工程设施，满足居民购物、文化生活的需要，提供消防安全条件。

② 在综合居住区及工业企业居住区，可布置市政管理机构或无污染、噪声小、占地少、运输量不大的中小型生产企业，但最好安排在居住区边缘的独立地段上。

③ 居住区住宅组团之间要有适当的分隔，一般应用绿地分隔、公共建筑分隔、道路分隔和利用自然地形分隔等。

④ 居住区的道路应分级布置，要能保证消防车驶进区内。组团级的道路路面宽不小于 4~6m；居住区级道路，车行宽度为 9m，尽端式道路长不宜大于 200m，在尽端处应设回车场。居住区内必须设置室外消火栓。

⑤ 液化石油气储配站要设在城镇边缘。液化石油气供应站可设在居民区内，每个站的供应范围一般不超过 1 万户。供应站如未处于市政消火栓的保护半径时，应增设消火栓。

(4) 住区小区消防站规划要求

消防站规划在城市总体规划阶段编制。住区与小区消防站规划主要包括以下方面要求：

1) 消防责任区面积要求

① 责任区面积不宜超过 4~5km^2 的区域有：石油化工、大型物资仓库、商业中心、

高层建筑集中区、重点文物集中区、政府机关、砖木和木结构、易燃建筑集中区以及人口密集、街道狭窄地区。

② 责任区面积不宜超过 5~6km² 的区域有：丙类生产火灾危险性工厂的居民区（如纺织、造纸、服装、印刷、卷烟、电视机收音机装配、集成电路工厂等），大专院校、科研单位集中区，高层建筑比较集中的地区。

③ 责任区面积不超过 6~7km² 的区域有：一、二级耐火等级建筑的居民区，以及砖木结构建筑分散地区等。

2) 消防站的责任区面积确定

消防站的责任区面积按下列原则确定，标准型普通消防站不应大于 7km²；小型普通消防站不应大于 4km²。特勤消防站兼有责任区消防任务的，其责任区面积同标准型普通消防站。

城市居住小区要按照公安部和原建设部颁布的《城镇消防站布局与技术装备配备标准》（CNJ 1—82）的规定，结合工业、商业、人口密度、建筑现状及道路、水源、地形等情况，合理的设置消防站（队）。有些城郊的居住小区，如离城市消防中队较远，且小区人口在 15000 人以上时，应设置一个消防站。

3) 消防站站址选择

消防站的选址应符合下列条件：

① 应选择在本责任区的中心或靠近中心的地方。
② 必须设置在交通方便，利于消防车迅速出发的地方。
③ 其主体建筑距医院、学校、幼儿园、托儿所、影剧院、商场等容纳人员较多的公共建筑的主要疏散出口不应小于 50m，以防相互干扰，保证安全、迅速出车。
④ 责任区内有生产、贮存易燃易爆化学危险品单位的，消防站应设置在常年主导风向的上风或侧风处，其边界距上述部位一般不应小于 200m。
⑤ 消防站车库门应朝向城市道路，至城市规划道路红线的距离宜为 10~15m。
⑥ 设在综合性建筑物中的消防站，应有独立的功能分区。

4) 消防站建设用地

消防站建设用地应根据建筑占地面积、车位数和室外训练场地面积等确定。配备有消防艇的消防站应有供消防艇靠泊的岸线。

各类消防站建设用地面积应符合下列规定：

标准型普通消防站　　　　　2400~4500m²
小型普通消防站　　　　　　400~1400m²
特勤消防站　　　　　　　　4000~5200m²

上述指标应根据消防站建筑面积大小合理确定，面积大者取高限，面积小者取低限。

5) 消防站建筑标准

① 消防站的建筑标准，应根据消防站的类别和有利执勤备战、方便生活、安全使用等原则合理确定，消防站的建筑面积指标应符合下列规定：

标准型普通消防站　　　　　1600~2300m²
小型普通消防站　　　　　　350~1000m²
特勤消防站　　　　　　　　2600~3500m²

② 消防站建筑物的耐火等级不应低于二级。位于抗震设防烈度为 6～9 度地区的消防站建筑，应按乙类建筑进行抗震设计，并按本地区设防烈度提高 1 度采取抗震构造措施。其中 8～9 度地区的消防站建筑应对消防车库的框架、门框、大门等影响消防车出动的重点部分，按有关设计规范要求进行验算，限制其地震位移。

③ 消防站内建筑应包括车库、值勤宿舍、训练场、油库和其他建筑物、构筑物。消防车库应保障车辆停放、出动、维护保养和非常时期执勤备战的需要。

6) 消防站其他要求

① 消防站的消防车配备数量应符合表 6-70 的规定：

消防车库的车位配备数表 表 6-70

消防站类别	普通消防站		特勤消防站
	标准型普通消防站	小型普通消防站	
车辆数	4～5	2	6～8

② 值勤宿舍面积，消防队（站）长面积应不小于 $10m^2/$人；消防战斗员面积不小于 $6m^2/$人。

③ 训练场面积，应根据消防站的规模、车辆数确定，一般应符合表 6-71 的要求。

训练场地面积表 表 6-71

车辆数	2	4～5	6～8
训练场地（m^2）	1500	2000	2500

上表执行的相关规定按城市消防规划。

对于高层建筑比较集中的居住小区，应考虑规划建设相应的特种消防装备的消防站（队）。

6.9 配套环境卫生工程设施及规划

6.9.1 住区与小区生活垃圾量预测

城镇住区小区生活垃圾量一般采用人均指标法和增长率法预测，并可结合历史数据进行校核。

(1) 人均指标法

规划采用人均指标以 0.9～1.4kg/(人·d) 为宜，具体取值应结合当地燃料结构、居民生活水平、消费习惯和消费结构及其变化、经济发展水平、季节和地域情况，分析比较取定。由住区小区生活垃圾产量人均指标乘以住区、小区规划人口数则可得到住区小区的生活垃圾日预测总量。

(2) 增长率法

增长率法由年增长率，基准年生活垃圾数据测算住区与小区年生活垃圾总量。

$$W_t = W_0(1+i)^t \tag{6-87}$$

式中　W_t——规划期末年住区小区生活垃圾产量（万 t）；

W_0——现状基年住区小区生活垃圾产量（万t）；

i——年增长率（%）；

t——预测年限（年）。

采用增长率法预测住区小区生活垃圾量，要求根据历史资料和城镇住区小区发展的相关可能性，合理确定生活垃圾增长率。城镇住区小区生活垃圾增长率随城镇住区小区人口增长、规模扩大、经济发展水平、居民生活水平提高、当地燃料结构改善、消费习惯和消费结构及其变化而变，但忽略突变因素。分析国外发达国家城镇生活垃圾变化规律，其增长规律类似一般消费品近似S形曲线增长到一定阶段后，慢增长直至饱和，1980～1990年欧美国家城市生活垃圾产量增长率已基本在3%以下。我国城市垃圾还处在直线增长阶段，自1979年以来平均为9%。

根据对城镇及住区小区的相关调查分析和推算，我国城镇及住区小区近期生活垃圾产量的年均增长率一般为8%～10.5%。规划时城镇住区小区生活垃圾增长率还应结合季节和地域情况，分析比较选定。生活垃圾预测应按不同时间阶段确定不同的增长率预测。

6.9.2 住区与小区配套垃圾收运设施

（1）垃圾收集点

① 垃圾收集点应满足住区小区居民生活产生的生活垃圾的分类收集要求，既方便居民使用，不影响住区小区卫生和景观环境，又便于分类投放和分类清运。

② 生活垃圾收集点的服务半径不宜超过70m，生活垃圾收集点可放置垃圾容器或建造垃圾容器间。

③ 医疗垃圾等危险废弃物必须单独收集、单独运输、单独处理。

④ 生活垃圾收集点的垃圾容器或垃圾容器间的容量按垃圾分类的种类、生活垃圾日排出量及清运周期计算。

生活垃圾收集点收集范围内的生活垃圾日排出重量计算公式如下：

$$Q = RCA_1A_2 \tag{6-88}$$

式中 Q——收集点收集范围内的生活垃圾日排出重量（t/d）；

R——收集点收集范围内的居住人口（人）；

C——预测人均生活垃圾日排出重量[t/(人·d)]；

A_1——收集点收集范围内的生活垃圾日排出重量不均匀系数，$A_1=1.1\sim1.5$；

A_2——居住人口变动系数，$A_2=1.02\sim1.05$。

生活垃圾收集点收集范围内的生活垃圾日排出体积计算公式如下：

$$V_{ave} = \frac{Q}{D_{ave}A_3} \tag{6-89}$$

$$V_{max} = KV_{ave} \tag{6-90}$$

式中 V_{ave}——生活垃圾日排出体积（m³/d）；

D_{ave}——生活垃圾平均密度（t/m³）；

A_3——生活垃圾平均密度变动系数，$A_3=0.7\sim0.9$；

V_{max}——生活垃圾高峰日排出最大体积（m³/d）；

K——生活垃圾高峰日排出体积变动系数，$K=1.5\sim1.8$。

生活垃圾收集点所设置的垃圾容器数量：

$$N_{ave} = \frac{V_{ave}A_4}{EB} \quad (6-91)$$

式中 N_{ave}——生活垃圾收集点所设置的垃圾容器数量（个）；

　　　A_4——生活垃圾清除周期（d/次）；当每日清除一次，$A_4=1$；当每日清除2次，$A_4=0.5$；每2日清除一次，$A_4=2$，以此类推；

　　　E——单个垃圾容器的容积（m³/个）；

　　　B——垃圾容器填充系数，$B=0.75\sim0.9$。

（2）废物箱

废物箱是设置在公共场合，供行人丢弃垃圾的容器，一般设在住区小区道路两侧和路口、居住区或人流密集地区。废物箱应美观、卫生、耐用，并防雨、阻燃。

废物箱设置间隔规定：商业大街废物箱设置间隔25～50m，交通干道废物箱设置间隔50～80m，一般道路废物箱设置间隔80～100m，居住区主要道路可按100m左右间隔设置。广场、体育场、影剧院等公共场所，应根据人流密度合理设置。

（3）垃圾管道

低层和多层住宅不宜设置垃圾管道，中高层和高层住宅可以设置垃圾管道。垃圾管道的有效断面不得小于0.6m×0.6m。每层应设倒垃圾的小间。垃圾管道底层须设有专用垃圾间，垃圾间应设排水沟，并便于机械装运。

（4）垃圾容器和垃圾容器间

垃圾容器指储存垃圾的垃圾桶，垃圾容器间是指存垃圾容器的构筑物，可以独立设置，也可以依附于主体建筑。供居民使用的生活垃圾容器以及袋装垃圾收集堆放点的位置要固定，既应方便居民和不影响市容，又要利于分类收集和机械化清除。

医疗废物及其他危险废物必须单独存放，不能混入生活垃圾之中。

（5）垃圾压缩站

采用垃圾袋装、垃圾上门收集的住区小区，为减少垃圾容量和垃圾容器间的设置，集中设置具有压缩功能的垃圾收集点，称为垃圾压缩站。垃圾压缩站的服务半径以500m左右为宜。垃圾压缩站四周距住宅至少8～10m。压缩站应设在通畅的道路旁，便于车辆进出掉头。

（6）垃圾转运站

住区与小区的垃圾转运站主要是小型转运站。

小型转运站每0.7～1.0km²设置1座，用地面积不小于100m²，与周围建筑物间隔>5m（表6-72）。服务半径为10～15km²或垃圾运输距离超过20km，需设大、中型转运站时，用地面积根据日转运量定。

小型垃圾转运站的用地标准表　　　　表6-72

转运量（t/d）	用地面积（m²）	附属建筑面积（m²）
150	1000～1500	100

注：表中转运量按每日工作一班制计算。

供住区小区居民直接倾倒垃圾的小型垃圾收集转运站，其收集服务半径不应大于200m，占地面积不小于40m²。

转运站的总平面布置应结合当地情况，要求经济合理。

市大、中型转运站应在城镇总体规划中考虑，并应按区域布置，作业区宜布置在主导风向的下风向，站前布置应与城市干道及周围环境相协调。站内排水系统应采用分流制，污水不能直接排入城市污水管道，应设有污水处理装置。转运站内的绿化面积为10%～30%。

6.9.3 住区与小区公共厕所化粪池配套设施

6.9.3.1 公共厕所

（1）设置环境要求

独立式公共厕所与相邻建筑物间宜设置不小于3m的绿化隔离带。在满足环境及景观要求下，城市绿地内可以设置公共厕所。

为满足环卫要求，公共厕所应设在饮用水源的下游、住宅的下风侧和地下水较低的地方。

（2）公共厕所设置数量

① 主干路、次干路、公共厕所设置的间距为500～800m，支路、有人行道的快速路公共厕所设置的间距为800～1000m。

② 主要繁华街道公共厕所的距离宜为300～500m，流动人口高度密集的街道宜<300m。一般街道公共厕所之间的距离以750～1000m为宜。新建居住区为300～500m，未改造的老居住区为100～150m。

③ 旧区成片改造地区和新建小区，每km^2不少于3座公共厕所。

④ 住区、小区公共厕所一般按常住人口每2500～3000人设置1座。

⑤ 街巷内建造的供没有卫生设施住宅的居民使用的厕所，按服务半径70～100m设置1座。

（3）公共厕所建筑面积规划指标

① 新住宅区内公共厕所，千人建筑面积指标6～10m^2。

② 体育场等场所的公共厕所，千人建筑面积指标为15～25m^2。

③ 居民稠密区公共厕所，千人建筑面积指标为20～30m^2。

④ 街道公共厕所，千人建筑面积指标为5～10m^2。

⑤ 住区小区公共厕所建筑面积一般为30～60m^2。

公共厕所的用地范围是距厕所外墙皮3m以内空地为其用地范围。如受条件限制，则可靠近其他房屋修建。有条件的地区应发展附建式公共厕所，其应结合主体建筑一并设计和建造。

住区小区相关居住用地、公共设施用地公共厕所的设置标准应按表6-73控制。

公共厕所的附近和入口处，应设置明显的统一标志。公共厕所内部应空气流通，光线充足，道通路平，并有防臭、防蛆、防蝇、防鼠等技术设施。

居住用地、公共设施用地公共厕所设置标准表　　表6-73

城市用地类型	设置密度（座/km^2）	设置间距（m）	建筑面积（m^2）	独立式公共厕所用地面积（m^2/座）	备注
居住用地	3～5	500～800	30～60	60～100	旧城区宜取密度上限，新区宜取密度中低限

续表

城市用地类型	设置密度 (座/km²)	设置间距 (m)	建筑面积 (m²)	独立式公共厕所用地面积 (m²/座)	备注
公共设施用地	4~11	300~500	50~120	80~170	人流密集区域和商业金融用地取高限密度、下限间距，人流稀疏区域取低限密度、上限间距，其他公共设施用地宜取中低限密度，中、上限间距

公共厕所的粪便严禁直接排入雨水管、河道或水沟内。在有污水管道的地区，应排入污水管道。没有污水管道的地区，须建化粪池或贮粪池等排放设施。在采用合流制排水系统而没有污水处理厂的地区，水冲式公共厕所的粪便污水，应经化粪池后方可排入下水道。

6.9.3.2 化粪池

化粪池的功能是去除生活污水中可沉淀和悬浮的污物（主要是粪便），并储存和厌氧消化沉淀在池底的污泥。化粪池多设于建筑物背向街道的一侧靠近卫生间的地方，应尽量隐蔽，不宜设在人们经常活动之处。化粪池距建筑物的净距不小于 5m，距地下取水构筑物不小于 30m。

化粪池有矩形和圆形两种。对于矩形化粪池，当日处理污水量小于等于 10m³ 时，采用双格，其中第一格容积占总容积的 75%；当日处理水量大于 10m³ 时，采用 3 格，第一格容积占总容积的 50%，其余两格各占 25%。长度不得小于 1m，宽度不得小于 0.75m，深度不得小于 1.3m。

化粪池的总容积由有效容积和保护层容积组成，保护层容积根据化粪池大小确定，保护层高度一般为 250~450mm。有效容积由污水所占容积和污泥所占容积组成。即：

$$V = V_1 + V_2 + V_3 \tag{6-92}$$

$$V_1 = \frac{\partial \cdot N \cdot q \cdot t}{24 \times 1000} \tag{6-93}$$

$$V_2 = \frac{a \cdot \partial \cdot N \cdot T \cdot (100-b) \cdot K \cdot m}{(1-c) \times 1000} \tag{6-94}$$

式中 V——化粪池总容积（m³）；

V_1——污水部分容积（m³）；

V_2——污泥部分容积（m³）；

V_3——保护层容积（m³），根据化粪池大小确定，一般保护层高度 250~450mm；

N——设计总人数（人）；

∂——使用卫生器具人数占总人数的百分比（%）；

a——每人每日污泥量，生活污水与生活废水合流排放时取 0.7L/(d·人)；分流排放时取 0.4L/(d·人)；

t——污水在化粪池内停留时间（h），12~24h；

T——污水清掏周期（d），为 3 个月~1 年；

b——新鲜污泥含水量，为 95%；

c——化粪池内发酵浓缩后污泥含水率，为 90%；

K——发酵后体积缩减系数，取 0.8；

m——清掏污泥后遗留的熟污泥量容积系数，取 1.2。

在没有污水管道的地区，必须建化粪池。有污水管道的地区，是否建化粪池视当地情况而定。

6.9.4 住区与小区配套环境卫生工作设施

6.9.4.1 住区与小区环境卫生基层机构的用地面积和建筑面积按管辖范围和居住人口确定

表 6-74 所示为环境卫生基层机构的用地和建筑面积指标。

环境卫生基层机构的用地指标表　　　　　　　　　　　　表 6-74

基层机构设置（个/万人）1/1~5	万人指标（m²/万人）		
	用地规模	建筑面积	修理工棚面积
	310~470	160~204	120~170

6.9.4.2 环境卫生清扫、保洁人员作息场所

在露天、流动作业的环境卫生清扫、保洁人员工作区域内，必须设置工人休息场所，以提供工人休息、更衣、淋浴和停放小型车辆、工具等。作息场所的面积和设置数量，一般以作业区域的大小和环境卫生工人的数量计算（表 6-75）。

环境卫生清扫、保洁工人作息场所设置指标表　　　　　　　　表 6-75

作息场所设置数（个/万人）	环境卫生清扫、保洁工人平均占有建筑面积（m²/人）	每处空地面积（m²）
1/0.8~1.2	3~4	20~30

6.9.4.3 环境卫生车辆通道要求

必须保证环卫车辆的通达，各项环境卫生设施满足作业需要（表 6-76）通往环境卫生设施的通道应满足下列要求：

(1) 新建小区和旧城区改建应满足 5t 载重车通行。

(2) 旧城区至少应满足 2t 载重车通行。

(3) 生活垃圾转运站的通道应满足 8~15t 载重车通行。

通往环境卫生设施的通道宽度不小于 4m。环境卫生车辆通往工作点倒车距离不大于 20m，作业点必须调头时，应有足够的回车余地，至少保证 12m×12m 的空地面积。

各项环境卫生设施作业车辆吨位表　　　　　　　　　表 6-76

设施名称	新建小区（t）	旧城区（t）	设施名称	新建小区（t）	旧城区（t）
化粪池	≥5	2~5	垃圾转运站	8~15	≥5
垃圾容器设置点	2~5	≥2	粪便转运站		≥5
垃圾管道	2~5	≥2			

思考题

1. 住区与小区市政公用配套设施主要包括哪几方面？各类设施相关规划有哪些共同要求？

2. 住区与小区市政公用配套设施相关规划的需求预测分别采用哪一些主要方法？
3. 住区与小区给水、污水、雨水、供电、通信、燃气、供热分配管网的平面布置形式和要求有哪一些？给水、排水、燃气、供热管网管径如何确定、有哪些实用较为简便的方法？
4. 住区与小区配电网规划与供电配套设施有哪些要求？
5. 住区与小区通信配套设施主要包括哪一些？小区接入网规划包括哪些内容，有哪些基本要求？
6. 住区与小区工程管线综合有哪些基本要求？
7. 住区与小区消防与抗震防灾设施规划有哪些基本要求？
8. 住区与小区环境卫生配套设施有哪些基本要求？
9. 举例分析房地产住区开发项目的市政公用配套设施规划的理论应用。

第 7 章 配套智能化信息化设施

内容提要：随着社会发展、技术进步和人民生活水平的不断提高，人们不满足传统的居住方式和一般的住宅功能，对生活空间要求越来越高，房地产住区开发项目除住宅建筑，以及前述配套设施外，还有本章内容的智能化信息化新型配套设施。其中也有与住宅物业管理密切相关的配套设施，如前几章配套设施中停车场、文化娱乐、商场及体育设施、给水排水、照明、消防报警、安全监控和信息服务设施等。并且从"智能化大厦"的智能建筑物业管理系统到由公共物业管理与安保系统、小区局域网系统与信息服务及家庭智能化组成的小区智能化系统的实现，住宅小区将逐步成为智能化小区、数字化社区。因此，房地产住区与小区智能化信息化配套设施作为房地产住区开发项目的新型配套设施将崭露头角、日显重要。

本章内容包括小区智能化与智能化系统及信息社区信息家庭，小区（社区）宽带网配套设施及其规划与案例，以及智能建筑智能社区综合布线系统规划设计。本章要求重点掌握智能化小区、智能化系统及数字社区、社区宽带网配套设施及规划基本方法。

7.4 智能建筑智能社区综合布线系统规划设计为可选择内容。

7.1 小区智能化与智能化系统及信息社区信息家庭

7.1.1 建筑的智能化演进

20 世纪 80 年代，微型计算机技术的迅速发展和普遍应用，使得建筑大楼内部的监控系统发生很大变化，由于采用综合布线系统，对大楼内空调、给水排水、变配电、通信、消防等各种设备状态的监测不必一对一地进行布线，因而所有设备状态的信息都可以传送到中央控制室进行监视。20 世纪 90 年代以来，随着微处理器价格的下降，中央控制室主机的一些控制功能被价格低廉的现场微处理控制器所取代，中央控制室的功能逐渐变为管理的功能，对大楼设备的控制转变为中央集中监视，进行集中管理、分散现场控制。随着信息通信技术的飞速发展，现代大楼对各种设备的控制和管理渗透了更多的智能化技术，所以现代大楼的管理系统应该是一个智能化的综合管理系统，也即"智能建筑物业管理系统"。它是采用目前国际上流行的分布式信息与控制理论而设计的分布式集散型控制系统。国际智能建筑研究机构把智能建筑定义为：通过对建筑物的 4 个基本要素即：结构、系统、服务和管理以及它们之间的内在联系，进行最优化的设计，提供一个投资合理、效率高、优雅舒适、便利快捷和高度安全的环境空间，也即"智能大厦"。在任何一座智能大厦中，人们均可通过程控电话网络、计算机网络迅速而又全面地获得所需的国内外有关信息及多种信息服务。通过会议电视与电子商务系统，不论位于何处，都可以方便地完成远程教学、医疗与电子商务活动。管理信息系统和辅助决策支持系统，可以帮助人们思考，提高人们的工作效率。

随着社会发展、技术进步和人民生活水平的不断提高，人们不满足传统的居住方式和一般的住宅功能，对生活空间要求越来越高，住宅小区除住宅建筑外，还有与住宅物业管理密切相关的配套设施，如车库、文化娱乐与体育设施、安全监控、消防报警、照明、给水排水和信息服务设施等。随着智能化技术从大厦走向住宅小区，迈进千家万户，住宅小区将成为智能化小区，家庭将成为智能化家庭。

7.1.2 智能化小区

城市小区、城市社区一般泛指城市居民集中区。智能化小区与 7.1.4 节的数字社区都是智能建筑的扩展和延伸。

智能化小区（Intelligent Home or Communites）实际上是指信息化小区或社区（Infomationatization Communites，或 e-Home）包括某一特定范围内的或城市特定行政管理地区或城市功能地区的基础设施与功能设施的全部数字化、网络化和智能化，它是一种新型的住宅和办公楼区，是建筑艺术、园林艺术、现代高科技的综合体，是生活、学习与工作理念与信息技术、电子技术等现代化高科技的完美结合。它为住户提供一种更加安全、舒适、方便、快捷和开放的智能化，信息化的生活。学习与工作的空间，同时还具有回归自然的环境氛围和高度文明的人文环境，并依托高科技，实现小区物业管理的高效化、智能化、生态化和文明化。小区或社区是城市的细胞，智能化小区或社区是信息城市或数字城市的基础。

随着智能化技术从大厦走向住宅小区，迈进千家万户，住宅小区也将成为智能化小区，家庭成为智能化家庭。原建设部住宅产业化办公室提出住宅智能化的基本概念：住宅小区智能化是利用 4C（计算机、通信与网络、自动控制、IC 卡）技术，通过有效地传输和网络，将多元信息服务与管理、物业管理与安防、住宅智能化系统集成，为住宅设计的服务与管理提供高技术的智能化手段，以实现快捷高速的超值服务与管理，提供安全舒适的家居环境。

智能化小区与智能大厦既有共性又有区别。就其智能化的内涵而言，两者都是将信息技术、自动控制技术渗透到现代的建筑中去，对建筑物内设备的控制和管理都是采用现代的分布式控制理伦，实现集中监视、集中管理和分布式控制等。两者的区别在于以下方面：

（1）从服务内容看，小区智能化的重点是生活服务。
（2）从系统结构看，小区智能化更适应分散性、多样性和灵活性。
（3）从对智能化建设的投资看，由于住宅小区的对象是居民个人，因此，不可能具有像智能大厦的业主那样高的经济承受能力。

因此，在选择智能小区规划建设方案时，必须考虑不同城市、不同小区对智能化的不同等级要求，充分考虑经济合理性。此外，还要考虑使老人小孩都能方便使用，对设备操作要简便。

智能化小区内涵主要包括以下两个方面：
（1）住宅小区是若干住宅组成的集合体，首先具备住宅功能。
（2）在住宅功能基础上赋予智能化功能，智能化功能是小区智能化的核心内容。

为了适应不同层次、不同要求的居民需要，通常将智能化小区分为理想标准、普及标准、最低标准三个等级，随着时代进步，智能化小区等级要求也在不断提高，对于有潜在高等级要求的智能化小区规划，可以考虑按中远期高等级要求规划，分期实施。

7.1.2.1 理想标准

这类小区的特点是不但强调住宅功能，更要强调它与信息化社会的"融合"，将小区融合到全球的新经济社会中，成为全球信息高速公路最末端的一个单元。这类小区特别强调通信功能和网络功能。

就住宅功能来说，它具有完整的物业管理和高度安全可靠的保安和防灾措施及医疗保健设施，具有成套的家庭设备自动化系统和信息服务系统；就其融合功能来说，它具有宽带甚至高速的网络通信连接，要能保证家庭中的任何人员在任何时候与对方进行以语音、数据和图像的方式进行交流，使他们能充分享受信息社会的种种乐趣。

对于这类住户，房屋的建设成本要求已经下降到次要位置，而对小区的物业管理质量、提供的信息服务和通信服务能力已上升到主要位置。在投资方面，这类住宅的智能化系统投资占住宅投资总额的1%～2%以上。住宅对象为经济上有实力和对信息化要求较高的人士。

7.1.2.2 普及标准

这类住宅小区的特点是以住宅功能为主适当兼顾"融合"功能。它与理想标准的区别主要在于网络通信功能。家庭网络不一定具有理想标准家庭的档次，对外通信功能不一定具有多媒体通信功能。这类用户希望下班后在家能有一个舒适、安宁的环境，并能通过网络与外部世界取得联系，获得所必要的信息。并且希望智能化建设成本不要太高，约在6000～8000元/户。这类住户为收入中等偏高的那些人士。

7.1.2.3 最低标准

这类小区主要特点是更强调家庭的智能化，强调家庭保安和音频视频设备的自动控制，而对物业管理、小区安防和网络通信功能可以放宽。对外的通信功能可根据自己的需要，利用传统的窄带拨号等方式访问互联网。设计这一类住宅时，要特别注意使用成熟的技术，降低智能化系统成本，大约控制在3000～5000元/户。这类小区的居住对象一般为收入中等偏下的居民群体。从目前的国情看，这类住宅有可能成为今后几年智能化小区的开发重点和主体。以后，随着信息化的普及，再加上人民生活质量的不断提高，这类小区会逐渐成为潮流，受多数人的青睐。

表7-1所示为住宅小区智能化分级功能设置。

住宅小区智能化分级功能设置表　　　　　　表7-1

	功能		最低标准	普及标准	较高标准
物业管理及安防	小区管理中心		＊	＊	＊
	小区公共安全防范	闭路电视监控		＊	＊
		电子巡更系统		＊	＊
		防灾及应急联动		＊	＊
		小区停车场管理		＊	＊
	三表计量（IC卡或远传）		＊	＊	＊
	小区机电设备监控	给水排水、变配电集中监控		＊	＊
		电梯、供暖监控		＊	＊
		区域照明自动控制		＊	＊
	小区电子广告牌			＊	＊

续表

功能		最低标准	普及标准	较高标准
信息通信服务与管理	小区信息服务平台		＊	＊
	小区综合信息管理		＊	＊
	综合通信网络			＊
住宅智能化	家庭保安报警	＊	＊	＊
	防火、防燃气泄漏报警	＊	＊	＊
	紧急求助报警	＊	＊	＊
家庭电器自动化控制	声频	＊	＊	＊
	视频	＊	＊	＊
	数据		＊	＊
	家庭通信总线接口			＊

7.1.3 智能化系统

小区智能化系统可以分为公共物业管理与保安系统、小区局域网系统与信息服务及家庭智能化3个组成部分（图7-1）。

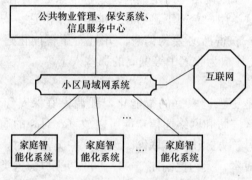

图 7-1 小区智能化系统组成图

7.1.3.1 公共物业区管理与保安系统

现代智能化小区的建设是建立在小区的公共物业管理和保安基础上的。这也是小区智能化系统建设的一项重要内容。主要包括以下几个方面：

（1）对小区内公共的机电设备实施集中的监控和管理，例如对给水、排水系统、电梯、供暖系统的自动监控和对照明设备的自动控制等。

（2）对小区内房产和承租户的管理。

（3）对小区内三表（电表、水表、燃气表）的远程计量与统计，并自动将抄录的数据存放在管理数据库中。

（4）在小区边界和要害位置进行电视监控，通过多媒体电脑和电子地图进行显示。小区的安全防盗系统与当地的自动报警中心实现联网。

（5）对住户的各类报警和求助信号进行集中管理和显示，并做出及时的响应。对于消防报警和医疗求助，及时通过计算机网络与当地的消防和医疗急救中心或就近医院取得联系。

7.1.3.2 小区局域网系统与信息服务

在国家信息化基础设施中，家庭信息化是其中的重要组成部分。住宅是人们进行信息交流和从互联网获取信息的重要场所。所以智能化小区应对住宅用户提供上网支持与服务，以及提供信息服务。

（1）网络接入服务

网络接入服务是住宅居民与外界通信的桥梁，另外小区局域网也要与互联网连接。网络接入服务有多种方式，包括电话拨号方式、ISDN 上网方式、ADSL 宽带接入方式、Cable Modem 宽带接入方式、光纤以太网接入方式及无线接入方式。

（2）小区局域网系统

智能化小区除了为居民家庭提供网络接入服务外，小区本身亦需要建设小区的 LAN 系统。

小区为了实现安全防范和物业管理，需要将安全防范和物业管理的传感器和探头采集到的信息传送到小区物业管理中心进行集中的分析处理。这就需要一个覆盖全区的通信网络。另外为了让居民能够访问到小区网站上的各种信息资源，小区的 LAN 系统必须与居民家庭中的家庭网络实现连接。连接的方式可以是 HFC 方式、普通电话线方式、光纤加双绞线方式或无线方式。目前普遍使用的方式以光纤加双绞线方式为主。

小区局域网络所采用的技术有 ATM 技术、快速以太网或吉比特以太网技术。ATM 技术虽然在传输多媒体方面服务质量具有一定的优势，但是技术比较复杂，价格也比较贵。吉比特以太网出现以后，由于它仍然采用 Ethernet 的协议，容易使用，且具有一定的 QoS，因此近年来使用吉比特以太网的用户较多。下面我们以吉比特以太网技术为例，说明智能化小区局域网的一般结构（图 7-2）。

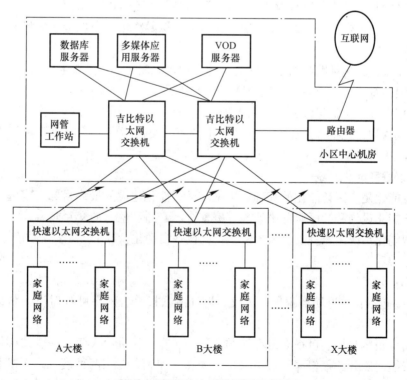

图 7-2 智能化小区局域网示意图

局域网由两台吉比特以太网交换机构成双机热备份的小区主干网,以吉比特速率用光缆连接到小区的每幢大楼的快速以太网交换机。快速以太网具有两个以上的吉比特速率的上连端口,与主干网吉比特口相连,快速以太网的 10~100Mbit/s 自适应端口连接到每家每户的家庭网络。每家是用 10Mbit/s 还是用 100Mbit/s 速率根据自己的需要而定。每幢大楼内快速以太网交换机的数量可以根据每幢大楼连接的居民用户数而定。

快速以太网交换机到每个家庭采用 5 类以上的无屏蔽双绞线,通常不会超过 100m 长。每个家庭通过快速以太网和小区的吉比特以太网交换机再经过路由器访问因特网。

在小区中心机房配置有数台服务器,例如数据库服务器、多媒体应用服务器、VOD 服务器等。它们以每秒吉比特的速率和吉比特以太网交换机实现连接。这些服务器是为小区居民提供信息服务的平台。

(3) 信息服务

作为一个现代化的智能化小区,必须向社区居民提供综合信息咨询服务。这些信息服务包括以下几种。

1) 娱乐服务:娱乐是家庭中很重要的一项内容。小区可以向居民家庭提供 VOD、虚拟旅行、参观虚拟博物馆、虚拟音乐剧场和多人游戏。

2) 商业服务:主要包括购物指南、网上购物、订票和金融服务。

3) 网上教育:包括家教、函授教育、网上补课等。

4) 医疗保健:保健咨询、网上健康顾问等。

5) 信息查询:包括社区新闻、财经股市商情、交通指南、政府政策法规查询和会议通知等。

小区局域网向社区居民提供综合信息咨询服务,主要有以下几种:

1) 娱乐服务:包括 VOD、虚拟旅行、参观虚拟博物馆、虚拟音乐剧场和多人(多个家庭)游戏。

2) 商业服务:包括购物指南、网上购物、预订机船票和金融服务等。

3) 网上教育:包括家教、函授教育、网上补课等。

4) 医疗保健:包括保健咨询,网上健康顾问等。

5) 信息查询:包括社区新闻、财经股市商情、交通指南、政府政策法规查询和会议通知等。

7.1.3.3 家庭智能化系统

家庭智能化是小区智能化的基础,也是小区智能化建设的最终目标。家庭智能化是要通过家庭智能化设施和社区服务来实现家庭安全、舒适和信息的交互能力。

家庭智能化系统由家庭安全(HS)、家庭设备自动化(HA)和家庭通信(HC)三大部分组成。

(1) HS

HS 主要包括:家庭防盗报警、火灾、燃气泄漏报警、楼宇可视对讲、紧急呼救与遥控护理等。

家庭防盗报警与楼宇可视对讲系统结合使用。在大楼进出大门和一、二楼层居民的四周门窗上安装门磁开关报警探头,可采用有人在家和无人在家两种模式。要求系统在恶劣环境下仍能稳定地工作。火灾、燃气泄漏报警系统要求能将火灾或燃气泄漏的地点迅速传送到小区监控中心,监控中心马上发出联动声光控报警并打开气窗,遇火灾时打开喷淋,遇燃气泄漏时切断气源,并将状态反馈到监控中心。紧急呼救报警主要是针对家内有老人感到身体不适时,按动紧急报警键,触发通信系统通知家人或小区护理中心或附近医院。楼宇可视对讲系统可实现来访人员与住户双方可视通话,防止无关人员进入小区及家庭。

(2) HA

家庭设备的自动化是采用家庭控制总线(将在下节家庭网络中叙述)将家庭设备联网后,对它们的运行状态进行监视、控制和调节。自动控制方式有:通过电话实现远程遥控;通过事件或时间程序自动化控制;通过红外线实现遥控调节,如对家电的音响、电视机、窗帘、灯光等用红外线实现遥控,对三表(水表、电表和燃气表)数据的自动采集传输,送到物业管理中心进行处理等。

(3) HC

家庭智能化的基础就是实现 HC 网络化。

7.1.4 数字社区

随着信息技术的渗透,在智能化小区之后又催生了数字社区,数字社区则更是一个信息化社区,它通过物理网的结构,基于 IP 传输技术,以原来局域网技术结合广域网和互联网发展,是控制技术和信息技术的融合。而前述智能建筑是数字社区的主体。数字化空间、数字化管理、数字化生存是网络时代的必然产物。社区作为人们的主要生活空间,利用信息技术实现社区数字化物业管理和社区服务具有重要意义。

数字社区的总体目标是在采用系统集成方法逐步建立一个沟通小区住户之间、住户与社区服务中心、住户与外部社会的多媒体信息系统,为社区住户提供一个安全、舒适、便捷、节能、高效的生活环境,最终实现以"家庭智能化为主的、可持续发展的智能小区"。

数字社区的系统功能包括以下方面:

(1) 实现社区建筑、设备、车辆、治安、消防、维修、环卫等物业信息的网络化管理,以及物业管理自动化。

(2) 实现社区一卡通、水电气三表远程抄送、智能停车管理、安防、电话计费收费等一体化管理。

(3) 通过采用社区宽带网、智能计量设备、触摸屏等多种途径实现住户与物业管理部门之间的各类申报、查询与交流。

(4) 实现现代化的多途径各类收费、自动生成欠费通知。

(5) 多媒体演示子系统展示社区形象,采用社区服务信息目录增强社区服务和信息交流,丰富网上生活等等。

社区实现数字化后,数字信息的交互直接了,管理中心对所要进行管理的住户状况可以快速、准确地反映出来,住户有问题也可以直接通过管理中心提出;管理中心可以直接监控各种设施设备的运行状况,从而及时发出处理指令;对于小区经常性的事务处理,包括内部办公自动化和面向住户服务指南、投诉、维修、查询、缴费和建议等,将会更加方便。

数字社区系统可分为社区网络管理系统、网络综合布线和家庭智能化系统三个部分。

社区网络管理中心综合管理系统包括:家庭智能控制子系统、停车场管理子系统、社区安防子系统、社区物业管理子系统和社区信息管理子系统。通过综合布线系统实现数字社区各个管理子系统的互联。家庭智能化系统由信息家电设备、家庭综合布线系统和家庭智能控制器组成。图 7-3 所示为数字社区及信息网连接。

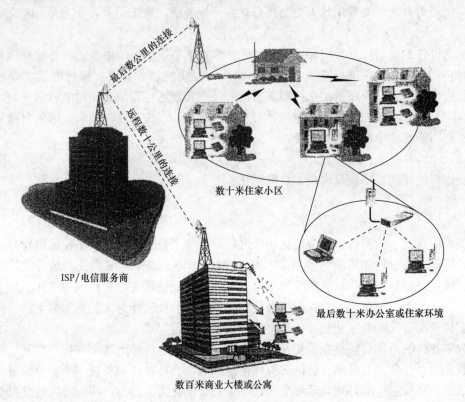

图 7-3　数字社区及信息网连接图

7.1.5　家庭信息化

家庭信息化建设包括：家庭上网、智能家庭和市民卡系统 3 个方面。家庭上网是家庭连接外界的信息通道；智能家居是通过信息家电实现家居数字化和智能化环境；市民卡系统是市民在数字城市中工作和生活的必备工具。

家庭上网工程的推进实施按照有关"一线两点三步走"的策略，即形成一条由用户、电信运营商和网络内容提供商以及商家、银行和物流企业组成的网络增值应用服务链，通过建设网络基础设施、建立"网上家园"和享受"网络生活"三层服务，提高网上应用水平，扩大网络用户规模。其中，网络基础设施建设要积极创造各种便利的用户接入条件，包括提供社区信息服务连锁站等公共上网服务，采取多种方式降低用户接入的上网门槛，迅速扩大上网用户规模。建设网上家园，就是通过建设综合性社区信息平台，迅速形成用户、电信运营商和网络内容提供商以及商家、银行和物流企业组成的网络增值应用服务价值链，将快捷的网络接入服务、丰富的信息应用服务和便利的商业服务整合，建立有利于促进互联网各项应用发展的良性生态圈。

智能家居是计算机技术、网络通信技术和自动控制技术等高新技术在人们的生活领域中的应用，包括：家庭内部的数字化平台、社区的智能化平台以及城市公众信息平台，并

7.1 小区智能化与智能化系统及信息社区信息家庭

将衍生出信息社会的一切要素。家庭内部的数字化平台（集中控制盒）是将业主家中的温度/湿度、电器、照明、安全防范及对外通信等进行集中控制，使整个住宅运作在最佳状态。集中控制盒连接家庭中的水、电、气 3 表和各个家电以及电话，同时安装入侵监测探头、可视对讲和紧急呼叫系统。集中控制盒的通信采用直接连接楼中的综合布线然后进入小区通信主干的方式，其通信协议采用标准的 TCP/IP 协议，这种方式保证了集中控制盒通信的开放、高速和信息量，也保证了集中控制盒的功能实现。通过集中控制盒，就在业主家庭中形成了一套智能化的管理。图 7-4 所示为智能家居智能控制示意。

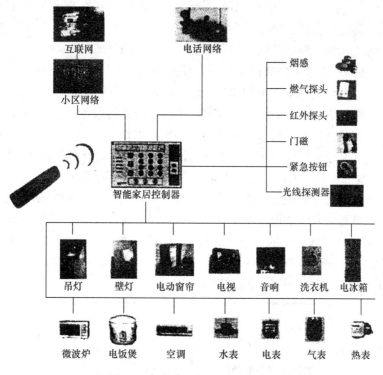

图 7-4 智能家居智能控制示意图

业主可以通过集中控制盒对家中的空调等主要家用电器设置进行控制；业主在外时可通过双音频电话机或手机拨打专用电话号码，若家中无人应答时，集中控制机自动接听电话，并给业主提供语音信息，业主在语音提示下进行相应的操作，遥控启动家中空调等电器，使其在业主到家之前提前开始工作，以提供一个舒适的环境。业主通过集中控制盒可以了解自己家庭运作的各种参数，如房间温度、湿度、三表读数及被控家电状态等，同时可通过网络进行各种交费的简单查询。并可通过集中控制盒上自带的 IC 卡接口进行费用的结算。物业管理部门可通过小区网络及集中控制盒向业主发出交费通知及其他有关物业管理方面的通知等。

当业主需要维修、搬运和送货等社区服务时，通过集中控制盒提供的直通语音功能可直接同小区的社区服务中心联系。业主只要拿起集中控制机上的听筒并按下社区服务按键，就可以与社区服务人员建立直接的语音联系，说清自己的要求。而社区服务中心的工作站会自动显示出要求服务业主的楼号和房号并记录。集中控制盒连接门磁开关和双鉴探头等防入侵探测器，当有入侵发生时及时发出报警信息至物业管理部门和小区保安部门。

集中控制盒具有紧急呼救功能，有紧急情况发生时，业主按动紧急呼救按键通知物业和保安部门采取紧急措施。集中控制盒的可视对讲显示屏除显示图像外还可用于文字显示，以汉字方式与用户进行交流并配以简单的语音提示。集中控制盒的操作分三级密码进行控制，不同级别的操作权限各不相同。

市民卡系统智能卡（IC卡）应用范围越来越广，以"城市一卡通"为例，"城市一卡通"实现城市公交、水、电、燃气等公用事业的统一发卡、统一管理和一卡多用，以最大限度共享信息资源。

"城市一卡通"系统可以方便市民的日常生活，减轻市民办理和携带多种卡的负担。可以杜绝假币，促进资金良性循环，改善企业成本，加大对市政设施运营的监控，促进城市的数字化，为电子商务和电子政务的发展打下了良好的基础。

"城市一卡通"系统采用公共网络平台、联机交易平台、账目清算平台和基础信息共享平台，是建立在多个应用基础上的IC卡支付系统，可实现公交、地铁和城铁的费用支付及自来水、供电和燃气消费的结算一卡化，为城市居民提供各种方便的服务。例如"城市交通一卡通"将公共汽车的售票方式以IC卡电子收费作为支付手段，通过车载电子收费设备，实现公共交通运营管理中的预收费、消费、清算、统计和管理等业务的全过程无现金自动化。"城市水电一卡通"先充值后使用，因此，要建立水、电、气预收费管理系统。通过该系统，市民可以进行预购和消费，水、电、燃气公司则对预收费进行管理，并为公司的经营决策提供科学依据。由于"城市一卡通"在一张卡上实现了多个应用，每张IC卡都记录对应的用户账户内的所有交易信息，因此，要建立IC卡管理中心，对卡和信息进行统一管理，并对运营中产生的各种资金进行统一清算，以协调和保证各方利益。图7-5所示为"城市一卡通"系统运行示意图。

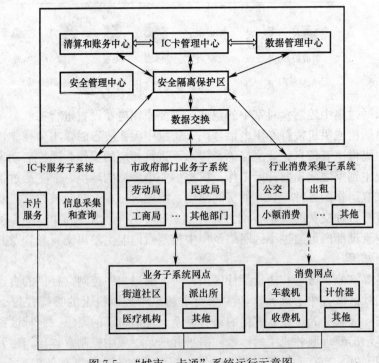

图 7-5　"城市一卡通"系统运行示意图

7.2 小区（社区）配套宽带网设施

7.2.1 社区宽带网的组成

一般社区宽带网由社区计算机网络布线系统、计算机局域网络系统、社区综合业务管理系统和应用服务系统组成。

7.2.1.1 计算机网络布线系统

计算机网络布线系统可采取光纤到楼，楼内5类非屏蔽双绞线到户方式，建立社区的宽带网络的物理平台。

7.2.1.2 计算机局域网络系统

计算机局域网络系统包括：用户宽带接入系统、楼宇宽带接入系统、社区宽带骨干网和社区宽带接入系统。

7.2.1.3 社区综合业务管理系统

综合业务管理系统负责提供用户认证、授权、计费和网络监控等基本功能，保证社区网的安全、高效运行。

7.2.1.4 社区应用服务系统

应用服务系统给社区居民提供各类增值服务。

7.2.2 社区宽带网主要接入方式

随着通信技术和业务的不断发展，特别是互联网上的各种应用爆炸性增长，提供高速宽带接入和IP多媒体综合业务应用承载已成为接入技术发展的必然趋势。

社区宽带网满足多媒体通信网络接入需求，解决宽带接入也是信息化最后1km的瓶颈。

目前，宽带接入方式一般有四种：基于传统语音系统基础上的ADSL技术、基于传统有线电视系统基础上的HFC方式、基于FTTB光纤到楼的局域网接入技术及无线接入手段。而从宽带技术的发展来说，基于光纤到户的FTTH宽带接入技术是最彻底的宽带接入，是宽带接入发展的方向。同时，无线宽带接入也是一种很好的发展方向。

7.2.2.1 基于传统语音基础上的ADSL宽带接入方式

ADSL技术是一种基于传统语音传输线路基础上的高速数据传输技术，小区内部数据信息通过DSLAM进入小区中心机房，通过每家每户安装ADSL MODEM来实现数据通信。ADSL实现了在普通电话线上发展全新的宽带数据信息接入手段。它能在普通的电话线上达到上行为1Mbit/s，下行为8Mbit/s的速率。实现ADSL宽带接入用户可以通过虚拟拨号方式进行拨号，在用户名和用户密码得到认证通过以后，进行高速上网。

由于ADSL是基于一对语音线路基础上的数据传输技术，对语音线路的要求较高，一般应为3类非屏蔽双绞线。同时，对线路的施工要求和主干线路的对数有一定的要求。由于小区中心的ADSL交换机和小区内各户采用点到点方式直接连通，因而对小区中心ADSL交换机的交换速率要求较高，而目前小区中心ADSL交换机的交换速率和基于局域网的中心主干交换机的交换速率相比，还有一定的距离。

7.2.2.2 双向 HFC 网

双向 HFC 网是建立在小区双向光纤同轴电缆有线电视网基础上的数据信息服务系统，首先要求小区的有线电视网应该是具有双向传输功能的有线电视网，同时小区的有线电视网应该是光纤同轴电缆的混合网，每个光节点管理的户数应控制在 200～500 户，同时，同轴电缆的长度应控制在 200m 之内。

虽然，同轴电缆的物理介质是一宽带网络传输介质（750MHz 或 1000MHz），由于 HFC 的前端设备的成本较高，单路的数据下行速率在 38Mbit/s（北美标准），而欧洲标准约在 50Mbit/s，上行数据为 2～10Mbit/s。对于新建小区，布双向网络的成本比单向网络要昂贵很多。而对大多数旧小区来说，已建成的单向有线电视网要改造成双向有线电视网后才能满足数据信息传输的要求。其次，双向同轴网从本质上说，仍然是共享式方式，几百个用户共享一个 38Mbit/s 的带宽，存在着明显的带宽问题和潜在的网络安全性问题。最后，从技术上来说，双向同轴网存在的漏斗效应，至今没有有效的解决方案。

上述二种接入方式均支持高速访问互联网和视频点播，但不支持远程家教、医疗，建立家庭网站和采用 VPN 联网。

7.2.2.3 计算机局域网

基于 FTTB 光纤到楼，5 类非屏蔽双绞线到户基础上的计算机快速以太网技术是一种非常成熟，使用最为普遍的技术，其全交换的数据传熟技术，使得终端用户可以以独享带宽的方式进行数据信息通信；从而保证用户的上网速度和上网质量。

由于以太网技术的成熟和应用的普及，因而基于该技术基础上的宽带网络系统具有最好的性能，最多的应用服务和最好的可管理性能。

上、下行频带 10Mbit/s、最高速度 1000Mbit/s 以上，能支持高速访问互联网、视频点播、远程家教、医疗、建立家庭网站和采用 VPN 联网。

小区骨干网和小区接入系统都被放置在小区网络中心，同时在小区网络中心设置多台应用服务器，分别是数据库、网管工作站、计费、Web 电子邮件、高速缓存和其他应用等服务器，均以 100Mbit/s 的带宽直接接入中心千兆位以太网交换机。

表 7-2 所示为接入方案的技术性能比较。

接入方案的技术性能比较表　　　　　　　　　　表 7-2

项目	FTTB	HFC	ADSL	ISDN	MODEM
频带（上行）	10Mbit/s（独享）	10Mbit/s（2000～3000 用户共享）	64～640kbit/s	128kbit/s	56bit/s
频带（下行）	10Mbit/s（独享）	38Mbit/s（2000～3000 用户共享）	1.5～8Mbit/s		
最高速度	1000Mbit/s 以上	300Mbit/s			
方式	光纤到楼网线到户	光纤到小区同轴线到户	普通电话双绞线	普通电话双绞线	普通电话双绞线
质量	高	较高	较高	一般	差
安装	方便	不方便	方便	一般	方便
维修	方便	不方便	不方便	不方便	方便
技术	数字宽带技术	模拟宽带技术	非对称数字技术	数字窄带技术	模拟窄带技术

续表

项目	FTTB	HFC	ADSL	ISDN	MODEM
稳定性	稳定	随电视节目多少而波动	较稳定	一般	不稳定
高速访问互联网	支持	支持	支持	不支持	不支持
视频点播	支持	支持	支持	不支持	不支持
远程家教、医疗	支持	不支持	不支持	不支持	不支持
建立家庭网站	支持	不支持	不支持	不支持	不支持
采用VPN联网	支持	不支持	支持	不支持	不支持

7.2.3 社区宽带网综合布线系统

布线系统是保证网络系统正常运行的物理基础。考虑到社区网络的具体应用（如：视频点播、远程医疗）对网络带宽的要求和今后发展的需要，布线系统采用符合 EIA/TIA568A 标准的布线系统方案，以满足建立社区宽带网的要求。

设计方案列举：

采用 10/100Mbit/s 的 5 类/超 5 类非屏蔽双绞线到户；

采用 100Mbit/s 或 1000Mbit/s 的单模光纤从住宅楼到社区网络中心；

采用 155Mbit/s 的单模光纤从社区网络中心到城域网接入点；

图 7-6 所示为社区宽带网综合布线系统结构。

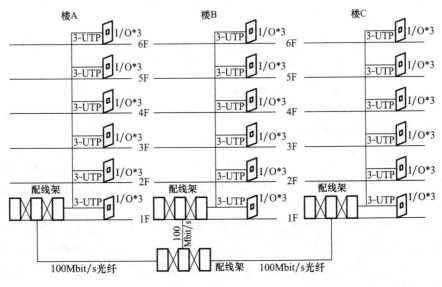

图 7-6 社区宽带网综合布线系统结构图

7.2.4 社区宽带网计算机网络系统

社区网采用交换式快速以太网技术，用户接入交换机采用长城或 Cisco1900 工作组级系列交换机，保证用户以 10Mbit/s 的带宽接入。楼宇接入交换机选择长城或 CISCO2900 系列交换机，用户接入交换机以 100Mbit/s 的带宽上联至楼宇交换机。

社区骨干网采用长城或 Cisco．Catalyst4000 系列交换机作为网络中心的主干交换机，楼宇接入交换机采用 100Mbit/s 或 1000Mbit/s 的带宽上联至中心交换机。社区接入系统采用 POS 技术，利用 Cisco7200 路由器以 155Mbit/s 接入城域网，通过城域网接入 Iternet。在社区网络出口处，采用 CISCO PIX 作为防火墙，以提高宽带社区网络的安全性。

社区骨干网和社区接放系统都放置在社区网络中心，同时在社区网络中心设置多台应用服务器：数据库服务器、网管工作站、计费服务器、Web 服务器、电子邮件服务器、高速缓存服务器和其他应用服务器。这些服务器以 100Mbit/s 的带宽直接接入中心交换机。

图 7-7 所示为社区宽带网计算机网络系统示例。

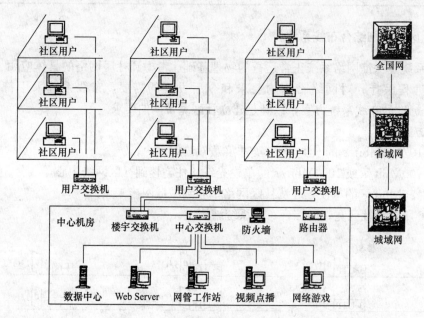

图 7-7 社区宽带网计算机网络系统示例图

7.2.5 社区宽带网综合业务管理系统

以长城社区宽带网综合业务网络管理系统为例，管理系统提供先进的目录机制，具有实时计费功能，计费政策调整功能，同时还具有可伸缩性和可扩展性。管理系统包括以下功能模块：

（1）用户管理。网络运营者可以方便地实现用户开户、销户、锁户、恢户，以及根据用户信息任意组合查询，修改与统计等各种功能，用户可以自查询、修改个人信息。

（2）用户认证、授权。对用户的身份进行认证，并根据用户申请服务类别对用户享受的服务进行授权。

（3）计费结算。针对各种不同类型的用户和信源，在接入层和信息层提供灵活、精确的实时计费功能，支持集团用户、账单付费、预付方式、银行托收等多种结算方式和付费方式，而且具有完备的账务处理功能。

（4）业务统计分析。提供最受欢迎的节目统计、收视率统计等功能。

（5）配置管理。网络节点、通信线路增减和变动管理；网络节点中网络设备、端口和冗余结构的配置管理；网络节点主要服务器、工作站配置管理；网络节点系统软件、应用软件系统配置管理。

（6）性能管理。网管中心能从网络中实时收集网络设备、主要服务器的故障信息，并具有一定的远程诊断和修复能力。

（7）安全管理。安全管理是保护网络资源与设备不被非法访问，监控外界对网络的非法侵入。

7.3 配套宽带网设施规划与案例

社区宽带网规划既是城市信息化专项规划也是城市通信专项规划，应以城市规划为依据，与城市规划相协调。

7.2.2、7.2.3和7.2.5节内容是社区宽带网规划理论基础及其规划可选框架。本节内容是结合实例分析的规划目标、步骤内容与方法。不同社区宽带网规划有不同的要求，但可触类旁通；不同的规划应侧重不同重点，掌握不同的深度要求。

7.3.1 局域网与以太网技术

7.3.1.1 概述

局域网为小区域的计算机通信网。它一般是指覆盖范围在几千米之内的企业网、政府网、校园网等局部计算机网路。局域网一般采用双绞线、同轴电缆或光纤等传输媒体将多台计算机互连，传输速度一般采用10～100Mbit/s。目前一些大型局域网的主干网络往往采用1Gbit/s传输速率。社区宽带网是局域网的主要组成之一。

局域网互联成城域网，城域网互联为广域网，广域网互联为网间网。

以太网是局域网里使用最多的一种。目前约有90%以上的局域网采用以太网组网，并通过路由器进入城域核心网。

7.3.1.2 局域网的拓扑结构

局域网中节点连接的拓扑结构有以下三种类型。

（1）星形结构

星形结构有一个中央节点作为公用交换中心，其余每个节点都有链路与其相连。通信数据通过中央节点发送（图7-8）。

（2）环形结构

各个节点通过环路接口首尾相连形成闭合环路。环形网中的数据总沿一个方向传输，源节点发送信息后，由相邻节点转发，传到目的节点时，信息被接收，但仍被继续转发，直至又传回源节点为止（图7-9）。

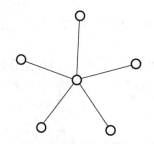

图7-8 局域网的星形结构图

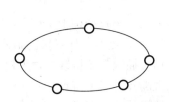

图7-9 局域网的环形结构图

（3）总线形结构

总线结构网络即广播式网络。所有节点都连到一条公共的总线上，任何一个节点发送的信息都沿总线传输，并能被总线上的目的节点所接收（图7-10）。

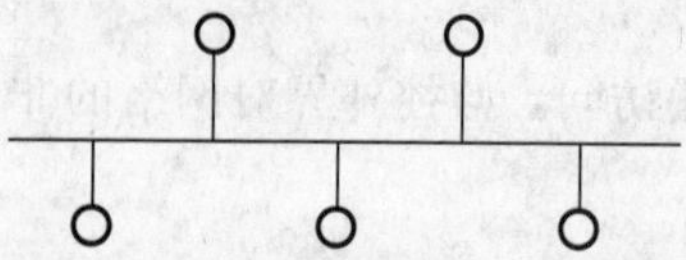

图7-10　局域网的总线形结构图

7.3.1.3　局域网的通信方式

局域网的通信方式也即节点之间的访问方式主要有以下3种。

（1）查询方式

在查询方式中，节点按照以下顺序取得对网络信道的访问权：

① 中心节点有规律地查询每一个节点，以便得知哪个节点需要进行通信。

② 如果某一节点需要进行通信，又若对方信道空闲，节点可获得使用该信道的专用权，然后进行通信。

这种方式最适合有中心控制点的网络，如星形网络。

（2）令牌传送方式

令牌是一个具有特殊格式的信息。令牌在网络信道中一直进行传送，有规律地经过每一节点。采用令牌传送方式的网络，节点传送信息步骤如下：

① 当某一节点要发送报文时，一旦有令牌经过该节点，它便把令牌改为标志，把要发送的信息报文附在后面，最后附加上一个令牌。

② 这一带有信息的报文的令牌继续环行，每个节点检查信息报文。

③ 在经过目的节点时，该节点识别并接收，并把一个收据信息附上。

④ 当信息报文返回源节点时，发送已被接收，源节点便把信息报文清除，网络上又只有一个令牌在传送。

令牌访问方式适用于环形网及总线网。

（3）载波侦听多路访问/冲突检测（CSMA/CD）方式

采用CSMA/CD方式的局域网中，所有主机是以竞争的方式共享信道。

CSMA/CD通信方式多用于总线形网与星形网。

以太网采用的通信方式即为CSMA/CD方式。

7.3.1.4　局域网的以太网组建方式

局域网的以太网组建方式主要有以下几种。

（1）双绞线以太网

双绞线以太网（10Base-T）采用两对3类、4类或5类UTP线缆作为传输介质，一对用于发送数据，另一对用于接收数据。

双绞线以太网利用经济的电话线和标准的RJ-45连接器常常可发挥建筑物内已有的连线的优势。

双绞线以太网在拓扑结构上采用了总线和星形相结合的结构。所有工作站均经过网卡连到集线器（HUB）上形成星形拓扑结构，集线器与网卡上均装有RJ45插座，可供双绞线上的GJ-45插头插入，故拆装非常方便。

双绞线以太网具有以下特点：

① 网络的建立与扩展十分灵活方便。根据每个HUB的端口数量（有8、12、16、32

端口）和网络大小、选用不同端口数的 HUB 构成所需网络。增减工作站十分方便，不中断网络工作。

② 可以预先和电话线统一布线，在房间内预先安装好 RJ45 插座，故改变网络布局和移机十分方便。

③ HUB 具有自动隔离故障作用，当某个工作站机发生故障时，不会影响网络的正常工作。

④ HUB 可将一个网络有效的分成若干互连段，当发生故障时，管理人员可在较短时间内查出故障点。

⑤ 10Base-T 网与 10Base-2、10Base-5 能很好兼容，其以太网运行软件能兼容运行。

（2）标准以太网

标准以太网（10Base-5）即粗缆以太网，使用粗同轴电缆在联网时，每一工作站（主机）要通过收发器与总线相连。

（3）细缆以太网

细缆以太网（10Base2）采用 RG58 50Ω 同轴细缆作为传输介质，收发器功能移入网卡，工作站网卡通过 BNC 插头和 T 型接头连接总线。

上述粗缆或细缆与双绞线可混合布线。图 7-11 所示为粗缆与双绞线连接的混合布线拓扑结构。

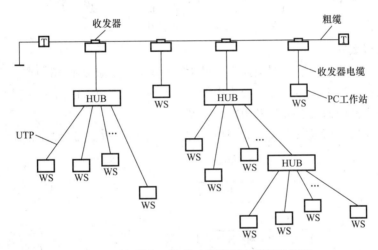

图 7-11　粗缆与双绞线连接的混合布线结构图

（4）快速以太网

快速以太网（100Base-T）信道传输速率提高至 100Mbit/s，它仍沿用 802.3 的介质访问控制子层（MAC）协议。100Base-T 的信息包格式、包长度、介质访问方式。差错控制及信息管理同 10Base-T。

100Base-T 支持三种类型介质：

100Base-T4：是一个 4 对线系统，使用 3、4、5 类 UTP；

100Base-TX：是一个 2 对线系统，使用 5 类 UTP 或 STP；

100Base-FX：是一个单模或多模光纤系统。

上述三种类型介质可通过 HUB 互连。

100Base-T 标准还规定了自动切换功能，即允许一个网卡或交换机能自动适应 10Mbit/s 和 100Mbit/s 两种传输速率。一个 100Base-T 的工作站会自动发出称为快速连接脉冲（FLP）的一组信号以表示其具有 100Mbit/s 的通信能力，如果接收站是一个 10Base-T 的 HUB，则该网段就使用 10Base-T 进行通信，若该 HUB 能支持 100Mbit/s，则检测到 FLP 后就自动设置该网段为 100Mbit/s 的通信速率。

图 7-12 所示为 100Base-T 局域网结构。

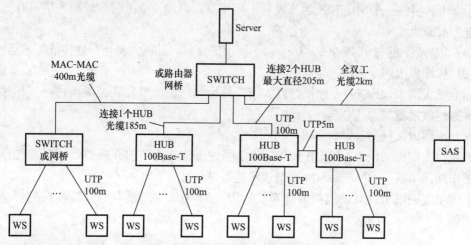

图 7-12　100Base-T 局域网结构图

（5）交换以太网

大型局域网一般采用以太网交换机对网络进行分段，以扩大网络范围而不减少网络的带宽。在交换以太网中工作在每一网段中的工作站对介质的争用仍采用 CSMA/CD 的竞争机制，而连接各网段的交换机则采用路由机制。

以太网交换机采用级联方式组成交换以太网。图 7-13 所示为交换以太网结构。

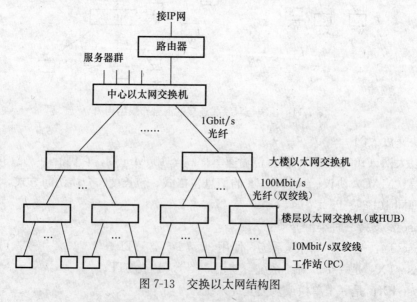

图 7-13　交换以太网结构图

图 7-13 中中心以太网交换机通过 GE 接口（1Gbit/s 速率以太网光接口）和光缆连接

各建筑物的大楼以太网交换机。大楼以太网交换机通过100Mbit/s光缆（或5类线）连接各楼层，楼层以太网交换机（或HUB）通过10Mbit/s、5类线到达桌面。以实现千兆到大楼、百兆到楼层、十兆到用户。

中心以太网交换机的各端口连接E-mail、DNS（Domain Name System）、FTP（File Transfer Protocol）、WWW（World Wide Web）、AAA（Authentication，Authorization and Accounting）、数据库等服务器，并通过防火墙、路由器进入城域网。

在各种电信业务进入局域网后，局域网称为用户驻地网（CPN，Customer Premises Network）或许更合适。

不同以太网组建方式有不同的网络距离范围限制，表7-3所示为几种以太网的距离范围限制。

以太网的距离范围限制表　　　　　　　　　　　　　　　　表7-3

类型	最大段长（m）	类型	最大段长（km）
双绞线（星形）		光纤（星形）	
10Base-T	100	FOIRL	1
100Base-T	100	10BaseF	2
同轴电缆（总线）		100BaseFX 多模	2
10Base5 "粗"	500	100BaseFx 单模	10
10Base2 "细"	185		

7.3.2　小区（社区）宽带网配套设施规划特征与案例概述

小区（社区）宽带网配套设施规划多为小区（社区）园区网配套设施规划。

社区园区网不同于单一局域网，它是将几个局域网按一定方式连在一起，形成的较大网络。通常单一局域网由同一建筑物内，或同一单位建筑物内的计算机组成，而社区园区网则将社区多个建筑物内的计算机局域网连在一起。

社区园区网和城市范围基础设施城域网都建立在局域网的基础上，但也不相同，二者基本区别在于：连接局域网时社区园区网使用的是专有设备，而城域网使用的是公用或共享设备；社区园区网多为社区、校园、工业园区范围，而城域网则是城市范围。

结合实际以北京海淀区温泉镇社区园区网规划为例，论述与说明小区（社区）宽带网配套设施的规划相关理论与方法。

本例为城镇社区的园区网规划。

温泉镇镇中心位于北京市西山北坡、海淀区北部。温泉镇距海淀镇13.5km，是海淀北部地区的中心镇。

温泉镇中心区规划争取在5～8a时间内，建成既有时代气息又有田园风光，具有较强辐射能力的科技示范镇。并与中关村科技园区海淀园总体规划相配套、相协调，其规划新建居住小区将直接为中关村高科技产业阶层服务，镇区规划的高品位，使温泉镇的社区园区网规划提到了议事日程。

7.3.3　社区宽带网业务需求预测

社区宽带网业务需求预测是社区宽带网规划的基础，主要涉及基础业务和宽带业务需求预测（包括数据、视频、图像、IP业务及相关业务线路敷设需求预测）。

本例侧重社区园区网线路敷设需求预测。

根据规划提供的分期建设住宅等建筑面积,采用按建筑面积测算的小区预测方法,预测社区各建筑分类通信业务线路敷设需求。

在相关调研分析基础上,预测综合指标拟定:

商品住宅:平均 $130m^2$/户,话音每户 2 线、数据和图像每户分别 5 类线和同轴线各 2 对,另控制线 1 线;

行政办公:每一办公室平均建筑面积 $40m^2$,每办公室电话线 2 线,同轴线 1 对,5 类线 4 对;

商业:平均每 $60m^2$ 话音 1 线、5 类线、同轴线、控制线各 1 对;

学校、幼儿园、游乐、体育场馆,其中学校、体育场馆平均每 $200m^2$ 话音 1 线。其中学校、体育场馆 5 类线每单位 4~8 线。

表 7-4 所示为社区分类建筑通信业务线路敷设需求预测。

社区分类建筑通信业务线路敷设需求预测表　　　　表 7-4

组团代号	建筑分类	建筑面积(m^2)	户数(户)	主线(线)	5 类线(对线)	同轴线(对线)	控制线(对线)及其他
A	商品住宅	44460	342	684	684	684	342
	公建	3200		32	30	32	(电脑 3216 台)
B	行政办公	12000		600	1200	300	(电脑 150 台)
C	商品住宅	36140	378	556	556	556	278
D	商品住宅	34580	266	532	532	532	266
	公建	6000		48	48	48	(电脑 4824 台)
E	高层住宅	45600	320	640	640	640	320
F	多层住宅	65780	506	1012	1012	1012	506
G	多层住宅	41600	320	640	640	640	320
H	办公大楼	20000		1000	2000	500	(电脑 250 台)
I	办公大楼	10000		500	1000	250	(电脑 125 台)

注:办公室控制线在办公楼建筑设计中考虑。

7.3.4 社区宽带网规划目标

社区宽带网规划目标反映不同层次社区结构对社区宽带网等级的不同要求。值得指出,规划目标应充分考虑潜在需求。社区的规划目标选择可参照智能化小区的 3 个等级标准,结合社区潜在业务需求的实际分析,确定适宜的规划目标。

理想标准适合小区(社区)住宅对象为经济上有实力和对信息化要求较高的人士。

普及标准适合小区(社区)住户为收入中等偏高的那些人士。

最低标准适合小区居住对象一般为收入中等偏下的居民团体。

全国住宅小区智能化系统示范工程建设要点与技术导则(试行稿)还提出住宅小区智能化系统示范工程分类标准、分类示范系统的组成架构、功能要求及与各分类示范系统相适应的智能化成套技术要求。

本规划社区除农民新村外住区服务对象多为高新技术阶层,对信息化要求和潜在需求档次较高,对照上述标准划分,规划目标确定为理想标准,社区宽带网突出强调通信功能与网络功能，使社区融合到全球的新经济社会中，成为全球信息高速公路最末端的一个单元。

对于其中农民新村，考虑本区农民经济较富裕和本身层次的提高，以及因农民富裕房源出租、出售，出现的新村混合阶层对于社区信息化的实际和潜在需求，同时考虑本区园区网内部功能协调，其规划目标宜确定为普及标准，适当兼顾网络的融合功能。

7.3.5 社区宽带网规划内容

社区宽带网络的规划内容主要包括以下方面：
(1) 社区宽带网的组成。
(2) 社区宽带网的主要接入方式。
(3) 社区宽带网的综合布线系统。
(4) 社区宽带网的计算机网络系统。
(5) 社区宽带网的综合业务管理系统。

上述网络规划内容详见 7.2 社区宽带网配套设施。不同规划目标和规划要求，有不同的网络规划内容和网络规划侧重，但应符合总体基本框架要求。

以本规划社区园区网络规划为例。

7.3.5.1 网络结构规划

(1) 为得到最佳的宽带接入与经济效益，选择局域网接入方式。
(2) 采用园区网，组团园区网的通信交换中心，设快速以太网交换机。
(3) 在几个园区网的交换中心，一般小区中心设千兆位以太网交换机，也是 OLT 点。
(4) 从住宅楼层层单元到楼底层中心设 1~2 级或 1~3 级堆叠集线器，其中用户较多、较重大楼房可用快连以太网交换机代替集线器，实现光缆到楼。
(5) 从交换机到集线器通常采用星形以及环形与星形相结合的两种结构。
(6) 接入网 OLT 连接点的主干网采用环形结构，提高通信可靠性。

7.3.5.2 网络设施与演进规划

(1) 交换中心，首期开发一台千兆级交换机，中远期可能增加一台或几台，增为 3~8 千兆级，或增为万兆级，以后发展为 T 兆级分组交换机。
(2) OLT 点同时引入广播电视、数据通信等光缆，近期应有各自网络、机房等，但应考虑共同路由和逐步融合。
(3) 预留备用机房，以便设备更新。
(4) 传输中心，规划建设接入主干网。
(5) 网络管理中心，装有计费设备、故障告警与测试系统、同步设备、网关、网守、数据采集机、管理服务器（网管系统），VOD 影库与拷贝区、磁盘存储系统。物业管理电子计费、业务受理。
(6) 播音室，因城域网传输速率低，若直接由 HFC 传送，费用高，而在以太网上实现较易做到，目前国内已较多在社区宽带网上实现 VOD，建数据库，存储 VOD 影库，拷贝影集，以便用户点播。同时，实现远程医疗和远程教育。

值得提出，根据我国一些城市宽带网的业务经营分析，一个城市全面开展上述各种业务（含 VOD）还需要相当长时间，但在一个局域网或园区网上，开展上述若干业务较容易做到，因此宜在局域网或园区网上逐步实施并待条件成熟再扩展到全网。

7.3.5.3 三网融合规划

图 7-14 所示为本规划社区园区网三网合一网络结构原理图。

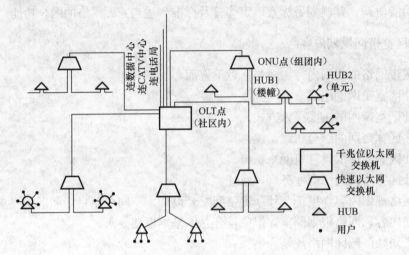

图 7-14 社区三网合一网络结构原理图

规划社区电话网、数据网（含物业管理自动控制）、CATV 网采用 ATM 三网合一，并统筹规划光缆路由与管道。

在小区 OLT 点设小区通信中心，安装千兆位以太网交换机，主要功能：

(1) 小区数据通信中心，并与区数据通信中心相连。

(2) 接入网的 OLT 点，并与区电话中心局相连。

(3) 拷贝，传送广播电视节目，并与市广播电视中心相连。

(4) 智能小区物业管理自动化监测管理中心。

7.3.5.4 园区网规划方案

(1) 住宅楼每单元的 1 层与公建底层设末级集线器一个，用 5 类线连接到各用户，集线器（HUB）近期容量选择：住宅楼与中、小学，以及商业综合楼为 10Base-T；行政办公楼为 10/100MHUB。采用推叠式，以便灵活扩容。

(2) 每幢楼 1 层中心设一级 HUB，与末级 HUB 距离不超过 100m，其间用 5 类线连接，一级 HUB 采用 10/100Base-T。

(3) 每组团设快速以太网交换机，采用光缆连到一级集线器，实现光缆到楼，其间距离不超过 325m（100Base-T，使用光纤连线距离可扩展至 325m）。

组团以太网交换机代替 HUB，以大幅提高自交换机到用户的传输速率和网络性能。

(4) 社区中心设千兆位以太网交换机，并由主干传输网连到各快速以太网交换机。

以太网交换机到集线器通常采用星形结构或环形与星形结合的结构。

星形结构（图 7-15（a））一般为光纤分布数据接口（FDDI），将来由光纤分布数据接口延续局域网结构 FFDL 代替。本规划方案快速以太换交换机以下采用星形结构。

环型与星形结合结构（图 7-15（b）也称为令牌结构。本规划方案千兆位以太网交换机以下采用令牌结构。

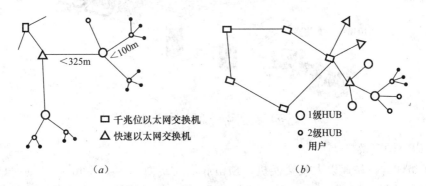

图 7-15　园区网交换机至集线器的网络结构图
（a）星形结构；（b）环形与星形结合结构

7.3.5.5　园区网设备选择

（1）HUB

用于连接多台微机、进行频率分配，其功能为信号的再生和转发、碰撞检测和报告。

靠近用户一般选用 10Base-T 与 1Base-5 前者连线距离为 100m，后者为 250m（用第 5 类缆线）。

HUB 规划分级：

住宅楼单元为 2 级，一般采用 10Base-T 即可，每单元 2 户按建筑层数选用端口如下：

4 层建筑采用 12 端（8 个主用，4 个备用）；

5 层建筑采用 12 端（10 个主用，2 个备用）；

6 层建筑采用 16 端（12 个主用，4 个备用）；

8 层建筑采用 24 端（16 个主用，8 个备用）；

10 层建筑采用 24 端口（20 个主用，4 个备用）。

如果每单元 3 户或 4 户，采用 HUB 最少应有 2 个备用。

本规划选用 10/100Base-T（图 7-16）自适应 12～24 端口/可堆栈/智能 HUB。

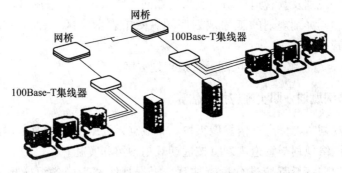

图 7-16　10/100Base-T 网络结构图

楼幢 1 级 HUB，户数为 24、36、48、60……96 户，根据容量选用 10Base-T 或 100Base-T（图 7-17 所示）。

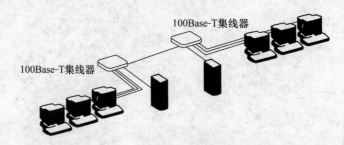

图 7-17 100Base-T 网结构配置图

(2) 以太网交换机

① 每组团内设快速以太换交换机,预留底层建筑面积 $15\sim20m^2$,容量为百兆位级,初期为节省投资,可采用 10/100Base-T/8 口 HUB,如采用 ER9200 24WAN 口/1 个 LAN 口/支持 ISDN/DDN/X-25/帧中继则更好。

以太换交换机到 HUB 若采用光纤传输,即光纤到楼,每处要增加 1 个 DEF2600 的 10/100Mbit/s 光纤模块,也可采用带 BNC 中继器的 HUB,而 5 类线应改为带防潮层 4~8 芯的同轴电缆。

② 社区中心设高性能、大容量的千兆位以太网交换机,用光缆与各快速以太交换机连接。

3COM 的 3C93012 (SUPER STACK I-Switch 9300) 有 12 个千兆端口。

3C39024 24 口 10/100 自适应端口,1 个千兆端口,2 个千兆扩展槽。

③ 其他还需选用网络服务器与网卡等设备。

7.3.6 社区宽带网规划与规划图纸

社区宽带网管道规划的主干管道规划主要考虑城域网和接入网管道并按城市主干管道规划统筹考虑;其配线管道规划主要考虑相关接入网和社区网,并按小区(社区)配线管道统筹规划;小区楼宇间通信配线管道应符合社区宽带网综合布线系统的要求。

上述管道规划都应符合市政管网管线综合的要求,与给水、排水、电力、燃气、供热等专业管线规划相协调。

社区宽带网络规划及其管道规划一般采用在同一图纸表示,采用城市小区(社区)详细规划底图,也即同详细规划的工程规划底图。图中表示小区(社区)宽带网的主要设施、管路路由及管孔数。

图 7-18 所示为温泉镇一期园区网及管道规划方案。

7.3.7 社区宽带网规划分期实施与投资估算

社区宽带网规划考虑信息通信发展很快,一般宜以近中期规划为主,并滚动规划分期实施,涉及用地网络规划与管道规划宜按远期规划预留和实施。

社区宽带网规划一般都应进行投资估算,根据社区宽带网各组成规划进行工程量计算,然后在工程量计算基础上,根据单位造价进行工程投资估算。

本例社区宽带网规划共规划 5 个园区网分以下 4 期建设:

(1) 一期园区网规模:含 2636 户小区住宅,$42000m^2$ 办公楼及 3385 户的农民新村住宅。

7.3 配套宽带网设施规划与案例

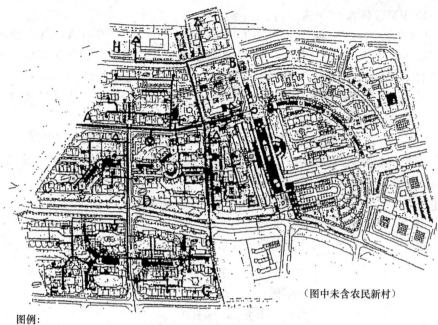

（图中未含农民新村）

图例：
◎ 千兆位以太网交换机　△ 快速以太网交换机　• 1级HUB　—— 光缆管道

图 7-18　温泉镇一期园区网及管道规划方案图

（2）二期园区网规模：含 3000 户的小区住宅。

（3）三期园区网规模：含 3800 户的小区住宅。

（4）四期二个园区网规模：含 4900 户的小区住宅；含拥有 11500 人的工业园区园区网。投资估算略。

7.3.8　社区宽带网接入方式规划案例

7.3.8.1　社区校园网接入系统

图 7-19 所示为社区（住区）校园网示意图。

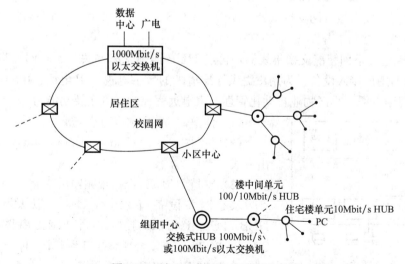

图 7-19　社区（住区）校园网示意图

269

图7-19中宽带接入：

（1）1个组团有5～10幢住宅楼，约300～400户、1000～1200人。其中心设1个交换式100Mbit/s HUB或100Mbit/s以太交换机，光缆从这里延伸到各住宅楼，每楼中间单元安装100/10Mbit/s HUB连各单元10Mbit/s HUB，5号双绞线到各户。

（2）居住小区含3～6个住宅组团。居住小区设社区管理中心、小区局域网，采用星形结构，光缆到各组团中心。

（3）用光缆环连各小区中心（4～6个），组成居住区校园网（大型局域网）。

（4）居住区周边单位局域网加装防火墙、并用光缆接到FDDI的光缆环中经1000Mbit/s以太交换机与城域网互联。

上述网络结构为FTTB+LAN也即汇聚层+接入用层。

7.3.8.2 基于IP的社区宽带接入系统

图7-20所示为基于IP的社区宽带接入系统。

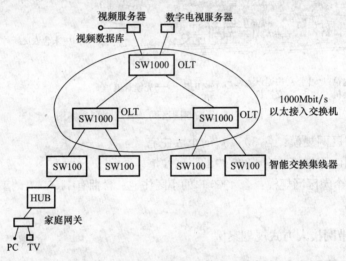

图7-20 基于IP的社区宽带接入系统图

图7-20中1000Mbit/s以太接入交换机（SW1000）相当于OLT，SW1000与SW1000之间连成的网络接入城域网支持QoS。SW1000有8～48个100Mbit/s网路接口或1～6个1000Mbit/s光纤接口。

SW1000连接下面智能交换集线器，再经HUB连到家庭网关。家庭网关是以太网宽带综合接入的用户接入设备，为用户提供标准清晰的数字电视、IP电话、Internet信息服务，VOD视频点播、小区物业自动化管理及家电远程控制。其主要功能为：

（1）能解码DVB数字电视码流。

（2）提供RGB、S-Video、Composite Video多种输出方式。

（3）支持PAL/NTSC视频输出。

家庭网关设备有2个10Base-T以太网接口（连HUB、PC）、1个USB接口、1个RS232串联接口、1个S-Video接口、1个复合视频接口及1个立体声音频接口。

图7-21所示为家庭网关设备。

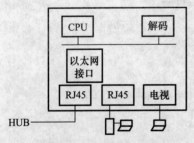

图7-21 家庭网关设备图

7.4 智能建筑与智能社区综合布线系统规划设计

7.4.1 综合布线系统概述

7.4.1.1 建筑与社区综合布线系统

综合布线系统是一种集成化通用传输方式，是利用双绞线、同轴电缆和光缆来综合传输信息的网络系统。

从智能建筑到智能社区、智能化家庭，从社区宽带网到家庭宽带网都离不开综合布线系统。在智能建筑中和在智能小区（社区）、智能化家庭中，配置综合布线系统，犹如为智能建筑、智能小区（社区）、智能化家庭建立高速、大容量的信息传送平台和快速信息通道。

综合布线系统对支持计算机通信、宽带通信有明显的优越性。所有设备的开通及更改均不需要改变系统布线，只需增减相应的网络设备以及进行必要的跳线管理即可。在使用时，用户可不用定义某个工作区的信息插座的具体应用，只把某种终端设备接入这个信息插座，然后在管理间和设备间的交连设备上作相应的跳线操作，这个终端设备就被接入自己的系统中。而系统的组网也十分灵活方便。

因为社区与家庭都离不开建筑，上述几种综合布线系统，核心是建筑物综合布线系统。

建筑物综合布线系统（Premises Distribution System，PDS）是一种模块化的、高度灵活性的智能建筑布线网络，是用于建筑物和建筑群内进行话音、数据、图像信号传输的综合布线系统。

家庭综合布线系统属于建筑物综合布线系统之一。社区宽带网综合布线系统属于建筑群内综合布线范畴。

7.4.1.2 综合布线系统的特点与组成

（1）综合布线系统的特点

综合布线系统具有以下特点。

1）兼容性

即综合布线系统设备可用于组合系统。综合布线系统将语音信号、数据信号和监控设备的图像信号的配线，经过统一的规划设计，采用各种传输介质、信息插座、交连设备、适配器等，把这些性质不同的信号综合到一套标准的布线系统中。

2）开放性

开放式体系结构，符合多种国际上流行的标准，支持任意网络产品与网络结构，对几乎所有通信协议也是开放的。

3）模块化

所有接插件都是积木式的标准件，便于管理和使用。

4）扩充性

系统可以扩充，便于技术更新和设备扩充。

5）经济型

建设费用，改造费用和维护费用都很节省。

(2) 综合布线系统的组成

综合布线系统采用结构化布线（图7-22），并由工作区子系统、水平子系统、管理区子系统、干线子系统、设备间子系统、建筑群子系统组成。

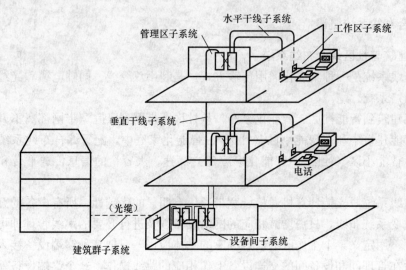

图7-22 综合布线系统的结构化布线图

1) 工作区子系统

由工作区（各个办公室）内终端设备连接到信息插座之间的设备组成，包括信息插座、连接软线、适配器等。按照需求设备1～4孔信息插座，8芯信息插座用于计算机系统，4芯插座用以电话。

2) 水平子系统

水平子系统是布置在同一楼层上，一端接在信息插座上，另一端接在层配线间的跳线架上，它的功能是将干线子系统线路延伸到用户工作区。水平子系统主要采用4对非屏蔽双绞线（UTP），它能支持大多数现代通信设备，在要求宽带传输时，可采用"光纤到桌面"的方案。当水平区间面积相当大时，在这个区间可能有一个或多个卫星接线间，水平线除了要端接到设备间之外，还要通过卫星接线间，把终端接到信息出口处。

3) 管理区子系统

管理各层的水平布线连接相应网络设备，是干线子系统和水平子系统的联系桥梁，并为同层组网提供条件。

4) 干线子系统

为建筑物提供干线电缆路由。

5) 设备间子系统

整个配线系统的中心单元。采用卡接式配线架连接主机和网络设备。该子系统是由设备间中的电缆、连接跳线架及相关支撑硬件、防雷电保护装置等构成。

6) 建筑群子系统

是多个建筑物的语音、数据、图像信号通道的布线系统。

7.4.1.3 综合布线系统的传输线

综合布线系统中，较多采用非屏蔽双绞线和多模光缆。

(1) 双绞线

双绞线分非屏蔽双绞线（Unshielded Twisted Pair，UTP）和屏蔽双绞线（Shielded Twisted Pair，STP）两种。

双绞线可用来传输数据，话音和图像信号。在综合布线中，常用的UTP有以下3种。

① 3类线：例如AT&T的1010线缆，用于传输话音的低速数据（10Mbit/s）；

② 4类线：例如AT&T的1041线缆，用于传输16Mbit/s数据（现在一般不用）；

③ 5类线：例如AT&T的1061和2061线缆，用于传输高速数据（100～150Mbit/s）和图像信号等。

表7-5所示为双绞线的不同类别和用途。

双绞线的不同类别和用途表　　　　表7-5

类别		相应标准			支持的信号频率	典型用途
		EIA/TIA568 TSB-36	NEMA WC63	UL（类）		
100Ω UTP 双绞线	1			Ⅰ	声频和低速数据（20kbit/s）	模拟或数字电话
	2			Ⅱ	声频和1Mbit/s的数据	1.44Mbit/sISDN 1.54Mbit/s数字电话 IBM3270网，IBM AS/4000网 IBM system/3X网
	3	3类	100-24-STD（标准）	Ⅲ	声频和10Mbit/s的数据	10Base-T以太网 4Mbit/s令牌环网 IBM 3270.3X. AS/4000网 ISDN
	4	4类	100-24-LL（低损）	Ⅳ	声频和20Mbit/s的数据	10Base-T以太网 16Mbit/s令牌环网
	5	5类	100-24-XF（扩展频率）	Ⅴ	声频和100Mbit/s的数据	10Base-T以太网 16Mbit/s令牌环网，ATM 100Mbit/s分布式数据接口
150Ω STP		EIA/TIA150	150-22-LL			16Mbit/s令牌环网 100Mbit/s分布式数据接口 宽带视频信号

(2) 光缆

光缆传输是利用光纤传输信息的一种通信方式，它由光终端、光缆以及与之相关的电信设备所组成。与电缆传输相比，具有传输信息量大、距离长、体积小、重量轻、抗干扰性强等优点，并且具有更大的传输能力，比普通的铜缆高1000倍。所以，光缆是最理想的大容量宽频传输线路，是综合布线系统中不可缺少的技术手段。它尤其适合于传输距离长、数据容量大以及要求防电磁干扰、防窃听的场合。

光缆即光纤线缆。光纤是光导纤维的简称，它是用高纯度玻璃材料及管壁极薄的软纤维制成的新型传导材料。光纤一般分为多模光纤和单模光纤两种。

多模光纤在光纤里传输的光模式多，管径越粗其传输模式越多。由于传输光模式多，故光传输损耗比单模光纤大，一般约为 3dB/km（对于 $\lambda=0.8\mu m$），宜作较短距离传输。单模光纤传输的是单一模式，具有频带宽、容量大、损耗低（传输距离远）的优点，对 $\lambda=1.3\mu m$，其损耗<0.5dB/km，故宜作长距离传输。但单模光纤因芯线较细（内外径约为 $3\sim10\mu m/125\mu m$），故其连接工艺要求高，价格也贵。而多模光纤因芯线较粗，连接较容易，价格也便宜。

光纤的分类有两种。

1）按波长划分

① $0.85\mu m$ 波长区（$0.8\sim0.9\mu m$）。

② $1.3\mu m$ 波长区（$1.25\sim1.35\mu m$）。

③ $1.5\mu m$ 波长区（$1.53\sim1.58\mu m$）。

其中 $0.85\mu m$ 波长区为多模光纤通信方式，$1.5\mu m$ 波长区为单模光纤通信方式，$1.3\mu m$ 波长区有多模和单模两种。综合布线系统常用 $0.85\mu m$ 和 $1.3\mu m$ 两种。

2）按纤芯直径分

① $50\mu m$ 缓变型多模光纤。

② $62.5\mu m$ 缓变、增强型多模光纤。

③ $8.3\mu m$ 突变型单模光纤。

建筑物综合布线系统大多采用 $62.5/125\mu m$ 多模光纤。它具有光耦合效率较高、光纤芯对准要求不太严格、对微弯曲和大弯曲损耗不太灵敏等特点，为 EIA/TIA568 标准所认可，并符合 FDDI 标准。

表 7-6 所示为光纤的传输特性。

光纤的传输特性表（25 ± 5℃） 表 7-6

波长（μm）	最大衰减（dB/km）	最低信息传输能力（MHz·km）	光纤类型	带宽（MHz/km）
0.85	3.75	160	多模	160
1.3	1.5	500	单模	500

在 PDS 中使用的光缆一般有带状光缆、LightPack 束状光缆、大楼光缆（LGBC）和跨接线光缆。

① 带状光缆：光纤为平面排列成带状。带状光缆间的连接必须采用阵列接合连接器，带状光缆与非带状光缆中的光纤互联时，必须采用增强型旋转接合连接器。

一根带状光缆最多含 12 条带芯，每一带芯含 12 根光纤，每条带的允许最小弯曲半径是 3.61cm。

② LightPack（束管式）光缆：由多组光纤束组成，每组用相应的色线绳捆绑，容量 $4\sim96$ 根，每 12 根光纤为一束（<12 根者按一束计），可以是单模光纤亦可是多模光纤。

③ 大楼光缆：采用 LGBC-000A 表示，"0" 位置为光纤数量位置，含 4 根或 36 根缓冲多模光纤，而光纤为 $62.5/125\mu m$。

其传输特性为：

$1.3\mu m$（1300nm）光波：衰减率 1.0dB/km，带宽 500MHz/km

$0.85\mu m$（850nm）光波：3.75dB/km，最小带宽 160MHz/km

7.4.2 综合布线系统规划设计基本要求

7.4.2.1 综合布线系统设计步骤与等级划分

(1) 设计步骤

① 评估和了解智能建筑物或建筑物群内办公室用户的通信需求。

② 评估和了解智能建筑物或建筑物群物业管理用户对弱电系统设备布线的要求。

③ 了解弱电系统布线的水平与垂直通道、各设备机房位置等建筑环境。

④ 根据以上几点情况来决定采用适合本建筑物或建筑物群的布线系统设计方案和布线介质及相关配套的支撑硬件,如:一种方案为铜芯线缆和相关配套的支撑硬件;另一种方案为铜芯线缆和光纤线缆综合以及相关配套的支撑硬件。

⑤ 完成智能建筑中各个楼层面的平面布置图和系统图。

图 7-23 所示为综合布线系统设计步骤流程图。

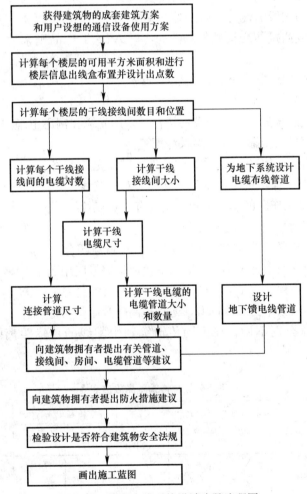

图 7-23 综合布线系统设计步骤流程图

(2) 设计等级

建筑综合布线设计等级可分三级,根据用户需求和实际情况选择不同等级。

1) 基本型设计等级

适用于综合布线系统配置标准较低的场合,采用铜芯对绞电缆组网,以满足语音或语言与数据综合而传输速率要求较低的用户。基本型系统配置为:

① 每个工作区有一个信息插座。

② 每个工作区的配线电缆为一条 4 对对绞线缆。

③ 完全采用夹接式交接硬件。例如对 AT&T 的 SYSTIMAX 产品,即全部采用 110A 交接硬件。

④ 每个工作区的干线电缆至少有 2 对双绞线。

2) 增强型设计等级

适用于综合布线系统中级配置标准的场合,采用铜芯对绞线缆组网能满足语音、语音与数据综合而传输速率要求较高的用户。布线要求不仅具有增强功能,而且还具有扩展的余地。增强型系统配置为:

① 每个工作区有 2 个或 2 个以上信息插座。

② 每个工作区的配线电缆为 2 条 4 对对绞线缆。

③ 采用夹接式或插接式交接硬件。例如,对 AT&T 产品则采用 110A 或 110P 交接硬件。

④ 每个工作区的干线电缆至少有 3 对双绞线。

3) 综合型设计等级

适用于综合布线系统配置标准较高的场合,采用光缆和铜芯电缆组网,可满足高质量的语音和高速宽带信号的传输。综合型系统配置为:

① 在基本型和增强型综合布线系统的基础上增设光缆系统。

② 在每个基本型工作区的干线中至少配有 2 对双绞线。

③ 在每个增强型工作区的干线电缆中至少有 3 对双绞线。

国际标准化组织对传输级别也作了分级:

A 级——最高传输频率为 100kHz,用于语音和低速场合。

B 级——最高传输频率为 1MHz,适于中速数字信号应用。

C 级——最高传输频率为 16MHz,适于高速数字信号应用。

D 级——最高传输频率为 100MHz,适于超高速数字信号应用。

根据采用的线缆类别不同,在不同传输级别中配线的传输距离限值应符合表 7-7 规定。

系统分级和传输距离限值表　　　　　　表 7-7

系统分级	最高传输频率	对绞电缆传输距离 (m)				光缆传输距离 (m)		应用举例
		100Ω 3类	100Ω 4类	100Ω 5类	150Ω 4~100MHz	多模	单模	
A	100kHz	2000	3000	3000	3000			PBX X.21/V.11
B	1MHz	200	260	260	400			N-ISDN CSMA/CD1BASE5

7.4 智能建筑与智能社区综合布线系统规划设计

续表

系统分级	最高传输频率	对绞电缆传输距离（m）				光缆传输距离（m）		应用举例
		100Ω 3类	100Ω 4类	100Ω 5类	150Ω 4～100MHz	多模	单模	
C	16MHz	100①	150②	160③	250③			CSMA/CD1BASE-T Token Ring 4Mbit/s Token Ring 16Mbit/s
D	100MHz			100①	150②			Token Ring 16Mbit/s B-ISDN（ATM） TP-PMD
光缆	100MHz					2000	3000②	CSMA/CD/FOIRL CSMA/CD 10BASE-F Token Ring FDDI LCF FDDI SM FDDI HIPPI ATM FC

① 100m距离包括连接软线/跳线、工作区和设备区接线在内的10m允许总长度，链路的技术条件按90m水平电缆，7.5m长的连接电缆及同类的3个连接器来考虑。如果采用综合性的工作和设备区电缆附加总长度不大于7.5m，则此类用途是有效的。
② 3000m是国际标准范围规定的极限，不是介质极限。
③ 关于距离大于水平电缆子系统中的长度为100m对绞电缆，应协商可行的应用标准。

综合布线系统的组网和各段缆线的长度限值应符合图7-24所示的规定。

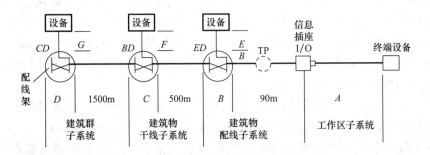

图7-24 综合布线系统组网和缆线长度限值图

注：A、B、C、D、E、F、G，表示相关区段缆线或跳线的长度。
　　$A+B+E \leqslant 10m$；
　　C 和 $D \leqslant 20m$；
　　F 和 $G \leqslant 30m$；
　　TP 分线盒（非必需的）。

7.4.2.2 工作区子系统规划设计基本要求

工作区子系统是指从设备出线到信息插座的整个区域，工作区域可支持电话机、数据终端、计算机、电视机、监视器以及传感器等的终端设备。

(1) 确定信息插座的数量和类型

综合布线系统的信息插座大致可分为：嵌入式安装插座、表面安装插座和多介质信息插座 3 种。其中嵌入式和表面安装插座是用来连接 3 类和 5 类双绞线的；多介质信息插座是用来连接双绞线和光纤，即用以解决用户对"光纤到桌面"的需求。设计过程是：

① 根据已掌握的客户需要，确定信息插座的类别，既是采用 3 类还是 5 类插座，或 3 类 5 类插座混合使用。

② 根据楼面平面图计算实际可用的空间。

③ 根据上述①、②估计工作区和信息插座的数量，可分为基本型和增强型 2 种设计等级。一个工作区的服务面积，可按 $5\sim10m^2$ 估算。基本型可为每 $9m^2$ 一个信息插座，即每个工作区提供一部电话或一部计算机终端。增强型为每 $9m^2$ 两个信息插座，即每个工作区提供一部电话机和一部计算机终端。

④ 根据建筑物的结构不同，可采用不同的安装方式。新建筑物通常采用嵌入式信息插座，现有建筑物则采用表面安装的信息插座。

(2) 综合布线系统的信息插座选用原则

① 单个 3 类线连接的 4 芯插座，宜用于基本型低速率系统。

② 单个 5 类线连接的 8 芯插座，宜用于基本型高速率系统。

③ 双个 3 类线连接的 4 芯插座，宜用于增强型低速率系统。

④ 双个 5 类线连接的 8 芯插座，宜用于增强型高速率系统。

(3) 工作区的适配器要求

综合布线系统是一个开放系统，它应满足各厂家所生产的终端设备，通过选择适当的适配器，即可使综合布线系统的输出与用户的终端设备保持完整的电路兼容。

适配器是一种使不同大小或不同类型的插头同信息插座相匹配、提供引线的重新排列、允许多芯大电缆分成较小的几股、使电缆间互连的设备。

平衡—非平衡转适配器是一种将电气信号由平衡转换为非平衡或由非平衡转换为平衡的器件，用在平衡和非平衡线缆之间。通常指双绞线电缆和同轴电缆之间进行阻抗匹配。

工作区的适配器应符合如下要求：

① 在设备连接器采用不同信息插座的连接器时，可用专用电缆或适配器。

② 当在单一信息插座上进行两项服务时，宜用 Y 型适配器。

③ 在配线（水平）子系统中选用的电缆类别（介质）不同于设备所需的电缆类别（介质）时，宜采用适配器。

④ 在连接使用不同信号的数模转换或数据速率转换等相应的装置时，宜采用适配器。

⑤ 对于网络规程的兼容性，可用配合适配器。

⑥ 根据工作区内不同的电信终端设备（例如 ISDN 终端）可配备相应的适配器。

7.4.2.3 水平子系统规划设计基本要求

水平布线子系统，由建筑物各层的配电间至各工作区之间所配置的线缆构成。综合布线系统的水平子系统多采用 3 类和 5 类 4 对的非屏蔽双绞线。这种非屏蔽双绞线可支持工作区中的话音、数据和图像传输，其所要求的物理特性见表 7-8 对于用户有高速率终端要求的场合，可采用光纤直接布设到桌面的方案。

4 对无屏蔽双绞线的特性表　　　　　　　　表 7-8

物理特征 线缆类别	线规	外径（cm）	质量 （kg/350m）	最大直流阻抗 （Ω/100m）	衰减（dB/305m）	最大传输距离 （m/10Mbit/s）
3 类	24-AWG	0.51	9.2	9.4	At1.0MHz：7.0 At10.0MHz：26	100
5 类	24-AWG	0.55	10.05	9.38	At1.0MHz：6.3 At10.0MHz：20	150

图 7-25 所示为典型的水平布线与工作区的连接。水平子系统电缆长度应在 90m 以内，信息插座应在内部作固定线连接。

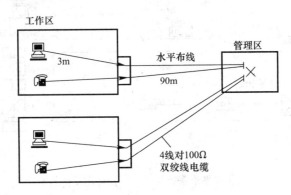

图 7-25　典型的水平布线和工作区的连接图

设计步骤如下。
（1）确定导线的类型
1）对于 10Mbit/s 以下低速数据和话音的传输，采用 3 类双绞线。
2）对于 100Mbit/s 以下，10Mbit/s 以上的高速数据的传输采用 5 类双绞线。
3）对于 100Mbit/s 以上，宽带的数据和复合信号的传输，采用光纤。比较经济的方案是光纤、5 类、3 类混合的布线方案。
（2）确定导线的长度
1）确定布线方法和线缆走向。
2）确定管理间或卫星接线间所管理的区域。
3）确定离接线间最远的信息插座的距离（L）。
4）确定离接线间最近的信息插座的距离（S）。
5）计算平均电缆长度（＝L 与 S 两条电缆路由之和/2）。
6）总电缆长度＝平均电缆长度＋备用部分（平均长度的 10%）＋端接密差（6m）。
（3）布线方式
水平布线可采用各种方式，要求根据建筑物的结构特点与其他工种的配合，用户的不同需要，灵活掌握。一般采用走廊布金属线槽，各工作区用金属管沿墙暗敷设引下的方式。

图 7-26 所示为水平子系统与楼宇自控应用系统示例。

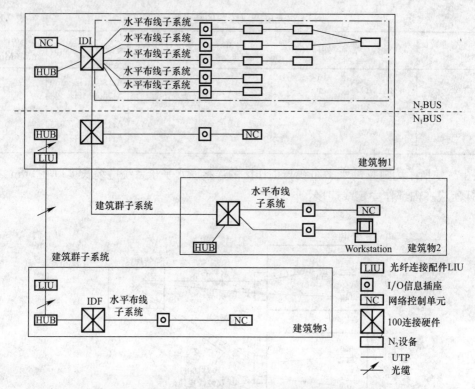

图 7-26 水平子系统与楼宇自控应用系统示例图

7.4.2.4 管理子系统规划设计基本要求

管理子系统包含干线接线间或卫星接线间内的交叉互联设备。所谓管理就是指线路的交连直连控制。靠管理点来安排或重新安排（即改变路由），使信息传送到所需的新工作区，以实现通信线路的管理。所谓的"管理点"就是指交接设备，也可说是跳接与控制的级数。管理区子系统设置在每层配线间内，是由交接间的配线设备（双绞线跳线架、光纤跳线架）以及输入输出设备等组成。

(1) 单点管理与双点管理

管理子系统一般有单点管理和双点管理。其工作均在连接场上实现（场是表示在配线设备上，用不同颜色区分各种不同用途线路所占的范围），这个场的结构取决于工作区、布线规范和选用的硬件。

1) 单点管理

在整个网络系统中，只有一"点"可以进行线路交连操作（即跳接调度），一般均在设备间（交换机房、主机房或交接网）内，采用星形网络。由它来直接调度控制线路，实现对 I/O 的变动控制。它属于集中管理型。

2) 双点管理

双点管理属于集中、分散管理型。适应于多管理区，目前为单点管理区，为将来会扩充为多管理区而留有余地；或用户对配线需要大量挪动、修改和重组系统。一般情况下，在一条干线子系统上，设有两处交连控制点，实现在控制上的主与次、集中与分散相结合的管理方式。第一点在设备间，第二点在干线接线间或设在需要的地方。

管理子系统宜采用单点管理双交接。交接场的结构取决于工作区、综合布线系统规模和选用的硬件。在管理规模大、复杂、有二级交接间时,才设置双点管理双交接。在管理点,宜根据应用环境用标记插入条来标出各个端接场。

交接间及二级交接间的配线设备宜采用色标区别各类用途的配线区。在每个配线区实现线路管理是采用各种色标场之间跳线的方法实现的,这些色标用来分别标明该场是哪一种类型的电缆,如干线电缆、水平电缆或设备电缆。

图7-27所示为典型的配线方案。

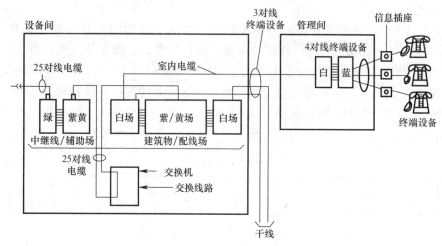

图7-27 典型的配线方案图

(2) 系统设计

1) 决定系统跳线架的类别

110A型——用户不经常对楼层的线路进行修改、移位或重组。

110P型——用户经常对楼层的线路进行修改、移动或重组。

2) 决定待端接线路模块化系数

① 连接电缆端接采用3对线。

② 基本型PDS设计中的干线电缆端接采用2对线。

③ 增加型PDS设计中的干线电缆端接采用3对线。

④ 工作站点对点端接采用4对线。

3) 计算跳线架数量的公式

$$蓝场 \longrightarrow \frac{\text{I/O 数}}{72} = 300 \text{ 对线跳线架的数量}$$

$$紫/橙和灰场 \longrightarrow \frac{\text{I/O 数}}{96} = 300 \text{ 对线跳线架的数量}$$

$$白场/基本型 \longrightarrow \frac{2 \times \text{线路数}}{144} = 300 \text{ 对线跳线架的数量}$$

$$增强/综合型 \longrightarrow \frac{3 \times \text{线路数}}{96} = 300 \text{ 对线跳线架的数量}$$

4) 列出管理接线间墙面全材料清单,并画出详细的墙面结构图

(3) 干线接线间的建筑考虑

管理子系统的干线接线间应根据建筑物平面的规模和内部布线分区来考虑,在楼层上

可设置一个或两个,以及 2 个以上干线接线间。各楼层的干线接线间位置应与上层或下层相应对齐,便于垂直干线线缆敷设。

设计干线交接间应符合下列规定:

① 干线交接间的数目应从楼层配线架至信息插座水平布线的长度距离来考虑,当水平布线的长度在 90m 范围以内,宜设置一个干线交接间。当超出这一范围时,可考虑设置 2 个或 2 个以上的干线交接间,或可采用经过分支电缆与交接间相连接的二级交接间(卫星接线间)。

② 通常,干线交接间兼作楼层弱电电信间,即在交接间内安放弱电各个通信设备,如集线器(HUB)、路由服务器、楼层的电视、监控报警、广播等分接设备时,其面积不应小于 10m²。当布线系统单独设置干线交接间时,其面积为 1.8m²(1.2m 深×1.5m 宽)的扁长管道间,可安装 200 个单孔信息插座的工作区所需的连接硬件和相关设备。一旦单孔信息插座超过 200 个时,可在该楼层增加 1 个或 2 个二级交接间。综合布线单独设置干线交接间(楼层配线间)时,其设备与面积对照表可参见表 7-9 所列。

设备与面积对照表　　表 7-9

单孔信息插座工作区数量(个)	交接间		二级交接间	
	数量(个)	面积(深×宽)	数量(个)	面积(深×宽)
≤200	1	1.2m×1.5m		
201~400	1	1.2m×2.1m	1	1.2m×1.5m
401~600	1	1.2m×2.7m		1.2m×1.5m
>600	2	1.2m×2.7m		注

注:任何一个交接间最多只可以支持两个二级交换间。

③ 干线交接间和二级交接间内,凡要安装布线硬件的部件,墙壁上应涂阻燃漆。

④ 根据规范要求,设备间总配线架至干线交接间和楼层干线交接间至二级交接间的干线线缆(光缆或铜缆),必须采用阻燃铠装线缆。当非阻燃型线缆被安放在带有防火阻燃措施的管道里,或每层交接间内采取了严格的防火措施后,则可以不采用防火铠装线缆。

⑤ 干线交接间和二级交接间的电源插座宜按照计算机设备电源要求进行工程设计,便于多个集线器 HUB 或路由服务器等设备的使用。

⑥ 交接间应避免电磁源的干扰,并安装≤1Ω 阻值的接地装置。

7.4.2.5　干线子系统规划设计基本要求

干线子系统是建筑物主馈电缆。它包括设备间至接线间的主干电缆;也包括干线接线间至卫星接线间,设备间至网络端口,主设备间与计算机中心之间,设备间至建筑群子系统设施间的连接电缆。

(1) 缆线的选择

干线子系统包括主干电缆(铜、光缆)和连接电缆。选择的依据是信息类型、传输速率、信息的带宽和容量。

在确定楼层电缆时要根据对话音、数据的需求确定。在确定主干电缆时一定要注意在同一电缆中话音和数据信号共享的原则:

1) 对每组话音通道可按基本型为 2 对,增强型、综合型为 3 对计算。

2) 对数据通道在要求不明确无法确定时,只有按 2 对线模块化系数来规划干线规模。

电缆中，每 25 对为一束，按具有同样电性能的线束分组，并为一独立单元，组与组之间无任何关联。

光缆：62.5/125μm，多模光纤，传输速率可达 500Mbit/s，光缆与铜缆间连接时必须加 RS232 连接器，SCS 推荐采用的光纤为多模渐变折射增强型光纤。

(2) 设计原则

1) 在确定干线子系统所需要的电缆总对数之前，必须确定电缆中话音和数据信号的共享原则。对于基本型每个工作区可选定 2 对；对于增强型和综合型每个工作区可选定 3 对非屏蔽双绞线，综合型还可增设光缆系统。

2) 应选择干线电缆最短、最安全和最经济的路由。宜选择带盖的封闭通道敷设干线电缆。

3) 干线电缆可采用点对点端接，也可采用分支递减端接以及电缆直接连接的方法。

4) 如果设备间与计算机房处于不同的地点，而且需要把话音电缆连至设备间，把数据电缆连至计算机房，则宜在设计中选取干线电缆的不同部分来分别满足话音和数据的需要。当需要时，也可采用光缆系统予以满足。

(3) 设计步骤

1) 确定每层楼的干线电缆要求

根据不同的需要和经济性选择干线电缆类别。根据我国国情和防火规范要求，一般常采用通用型电缆，外加金属线槽敷设。特殊场合可采用增强型电缆敷设。

2) 确定干线电缆路由

选择干线电缆路由的原则，应是最短、最安全、最经济。垂直干线通道有可用电缆管道法或电缆井法。

3) 确定接合方式

干线线缆敷设，经常采用两种接合方式，即点对点接合与分支接合。

4) 确定干线电缆尺寸

干线电缆的长度可用比例尺在图纸上实际量得，也可用等差数列计算。注意，每段干线电缆长度要有备用部分（约 10%）和端接容限（可变）的考虑。

(4) 干线子系统布线的距离

1) 管理子系统到主配线架

在带宽 5MHz 的范围内应用，楼层配线间的配线架的机械终端到设备间的主配线架（主交叉连接）的最大距离如图 7-28 所示。

通常将设备间的主配线架放在场地的中部附近使电缆的距离最短，安装超过了距离限制，就要采用中间交接（二级交接间），每个中间交接由满足距离要求的主干布线来支持。

2) 主配线架到入楼设备

当有关分界点的位置的常规标准允许时，入楼设备到配线架的距离应包括在总距离中。所用媒体的长度和规格要做记录并满足用户的要求。

3) 配线架到电信设备

直接与主配线架或二级交接间配线架连接的设备应使用＜30m 长的转接电缆。

7.4.2.6 设备间子系统规划设计基本要求

设备间是一个可安放许多用户共用的通信装置的场所；是通信设施、配线设备所在

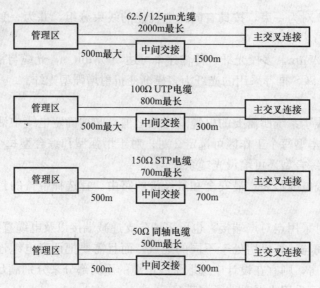

图 7-28 干线子系统布线最大距离图

注：1. 当 TC 到 IC 的距离小于最大距离时，IC 到 MC 光纤距离可相应增加。但 TC 到 MC 的总距离不能超过 2000m。
2. 当 TC 到 IC 的距离小于最大距离时，IC 到 MC 的双绞线电缆的距离可相应增加，但 TC 到 MC 的总距离不能超过 800m。
3. 某些特殊的系统超过了这个最大距离，通常要借助一些有源设备来解决。
4. 对于带宽大于 5MHz 的范围应用，整个距离应限制在 90m 以内。

地；也是线路管理的集中点。它可以是主配线区（MDF 交接箱、电缆进线室）或用户小交换机（PBX）或局域网（LAN）服务器之类的设备等。

（1）子系统的硬件

设备间子系统的硬件大致同管理子系统的硬件相同。基本是由光纤、铜线电缆、跳线架、引线架、跳线构成，只不过是规模比管理子系统大得多。不同的是设备间有时要增加防雷、防过压、过流的保护设备。通常这些防护设备是同电信局进户线、程控交换机主机、计算机主机配合设计安装，有时需要综合布线系统配合设计。

（2）系统设计

1）选择和确定主布线场的硬件规模

主布线场是用来端接来自电话局和公用系统设备的线路，来自建筑主干线子系统和建筑群子系统的线路。最理想的情况是交连场的安装应使跳线或跨接线可连接到该场的任意两点。在规模较小的交连场安装时，只要把不同的颜色场一个挨一个地安装在一起，就容易达到上面的目的。对于较大的交连场，不得把一个颜色的场一分为二，即布置在另一个颜色的场的两边，但是，即使采用了这种办法，有时一个更大的场线路也无法进行管理。

场的最大规模，应视交连场硬件的类型而定。若采用 P 型跳线架，白场的最大规模约 3600 对线；若采用 A 型跳线架，最大规模是 10800 对线。最大区划的规模，对于 P 型和 A 型方案分别是 3600 对线和 10800 对线。

2）选择和确定中继场/辅助场

为了便于线路管理和未来线路的扩充，应认真考虑安排设备间中继场/辅助场的位置。

在设计交连场时,其中间应留出一定的空间,以便容纳未来的交连硬件。根据用户需求,这就要在相邻的墙面上安装中继场/辅助场。

在中继场/辅助场和主布线场的交连硬件之间应留有一定空间来安排跳线路由的引线架。

中继场/辅助场规模的设计,应根据用户从电信局的进线对数和数据网络类型的具体情况而定,这里无法给出标准的设计方法。

3) 确定设备间各硬件的安置地点

(3) 设备间的建筑考虑

在 PDS 中,设备间不但是安放大楼用户共用的通信设备的场所,如安放综合布线系统的主配线架、数字用户交换机、计算机主机、计算机局域网络设备的场所,而且还是建筑物内综合布线系统与所有电话通信线缆以及计算机局域网与外界广域网连接接口的交汇间,是整个建筑物或建筑群布线的重要管理所在地。

7.4.2.7 建筑群子系统规划设计基本要求

建筑群子系统是指由两个以上的建筑物的电话、数据、电视系统组成一个建筑群综合布线系统,由连接各建筑物之间的缆线组成建筑群子系统。

建筑群电缆布线方案的设计,一般应按如下步骤进行:

(1) 确定敷设现场的特点。
(2) 确定电缆系统的一般参数。
(3) 确定建筑物的电缆入口。
(4) 确定明显障碍物的位置。
(5) 确定主电缆路由和另选电缆路由。
(6) 选择所需电缆类型和规格。
(7) 确定每种选择方案的劳务成本。
(8) 确定每种选择方案的材料成本。
(9) 选择最经济、最实用的设计方案。

至于具体的设计方法本文不作重点讨论。值得一提的是线缆进入建筑物入口处,通常还要有电气保护设备、传输电子设备,有时网络接口设备也放在这里。图 7-29 便是一个典型的建筑物电缆入口处的布置图。

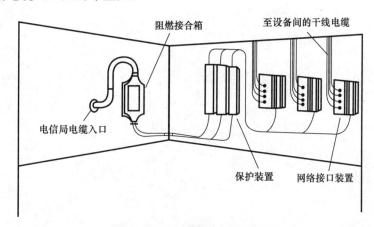

图 7-29 建筑物电缆入口区图

思考题

1. 智能化小区、智能化系统、数字社区的概念和基本内容是什么?
2. 智能化小区可分哪 3 个等级标准,基本要求是什么?
3. 社区宽带网的组成和主要接入方式是什么?
4. 举例说明社区宽带网的综合布线系统、计算机网络系统与综合业务管理系统。
5. 结合实例分析小区宽带网信息化配套设施的规划特征与规划要求。

附录 A 城镇住区道路交通规划设计导则[❶]

A1 总则

A1.1.1 为规范城镇住区道路交通规划编制，创建城镇住区安全、便捷的交通环境和舒适、宁静、良好的人居环境，制定本导则。
A1.1.2 本导则适用于城镇住区道路交通规划的编制。
A1.1.3 城镇住区道路交通规划应遵循以下原则。

① 系统性原则，住区道路设施和停车设施应集约化使用土地，整合化规划设计，系统化组织建设。

② 协调性原则，协调道路与用地，交通与环境关系，以及供需平衡关系、动态与静态关系。

③ 以人为本原则。

④ 步行、自行车交通优先和环境生态优先原则。

⑤ 符合我国国情和城镇实际情况的住区混合交通处理原则。

A1.1.4 城镇住区道路交通规划主要内容应包括：交通方式分析、动静态交通组织、道路网平面布局，道路等级与横断面选择、道路设施与停车设施用地，以及道路环境景观规划。
A1.1.5 不同地区、不同规模、不同档次城镇住区道路交通规划内容和深度以及选用技术指标在满足基本要求的前提下，应有不同要求，宜从城镇实际考虑，因地制宜合理确定。
A1.1.6 城镇住区道路交通规划应符合国家现行有关标准与相关标准要求。

A2 交通组织

A2.1 一般规定

A2.1.1 城镇住区交通组织规划应包括动态交通组织和静态交通组织。
A2.1.2 城镇动态交通组织是指机动车行、非机动车行和人行方式的组织及管理；静态交通组织则指各种车辆存放的安排及停车管理。
A2.1.3 城镇住区道路交通规划应根据不同地区、不同规模、不同档次住区不同要求，因地制宜选择合理动态交通组织方式和静态交通组织方式。

[❶] 本导则仅提供相关规划设计参考，其基础为小城镇住区道路交通规划设计导则国家课题研究成果。

A2.2 动态交通组织

A2.2.1 城镇住区动态交通组织应符合城镇住区车流与人行的特点，实行便捷、通顺、合流与分流的不同处理，保证交通安全，创造舒适、宜人的交通环境。

A2.2.2 城镇住区动态交通组织方式可按表 A1 要求，结合城镇住区实际分析比较选取。

城镇住区动态交通组方式选择表　　　　　　　　表 A1

交通组织方式	适用住区	备注
人车分流，道路分级交通方式	城镇较高档次、环境要求较高、规模较大、无私家车到户要求	未来住区建设中，占据主要地位
无机动车交通方式	规模小、用地紧凑城镇住区，如反映古镇历史文脉的旧镇住区或居住地段	步行为主，步行系统与自行车道贯通住区单元，住区周边停车
时间分流类型的人车分流交通方式	职工多，有一定规模城镇住区	辅以相应交通管理手段，作为实施依据
道路断面人车局部分流；人车混行道路局部分流	经济欠发达地区、汽车交通量小的城镇住区；经济一般地区、汽车交通量虽有增加，但人车矛盾不甚紧张的城镇住区	住宅、小区出入口、公建、绿地间设局部步行专用道或自行车专用道
人车混行，道路分级	以低层住宅及独立式住宅为主的高级城镇住区；品质优异，建设密度较低，有较强停车入户要求的住区	应充分利用各种道路设计方式来限制车速，减少噪声，保证安全
变形网络道路混合开敞式方式	品质高雅，档次一流的田园小城镇住区或作为大城市第 2 居所，休闲的郊镇高级住区	住区无车行、人行、景观道之分，也无主路、次路、庭院路差别。每一道路都可作休闲散步、观景、聚会的选择，方格网络状道路联系方式更具非常大的自由空间

A2.2.3 城镇住区交通应与市区、市郊及镇际公共交通及规模较大镇的镇区公共交通一体化，交通方式应考虑多元化和平衡发展要求。

A2.2.4 采用以交通需求管理模式为导向的住区交通管理。

① 通过局部时段、地段的交通管制，保证城镇住区某种交通方式（如步行）的需求，从而一定程度上削减高峰期重点地段的机动车交通量。

② 制定步行、自行车优先的管理方式，突出其在城镇住区交通方式中的优越性，诱导住区居民采用步行、自行车的方式出行。

A2.3 静态交通组织

A2.3.1 不同地区、不同规模、不同居住档次的城镇住区静态交通组织应结合其实际情况和相关要求，合理选择停车方式。

A2.3.2 城镇住区应结合城镇实际，因地制宜合理选择地面停车方式和地下停车方式。

A2.3.3 城镇住区道路交通规划应近期、远期相结合，规划停车场并预留停车用地，对于近、中期拥有率低的经济欠发达地区城镇住区宜采取停车用地先作绿地的过渡方法，组织好近期、远期规划相一致的静态交通方式。

A2.3.4　城镇住区停车方式应进行节地、防干扰、经济、适用综合分析，并按住区等级不同要求合理选择；停车方式选择考虑因素应包括以下几方面。
　　① 住区性质、规模。
　　② 当地经济水平。
　　③ 当地停车供应及需求。
　　④ 一次性投资效益。
　　⑤ 停车方式的投资评价报告。

A2.3.5　城镇住区停车布局规划设计应符合以下要求
　　① 依据居民停车需求和住区等级确定住区停车规模及集中停车场的车库个数。
　　② 停车应布置在居民的合理接近的范围内。
　　③ 地面集中停车场应在规划图中表示。
　　④ 集中停车场的主入口不应对着住区主路，出入口位置应设计处理。

A2.4　交通安全设计与人性化设计

A2.4.1　城镇住区交通安全应按居民出行安全期望要求高低划分不同要求的范围路段。
　　① 宅前、儿童较为集中的公共设施（如学校、游泳池等）的入口处。上述位置应保证人的活动优先，应为回避汽车交通区域。
　　② 其他住区公共服务设施的入口处、开放空间及居民休闲场所的集散人口。上述位置应保证人的活动安全，应为严格限制汽车流量和速度的区域。
　　③ 住区内行人活动的主要通道与汽车道路交叉时应保证人的活动安全，与之相交的汽车交通路段应限制汽车流量和速度。

A2.4.2　城镇住区道路设计速度不宜高于 30km/h，并应采取以下办法限制车速，保证安全。
　　① 迫使减速的设计办法。
　　② 路面宽度以仅允许车辆和自行车交会为宜，但每隔 50m 应按车辆交会放宽路面。
　　③ 避免使用单行道和过长直路端。
　　④ 设置限速标志，超速当罚。
　　⑤ 采用尽端路。
　　⑥ 加强交通安全意识。

A2.4.3　城镇住区道路宜通过具体线形设计或设置中间岛、突起、阻塞带等方法，降低车行噪声，保障居民出行安全。

A2.4.4　城镇住区交通体系应符合以下人性化设计要求。
　　① 充分考虑到行人的无障碍设计，在住宅单元入口、中心绿地、公共活动场所等凡是有高差的地方设置残疾人坡道，且在人行道中设置盲道。
　　② 将道路的平面线性设计成蛇形或锯齿形，迫使进入的车辆降低车速，也使外来车辆因线路曲折不愿进入从而达到控制车流的目的。
　　③ 在道路的边缘或中间左右交错种植树木，产生不愿进入的氛围，以减少不必要车辆的驶入。
　　④ 在道路交叉处的路面部分抬高或降低，使车辆驶过时产生震动感，给驾驶者以

警示。

⑤ 在住区入口或道路交叉口设置形象的交通标志传达限速、禁转等交通信息。

A3 道路分级与道路网规划

A3.1 道路分级

A3.1.1 城镇住区道路系统应由划分居住小区的居住区级道路、划分住宅组群的小区级道路、划分住宅庭院的组群级道路、庭院内的宅前路及其他人行路四级构成，并以前三级道路为主。

A3.1.2 城镇住区道路应以自行车与步行交通为主，居住区级和小区级道路宜考虑车行道和人行道分设；组团级道路一般人车混行，路宽同时考虑埋设工程管线需要；宅前路应兼顾通行垃圾车、救护车和搬运车的需要。

A3.2 道路网规划

A3.2.1 城镇住区道路网规划应满足下列基本要求：

① 根据小区内用地规模、地形地貌、气候、环境条件以及居民出行方式等因素，选择经济、便捷、安全的道路系统和与道路功能相适应的道路断面形式。

② 住区道路网规划应有利住区各类用地划分和有机联系以及建筑物布置多样化，有利住宅布置的日照和通风，创造良好的居住卫生环境。

③ 住区内应避免过境车辆的穿行，道路通而不畅，避免往返迂回。

④ 居住区级、居住小区级和组群级道路应满足地震、火灾及其他灾害的救灾要求，便于救护车、货运卡车和垃圾车等车辆的通行，宅前小路应保障小汽车行驶，同时保证行人、骑车人的安全便利。

⑤ 宅前小路及住宅组群、住区公共活动中心，应设置为残疾人通行的无障碍通道，通行轮椅的坡道宽度应不小于 2.5m，纵坡不应大于 2.5%。

⑥ 满足地下工程管线埋设要求。

⑦ 山地城镇住区用地坡度＞8%时，应辅以梯步解决竖向交通，并应在梯步旁附设推行自行车的坡道。

⑧ 城镇住区旧区改造应保留和利用有历史文化价值的街道。

A4 规划技术指标

A4.1.1 城镇住区、居住区道路红线宽度不宜小于 20m，其他各级道路控制线之间的宽度及路面宽度应符合表 A2 规定。

A4.1.2 城镇住区道路纵坡的控制应符合表 A3 规定。

A4.1.3 城镇居住小区内的主要道路，至少应有 2 个方向的出入口与外围道路相连。机动车道对外出入口数应控制，其出入口间距不应小于 150m，若沿街建筑物跨越道路或建筑物长度超过 150m 时，应设置不小于 4m×4m 的消防车道。人行出口间距不宜超过 80m，当建筑物长度超过 80m 时，应在底层加设人行通道。

A4.1.4 城镇住区内的尽端式道路的长度不宜大于120m，并应在尽端设置不小于12m×12m的回车场地。

小城镇居住小区道路中控制线间距及路面宽度表　　　　　　　　表A2

道路名称	建筑控制线之间的距离		路面宽度（m）	备注
	采暖区（m）	非采暖区（m）		
居住小区级道路	≥14	≥10	6～9	应满足各类工程管线埋没要求；严寒积雪地区的道路路面应考虑防滑措施并应考虑堆放清扫道路积雪的面积，路面可适当放宽；地震地区道路，宜做柔性路面
住宅组群级道路	≥10	≥8	3～5	
宅前路及其他人行路	—	—	≥2.5	

住区、小区内道路纵坡控制参数表　　　　　　　　表A3

道路类别	最小纵坡（%）	最大纵坡（%）	多雪严寒地区最大纵坡（%）
机动车道	≥0.2	≤8.0，L≤200m	≤5.0，L≤600m
非机动车道	≥0.2	≤3.0，L≤50m	≤2.0，L≤100m
步行道	≥0.2	≤8.0	≤4

注：1. 表中"L"为道路的坡长。
　　2. 机动车与非机动车混行的道路，其纵坡宜按非机动车道要求，或分段按非机动车道要求控制。
　　3. 居住区、居住小区内道路坡度较大时，应设缓冲段与城市道路衔接。

A4.1.5 小城镇住区内道路边缘至建筑物、构筑物的最小距离应符合表A4规定。

住区道路边缘至建、构筑物最小距离表（单位：m）　　　　　　表A4

道路级别		居住区道路	小区路	组群路及宅前路
建筑物面向道路	无出入口	5.0/3.0	3.0/3.0	2.0/2.0
	有出入口	3.0	5.0	2.5
建筑物墙面向道路	高层/多层	4.0/2.0	2.0/2.0	1.5/1.5
围墙面向道路		1.5	1.5	1.5

注：居住区道路的边缘指红线；小区路、组群路及宅前路的边缘指路面边线，当小区路没有人行便道时，其道路边缘指便道边线。

A4.1.6 城镇住区非机动车停车场可按服务范围自行车保有量的20%～40%来规划自行车停车场面积，并按调查、测算其中所含需停车其他非机动车辆的比例因素修整、计算得出非机动车停车场面积。

A4.1.7 城镇自行车停车位相关技术参数应符合表A5规定。

自行车停车位相关技术参数表　　　　　　　　表A5

停靠方式		停车宽度（m）		车辆间距（m）C	通道宽度（m）		单位停车面积（m²/辆）	
		单排A	双排B		单侧D	双侧E	单排停(A+D)×C	双排停(B+E)×C/2
垂直式		2.0	3.2	0.6	1.5	2.5	2.10	1.71
角停式	30°	1.7	2.9	0.5	1.5	2.5	1.60	1.35
	45°	1.4	2.4	0.5	1.2	2.0	1.30	1.10
	60°	1.0	1.8	0.5	1.2	2.0	1.10	0.95

A4.1.8 小城镇住区机动车停车指标宜按不同地区、不同规模小城镇住区的不同居住档次，结合地方要求和城镇实际情况，分析比较选择确定；小车拥有率高的城市和商贸、工

贸型城镇和以第2居所房地产开发为主导产业的城镇可在实际调查分析基础上，比较经济发达地区县城镇、中心镇相关指标确定；经济欠发达地区小车拥有率低的小城镇规划停车场可先作绿地预留。

A4.1.9 城镇住区停车场停车道、通行道及停车场面积等相关技术指标可结合城镇住区实际情况按表A6规定选取。

城镇住区停车场停车道、通行道宽度及相关面积指标表　　表A6

	车辆停放方式		
	平行	垂直	与道路成45°～60°
单行停车道的宽度（m）	2.0～2.5	7.0～9.0	6.0～8.0
双行停车道的宽度（m）	4.0～5.0	14.0～18.0	12.0～16.0
单向行车时两行停车道之间的通行道宽度（m）	3.5～4.0	5～6.5	4.5～6.0
100辆汽车停车场的平均面积（hm²）	0.3～0.4	0.2～0.3	0.3～0.4（小型车） 0.7～1.0（大型车）
100辆自行车停车场的平均面积（hm²）		0.14～0.18	
一辆汽车所需的面积（包括通车道） 小汽车（m²）	22		
一辆汽车所需的面积（包括通车道） 载重汽车和公共汽车（m²）	40		

A4.1.10 城镇居民汽车停车率不应小于10%，住区内地面停车率不宜超过10%。

A4.1.11 城镇住区停车场和用户住宅距离以50～150m为宜。

A4.1.12 地上停车场，当停车位>50辆时，其疏散出入口数不少于2个，地下车库停车>100辆时，其疏散口数不少于2个。疏散口之间距离不小于10m，汽车疏散坡道宽度不应小于4m，双车道不应小于7m。坡道出入口处应留了足够的场地供调车、停车、洗车作业。

A4.1.13 停车场每组停车量不超过50辆，组与组之间若没有足够的通道，应留出不少于6m的防火间距。

A4.1.14 停车场地纵坡不宜大于2.0%；山区、丘陵地形不宜大于3.0%，但为了满足排水要求，均不得小于0.3%。进出停车场的通道纵坡在地形困难时，也不宜大于5.0%。

A4.1.15 小城镇住区道路用地控制指标应符合表A7小城镇住区用地构成控制指标中的有关规定。

小城镇住区用地构成控制指标表　　表A7

	居住小区		住宅组群		住宅庭院	
	Ⅰ级	Ⅱ级	Ⅰ级	Ⅱ级	Ⅰ级	Ⅱ级
住宅建筑用地	54～62	58～66	72～82	75～85	76～86	78～88
公共建筑用地	16～22	12～18	4～8	3～6	2～5	1.5～4
道路用地	10～16	10～13	2～6	2～5	1～3	1～2
公共绿地	8～13	7～12	3～4	2～3	2～3	1.5～2.5
总计用地	100	100	100	100	100	100

注：表中居住小区、住宅组群、住宅庭院Ⅰ、Ⅱ级分级按：中国城市规划设计研究院. 小城镇规划标准研究. 北京：中国建筑工业出版社，2002. 中内容划分。

A5 道路环境景观规划

A5.1.1 城镇住区道路环境景观规划应满足以下基本要求：

① 道路空间形态以人为本，注意生活环境的人性化，符合居民生活习俗、行为轨迹和管理模式，体现方便性、地域性和艺术性。
② 为居民交往、休闲和游乐提供更多方便、舒适宜人的环境。
③ 高效利用土地，完善生态建设，改善住区空间环境。
④ 立足于区域差异，体现自己的地域特色与文化传统。
⑤ 自然景观、人文景观和交通景观相互融合。

A5.1.2 城镇住区道路环境景观构成要素应包括：人、车、建筑、绿化、水体、庭院、设施、小品等物质实体要素和历史、文脉、特色等精神文化要素；设计要素应包括：交通管理与交通安全设施、无障碍设施、铺装景观、桥梁景观、绿化景观、照明景观、建筑景观、建筑小品景观、雕塑与水景景观、其他服务设施等要素。

A5.1.3 城镇住区道路环境景观规划设计内容应主要包括：道路线形设计、绿化设计、建筑环境设计、空间变化设计、领域分隔设计、道路设施设计。

A5.1.4 城镇住区道路环境景观规划应按照道路绿化的生态和艺术性相结合的原则，突出住区街道个性和住区道路线形设计，并考虑停车空间与绿化空间的有机结合。

A5.1.5 城镇住区道路线形应与自然环境相协调，与地形、地貌相配合，与自然景观环境融为一体。

A5.1.6 城镇住区道路建筑环境应符合以下要求。
① 良好的尺度和比例。
② 建筑空间富于变化，造型、立面形式多样，并具有因地制宜的灵活性和个性。
③ 色彩丰富搭配和谐有序，构图富有创意和特色，与环境和谐。
④ 体现地方建筑风格和传统民居特色。

A6 交通体系评价

A6.1.1 城镇住区交通体系评价应考虑住区交通的发展历程，选择一段时间内通用标准，以便不同城镇住区交通体系不同发展阶段的相关比较。

A6.1.2 城镇住区交通体系评价应根据其特点选用层次分析法进行多目标、多因素综合评价，综合评价层次应按表 A8 规定。

城镇住区交通体系综合评价关系表　　　　表 A8

评价因子	评价要素
市区、镇区交通层面 K_1	与土地利用规划关系 C_1
	与镇区交通衔接 C_2
住区交通层面 K_2	交通结构 C_3
	路网格局 C_4
	交通组织方式 C_5
	静态交通 C_6

附录A 城镇住区道路交通规划设计导则

续表

评价因子	评价要素
交通环境层面 K_3	空气质量 C_7
	声环境 C_8
	景观环境 C_9
	生态保护 C_{10}
物业管理层面 K_4	步行、自行车优先 C_{11}
	局部时段、地段交通管制 C_{12}
	交通拥挤收费 C_{13}

附录 B 生活饮用水水源水质标准

生活饮用水水源水质分为两级，其质量应符合《生活饮用水水源水质标准》(CJ 3020—93)的规定，其标准见表 B1。

生活饮用水水源水质标准表　　　　　　　　　表 B1

项目	标准限值	
	一级	二级
色	色度不超过 15 度，并不得呈现其他异色	不应有明显的其他异色
浑浊度（度）	≤3	≤3
pH 值	6.5～8.5	6.5～8.5
总硬度（以碳酸钙计）(mg/L)	≤350	≤450
溶解铁 (mg/L)	≤0.3	≤0.5
锰 (mg/L)	≤0.1	≤1.0
铜 (mg/L)	≤1.0	≤1.0
锌 (mg/L)	≤1.0	≤1.0
挥发酚（以苯酚计）(mg/L)	≤0.002	≤0.004
阴离子合成洗涤剂 (mg/L)	<0.3	<0.3
硫酸盐 (mg/L)	<250	<250
氯化物 (mg/L)	<250	<250
溶解性总固体 (mg/L)	≤1000	≤1000
氟化物 (mg/L)	≤1.0	≤1.0
氰化物 (mg/L)	≤0.05	≤0.05
砷 (mg/L)	≤0.05	≤0.05
硒 (mg/L)	≤0.01	≤0.01
汞 (mg/L)	≤0.001	≤0.001
镉 (mg/L)	≤0.01	≤0.01
铬（六价）(mg/L)	≤0.05	≤0.05
铅 (mg/L)	≤0.05	≤0.07
银 (mg/L)	≤0.05	≤0.05
铍 (mg/L)	≤0.0002	≤0.0002
氨氮（以氮计）(mg/L)	≤0.5	≤0.5
硝酸盐（以氮计）(mg/L)	≤10	≤20
耗氧量（$KMnO_4$ 法）(mg/L)	≤3	≤6
苯并（α）芘 (μg/L)	≤0.01	≤0.01
滴滴涕 (μg/L)	≤1	≤1
六六六 (μg/L)	≤5	≤5
百菌清 (mg/L)	≤0.01	≤0.01
总大肠菌群（个/L）	≤1000	≤10000
总 α 放射性 (Bq/L)	≤0.1	≤0.1
总 β 放射性 (Bq/L)	≤1	≤1

附录 C 生活饮用水水质卫生要求

《生活饮用水卫生标准》(GB 5749—2006)规定了生活饮用水水质卫生要求、生活饮用水水源水质卫生要求、集中式供水单位卫生要求、二次供水卫生要求、涉及生活饮用水卫生安全产品卫生要求、水质监测和水质检验方法。

该标准适用于城乡各类集中式供水的生活饮用水,也适用于分散式供水的生活饮用水。

生活饮用水水质卫生要求:

其中生活饮用水水质应符合下列基本要求,保证用户饮用安全。

1) 生活饮用水中不得含有病原微生物。
2) 生活饮用水中化学物质不得危害人体健康。
3) 生活饮用水中放射性物质不得危害人体健康。
4) 生活饮用水的感官性状良好。
5) 生活饮用水应经消毒处理。
6) 生活饮用水水质应符合表 C1 和表 C3 卫生要求。集中式供水出厂水中消毒剂限值、出厂水和管网末梢水中消毒剂余量均应符合表 C2 要求。
7) 小型集中式供水和分散式供水因条件限制,水质部分指标可暂按照表 C4 执行,其余指标仍按表 C1、表 C2 和表 C3 执行。
8) 当发生影响水质的突发性公共事件时,经市级以上人民政府批准,感官性状和一般化学指标可适当放宽。
9) 当饮用水中含有上述生活饮用水卫生标准附录 A 表 A.1 所列指标时,可参考此表限值评价(标准附录 A 表 A.1 略)。

水质常规指标及限值 表 C1

指标	限值
1. 微生物指标[a]	
总大肠菌群(MPN/100 mL 或 CFU/100 mL)	不得检出
耐热大肠菌群(MPN/100 mL 或 CFU/100 mL)	不得检出
大肠埃希氏菌(MPN/100 mL 或 CFU/100 mL)	不得检出
菌落总数(CFU/mL)	100
2. 毒理指标	
砷(mg/L)	0.01
镉(mg/L)	0.005
铬(六价)(mg/L)	0.05
铅(mg/L)	0.01
汞(mg/L)	0.001

附录C 生活饮用水水质卫生要求

续表

指标	限值
硒（mg/L）	0.01
氰化物（mg/L）	0.05
氟化物（mg/L）	1.0
硝酸盐（以N计）（mg/L）	10 地下水源限制时为20
三氯甲烷（mg/L）	0.06
四氯化碳（mg/L）	0.002
溴酸盐（使用臭氧时）（mg/L）	0.01
甲醛（使用臭氧时）（mg/L）	0.9
亚氯酸盐（使用二氧化氯消毒时）（mg/L）	0.7
氯酸盐（使用复合二氧化氯消毒时）（mg/L）	0.7
3. 感官性状和一般化学指标	
色度（铂钴色度单位）	15
浑浊度（散射浑浊度单位）（NTU）	1 水源与净水技术条件限制时为3
臭和味	无异臭、异味
肉眼可见物	无
pH值	不小于6.5且不大于8.5
铝（mg/L）	0.2
铁（mg/L）	0.3
锰（mg/L）	0.1
铜（mg/L）	1.0
锌（mg/L）	1.0
氯化物（mg/L）	250
硫酸盐（mg/L）	250
溶解性总固体（mg/L）	1000
总硬度（以$CaCO_3$计）（mg/L）	450
耗氧量（COD_{Mn}法，以O_2计）（mg/L）	3 水源限制，原水耗氧量>6mg/L时为5
挥发酚类（以苯酚计）（mg/L）	0.002
阴离子合成洗涤剂（mg/L）	0.3
4. 放射性指标[b]	指导值
总α放射性（Bq/L）	0.5
总β放射性（Bq/L）	1

[a] MPN表示最可能数；CFU表示菌落形成单位。当水样检出总大肠菌群时，应进一步检验大肠埃希氏菌或耐热大肠菌群；水样未检出总大肠菌群，不必检验大肠埃希氏菌或耐热大肠菌群。
[b] 放射性指标超过指导值，应进行核素分析和评价，判定能否饮用。

饮用水中消毒剂常规指标及要求　　　　表C2

消毒剂名称	与水接触时间	出厂水中限值（mg/L）	出厂水中余量（mg/L）	管网末梢水中余量（mg/L）
氯气及游离氯制剂（游离氯）	≥30 min	4	≥0.3	≥0.05
一氯胺（总氯）	≥120 min	3	≥0.5	≥0.05
臭氧（O_3）	≥12 min	0.3	—	0.02 如加氯，总氯≥0.05
二氧化氯（ClO_2）	≥30 min	0.8	≥0.1	≥0.02

附录 C 生活饮用水水质卫生要求

水质非常规指标及限值   表 C3

指标	限值
1. 微生物指标	
贾第鞭毛虫/(个/10 L)	<1
隐孢子虫/(个/10 L)	<1
2. 毒理指标	
锑（mg/L）	0.005
钡（mg/L）	0.7
铍（mg/L）	0.002
硼（mg/L）	0.5
钼（mg/L）	0.07
镍（mg/L）	0.02
银（mg/L）	0.05
铊（mg/L）	0.0001
氯化氰（以 CN^- 计）（mg/L）	0.07
一氯二溴甲烷（mg/L）	0.1
二氯一溴甲烷（mg/L）	0.06
二氯乙酸（mg/L）	0.05
1,2-二氯乙烷（mg/L）	0.03
二氯甲烷（mg/L）	0.02
三卤甲烷（三氯甲烷、一氯二溴甲烷、二氯一溴甲烷、三溴甲烷的总和）	该类化合物中各种化合物的实测浓度与其各自限值的比值之和不超过 1
1,1,1-三氯乙烷（mg/L）	2
三氯乙酸（mg/L）	0.1
三氯乙醛（mg/L）	0.01
2,4,6-三氯酚（mg/L）	0.2
三溴甲烷（mg/L）	0.1
七氯（mg/L）	0.0004
马拉硫磷（mg/L）	0.25
五氯酚（mg/L）	0.009
六六六（总量）（mg/L）	0.005
六氯苯（mg/L）	0.001
乐果（mg/L）	0.08
对硫磷（mg/L）	0.003
灭草松（mg/L）	0.3
甲基对硫磷（mg/L）	0.02
百菌清（mg/L）	0.01
呋喃丹（mg/L）	0.007
林丹（mg/L）	0.002
毒死蜱（mg/L）	0.03
草甘膦（mg/L）	0.7
敌敌畏（mg/L）	0.001
莠去津（mg/L）	0.002
溴氰菊酯（mg/L）	0.02
2,4-滴（mg/L）	0.03

续表

指　　标	限　值
滴滴涕（mg/L）	0.001
乙苯（mg/L）	0.3
二甲苯（总量）（mg/L）	0.5
1,1-二氯乙烯（mg/L）	0.03
1,2-二氯乙烯（mg/L）	0.05
1,2-二氯苯（mg/L）	1
1,4-二氯苯（mg/L）	0.3
三氯乙烯（mg/L）	0.07
三氯苯（总量）（mg/L）	0.02
六氯丁二烯（mg/L）	0.0006
丙烯酰胺（mg/L）	0.0005
四氯乙烯（mg/L）	0.04
甲苯（mg/L）	0.7
邻苯二甲酸二（2-乙基己基）酯（mg/L）	0.008
环氧氯丙烷（mg/L）	0.0004
苯（mg/L）	0.01
苯乙烯（mg/L）	0.02
苯并（a）芘（mg/L）	0.00001
氯乙烯（mg/L）	0.005
氯苯（mg/L）	0.3
微囊藻毒素-LR（mg/L）	0.001
3. 感官性状和一般化学指标	
氨氮（以 N 计）（mg/L）	0.5
硫化物（mg/L）	0.02
钠（mg/L）	200

小型集中式供水和分散式供水部分水质指标及限值　　表 C4

指标	限值
1. 微生物指标	
菌落总数（CFU/mL）	500
2. 毒理指标	
砷（mg/L）	0.05
氟化物（mg/L）	1.2
硝酸盐（以 N 计）（mg/L）	20
3. 感官性状和一般化学指标	
色度（铂钴色度单位）	20
浑浊度（散射浑浊度单位）(NTU)	3 水源与净水技术条件限制时为 5
pH 值	不小于 6.5 且不大于 9.5
溶解性总固体（mg/L）	1500
总硬度（以 $CaCO_3$ 计）（mg/L）	550
耗氧量（COD_{Mn}法，以 O_2 计）（mg/L）	5
铁（mg/L）	0.5
锰（mg/L）	0.3
氯化物（mg/L）	300
硫酸盐（mg/L）	300

附录 D 住户宽带网配套设施

住户宽带网（家庭宽带网）配套设施是小区宽带网的配套设施延伸。

D1 智能家庭

随着信息技术的快速发展和从智能建筑发展到智能化小区，许多家庭都连上互联网，越来越多的人选择"弹性上班"，在家里处理公务、搜寻资料、进修学习和上网休闲及娱乐。并且出现在家办公的比例增长较快的趋势，前几年美国在家办公人员的比例已达到30%以上，许多工作都在网上进行；还有一些单位，购买或租用住宅楼房，办公住宿在一处，白天网络办公，晚上上网休闲、娱乐，而且多数晚上同样有网络处理公务的需求。小型办公室和家庭办公室（Small Office and Home Office，SOHO）是上述形势的产物。

根据美国家庭自动化协会前些年的调查，未来新一代家庭住宅中，将在每一房间安装有电话、电脑、电视、音响、保安和监控设备。家庭的每一个成员在任何一个房间可以同时通过互联网与外界交流，在家或者在外面可以遥控任何一种家庭设备。上述表明：科技化智能家庭已是信息化家庭的发展趋势，也是智能化小区发展的必然。

家庭智能化系统应具有三大功能：HS、HA 和 HC。每一大功能的实现都需要相应的设备和网络来完成，并且构成相应的子系统。这些子系统由于应用目的不同，子系统中信息流量也不同，因而所需网络带宽也有很大差别。所以家庭网络可以按照信息流量和安全性的不同要求分成多个不同的子网，然后将多个子网连接成一个完整的家庭网络。例如可以将 HS 系统如：防盗报警、火灾报警、燃气泄漏报警、遥控护理与紧急呼救报警等系统连成一个子网，并可以通过电话确认报警信息以及报警状态和报警点位置。而将有关 HA 的设备如：空调、音响、灯光、窗帘等的遥控调节，室内三表（电表、水表、燃气表）数据自动采集与传输等连成一个子网。HC 功能由另一个子网来实现，如将家内的微机、电话、传真机、电视通过局域网络把它们连接起来，再通过电话线或者有线电视线路与智能小区相连接，实现家庭网络与外界的通信。

D2 家庭网络与家庭宽带网络配套设施

D2.1 家庭网络

家庭网络是在家庭范围内将家用 PC、外围设备和其他的消费电子设备（包括网络家电、安保系统和照明系统设备）通过标准的家庭总线连接到一个家庭智能控制器上，以实现监视、控制和管理各类家电设备，并保持家电设施与住宅环境的和谐与协调，并能通过智能化小区与外界实现通信的网络（图 D1）。

D2 家庭网络与家庭宽带网络配套设施

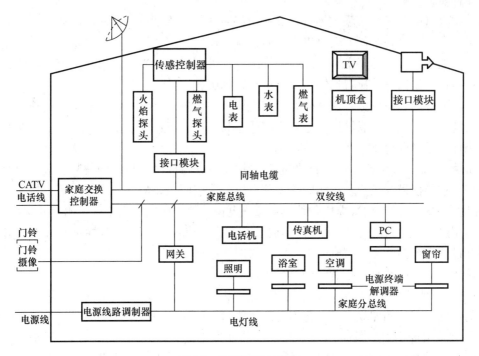

图 D1 家庭网络示意图

图 D1 中，家庭中的大多数电器设备是通过一标准家庭总线将它们连接在一起的，这条标准总线由无屏蔽双绞线和同轴电缆组成。各种设备通过家庭总线连到家庭交换控制器上，然后通过 CATV 线路或电话线路或者光纤接到智能小区的管理中心。对于改建或已完成室内装修的家庭用户，为了避免再敷设额外的控制线路，可以利用家庭中已敷设好的电源线来传送控制信号，图 D1 中下半部分所示，家庭总线通过网关与电源线相连，并完成通信协议转换。电源线路调制器将家庭总线上的控制信号调制到室内电源线上，而电源终端解调器将控制被控设备的电源开或者关，这时电源线将成为家庭分总线。

有关研究表明，家庭局域网是消费者在最近的未来的需求。家庭 LAN 包括：复制文件，打印机、扫描仪和备份设备联网、高速网络接入，在家办公、股票交易，在 Web 上完成家庭作业都在同一共享的 ADSL 或电缆调制解调器上同时进行。

除上述应用外，还有：
（1）家庭各处提供同等的多条电话线，家庭各电话之间内部呼叫。
（2）家庭内部音乐发布。
（3）房间之间的对讲联络，可视监控。
（4）远程灯光和电器控制。
（5）发送从中央 DBS（直接广播卫星）接收的电视信号。

D2.2 家庭宽带网络

家庭宽带网络是宽带的家庭网络。它允许多台家电终端共享接入带宽，也同时提供在家庭内部的内部通信。家庭宽带网是社区宽带网的延伸，是家庭网络的主要组成部分，也是一种个性化的互联网（Personalized Internet）。随着宽带网连接到智能化小区和智能化家庭，家庭可以一天 24h 稳定地获得高速数据服务，享受个性化互联网服务。

个性化互联网是指任何人可以在任何地方、任何时刻访问互联网的这样一种网络。这种网络可以按网络额的要求和意愿向网络服务提供商讨费定制所需信息内容。网络可实时提供给用户所需信息，比普通网络提供更高级的服务。

社区宽带网和家庭宽带网消除宽带网络接入的瓶颈，是具有多种宽带或高速的接入网络。其提供的个性化互联网服务，使家庭休息与工作、工作与娱乐的界线变得含糊不清。

个性化互联网提供一系列服务，例如：

① 数据流（Data Streaming）服务。数据流服务将提供比传统的视频点播还要个性化的服务，它能使最终用户真正接收娱乐信息以及他们所想要的其他内容，可以按时间间隔（每小时/每日/每周一次）提供各种信息源（电视、报纸等）以满足各类用户的特殊需要。

② 内容过滤。对于家庭用户，其成员有大人，有小孩，所以个性化互联网要有自动限制和过滤内容的能力。家庭父母，可以向网络服务提供商或者智能化小区提出预约内容过滤服务，对某些不宜小孩看的内容，小孩上网也访问不到。

③ 访问时间控制。例如，到了晚上 10 点以后，限止某个终端访问互联网。也可以规定每周访问时间，例如规定孩子每周访问互联网 20 小时，超过 20 小时就自动切断连接。

④ 动态宽带分配。假定用户平时是以某种带宽接入方式访问互联网，但是如遇到一些特殊情况需要传送更多的信息而需要更宽的带宽时，只需付一小部分附加费就能获得所需的带宽。这种动态带宽分配可视具体的应用而定。

⑤ 监视服务。有了宽带接入就能提供监视和安全服务，用户可以在任何时候、任何地点，观察用户家庭中的各个区域，观察保姆、孩子的活动。用户还能在自己家内，享受着远方亲友生日宴会上的欢乐景象。

D3 家庭网络与家庭宽带网规划及分类

家庭网络规划按应用进行分类可以分为信息网络、娱乐网络和控制网络规划。信息网络指由计算机、打印机等设备组成的网络，使用户可以在此网络上收发电子邮件，远程学习，浏览互联网上资料、新闻等。通过由娱乐设备组成的娱乐网络使用户可以在家休闲娱乐。控制网络主要是对家庭安保设备、家用电器、三表设备构成的网络，用以实现家庭的智能化和自动化。

家庭网络规划按组网传输介质分类有：电话线网络、电源线网络、综合布线网络和无线网络 4 类网络。

D3.1 电话线以太网

无屏蔽的铜双绞线因其成本低、易于安装，成为企业办公 LAN 中应用最多的传输媒体，电话线网络并占家庭组网市场的 50%～70%。当前的系统在这样的线上以 10Mbit/s 或 100Mbit/s 运行，而 1Gbit/s 版本的标准化工作也在进行。这样电话布线通常是指专为数据应用设计的有特殊介质常数的 5 类（Category 5）布线。

电话线网络（Phone Line Networking）是采用家庭电话线网络联盟（Home Phone Networking Alliance，Home PNA）所制定的 Home PNA 标准进行组网的一种网络。

Home PNA 网适合于居民的旧住宅，利用住宅内现有的电话线连接计算机、打印机、传真机和其他家电设备，实现语音、数据和图像的同时传输。利用 Home PNA 网，在电话线上，用户可以访问互联网，共享数据和外设（如打印机、扫描仪、数字相机和存储设备），还可以玩多人游戏和对外通话。

图 D2 是家庭网络电话线以太网规划组网的典型方式。这种网络解决方案仅使用一对现有电话线，完成其与任何电话或其他使用现有电话布线基础设施的电器装置的连接与运行。

最初的规范是在 1998 年 10 月发布的，采用 Tut Systems 公司的 1Mbit/s 的 LAN 技术，1999 年发布规范的 2.0 版是 10Mbit/s 的数据吞吐量，且与以前的版本向后兼容。Home PNA 网最多允许连接 25 台设备，设备之间的最大距离为 150m。

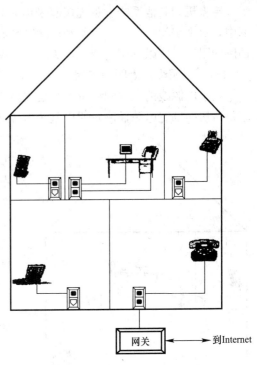

图 D2　电话线以太网规划布局图

Home PNA 网可作为互联网接入网，构建家庭信息子网、娱乐子网和家庭安保与家电控制的控制子网等应用。

D3.1.1　网络规划接入要求

网络接入应满足以下要求：

（1）必须能与电话服务及 ADSL 同时运行。
（2）必须符合 FCC Part 68 规定。
（3）保证网络安全、保密。
（4）保证在传输特点变化和噪声电平变化的环境下运行。
（5）保证在随意树形家庭网络布局内部发生的信号衰减变化情形下运行。
（6）能在随意的网络布线布局下运行。

D3.1.2　网络体系规划结构与特点

图 D2 所示网络的总体结构有以下特点：

（1）每一个 RJ-11 电话插座都可能成为家庭网络及电话的延伸组成部分。
（2）电话线家庭网络可起到高速干线的作用。
（3）可在随意的树形布线结构上建立以太网兼容的 LAN。
（4）系统不需要任何的集线器、路由器、切分器、滤波器或末端装置。
（5）最初使用 10Base-T 接口模块和 PC 网络接口卡（NIC），实现 PC 与家中电话插座直接连接。

D3.2　电源线以太网

电源线网络是利用家庭中的电力线作为网络的传输介质，将家庭中的计算机、打印机、传真机和其他家电设备连接起来构成的一种网络。不管是新建住宅还是旧住宅，在家庭中，每个房间、厅、卫生间和厨房都会布有电源线，而且每种家电设备都会放置在电源插座的附近。所以利用电源线作为组建家庭网络的传输介质确是一种很好的选择。

D3.2.1 电源线以太网的应用

基于电源线的家庭网络也可全面支持语音和数据应用。并且有其独特的优点，由于家庭每一房间都有电源插座，所以基于电源线的家庭网络可以让每个设备和装置都能接入家庭网络，从而开辟许多可能的应用领域。特别是可以让家电变成与 Internet 友好地允许在家庭的内部或外部的任何地方监视和控制家庭电器；房屋控制器可根据每千瓦用电的价格定时打开或关闭洗碗机或电热水器；家庭的主人可以从办公室或旅馆的房间为录像机录制节目，打开安全灯或打开电烤箱开始做饭。

D3.2.2 电源线以太网体系的规划结构

图 D3 所示为电源线以太网规划布局。图中，网络的工作平台使插入到电源插座的每一件东西都可连接到一起，并连接到 Internet 上。例如，一个 WebPAD，当把它插入到一个交流电源插座时，将立即显示出一个 Internet 站点的实时新闻。

在每一个接口组件上，有一个以太网收发器以最高达 10Mbit/s 的速率发送和接收数据，组件可做在电器装置的内部或经以太网、USB 或其他类型的电缆连接到电器装置上。

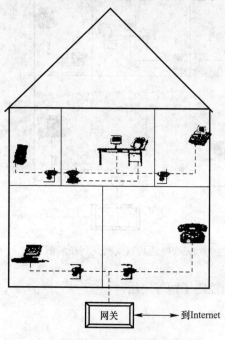

图 D3　电源线以太网规划布局图

电源线网络是利用电源载波技术（Powerline Carrier Technology），用 X.10 网络传输协议组建网络。用电源线组建家庭网络最大的难点是如何解决电噪声和随机噪声问题。由于如何过滤噪声的技术还不是非常成熟，再加上缺乏标准，因此，电源线网络要达到应用的普及还需要一段时间。

D3.3　综合布线与同轴电缆家庭宽带网

综合布线网络是在新建的智能化小区或者是旧房重新装修时，考虑到家庭组网的需要而对房屋按照 TIA/EIA570-A 家居布线标准（Residential Telecommunications Cabling Standard）而布设的综合布线系统，在此布线系统上组建的网络。该布线标准主要考虑了现在和未来信息服务设施的技术要求，以使家庭网络的基础设施布线系统能支持数据、语音、视频、家电设备自动化和安保等多媒体信息服务。使用的传输介质包括 3 类、5 类双绞线和同轴电缆。

目前综合布线网络所采用的协议通常是 CSMA/CD 媒体访问协议，传输速率为以太网的 10Mbit/s 或快速以太网的 100Mbit/s，这要视每户的实际需要和经济承受能力而定。当前智能化小区大多数建有 1000Mbit/s 的吉比特以太网，并以光纤布设到大楼，然后经过光电转换后用 2 根或多根 4 对无屏蔽双绞线布设到每家每户。

同轴电缆提供巨大的带宽，至少是 500MHz，常常可达 750MHz 或 1GHz。在同轴电缆上运行的家庭网络有可能集成电视与通信应用，实现 TV 与个人计算机融为一体的家庭网络。

图 D4 所示为基于同轴电缆的家庭宽带网。图中，交换机（中央控制器）管理内部网络的信道。从电缆来的信号信道有不用的或不想要的，交换机把从 VCD、摄像机、无线直播接收机等设备接收来的信道插入并调制到这些不用的或不想要的信号信道上。网络中的所有节点都接收这个合成的信号。这样不必专门将一台卫星直播接收机、DVD 读盘机用于一台特定的电视机。一台 VCD 播放的节目可以从室内的任何一台电视机观看。类似为安保、婴儿监

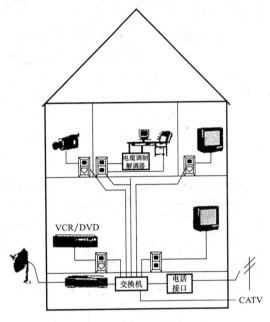

图 D4 基于同轴电缆的家庭宽带网图

视目的安装的摄像机等可以从任何一台电视机（或装有视频适配卡的 PC）上监视。交换机还具有保证视像和数据不会传播到室外去的重要功能。

对数据应用而言，交换机也在室内管理和建立相当于电缆调制解调器网络的网络。这样就可提供在 PC 上计算机外围设备之间的互联，或者通过电缆调制解调器或 ADSL 接口连接到 Internet 上。

基于同轴电缆的家庭网络也能允许在 PC 和电视机之间互相配合。例如，使用远端的键盘和电视机作为显示器，人们可以从任何有电视机的房间在 Web 上冲浪、运行 PC 游戏等。

IP 语音可提供房间之间的呼叫携载在这个数据网络上，网关可以解决到达本地交换局的电话线连接问题，或用电缆调制解调器或 ADSL 携载到 Internet 上。

D3.4 无线家庭宽带网

无线家庭网络的最大特点是可移动性，不受家庭中电话插座数目及位置的限制，使家庭成员在组建和使用网络时特别灵活。对于原先没有进行过综合布线和电话线插座有限的家庭，使用无线技术来组建网络是特别合适的。

采用无线传输技术来组建家庭网络可以采用家庭射频（Home Radio Frequeney，HomeRF）技术和蓝牙（Bluetooth）技术。

D3.4.1 HomeRF 网络

1999 年发布的共享无线接入协议（SWAP）规范 1.0 版本提出以下原则：

（1）定义支持家庭中的无线语音和数据网络的公共接口。

（2）使来自大量的制造商的消费电子设备能互相之间有共同工作的能力。

（3）开发无线解决方案的灵活性和移动性。

SWAP 规范是为支持在 PC、计算机外围设备、增加了 PC 功能的无绳电话和新的终端设备（如便携式显示台）之间的语音和数据通信的无线家庭网络而设计的。特别需要解

决以下应用:
(1) 从家庭中和家庭附近的任何地方,在便携式显示设备上接入 Internet。
(2) 在 PC 和增加了 Internet 接入能力的设备之间共享 ISP 连接。
(3) 在有多台 PC 的家庭共享文件、调制解调器、打印机。
(4) 智能地将接收的电话呼叫转发给多个无绳手机、传真机和语音信箱。
(5) 重现增加了 PC 功能的无绳手机接收语音、传真和 E-mail 消息。
(6) 通过语音命令进入增加了 PC 功能的无绳手机启动家庭电子系统。
(7) 多人一起在 PC 上或 Internet 资源上共玩游戏。
图 D5 所示为 HomeRF 网络规划布局。

SWAP 规范支持多种接入技术。对于时间紧要的应用(如实时语音)采用时分多路接入(Time Division Multiple Access,TDMA),对于猝发的数据交易,采用免冲突的载波监听多址(Time Division Multiple Access/Collision Avoidance,TDMA/CA)。图 D5 中所示的系统展示的一套信息装置将会日益普遍。该网络可容纳多达 127 台设备,多达 6 条全双工的会话。

无线还将是家庭网络扩展到家庭周围移动设备和进入庭院的最好平台。

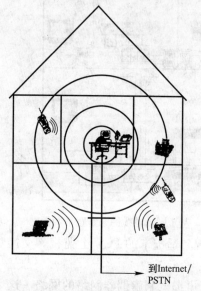

图 D5 HomeRF 网络规划布局图

D3.4.2 蓝牙无线网络

蓝牙无线网络采用基于 2.4GHz 的短距离及低成本的扩频技术,将各种便携设备,如手提电脑、手机及其他便携数字消费产品连接起来,这样便省去了连接电缆。所以对于家庭内没有专门布线的情况下使用蓝牙无线技术组网特别合适。

D3.5 几种家庭网络与家庭宽带网的规划技术经济比较

表 D1 所示为几种家庭网络的规划技术经济比较。表中,每一种技术都有不同适合的应用。基于同轴电缆的系统只是在提供娱乐电视应用时最适合;电源线系统可以为家庭自动化提供现实的接口;基于电话线的系统,由于其在商业数据网络环境中的优势地位最适合数据和语音应用;而在需要可携带性和移动性的时候,无线则是唯一的选择。

几种家庭网络的规划技术经济比较表   表 D1

网络类型	速度	所需布线	其他需要	平均到每台 PC 的价格($)
以太网	10/100Mbit/s	Category5 UTP	HUB	25~50
电话线	10Mbit/s	现有电话线	无	45~75
电力线(Intelogis)	50~350kbit/s	现有电力线	打印机模块	25
电力线(Intellon)	14Mbit/s	现有电力线	无	TBA
无线以太网(SWAP)	1~2Mbit/s	无	无	70~200
无线以太网(Wi-Fi)	11Mbit/s	无	接入点	100~300

任何特定的用户可以根据其主要的应用规划选择具体的家庭网络类型，而当在不同类型的家庭网络之间，采用网关则可规划组合应用的家庭网络。

D4 家庭网络的硬件规划与软件要求

家庭网络的硬件规划包括：家庭的综合布线系统规划、总线规划、智能控制器规划、Ethernet HUB 与家电设备规划。

D4.1 家庭综合布线系统规划

家庭综合布线系统规划应支持语音、数据、图像、HA、安保和广播电视等信息服务。TIA/EIA570-A 标准规定了可以采用非屏蔽双绞线、光纤和同轴电缆等传输介质。

家居综合布线系统规划有一个信息配线箱，将语音、数据、电视信号的接入与用户信号分接引出都在此箱内实现，并可以方便地分配跳接和维护。

家庭布线可以基于 3 种类型：信息系统布线、控制类布线和家庭娱乐类布线。信息系统布线是综合布线系统最早的一种应用。控制类布线可以完成对住户生存环境的控制，如提供冷热水、电、防盗报警、照明控制等应用。这类布线通常由双绞线和同轴电缆进行布线，采用总线型配置。目前也有部分此类应用采用计算机网络作为传输媒体，用户通过电视机上的机顶盒，完成信号的接收与转换。

上述布线类型、规划根据不同用户的需求，住宅布局及选择布线的等级确定选择布线系统。

等级一提供可满足电信服务最低要求的通用布线系统，该等级可提供电话、卫星通信、CATV 和数据服务。等级一大致等同于许多住宅中已有的布线系统，但是包括了对双绞线的改进以及规定以星形方式布放线缆。等级一布线的最低要求为一根满足或超出 ANSI/TIA/EIA-568A 所规定的 3 类电缆传输特性要求的四对非屏蔽双绞线（UTP）；一根满足或超出 SCTEIPS-SP-001 要求的 75Ω 同轴电缆（Coaxial），建议安装 5 类非屏蔽双绞线（UTP）以方便升级到等级二。

等级二提供可满足基本、高级和多媒体电信服务的通用布线系统。该等级可支持当前已有的和正在开发的电信服务。等级二布线的最低要求为 1 或 2 根满足或超出 ANSI/TIA/EIA568-A 规定的 5 类电缆传输特性要求的四对 UTP；1 根或 2 根满足或超出 SCTEZPS-SP-001 要求的 75ΩCoaxial，并可选择满足或超出 ANSI/ICEA A-87-640 的传输特性要求的光缆。

表 D2、表 D3 所示分别为各等级支持的典型住宅服务和认可的住宅传输介质。

各等级支持的典型住宅服务表　　　　　　　　　　　　　　表 D2

服务	等级一	等级二
电话	支持	支持
电视	支持	支持
数据	支持	支持
多媒体	不支持	支持

附录 D 住户宽带网配套设施

各等级认可的住宅传输介质表 表 D3

布线	等级一	等级二
四对非屏蔽双绞线	3 类（建议使用 5 类电缆）	5 类
75Ω 同轴电缆	支持	支持
光缆	不支持	可选择

规划 HA 和 HS 的要求，按制造厂商的要求确定。

D4.2 家庭总线设计选择

家庭总线系统是智能化住宅的三大条件之一，家庭网络就是将家庭内的各种电子设备通过家庭总线将它们连接起来。

RS-485 总线和 IEEE 1394 总线是家庭总线设计主要选择的两种总线。

D4.2.1 RS-485 总线

RS-485 总线原是为工控网络采用的串行接口总线。RS-485 总线接口具有很高的抗干扰性，而且具有较高的数据传输速率，所要求的信号线也很少，既适合工业控制环境，也适合家庭应用环境。

RS-485 总线实际上是 RS-442 总线的变形。它与 RS-442 不同之处在于 RS-442 总线是全双工，而 RS-485 总线为半双工，采用双向单信道连接方式。在网络中，某一时刻只能有一个站点可以发送数据，而其他站点只能为接收状态。因此，发送驱动电路必须由使能端（Enable）加以控制，在其不发送数据时处于第三态（高阻态），相当于将发送驱动电路从网络中断开。在实际应用中，一般由 RTS 线来控制使能端口。在不发送数据时，只有接收器连在网络上。

RS-485 采用平衡驱动和差分接收方法，因此它有很强的抗共模干扰信号的能力，其抗共模电压范围为 −7V～+12V。由于驱动器允许断开连接即处于第三态，因此在三态条件下它能抵抗这个范围的共模电压干扰。

采用 RS-485 总线连接的网络，最大距离可达 1200m，传输速率在 1km 范围可达到 100Kbit/s。网络上最多可连接 32 台设备；可以采用 4 类或 5 类双绞线，网络拓扑结构采用菊花链形式连接。RS-485 总线形成一条连续的通道，中间设备要尽量靠近总线，不要有很长的分支。

D4.2.2 IEEE 1394 总线

IEEE 1394 是一种高速串联总线，为广泛的家庭电子设备提供网络连接，包括：计算机、扫描仪、存储外设、消费电子视频设备、音频设备和其他的便携设备。目前 IEEE 1394 已被消费电子工业广泛地采用。其中 IEEE 1394.a 版本提供了 800Mbit/s 和 400Mbit/s 的数据传输速率。而 IEEE 1394.b 版本提供 800Mbit/s 最高达到 3.2Gbit/s 的数据传输速率，它更适合应用于多数据流的 I/O 要求。IEEE 1394 已成为多数计算机和消费电子设备的汇聚总线，如 Compaq、Dell、Gateway、HP、IBM、NEC、Sony、Toshiba 和其他一些公司的计算机已经支持 IEEE 1394 总线和 Windows Me、Windows XP 等操作系统。

IEEE 1394 还是目前能够使用的高速存储外设的接口总线，例如扩展的 HD、CD 和

DVD 驱动器。而且 IEEE 1394 通用即插即用（UPNP）设备能够在 IEEE 1394 总线上执行 TCP/IP。UPNP 协议将桥接非 IP IEEE 1394 设备到基于 IP 的家庭网络上。

D4.3　家庭智能控制器设计选择

家庭智能控制器是家庭网络的硬件组成核心，它将家庭内的大部分电子设备，如安保设备、家庭电器设备、三表、家庭娱乐设备以及其他的家电设备连接起来，构成一个家庭控制局域网络。该网络然后再连接到小区的局域网上，通过小区局域网和互联网相连。

家庭智能控制器应有以下的功能：

（1）连接到家庭监控报警设备。如：连接防盗报警、门磁开关、防燃气泄漏、烟感、紧急呼救等各类传感器，能够判别有效报警、删除误报信号，还能接收无线遥控器的信号，并且应有在家、离家等布防功能。

（2）对家电的控制。连接到红外线遥控类家用电器，并有多种接入方式，能通过互联网远程遥控，也能在室内实现电话控制，还能用手动开关连动控制。

（3）抄表功能。连接水表、电表、燃气表实现远程抄表，能自动生成三表的数据库报表。

（4）能连接智能显示控制键盘。通过显示控制键盘观看外界给家庭的信息和留言。

（5）与智能化小区局域网实现连接。

家庭智能控制器设计选择应符合简单方便、安全、可靠的原则。

D4.4　信息子网 HUB 设计选择

用家庭智能控制器构成的是一个家庭控制子网。如果家庭中有 2 台以上的计算机，还有打印机等外设，要连成一个信息子网，就需要配置一个网络 HUB。由于目前小区大都采用快速以太网或吉比特以太网作为小区的 LAN，因此家庭中应配置一个 Ethernet HUB，将家庭中的计算机、打印机规划构成一个 Ethernet 作为信息子网。

D4.5　家庭网络终端设备设计选择

家庭中一切连接家庭智能控制器和 HUB 的设备都属于家庭网络终端设备，可以将它们分成三类：信息类设备、控制类设备和家庭娱乐类设备。

（1）信息类设备包括：家庭电脑、打印机、传真机、电话等。

（2）控制类设备包括：空调、照明、自动窗帘、自动抄表系统、安全防盗系统的各类传感器等。

（3）娱乐类设备包括：有线电视、音响设备、VCD、VOD、DVD 等设备。

上述设备要连接到家庭网络上，必须要具有相应的家庭总线接口。控制类设备和娱乐类设备可连接到控制局域子网上。信息类设备连接到信息局域子网上。信息类设备也可用作娱乐类设备来使用。

D4.6　家庭网络系统软件主要相关功能

Windows Me 与 Windows XP 家庭版是主要的三个家庭网络系统软件。以下为系统软件的主要相关功能。

D4.6.1 Windows Me

D4.6.1.1 数字媒体功能

（1）Windows 图像收集：Windows Me 通过扫描仪或数字相机输入照片，可对照片进行编辑（旋转和剪切）。

（2）幻灯片放映：将照片改制成幻灯片放映，并可自定义保护程序，与家人朋友分享。

（3）网络游戏：捆绑的游戏，只要点击鼠标就可找到游戏对手。

（4）Windows 游戏管理器：它让用户在计算机上拖动游戏和玩游戏，而不需要在设置、配置和安装上浪费时间。

（5）Directinput 映射器：改进对游戏硬件的支持，为游戏选择最好的硬件并优化配置游戏控制。

（6）DirectPlay 语音：能在因特网上与他人进行"语音聊天"。这项功能可从支持 Directplay 语音的应用程序内启动，例如一个游戏程序或是一个 Instant Messenger 客户。

D4.6.1.2 家庭网络功能。

（1）TCP/IP 协议集：新增加的 TCP/IP 协议集改进了在因特网上漫游的安全性和稳定性。

（2）因特网连接共享（ICS）：改进的 ICS 客户配套工具，即使运行不同 Windows 版本的操作系统的多台计算机也可共享一个互联网连接。

（3）多网络类型支持：Windows Me 支持多种物理家庭网络类型，例如以太网和 HomePNA 网，并允许通过单个接口查看这些网络。

（4）资源自动共享：在家庭网络上自动检测和共享可用的资源，例如打印机和文件夹。

（5）支持 UPnP：对易连接的 UPnP 设备予以支持。

当 Windows Me 提供高质量的多媒体功能和网络功能时，需要计算机硬件系统有良好的多媒体能力和网络功能。

D4.6.2 Windows XP 家庭版的主要功能

D4.6.2.1 家庭网络连接功能

使用 Windows XP 家庭版操作系统，可以方便地将多台微机联成局域网。家庭中的每个人员都可以具有一个个性化个人的账户。它可反映出个人的兴趣。可以让你从一台共用的计算机上或从网络上任一台计算机快速登录到你的个人账户。家庭中每个人都可以访问到网络上的文件、文件夹、打印机、音乐和 E-mail。要建立网络时，只要启动"网络安装向导"就能方便地建立起网络。此向导指导用户完成简单的建网步骤。在 Windows XP 中还内置有"互联网连接防火墙"，网络上的每台计算机都受到这个防火墙的保护。

D4.6.2.2 实时通信功能

由于电子邮件通信是非实时通信，因此近来通过基于文本的"即时消息"进行实时通信流行起来。Windows XP 中包括了实时语音、视频交流即时消息的支持。Windows Messenger 是一个实时通信的完整工具。它可以使用户用文本、音频、视频与其他工具同家人和朋友进行实时交流与联系。

D4.6.2.3 个人娱乐功能

安装了 Windows XP 家庭版的计算机可以成为一个"录像厅"和"电影院"，并且也是一个很好的电子游戏平台。Windows Media Player for Windows XP 是第一个集成了全屏幕视频控制的媒体播放器和集成的 DVD 播放器，具有奇妙的图片、声响与音乐组合，使用户有身临其境的真实感受。它还可以显示电影封面、标题和演员表，就像在电影上看到的那样。

D4.6.2.4　使用播放列表

播放列表是一个可自定义的数字音频和视频文件列表，通过播放列表可以将各种数字媒体文件组织在一起并指定播放顺序。

D4.6.2.5　使用数字照片

使用 Windows XP，可以用多种方式预览、整理及共享数字照片，并将数字照相机内照片输入到计算机，用"我的图片"功能，通过电子邮件发送出去。

Windows XP 家庭版与 Windows Me 相比，Windows XP 功能更强一些。比如，远程帮助、快速用户切换、新型 Windows 引擎都是 Windows XP 独有的。另外，在运行速度上 Windows XP 比 Windows Me 要快 54％左右。

附录 E 基于以太网技术的小区无源光网络配套设施

本节借鉴行业推广的小区信息化设施配套建设经验，既是附录又可作为住区与小区信息化配套设施的补充和参考阅读内容。

E1 网络功能定位

EPON（Ethernet Passive Optical Network）综合接入网是一种构建于无源光分配网络（ODN）之上的宽带接入网络，它将以太网技术和高速光传输技术结合起来，可以实现语音、数据、视频多业务的综合接入。

基于以太网技术的无源光网（EPON）综合接入网是与铜线接入网并存的接入网类型。

图 E1 所示为 EPON 综合接入网络功能定位。

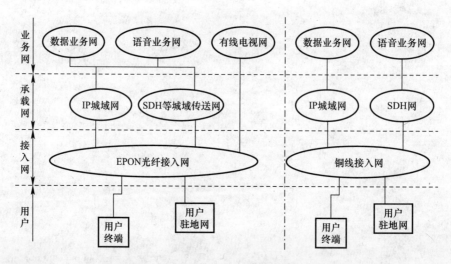

图 E1 EPON 综合接入网络功能定位图

E2 网络结构

图 E2 显示了 EPON 系统可以实现的网络结构，包括：光纤到户（FTTO/FTTH）、光纤到大楼/路边（FTTB/C）和光纤到交接箱（FTTCab）等。

FTTH 指光纤进入到每个用户家中或者每一个办公室，将光网络终端（ONT）安装在家庭用户或企业用户处。FTTH 的显著技术特点是不但提供更大的带宽，而且增强了网

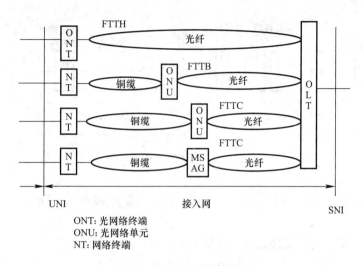

图 E2　EPON 网络结构图

络对数据格式、速率、波长和协议的透明性，由于用户端设备体积小，家庭环境很容易满足 ONT 的安装要求，简化了维护和安装；它采用无源网络，从局端到用户，中间可以做到完全的无源；每用户可分配高达 30Mbit/s 甚至更高的独享带宽。

FTTB 指光纤到大楼，将光网络单元（ONU）安装在楼道配线间，结合 UTP 实现 LAN（FTTB+LAN）接入或铜线实现 DSL 接入（FTTB+DSL）。FTTB 的解决方案使 EPON 的光网络终结于楼道配线间。由 ONU 出线和楼宇的综合布线系统配合，采用五类线或铜线入户的方式实现用户的接入。该模式可以配合家庭网关设备为客户提供语音、宽带数据服务等多种业务的综合接入。

FTTB 接入模式可以利用原有铜线资源解决一般小区综合业务高带宽接入的改造，但是由于该模式下楼道配线间需要安装有源设备，所以对安装环境和供电有一定要求，因此 FTTB 模式不能真正实现无源接入。综合考虑接入网运营成本，一般在新建驻地网接入方式的选择过程中首选 FTTH 接入模式。

FTTC 指光纤到路边，将光网络单元（ONU）或 MSAG 安装在路边建筑物或交接箱，常用于解决已有铜缆资源，且用户密度不高的地区的通信需求。

E3　EPON 网络组成

EPON 系统由局端设备（光线路终端，简称 OLT：Optical Line Terminal）、无源光分配网络（简称 ODN：Optical Distribution Network）和用户端设备包括光网络单元（简称 ONU：Optical Network Unit）、光网络终端（简称 ONT：Optical Network terminal）组成（图 E3）。

OLT 提供语音、数据、视频业务网络的互联接口，并实现网络管理的主要功能。

ONU/ONT 负责向终端用户提供所需的业务接口。

ODN 负责连通 OLT 与所属的 ONU。ODN 为 OLT 与 ONU 之间提供光传输手段，其主要功能是完成光信号功率的分配。

ODN 由用户光缆、无源光分路器、光交接设备、光分纤设备和光缆接头及用户终端盒组成。

附录 E 基于以太网技术的小区无源光网络配套设施

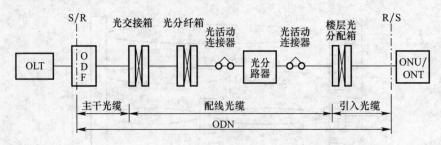

图 E3　EPON 网络组成模型图

用户光缆按用途分为：主干光缆、配线光缆、室外用户引入光缆、室内用户引入光缆。

主干光缆：OLT 到光交接设备之间的光缆。

配线光缆：从光交接设备到各光分纤设备之间的光缆。

用户引入光缆：从光分纤设备到用户终端盒的光缆。

无源光分路器：从一根光纤中分出若干条光路的设备。

光交接设备：用于光缆间交接配线设备。

光分纤设备：用于光缆分纤的设备。

光缆用户终端盒：用于用户引入光缆终端的设备。

ODN 内两个光传输方向分别定义如下：

下行方向定义为：光信号从 OLT 至 ONU（1-N）；

上行方向定义为：光信号从 ONU（1-N）至 OLT。

E4　EPON 网络的拓扑结构

EPON 光分配网络（ODN）的典型拓扑结构是树型，如图 E4 所示。

如图 E5 所示，采用多级分光的树型分支结构时，应采用不大于二级分光的结构。

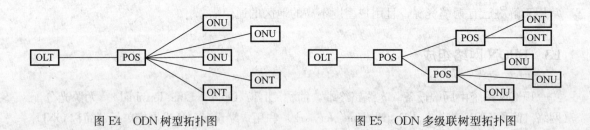

图 E4　ODN 树型拓扑图　　　　图 E5　ODN 多级联树型拓扑图

E5　EPON 系统参考配置

EPON 系统参考配置，如图 E6 所示。

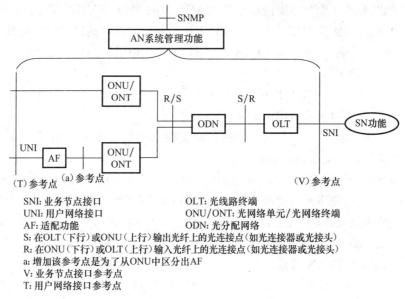

图 E6　EPON 系统参考配置图

E6　光线路终端 OLT 类型与主要相关功能

E6.1　OLT 类型

按照业务提供能力，定义两种 OLT 设备类型。

类型 1：盒式 OLT 设备，提供少于等于 8 个无源光网络 PON 接口。应支持以太网/IP 业务和基于 IP 协议的语音 VoIP 业务，提供以太网上联接口；支持电路仿真方式的时分多路复用 TDM 业务等多种业务，并提供相应的 TDM 等类型的上联接口。

类型 2：机架式 OLT 设备，提供大于等于 16 个 PON 接口。支持以太网/IP 业务和 VoIP 业务，提供以太网上联接口；支持电路仿真方式的 TDM 等多种业务，并提供相应的 TDM 等类型的上联接口。

按照安装环境，OLT 设备又分为室内、室外两种类型。

OLT 应避免在易燃、易爆、强电磁场干扰和其他影响安全的地点安装，交接间面积不应小于 $5m^2$，若覆盖信息点超过 200 个，应适当增加面积。

E6.2　OLT 主要相关功能

E6.2.1　以太网基本功能

（1）媒体访问控制 MAC 地址交换功能：OLT 应支持根据 MAC 地址进行交换，应支持 MAC 地址的动态学习，MAC 地址学习能力不小于 1000 个/s。

OLT 的 MAC 地址缓存能力应不低于 8000 个，机架式 OLT 汇聚交换部分的 MAC 地址缓存能力应不低于 16000 个。

OLT 的 MAC 地址老化时间应支持选择设置。

（2）二层交换能力：OLT 应支持以太网业务二层交换功能，二层交换能力应确保上下行业务的线速转发。

(3) 帧过滤功能：OLT 应支持基于源 MAC、目的 MAC、VID、Type/Length、源 IP 地址、目的 IP 地址、协议类型、TCP/UDP 源端口和目的端口的以太网数据帧过滤。

(4) 二层隔离功能：OLT 应实现同一 PON 口下各 ONU 之间的二层隔离，并应支持通过配置实现同一 PON 口下相同 VLAN 内二层互通。

(5) 生成树功能：当 OLT 的网络侧具有多个 GE 或 10/100Base-T 接口时，应支持符合 IEEE 802.1D 要求的快速生成树协议（RSTP）。

(6) 流量控制功能：OLT 的网络侧接口应支持全双工方式下的 IEEE 802.3x 流量控制协议，其相关功能应支持选择设置。

(7) 链路聚集功能：当 OLT 的网络侧具有多个 GE 或 10/100Base-T 接口时，应支持 IEEE 802.3ad 规定的链路聚集功能，且支持跨板卡链路聚集，聚集链路数不少于 4 条。

(8) 网络侧本地汇聚功能：当 OLT 存在多个 PON 接口时，应支持对所有业务板的以太网业务二层汇聚功能。

E6.2.2 虚拟局域网 VLAN 功能

OLT 应支持 IEEE 802.1Q 协议。应支持按照 ONU 的端口和业务类型划分 VLAN，可选支持按照 MAC 地址划分 VLAN。OLT 应支持 VLAN 标记/去标记、VLAN 透传、VLAN 转换、VLAN 优先级标记、VLAN 过滤等功能。

OLT 应至少同时支持 4000 个可配置的 VLAN/上联接口，VLAN ID 的范围是 1～4096。

OLT 的网络侧接口应支持 VLAN Trunk 功能。

E6.2.3 VLAN Stacking 功能

OLT 应支持符合 IEEE 802.1ad 标准的 VLAN Stacking 功能，VLAN Stacking 以太网帧的外层 TPID 参数应可配置，支持针对 CVLAN ID、CVLAN 优先级标签或 PON 口进行外层 VLAN ID 标记。

E6.2.4 多业务功能要求

EPON 系统应提供相应的 QoS 和业务提供机制，以支持高速 Internet 接入、IPTV、VoIP、E1 和 CATV 等多种业务的综合接入。EPON 系统应支持基于 ITU-TY.1291 的 QoS 机制，包括：业务流分类（Traffic Classification）、优先级标记（Marking）、排队及调度（Queuing and Scheduling）、流量整形（Traffic Shaping）和流量管制（Traffic Policing）、拥塞避免（Congestion Avoidance）、缓存管理（Buffer Management）等。

其他相关功能可参阅相关资料。

E7 光网络单元/光网络终端 ONU/ONT 的类型与主要功能

E7.1 ONU/ONT 类型

按照业务提供能力，ONU/ONT 可以有多种类型。

类型 1（ONT）：用于 FTTH 场合，提供 2～4 个以太网接口，提供 2～4 个 POTS 接口（内置 IAD），提供以太网/IP 业务和 VoIP 业务，可与家庭网关配合使用，以提供更强的业务能力。

类型 2（ONU）：用于 FTTB/FTTO 场合，提供 8 个、16 个或 24 个以太网接口，提供 8 个、16 个或 24 个及以上数量 POTS 接口（内置 IAD），支持选配 1～4 个 E1 接口。支持提供以太网/IP 业务，支持选配/VoIP 业务和 E1 TDM 数据专线业务，可与家庭网关配合使用，以提供更强的业务能力。

类型 3（ONU）：用于 FTTB 场合，提供 8 个、16 个或 24 及更多的 ADSL2+/VDSL/VDSL2 接口，支持选配 8 个、16 个或 24 个 POTS 接口及更多（内置 IAD）和 1～4 个 E1 接口，支持提供以太网/IP 业务，支持选配 VoIP 业务和 E1 TDM 数据专线业务，可与家庭网关配合使用，以提供更强的业务能力。

ONU/ONT 同 OLT 分室内、室外两种类型，并应避免在易燃、易爆、强电磁场干扰和其他影响安全的地点安装。

E7.2 ONU/ONT 主要相关功能

E7.2.1 以太网基本功能

E7.2.1.1 MAC 地址交换功能

① 类型 1 的 ONU 的 MAC 地址交换功能：ONU 应支持根据 MAC 地址进行交换，应支持 MAC 地址的动态学习，MAC 地址学习能力不小于 100 个/s。

ONU 的单播 MAC 地址缓存能力应不低于 32。

② 类型 2 的 ONU 的 MAC 地址交换功能：ONU 应支持根据 MAC 地址进行交换，应支持 MAC 地址的动态学习，MAC 地址学习能力不小于 500 个/s。

ONU 的单播 MAC 地址缓存能力应不低于 32×以太网端口数。

③ 类型 3 的 ONU 的 MAC 地址交换功能：ONU 应支持根据 MAC 地址进行交换，应支持 MAC 地址的动态学习，MAC 地址学习能力不小于 500 个/s。

ONU 的单播 MAC 地址缓存能力应不低于 32。

E7.2.1.2 二层交换能力

类型 1 ONU 在提供多于 1 个以太网接口时可选支持以太网业务二层交换功能，二层交换能力应确保上下行业务的线速转发。

类型 2、类型 3 ONU 应支持以太网业务二层交换功能，二层交换能力应确保上下行业务的线速转发。

E7.2.1.3 帧过滤功能

ONU 应支持基于物理端口、源 MAC、目的 MAC、VID、Type/Length、源 IP 地址、目的 IP 地址、协议类型、TCP/UDP 源端口和目的端口的以太网数据帧过滤，并且支持该功能的开启/关闭。

E7.2.1.4 二层隔离功能

ONU 支持对各以太网端口之间的二层隔离。

E7.2.1.5 生成树功能

多于 1 个端口的类型 1 ONU 和类型 2 ONU 的用户侧的 10/100Base-T、GE 接口应支持符合 IEEE 802.1D 要求的快速生成树协议（RSTR）。

E7.2.1.6 流量控制功能

ONU 的用户侧以太网接口应支持全双工方式下的 IEEE 802.3x 流量控制协议，其相关参数应可配置。

E7.2.2 VLAN 功能

E7.2.2.1 类型 1 的 ONU 的 VLAN 功能

ONU 应支持 IEEE 802.1Q 协议。ONU 应支持针对用户物理端口和业务类型划分 VLAN，应支持 VLAN 标记/去标记、VLAN 透传、VLAN Translation、VLAN 优先级标记、VLAN 过滤等功能。

ONU 的用户侧接口应支持 VLAN Trunk 功能。

ONU 每个以太网端口应支持至少 8 个 VLAN ID。

对于以太网端口的各种 VLAN 模式的具体行为规则，应符合我国通信行业标准《接入网技术要求——EPON 系统互通性》（YD/T 1771—2008）中的相关规定。

E7.2.2.2 类型 2、类型 3 的 ONU 的 VLAN 功能

ONU 应支持 IEEE 802.1Q 协议。ONU 应支持针对用户物理端口和业务类型划分 VLAN，应支持 VLAN 标记/去标记、VLAN 透传、VLAN 优先级标记、VLAN 过滤等功能，可选支持 VLAN Translation 功能。各种 VLAN 模式的行为规则应符合我国通信行业标准《接入网技术要求——EPON 系统互通性》（YD/T 1771—2008）中的相关规定。同时，应支持根据 IEEE 802.1P 优先级进行 QoS 处理。

ONU 的用户侧接口应支持 VLAN Trunk 功能。

类型 2 ONU 每个以太网接口应支持至少 16 个 VLAN ID，VLAN ID 的范围是 1 至 4096。

类型 3 ONU 每个 ADSL2+/VDSL2 接口应至少支持 8 个 PVC，可映射到 8 个不同 VLAN。

E7.2.3 VLAN Stacking 功能

ONU 应支持符合 IEEE 802.1ad 标准的 VLAN Stacking 功能。VLAN Stacking 以太网帧的外层 TPID 参数应可配置。

E7.2.4 多业务功能要求

EPON 系统应提供相应的 QoS 和业务提供机制，以支持高速 Internet 接入、IPTV、VoIP、E1 和 CATV 等多种业务的综合接入。EPON 系统应支持针对每个用户和每种业务的服务水平协议（SLA）参数的设置和 SLA 保证。SLA 主要参数包括最小保证带宽、最大允许带宽、最大延时等，并应支持对上、下行业务分别进行配置。

EPON 系统应支持基于 ITU-T Y.1291 的 QoS 机制，包括业务流分类（Traffic Classification）、优先级标记（Marking）、排队及调度（Queuing and Scheduling）、流量整形（Traffic Shaping）和流量管制（Traffic Policing）、拥塞避免（Congestion Avoidance）、缓存管理（Buffer Management）等。

E8 OLT、ONU/ONT 布置与安装

E8.1 OLT 布置与选择

E8.1.1 OLT 设备布置原则

OLT 可布放在端局、支局或模块局。部署有以下原则：

(1) 若小区所属端局的出局管孔、局房资源均比较充裕,且该小区终期用户数小于单台类型 2 机架式 OLT 设备的最大接入能力,则应将 OLT 安装在所属端局。后期工程可利用此台 OLT 剩余设备容量接入该端局内其他小区。

(2) 对于以下情况可将 OLT 前置到接入局所,进一步划分 OLT 业务区:1) 用户区域距离所属端局较远(超过 15km)且服务区域半径范围较大(半径大于 15km)。2) 终期用户较多(终期用户数大于 1 万户)。

(3) 前置 OLT 的接入局所需要具备比较充裕的出局管孔、局房资源。

E8.1.2 设备规格的选取原则

用户密度较高的市区,选用类型 2 的 OLT,即大容量、机架式 OLT 设备。

对于用户密度和需求量较低且距离端局距离较远的郊区农村,或针对大客户专线接入、大客户视频监控等小规模项目,可采用类型 1 的盒式 OLT 设备。

E8.1.3 OLT 下联保护

工程建设时可根据用户对安全可靠性的需求选择相应的保护方式,其中以采用骨干光纤保护方式为主。

无源光分路器与 OLT 间的接入网络主干部分采取 1+1 主备光纤的保护方式。

无源光分路器设备采用 2:32 分光比技术,通过位于两个不同物理管道中两根光纤上联至 OLT 设备 PON 板卡上的两个 PON 口,同时利用 OLT 的软件控制可实现在发生 1 根光纤链路断掉情况下的主干路光纤的自动倒换。

当局端 OLT 设备的 1 个 PON 口出现问题时,ODN 自动倒换上联至 OLT 设备另一块 PON 卡上的 PON 口,避免了传输数据的丢失。

当两根光纤之一出现问题时,ODN 自动倒换到另外一根光纤上与 OLT 设备继续进行通信。

E8.2 ONU/ONT 部署原则

E8.2.1 ONU 设备选取原则

对于具备综合布线的小区,应采用带 LAN 接口和语声接口的 ONU。

对于不具备综合布线的小区,应采用带 DSL 接口和语声接口的 ONU。

对于用户距离光接入位置较远,但具备一定的铜缆资源的地区,且语声业务需求远多于多数据业务需求,可采用 MSAG 设备。MSAG 设备可安装在路边建筑物内或箱体内。

E8.2.2 ONU/ONT 布置位置

对于 FTTO/FTTH 应用,ONT 布放在住宅中的家庭综合信息箱内或用户楼道箱体内。

对于 FTTB 应用,ONU 布放在楼宇或大厦的设备间或设备箱中。

E8.2.3 ONU 端口设置

语音与数据的配比视该区域用户需求情况,以及不同厂商、不同制式而定。ONU 设备数据和语音接口一般按照 1:1 来进行配比,例如常用的有 16:16 的 ONU 设备,也可以进行非平衡配比。小区用户 POTS 接口的数目可以比数据接口多一些,数据和语声比例按 1:1.5 和 1:2 的比例进行配比。

E8.3 设备安装

OLT、ONU等设备机架的安装必须进行抗震加固，其加固方式应符合《电信设备安装抗震设计规范》（YD 5059—2005）中的相关要求。

其他安装相关的要求应满足《有线接入网设备安装工程设计规范》（YD/T 5139—2005）的相关要求。

在配线间等位置安装ONU机架时，机架前面的净空不应小于800mm，后面的净空不应小于600mm。壁挂式设备底部离地面的高度不宜小于300mm。

机架ONU等设备的安装，应留有一定的散热空间。

设备机架应安装理线器，各种缆线应沿理线器布放。

对于FTTB的ONU，电源设备的干接点告警信息接口应接入到ONU设备，并上传到相应网管系统。外部告警信号应预占1个ONU以太网口。

E9 业务接入及上联

E9.1 数据业务接入

EPON综合接入网承载的数据业务包括Internet上网业务和IP增值业务，其中IP增值业务包含视频电话、IPTV等各种宽带业务。

E9.1.1 数据业务上联方式

EPON的局端设备OLT网络侧提供1000M以太网接口，通过BRAS、MSTP、接入汇聚网、SR等上联到IP城域网及业务平台。

BRAS上联方式的网络拓扑（图E7）所示。

MSTP+BAS组合上联方式的网络拓扑如（图E8）。

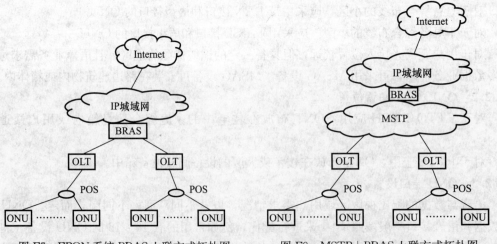

图E7　EPON系统BRAS上联方式拓扑图　　图E8　MSTP+BRAS上联方式拓扑图

E9 业务接入及上联

通过接入汇聚网上联方式的网络拓扑（图E9）。

通过接入汇聚网，可根据优先级、VLAN将不同的业务上传到不同的网络和设备。

E9.1.2 数据业务上联路由

现在各种业务的上联路由如下：

普通上网业务通过接入汇聚网上传到BRAS，经过PPPoE认证过程后，上网流量将被发送到IP城域网；

IPTV业务通过接入汇聚网转发到业务路由器（SR），采用DHCP方式分配IP地址后，汇聚到CR并最终接入到相应业务平台；

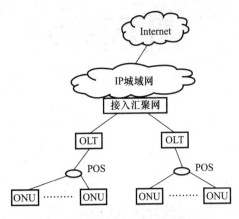

图E9 接入汇聚网上联方式拓扑图

点对点视频业务通过接入汇聚网上传至BRAS，并路由到软交换平台的SBC，最终接入软交换平台。

E9.2 语音业务接入

EPON系统提供的语音业务接入方式NGN接入采用统一平台接入原则。

利用NGN的软交换实现VOIP的语音解决方案，使用NGN上联端口的网络拓扑（图E10）。

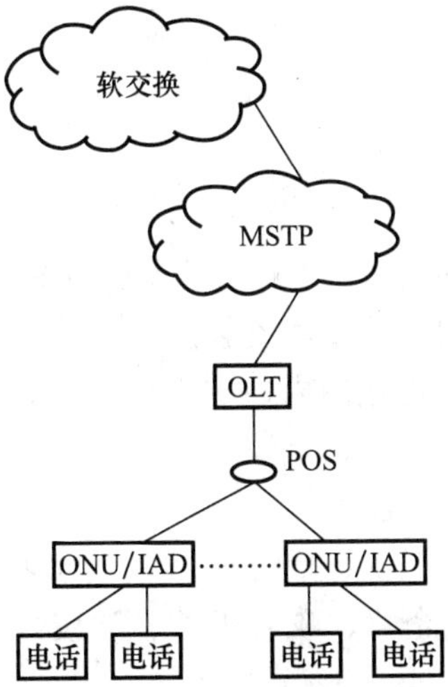

E9.3 数据专线接入

E9.3.1 以太网专线接入

以太网专线可提供以太网接口，为商务用户提供专线组网、专线组网入公众网业务。业务接口可提供2Mbit/s-100Mbit/s的带宽。OLT上联至汇聚网或路由器/MSTP等网络。

E9.3.2 TDM业务接入

TDM可承载租用线业务（2048kbit/s和N×64kbit/s数据业务）。

OLT侧接口以STM-1（155Mbit/s）、10/100Mbit/s上联至SDH/MSTP等网络，STM-1接口可选支持双路上联保护。

图E10 EPON上联NGN网络拓扑示意图

ONU侧为用户提供速率为N×64kbit/s和2048kbit/s的数字专线业务。

E9.4 CATV业务

EPON系统通过1550nm波段的下行广播信道来实现CATV视频业务。

视频业务实现框图（图E11）。

CATV接口标准应符合广电部现行标准。

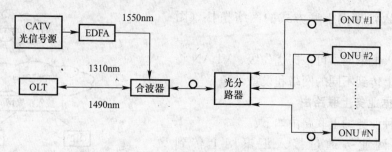

图 E11　CATV 业务实现框图

E10　光分配网络 ODN 规划

E10.1　ODN 规划原则

采用 1000BASE-PX100 接口时，按≤10km 半径进行规划；采用 1000BASE-PX20U 接口时，按 10～20km 半径进行规划。

无源光分路器距离终端用户的平均距离应尽量短，原则上无源光分路器不应与 OLT 同局址放置。

对主干光缆可预留总芯数 5%～8% 作为冗余量，配线光缆可分段预留，用户接入光缆不备份。

便于维护管理，易于故障定位。

E10.2　无源光分路器 POS 配置

（1）必须考虑设备（OLT）每个无源光网络 PON 口和光分路器（POS）的最大利用率，应根据用户分布密度及分布形式，选择最优化的光分路器组合方式和合适的安装位置。

（2）在用户需求不明时，特别对于一级分光结构，可按照覆盖范围内住宅用户的户数 20%～30% 配置，设计时应预留光分路器的安装位置，便于今后扩容。

工程配置时，每 POS 应预留 1 个下行端口作为日常测试用端口。

（3）对于有明确需求的住宅小区、高层建筑等，如需求达到系统容量的 60%，光分路器可以一次性配足。对于有驻地网的用户（商务楼、办公楼、企业、政府机关、学校），光缆宜布放到驻地网机房。

（4）对于高档宾馆、学生公寓等，应根据用户需求，也可采用光纤到桌面的方式，光分路器一次配足。

E10.3　无源光分路器（POS）的安装

（1）在高密度住宅小区 FTTB 模式应首选集中安装无源光分路器设备。

结合楼宇、户型分布等情况，合理安排无源光分路器位置。

应采用 N：32 的光分路器，以便于维护管理及节约无源光分路器端口资源。

（2）在低密度别墅区，应根据管道资源情况决定无源光分路器安装位置。

若别墅区内管道资源丰富，便于各楼宇光缆由小区中心机房直接布放至各别墅楼，应采用集中安装无源光分路器方式。

若别墅区内管道资源和主干光缆资源有限，无法满足汇聚全部楼宇光缆至中心机房，应采用分散安装无源光分路器方式。此情况应采用二级分光方式，避免分散安装的无源光分路器通过光缆直接上联至局端 OLT 设备的情况发生。以节约中心机房至各端局光缆资源和端局 OLT 设备端口资源。二级分光应采用 1：4 和 1：8 的无源光分路器。

E10.4 光纤入户

E10.4.1 一般要求

EPON 系统部署的 ODN 网络是现有光纤光缆环上结点的延伸，也是对现有光缆环的扩展。

在中心机房 OLT 与 OPN 交界处及在用户室内箱和 ONU 交界处采用插接连接。

在 2km 范围内，每 120～400 个用户（位于一个或多个相近楼宇内）共享一根光缆。

E10.4.2 光纤入户智能箱位置与暗管布放

智能箱位置一般安放在用户起居室，由一根内径不小于 $\phi 20$ 的单独服务于通信业务的金属管与楼内弱电竖井或弱电箱相连接，智能箱到用户内各房间分别布放暗管。

E10.4.3 入户光缆及布放

室内光缆包括室内垂直布线光缆和水平布线光缆。入户光缆布放主要应符合以下要求：

（1）住宅用户和一般企业用户每户配一芯光纤。对于重要用户或有特殊要求的用户，应考虑提供保护，并根据不同情况选择不同的保护方式。

（2）在楼内垂直方向，光缆宜在弱电竖井内采用电缆桥架或电缆走线槽方式敷设，电缆桥架或电缆走线槽宜采用金属材质制作，线槽的截面利用率不应超过 50%。在没有竖井的建筑物内可采用暗管方式敷设，暗管宜采用钢管和阻燃硬质 PVC 管，管径不宜小于 $\phi 50mm$。直线管的管径利用率应为 60%，弯管的管径利用率应为 50%。

（3）楼内水平方向入户光缆敷设可采用钢管和阻燃硬质 PVC 管或线槽，管径宜采用 $\phi 15\sim \phi 25mm$，楼内暗管直线预埋管长度应控制在 30m 内，长度超过 30m 时应设过路箱，每一段预埋管的弯曲不得超过两次，不得形成 S 弯，暗管的弯曲半径应大于管径 10 倍，当外径小于 25mm 时，其弯曲半径应大于管径 6 倍，弯曲角度不得小于 90°。

（4）引入壁龛箱、过路箱的竖向暗管应安排在箱内的一侧，水平暗管可安排在箱体的中间部位，暗管引入箱内的长度不应大于 10～15mm，管子的端部与箱体应固定牢固。

（5）对于没有预埋穿线管的楼宇，入户光缆可以采用钉固方式沿墙明敷。

（6）入户光缆进入用户桌面或家庭做终结有两种方式：采用 A-86 型接线盒或家庭综合信息箱。根据用户的需求选择合适的终结方式，应尽量在土建施工时预埋在墙体内。

（7）光终端盒或家庭综合信息箱的设置位置应选择在隐蔽便于跳接使用的位置，并有明显的说明标志，避免用户在二次装修时损坏。家庭综合信息箱尺寸不小于 380mm×280mm（宽×高）或 280mm×380mm（宽×高）。箱体的深度不宜小于 80mm。光终端盒、家庭综合信息箱安装高度盒、箱体底边距室内地面不应小于 300mm。

（8）自光缆终端盒到光网络终端（ONU）的连接光跳纤应采用带有金属铠装光跳纤。

附录F 住区与小区通信管道人孔与手孔技术要求

F1 人（手）孔井的构造

人（手）孔井是管道的中转或终端建筑。地下光、电缆的接续、分支、引上、加感点以及再生中继器等都设置在人（手）孔井中或从人（手）孔井中接出去。它除了要适应布放光、电缆时的施工操作以及日常维护和对光、电缆检测的要求外，人（手）孔井在结构上还必须承载顶部覆土和可能出现的堆积物的压力，以及承受地面机动车辆高速行驶时产生的冲击力。

人孔井由上复、四壁、基础以及有关的附属配件，如人孔口圈、铁盖、铁架、拖板拉环及积水罐等组成。其外形的立体构造如图F1所示。

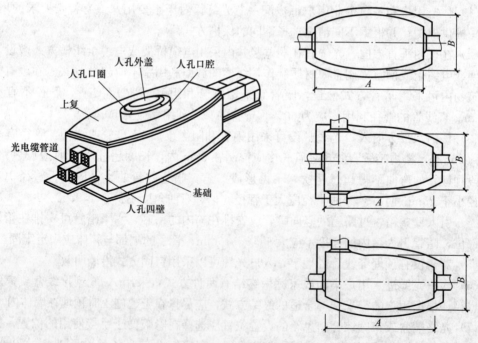

图F1 人孔及其与管道的结合图

常用的人孔有砖砌人孔、混凝土人孔、装配式人孔3种构造。

砖砌人孔一般用于无地下水，或地下水位很低，而且在冻土层以下。在地下水位很高，冻土层又很深的地区，或土质和地理环境较差的地点，多使用混凝土或钢筋混凝土的人孔。

装配式人孔能在较短的时间内完成现场装配工作,减少施工对道路交通的影响。随着施工机械的改进,结构紧密、重量较轻的树脂混凝土装配式人孔目前已得到广泛应用。

F2 人(手)孔井的结构尺寸

人(手)孔井的结构尺寸,见表F1所示。

各型通用设计人(手)孔结构尺寸表(cm)　　　　表F1

人(手)孔型号		内部净空			上复厚	墙壁厚		基础厚	端壁宽			容纳管道最大孔数(个)
		长A	宽B	高		砖砌	钢筋混凝土		直通端	拐弯端	进局端	
小号	腰鼓形直通	180	120	175	12	24	10	12	80			12
	腰鼓形拐弯	210	120	175	12	24	10	12	80	60		12
	腰鼓形十字	210	120	180	12	24	10	12	80	60		12
	局前	250	220	180	12	37	12	12	90		80	24
	长方形直通	180	120	175	12	37	10	12	120			12
大号	腰鼓形直通	240	140	175	12	24	10	12	100			24
	腰鼓形拐弯	250	140	175	12	24	10	12	100	80		24
	腰鼓形十字	250	140	180	12	24	10	12	100	80		24
	局前	437	220	180	12	37	12	12	100	100	80	48
	长方形直通	240	140	175	12	37	10	12	140			24
扇形	30°扇形	180	140	175	12	24	10	12	100			24
	45°扇形	180	150	175	12	24	10	12	100			24
	60°扇形	180	160	175	12	24	10	12	100			24
36孔大型	直通形	250	160	180	20	24	10	15	120			36
	分歧形	360	194	180	20	24	10	15	120	100		36
	十字形	360	194	180	20	24	10	15	120	100		36
	丁字形	310	194	180	20	24	10	15	120	100		36
48孔特大型	直通形	300	180	200	20	24	10	15	140			48
	分歧形	390	210	200	20	24	10	15	140	110		48
	十字形	390	210	200	20	24	10	15	140	110		48
	丁字形	350	210	200	20	24	10	15	140	110		48
特殊形(长方形缺一角)		220	200	180	12	37	12	12	100	80		24
手孔		120	90	110	12	24		12	90			4

注:1. 腰鼓形人孔内宽系指人孔中间最宽处的尺寸。
　　2. 扇形人孔的长度是指弯曲边的弦长。

附录 G 通信管道常用管群组合

通信管道常用管群组合，见表 G1 所示。

通信管道常用管群组合表　　　　　　表 G1

管孔数（个）	管孔排列	管群组合尺寸（mm） 高度	管群组合尺寸（mm） 宽度	管群排列示意
2	2孔卧铺	140	250	
3	3孔卧铺	140	360	
4	4孔平铺	250	250	
6	6孔立铺	360	250	
6	6孔卧铺	250	360	
8	8孔立铺	515	250	
8	8孔并铺	250	515	
9	9孔立铺	405	360	
10	10孔立铺	625	250	
12	12孔立铺	735	250	
12	12孔卧铺	515	360	
12	12孔并铺	360	515	

附录 G　通信管道常用管群组合

续表

管孔数（个）	管孔排列	管群组合尺寸（mm）		管群排列示意
		高度	宽度	
16	16孔叠铺	515	515	
18	18孔叠铺	780	360	
18	18孔并铺	360	780	
20	20孔立铺（甲式）	625	515	
20	20孔卧铺（乙式）	515	625	
24	24孔立铺（甲式）	735	515	
24	24孔卧铺（乙式）	515	735	
30	30孔（乙式）	780	625	
30	30孔（丁式）	670	735	
36	36孔（乙式）	780	735	

参 考 文 献

[1] 建设部房地产业司、体改法规司. 中华人民共和国城市房地产管理法条文释义. 北京：中国建筑工业出版社，1995
[2] 刘亚臣. 房地产经营管理. 大连：大连理工大学出版社，2008
[3] 蔡育天. 房地产案例精选. 上海：上海人民出版社，2000
[4] 傅冠长，等. 房地产策划——经典实战案例全录. 广州：广东经济出版社，2001
[5] 王克忠. 房地产经济学教程. 上海：复旦大学出版社，1996
[6] 刘亚臣. 房地产物业管理. 大连：大连理工大学出版社，2005
[7] 吴伟良. 房地产企业战略管理基础. 上海：上海人民出版社，2003
[8] 汤铭潭. 小城镇市政工程规划. 北京：机械工业出版社，2010
[9] 汤铭潭. 小城镇与住区道路交通景观规划. 北京：机械工业出版社，2011
[10] 朱家瑾. 居住区规划设计. 北京：中国建筑工业出版社，2000
[11] 吴良镛. 人居环境科学导论. 北京：中国建筑工业出版社，2001
[12] 李明琪. 宽带接入网络. 北京：科学出版社，2002
[13] 海热提·涂尔逊. 城市生态环境规划——理论方法与实践，北京：化学工业出版社. 2005
[14] 汤铭潭. 城域与社区宽带网规划概论. 北京：中国建筑工业出版社，2010
[15] 汤铭潭. 小城镇规划技术指标体系与建设方略. 北京：中国建筑工业出版社，2006
[16] 汤铭潭等. 城镇信息化及其基础设施规划建设. 北京：中国建筑工业出版社，2010